AF509068

TRAITÉ

GÉNÉRAL

DES DROITS D'AIDES.

Par M. LEFEBVRE DE LA BELLANDE.

SECONDE PARTIE.

Les Décisions que donnent les Tribunaux doivent être conservées ; elles doivent être apprises, pour que l'on y juge aujourd'hui comme on y jugea hier, & que la propriété & la vie des Citoyens y soient assurées & fixes comme la Constitution même de l'État.

L'Esprit des Loix.

Pour l'Auteur,

A PARIS,

Chez PIERRE PRAULT, Quai de Gêvres, au Paradis.

M. DCC. LX.

AVEC APPROBATION ET PRIVILEGE DU ROI.

TRAITÉ
GÉNÉRAL
DES AYDES.

LIVRE III.
DES DROITS A LA VENTE EN DÉTAIL.

CHAPITRE PREMIER.

DU HUITIÉME REGLÉ.

§. I.

De l'Origine & de la Fixation de ce Droit.

1159. J'ACQUIN dans son Commentaire sur l'Ordonnance des Aides de 1680, fait remonter l'origine du Huitiéme à l'année 579, sous le regne de Chilperic. On trouve, en effet, dans la grande Histoire de Mezeray que ce Roi établit en 584, sur chaque demi Arpent de Vigne un Droit d'une amphore de Vin revenant au septiéme ou huitiéme d'un muid. Mais cette imposition a encore moins de rapport avec le Huitiéme qui se perçoit aujourd'hui, que

Origine du Huitiéme.

n'en a le Vingtiéme fur les biens établi de nos jours avec le Vingtiéme qui fe leve à la vente en gros des Boiffons. Le Huitiéme de Chilperic n'étoit pas la huitiéme partie des Vins ou de leur valeur , mais feulement la huitiéme partie d'un muid par demi arpent. C'étoit une impofition réelle comme le Vingtiéme fur les biens & qui fe percevoit en nature : mais le Huitiéme qui fe leve aujourd'hui, & dont il eft ici queftion, ne s'eft jamais perçu qu'à la vente en détail, & a été réellement fixé par évaluation fur le pied du Huitiéme effectif de la valeur des Boiffons. L'époque la plus fure à laquelle on puiffe rapporter l'Origine de ce Droit eft fous le Regne de Charles

Lettres Patentes du 21 Janv. 1382. VI. en 1382. On lit dans les Lettres Patentes données en forme d'inftruction le 21 Janvier de cette année, qu'il faifoit partie de la nouvelle Aide, qui avoit été établie pour les dépenfes de la guerre contre les Anglois ; qu'il devoit être perçu fur le Vin & tous autres Breuvages vendus en détail, & payé par le Vendeur à raifon du prix de la vente. Il fut porté dans la fuite

Autre du 3 Août 1455. au quatriéme de la valeur des Boiffons. Suivant les Lettres Patentes données fous Louis XI. le 3 Août 1465 , le Quatriéme fut de nouveau réduit au Huitiéme. Cette réduction dura peu par rapport à certaines Provinces ,

Déclaration du 16 Août 1498. & le Quatriéme y fut rétabli, ainfi qu'il réfulte de la Déclaration du 16 Août 1498, qui affujettit les Nobles & tous autres Privilégiés aux Droits de Huitiéme & de Quatriéme, dans les lieux y fujets, pour tous le Vin de leur crû s'il n'eft par eux vendu aux portes de leur habitation feulement à Pot & non à affiette: c'eft le premier Reglement où il foit fait diftinction de la vente à Pot ou à Affiette. Il faut en expliquer la différence avant d'aller plus loin.

Ce que c'eft que que la vente à Pot & la vente à Affiette. On appelle proprement vente à Pot, le fimple débit qui fe fait des Boiffons en Pots & Bouteilles fans fournir tables ni fiéges : c'eft ce que les Reglemens appellent auffi vendre à Huis coupé & Pot renverfé (a). La vente à Affiette eft celle qui fe fait par gens chez qui l'on affied, c'eft-à-dire, qui donnent à boire chez eux & fourniffent Tables, Siéges, Pain & Viande. Les Droits de Huitiéme ont été fixés plus haut à l'égard de ces derniers, parce qu'on a fuppofé qu'ils vendent leurs Boiffons plus cher que ceux qui ne débitent qu'à Pot.

Lettres Patentes du mois de Septembre 1553. Par Lettres Patentes du mois de Septembre 1553, Article III. le Huitiéme fut fixé, par évaluation, à douze fols par muid de Vin vendu à Pot & à feize fols fur chaque muid vendu à Affiette, & cependant l'option fut laiffée au Fermier de percevoir le Huitiéme effectif fur le prix de la vente. Il jouit de cette faculté jufqu'au Bail de Rouvelin. Le Cidre quoique déja compris dans les Edits de création du huitiéme y fut fpéciallement affujetti par Déclaration du 12 Mars 1645. Les Arrêts de la Cour des Aides des 4 Juin 1613 & 12 Juillet 1629, & la Déclaration du 19 Juillet 1625,

_____

(a) On appelle Huis coupé une porte compofée de deux parties au-deffus l'une de l'autre ; ceux qui vendoient à Huis coupé n'ouvroient que la partie fupérieure par laquelle ils diftribuoient leur Vin & en recevoient le payement. On dit à Pot renverfé , parce qu'ils vuidoient & renverfoient leurs pots ou pintes à mefure qu'ils débitoient les Boiffons.

reglerent la perception de ce Droit & les Remifes qui devoient être accordées aux vendans Vin pour les lies & Coulages.

Ces Remifes occafionnoient encore des conteftations entre les Redevables & le Fermier. Il fut fait par le Bail de Brabant, paffé le 23 Janvier 1632, Article III. une nouvelle fixation du Huitiéme, dans laquelle on eut égard à ces Remifes afin de rendre la perception plus fimple en percevant le Droit fans déduction. Il fut fixé à quatre livres par muid de Vin vendu à Pot, & à cinq livres par muid vendu à Affiette.

1160. C'eft cette fixation que l'Ordonnance des Aides de 1680 a fuivie ; elle n'a fait qu'y comprendre le Parifis fol & fix deniers pour livre ;

SÇAVOIR,

		A Pot.			A Affiette.		
		₶	ß	₰	₶	ß	₰
VIN.	Soit ordinaire ; foit demi Vins, Piquettes & Vins de refoul, par muid............	5.	8.		6.	15.	
	A quoi il faut ajouter les vingt-fept fols de Subvention qui fe perçoivent toujours avec le Huitiéme (1347.) cy.....	1.	7.		1.	7.	
	TOTAL par muid.......	6.	15.		8.	2.	
CIDRE.	Moitié de ces Droits.........	3.	7.	6.	4.	1.	
POIRÉ.	Moitié des Droits qui fe perçoivent fur le Cidre................	1.	13.	9.	2.		6.
VIN de liqueur, fans diftinction de vente à Pot ou à Affiette(*a*).		20.	3.	9.			

	₶	ß	
EAU-DE-VIE, à Pot comme à Affiette	24.		par muid.
BIERRE, à Pot comme à Affiette	3.	10.	

Il y aura ci-après un Chapitre particulier pour l'Eau-de-vie & un autre pour la Bierre.

La Subvention eft comprife dans la fixation de ces trois derniers articles comme dans les premiers. On traitera de ce Droit Chapitre XII. Nombre 1344. & fuivans.

Le Fermier n'a plus la liberté de percevoir le Droit de Huitiéme fur le pied de la vente des Boiffons : il faut qu'il s'en tienne à ces fixations, quelque prix qu'elles foient vendues.

(*a*) L'Ordonnance fixe les Droits de Huitiéme & de Subvention fur les Vins de liqueur à quinze livres par muid, non compris le Parifis fol & fix deniers pour livre, qui va à cinq livres trois fols neuf deniers.

Il y a plusieurs lieux à l'égard desquels cette fixation a été moderée. On entrera dans ce détail au §. suivant.

1161. Comme lesdits Droits se perçoivent sur le pied du muid de Paris, contenant trente-six septiers ou deux cens quatre-vingt-huit pintes, les huit pintes faisant le septier, ils doivent être augmentés à proportion de l'excédent de jauge suivant la contenance des piéces. Pour en faciliter la per-

ception, lesdits Droits ont été reglés, sur le pied de l'excédent de jauge, par Arrêt du Conseil du 22 Mai 1683, à l'égard du Vin vendu dans l'Election de Paris où la consommation des Boissons est plus forte que par tout ailleurs ;

SÇAVOIR,

	₶	ß	₰	
POUR VIN VENDU À POT.	A 7.		8.	Par muid.
	5.	8.	9.	Par demi queue ou poinçon d'Orléans.
	4.	12.	9.	Par demi queue de Champagne.
	3.	10.	4.	Par demi muid vendu à pot dans Poissy, Triel & Andresy seulement, lesdits Droits devant être perçus dans les autres lieux de ladite Election sur le pied ordinaire de 3 livres 7 sols 6 deniers par demi muid.
POUR VIN VENDU À ASSIETTE.	8.	8.	9.	Par muid.
	6.	10.	6.	Par demi queue ou poinçon d'Orléans.
	5.	11.	4.	Par demi queue Champagne.
	4.	4.	5.	Par demi muid vendu dans les mêmes lieux de Poissy, Triel & Andresy seulement, lesdits Droits devant être perçus sur chaque demi muid dans les autres lieux de ladite Election sur le pied ordinaire de 4 liv. 1 sol.

Voyez d'ailleurs Livre I. Nombre 475. ce qui a été dit concernant l'excédent de jauge.

§. I I.

Des Pays où le Huitiéme à cours.

1162. Le Huitiéme reglé se perçoit dans les Généralités & lieux ci-après ;

SÇAVOIR,

GÉNÉRALITÉS de

BOURGES.
CHALONS.
LA ROCHELLE.
LIMOGES.
LYON.
MOULINS.
ORLÉANS.
PARIS (*a*).
POITIERS.
SOISSONS.
TOURS.

Excepté l'Election de Pontoise où il n'y a que le Haut Fauxbourg de l'Aumone dépendant de ladite Ville qui soit sujet au Huitiéme, le reste de ladite Election étant Pays de Quatriéme.

(*a*) On a vu Livre I. Nombre 2. & | suivans, que le Huitiéme & les autres

VILLE ET BAILLIAGE de M A C O N (*a*). }
VILLE ET COMTÉ d' A U X E R R E.(*b*)} B O U R G O G N E.
VILLE ET BANLIEUE d' A M I E N S. }
VILLE d'............{ A B B E V I L L E. } G É N É R A L I T É D' A M I E N S.
VILLE d'............{ A L B E R T.
             { B R A Y.

Titre des Droits de Détail ou le Quatriéme a cours, Art. XII. pour la Ville d'Amiens. Arr. du C. du 9 Mars 1688, concernant la Ville d'Abbeville. Tarif du 15 Mai 1688

1163. Mais il y a dans le nombre de ces Généralités différentes exceptions & différens lieux en faveur defquels les Droits de Huitiéme & de Subvention ont été moderés fuivant des fixations particulieres, foit à caufe de la modicité des Vins, foit pour d'autres confidérations. On en va donner le détail.

On ne parlera point du Cidre ni du Poiré, parce que les Droits de Détail fur ces Boiffons font toujours dans le rapport des fixations faites pour le Vin. (1160.) Il ne fera point queftion non plus de l'Eau-de-vie, des Vins de liqueur ni de la Bierre, attendu que les Droits de Détail s'en payent par tout où ils ont cours fans moderation. Il en faut cependant excepter la Bierre dans les lieux où la modération des Droits porte également fur le Vin d'achat comme fur celui du crû : la Bierre pour lors n'eft fujette comme le Cidre qu'à la moitié des Droits fixés fur le Vin. On fera mention de ces cas. *Voyez* ci-après les Nombre 1308 .& fuivans pour la perception du Huitiéme fur l'Eau-de-vie, & le Nombre 1339. pour celle du Quatriéme fur cette Boiffon dans les lieux tels que les Villes de Châlons, Reims où lefdits Droits, foit de Quatriéme, foit de Huitiéme, ont été réduits au Parifis fol & fix deniers pour livre defdits Droits de Huitiéme ou Quatriéme. *Voyez* auffi le nombre 1322. & fuivant, pour le Huitiéme fur la Bierre.

GÉNÉRALITÉS.	L I E U X pour lefquels il y a des Fixations particulieres.	FIXATIONS.
B O U R G E S.	B O U R G E S, Ville & Fauxbourgs.	Par muid de Vin d'achat ven du à pot............ 1 liv. 8 f Par muid de Vin de crû ou d'a chat vendu à affiette..1 liv. 13 f Pour le Vin du crû des Bour geois par eux vendu à pot.. *Neant* Non compris dans tous ces cas le Droit de Subvention qui a été moderé à 22 fols par muid en faveur des habitans de ladite Ville

Titre II. des Droits de Détail, Article II.

Titre I. de la Subvention, Article III.

Droits de Détail dans la Ville de Paris fe perçoivent confufément avec les Droits d'Entrée auxquels ils ont été réunis.

(*a*) Les Droits d'Aides dans cette Election ne font point dans la main du Roi. Ils ont été aliénés aux Etats du Maconnois. (771.)

(*b*) Il en eft de même du Comté d'Auxerre, où il n'y a que le Gros qui ait été réuni aux Fermes du Roi, ainfi qu'il a été dit Livre II. Nombre 771.

GÉNÉRALITÉS.	LIEUX pour lesquels il y a des Fixations Particulieres.	FIXATIONS.
CHALONS.........	CHALONS-SUR-MARNE, Ville & Fauxbourgs.	Par muid de Vin d'achat vendu à pot............... 5 liv. Par muid de Vin du crû des Bourgeois, par eux vendu à pot dans le lieu de leur domicile & dans leur maison d'habitation (*a*) cy...................2 liv. 10 f. Par muid de Vin, soit du crû, soit d'achat vendu à assiette..7 liv. La Subvention ne s'y leve point au détail, attendu qu'elle s'y perçoit à l'entrée. Le Quatriéme, Parisis sol & 6 den. pour livre s'y perçoit sur la Bierre. *Voyez* pour l'Eau-de-vie le Nombre 1339.
	RHEIMS, CHATEAUPORCIEN, Election de Rheims. SAINT DIZIER, Election de Vitry. Paroisses de Beaumont en Argonne, Election de Rheims, & de Clinchamp, Election de Chaumont.	Par muid de Vin vendu tant à pot qu'à assiette (*b*)....1 liv. 13 f. Outre la Subvention suivant la fixation ordinaire (1346.). Le Parisis sol & six deniers pour livre se perçoit dans la Ville de Rheims sur les Vins de liqueur, la Bierre, le Cidre & le Poiré (*c*) suivant le Tarif du 15 Mai 1688.
	CHAUMONT.	Par muid de Vin du crû de Bourgeois, par eux vendu à pot dans le lieu de leur domicile seulement, outre le Droit de Subvention..............1 liv. 8 f.

(*a*) Les Bourgeois de Châlons ont prétendu ne devoir point être considerés comme privilégiés des Droits de Détail, ni sujets aux mèmes formalités, attendu qu'ils payent une partie des Droits ; & ils ont soutenu en conséquence pouvoir vendre le Vin de leur crû hors de leur maison d'habitation sans payer plus grands Droits que deux livres dix sols par muid ; mais ils ont été déboutés de leur prétention par les Arrêts du Conseil cités ci-dessus, & condamnés au payement du Droit sur le Vin de leur crû sur le pied du Vin d'achat, & sans modération, lorsqu'ils le vendent ailleurs que dans leur maison d'habitation. Il jouit en entier, tant du Quatriéme que du Parisis sol & six deniers pour livre sur l'Eau-de-vie, ainsi que dans les autres Villes où les Droits de Détail ont été réduits au Parisis sols & six deniers pour livre desdits Droits. (1339.)

(*b*) Ces trente-trois sols sont le Parisis sol & six deniers pour livre du Huitiéme Reglé. Il est dit par le Tarif du 15 Mai 1688, qu'on percevra dans ladite Ville sur le Vin de liqueur, la Bierre, le Cidre & le Poiré le Parisis sol & six deniers du Quatriéme, & sur l'Eau-de-vie le Quatriéme avec l'augmentation. On traitera du Droit de Quatriéme, Chapitre XI. ci-après.

(*c*) Le Quatriéme sur lesdits Vins de liqueur, la Bierre, le Cidre & le Poiré appartient à la Ville de Rheims. Le Fermier du Roi n'y jouit que du Parisis sol & six deniers pour livre dudit Droit Il y a un Arrêt de la Cour des Aides de Paris du 3 Juin 1758, qui porte que lesdits Bourgeois seront tenus de fournir au Fermier, une fois seulement pour le Bail courant, des extraits de leurs titres de propriété de leurs Vignes, collationnés par des Notaires ou Sécretraires du Roi, certifiés

GÉNÉRALITÉS.	LIEUX pour lesquels il y a des Fixations particulieres.	FIXATIONS.	
Suite de CHALONS.	RHETEL, Ville & Fauxbourgs. MEZIERES. DONCHERY.	Par muid de Vin vendu, soit à pot, soit à assiette....1 liv. 10 f. Par muid de Bierre.....15 f. La Subvention s'y leve à l'entrée & non au détail.	
	TORCY & autres lieux de l'Election de Rhetel.	Par muid vendu à pot ou assiette............1 liv. 13 f. Moitié pour la Bierre. Outre la Subvention au détail.	
	VITRY, Ville & Faubourgs.	Par muid de Vin du crû des Habitans, par eux vendu à pot.1 l. 8 f. Pour celui aussi du crû, vendu à assiette............1 liv. 13 f. Outre la Subvention.	Tarif du 15 Mai 1688. Arrêt de la la Cour des Aides du 19 Août 1699. Ordonnance de 1680, Titre de la Subvention, Article III. Tarif du 8 Février 1687.
	LANGRES, Ville & Fauxbourgs.	Pour le Vin du crû des Habitans, cuvé & pressoié dans la Ville ou ailleurs, par eux vendus à pot dans leur maison d'habitation (a), cy.....................Neant Ils ne payent par muid de Vin pour la Subvention que...18 f.	
	Paroisses d'Aigremont, la Riviere, Montbuziere, Besmont, Rigny, de l'Election de Langres.	Par muid de Vin du crû des Habitans, vendu à pot..1 liv. 8 f. Pour le même Vin vendu à assiette.................3 livres	
LA ROCHELLE....	Election de la ROCHELLE.	Par muid de Vin vendu, soit à pot, soit à assiette.........5 liv. Par muid de Bierre...2 liv. 3 f. Et ce outre la Subvention, suivant la fixation ordinaire.	Titre I. des Droits de Détail, Article II. Tarif de 1687.
	Elections de SAINTES, COIGNAC & SAINT-JEAN-D'ANGELY.	Par muid de Vin même Droit de cinq livres cy..........5 liv. Outre la Subvention.	
LIMOGES.........	ANGOULEME, Ville & Fauxbourgs.	Par muid de Vin vendu, soit à pot, soit à assiette, le Parisis sol & six deniers pour livre du Huitiéme Reglé, cy.....1 liv. 13 f. 4 d. Outre la Subvention.	Même Article de l'Ordonnance. Tarif du 18 Février 1687.
	Autres lieux de l'Election d'Angoulême. Elections de BOURGANEUF & le BLANC.	Par muid de Vin vendu, soit à pot, soit à assiette.......5 liv. Outre le Droit de Subvention.	

véritables par lesdits Bourgeois, Propriétaires, contenant la quantité des Vignes qui leur appartiennent par tenans & aboutissans, & de fournir en outre chaque année au Bureau du Fermier un Certificat du Curé ou du Juge des lieux ou de deux principaux Habitans, portant qu'ils font valoir lesdites Vignes par leurs mains, avec la quantité de Vin qu'ils auront recueilli, à peine de déchéance contre lesdits Bourgeois, faute par eux d'avoir rempli ces formalités.

(a) Il y a cependant un Arrêt du Conseil du 12 Juillet 1681, qui assujettit aux Droits de Détail les Vins qui n'auront point été façonnés dans ladite Ville. Le Tarif du 15 Mai 1688 & l'Arrêt de la Cour des Aides du 19 Août 1699 y sont contraires.

PAYS, &c.

Arrêts du Conseil des 27 Août & 1. Décem. 1697. Le. Pat. du mois de Sept. 1717, regist. en la C. des A. le 28 Mars 1718.

Aut. Arr. du C. du 19 Sept. 1718 & 30 Juin 1733. Let. P. du 1 Août suiv. & Ar. du C. du 20 Juin 1740, qui assujetist. les Bourg. à vendre dans le lieu de leur domicile pour jouir de leur privilége.

Aut. du 20 Janv. 1719, pour les Titres de Propriété.

Aut. du 29 Juill. 1727, à l'égard des Bénéficiers de Lyon.

Autre du 4 Mai 1728, concernant le droit Bourgeoisie à Lyon.

Autre du 2 Août 1735, contre des Religieux de ladite Ville.

Ordonnance de 1680, Titre I. des Droits de Détail, Article II. & Tarif de 1688, concernant Orléans.

Arrêt du Conseil du 8 Février 1681, & Tarif du 15 Fev. 1688 pour Montargis.

Tarif du 7 Février 1687. concernant Vezelay.

Même Article de l'Ordonnance pour Villeneuve-le-Roy & Paroisses ci-contre.

GÉNÉRALITÉS.	LIEUX pour lesquels il y a des Fixations particulieres.	FIXATIONS.
LYON............	LYON, Ville & Fauxbourgs.	Par muid de Vin d'achat vendu à pot..............4 liv. 4 f. Par muid de celui vendu à affiette................5 liv. 5 f. Pour le vin du crû des Bourgeoi par eux vendu à pot dans le lieu d de leur domicile(a), ainsi que pou celui, soit de crû, soit d'achat, vendu pendant les quatre Foire franches................*Néant.* Par muid de Bierre...56 f. 6 d. La Subvention ne s'y perçoit point. La Ville s'en est rachetée, (Livre I. Nombre 510. Nottes.)
ORLÉANS.	ORLÉANS, Ville & Fauxbourgs.	Par muid de Vin vendu tant à pot qu'à affiette......1 liv. 13 f. Moitié pour la Bierre. Outre le Droit de Subvention
	MONTARGIS, Ville & Banlieue.	Par muid de Vin ordinaire vendu à pot dans ladite Ville & Banlieue, & Hameaux, jouissans de mêmes priviléges......1 liv. 7 f. Par muid vendu à affiette, cy...............1 liv. 13 f. 3 d. Bierre................15 f. 8 d. Outre la Subvention.
PARIS.	VEZELAY Ville & Election.	Par muid de Vin vendu à pot, cy.....................4 liv. 16 f. Par muid vendu à affiette...6 l. La Subvention n'y a point cours, ni à l'entrée, ni au détail (Nombre 1347.).
	Ville & Fauxbourgs de VILLENEUVE-LE-ROY. Paroisses de Dixmont, les Bordes & voisines dépendantes de l'Election de Sens.	Par muid de Vin du crû des Bourgeois, par eux vendu à pot dans le lieu de leur domicile seulement, cy......... 1 liv. 8 f. Outre le Droit de Subvention.
	SAINT-GERMAIN. FONTAINEBLEAU.	Les Habitans sont exempts des Droits de Détail pendant le séjour du Roi & de Monseigneur le Dauphin. *Voyez* Liv. II. Nombre 1035. & 1058.

(a) *Voyez* Livre II. Nombre 1040. qui sont ceux qui ont acquis le Droit de Bourgeoisie. L'Arrêt du Conseil du 10 Décembre 1697, décharge en même temps les Bourgeois de Lyon des visites & exercices des Commis, lorsqu'ils ne vendent que le Vin de leur crû, & les y assujettit, ainsi qu'au payement des Droits lorsqu'ils vendent du Vin d'achat, & ce pour tout celui qu'ils débitent, soit du crû, soit d'achat, sans distinction.

Par autre Arrêt du Conseil du 29 Juillet 1727, les Bénéficiers de cette Ville ont été condamnés au payement des Droits de Détail sur les Vins qui proviennent, soit de leur patrimoine, soit de leur bénéfice, s'il ne sont pas nés à Lyon, & qu'ils n'y ayent pas acquis le droit de Bourgeoisie. Les Religieux de la Chartreuse de cette Ville y ont de même été assujettis par Arrêt du Conseil du 2 Août 1735.

POITIERS,

GÉNÉRALITÉS.	LIEUX pour lesquels il y a des Fixations particulieres.	FIXATIONS.	PAYS, &c.
POITIERS.	GÉNÉRALITÉ DE POITIERS (a).	Par muid de Vin vendu, soit à Pot, soit à assiette........5 liv. Par muid de Bierre...2 liv. 3 s. Dans ce non compris le Droit de Subvention.	Même Article de l'Ordonnance.
SOISSONS.	LAON, Ville & Faux-bourgs (b).	Par muid de Vin vendu tant à pot qu'à assiette..... 1 liv. 13 s. Moitié pour la Bierre. Et en outre la Subvention.	Idem.
	COUCY, Ville & Fauxbourgs, dépendant de l'Election de LAON.	Par muid vendu à pot..4 liv. 3 s. Vendu à assiette...5 liv. 3 s. Outre le Droit de Subvention.	Idem.
TOURS.	Chatellenies de CHAMP-TONCEAUX & de GESTE.	Par muid de Vin vendu tant à pot qu'à assiette..... 1 liv. 13 s. Moitié par muid de Bierre, & ce outre la Subvention.	Ordonnance de 1680. Même, Art. II. du Titre I. des Droits de Détail.
	Ville & Fauxbourgs du MANS.	Par muid de Vin du crû de Bourgeois, par eux vendu à pot dans leur maison d'habitation, cy................1 liv. 8 s. Et en outre la Subvention.	Même Article. Arrêt du Conseil du 11 Fév. 1727, pour le Domicile. Aut. Arr. du 10 Octobre 1741, en faveur des Bénédictins qu'il confirme dans la jouissance du privilége des Bourgeois du Mans.
PAYS MACONNOIS. Les Droits d'Aides y sont aliénés aux Etats. (771.)	VILLE DE MACON.	Par muid vendu à pot..1 liv. 7 s. vendu à assiette..1 liv. 13 s. La Subvention ne s'y paye point. (Nombre 511.)	Tarif du 18 Février 1687. Arrêt de la Cour des Aides du 3 Juillet 1691. Arrêt du Conseil & Lettres Patentes du 5 Mars 1754, regiftrées le 10 Mai suivant. Voyez d'ailleurs, Livre II. Nombre 1027, les Titres qui exemptent les habitans d'Auxerre des Droits de Gros ou Huitiéme sur les Vins de leur crû.
VILLE ET COMTÉ D'AUXERRE.		Par muid de Vin du crû des habitans par eux vendu à pot dans le lieu de leur domicile cy...16 s. Pour celui d'achat vendu à pot.............. 4 liv. 16 s. Pour celui amené par les habitans des autres Elections, & vendu à pot dans ladite Ville...4 liv. 10 s. Pour tout le Vin vendu à assiette, cy...............6 liv. La Subvention ne s'y paye point. (Nombre 511.)	

(a) Les Paroisses qui ont été distraites de l'Élection d'Angoulême, par Edit de Juillet 1714, pour servir à former la nouvelle Election de Confolens, dépendante de la Généralité de Poitiers, payent les Droits de trois livres dix sols sur la Bierre, sans modération, comme les autres Paroisses de l'Election d'Angoulême dépendantes de la Généralité de Limoges.

(b) Le Huitiéme Reglé s'y perçoit sur ce pied, mais c'est la Ville qui en jouit à titre de Patrimoine, suivant les Arrêts du Conseil des 6 Juillet 1694, 17 Septembre 1720, 31 Mars & 14 Juillet 1733, qui confirment ladite Ville dans cette jouissance au moyen du payement d'une somme de huit cens livres. Les Ecclesiastiques en sont exempts en vertu de transactions passées avec les Maire & Echevins de ladite Ville. Ils ont été maintenus dans cette exemption par Arrêt de la Cour des Aides du 13 Mai 1679 & par ceux du Conseil des 11 Mars 1705, 13 Août & 31 Décembre 1715.

La Subvention au détail, comme on vient de le voir, se leve dans toutes lesdites Généralités, Elections, Villes & Paroisses conjointement avec le Huitiéme, à l'exception des Villes de Châlons, Rhetel, Mezieres, Donchéry, où elle se perçoit à l'entrée, & à l'exception aussi de la Ville de Lyon, & des Elections de Vezelay, Auxerre & Macon qui en font déchargées, tant à l'entrée qu'au détail.

On perçoit encore le Parisis sol & six deniers pour livre du Huitiéme, fixé à vingt-sept sols trois deniers par muid de Vin vendu à pot, & à trente-trois sols trois deniers pour celui vendu à assiette dans les Villes de Montreuil, Saint Quentin, Doulens & Peronne, dépendantes de la Généralité d'Amiens. Elles ne payent ni Huitiéme ni Quatriéme. La Subvention se perçoit à l'entrée dans les Villes de Montreuil & Saint Quentin, & au détail dans celles de Doulens & Peronne. (Livre I. Nombre 516.)

CHAPITRE II.

DES FORMALITE'S PRESCRITES POUR LA
Vente des Boissons en détail.

Division des Vendans Vin en détail.

1164. TOUS ceux qui vendent des Boissons en détail peuvent être rangés sous deux classes, l'une de ceux qui ne vendent que le Vin de leur crû, & l'autre de ceux qui vendent du Vin d'achat. Dans la premiere sont les Vignerons & tous ceux qui recueillent des Boissons sur un terrain qui leur appartient ou qu'ils tiennent à loyer. Dans la seconde, sont les Hôteliers, Taverniers, Cabaretiers, Loueurs de Chambres garnies, Maîtres de Pension & tous autres de pareille qualité qui, par état ou autrement, font commerce de Boissons en détail. On va rapporter dans le présent Chapitre les dispositions qui regardent en général tous les vendans Vin de l'une & l'autre classe. On traitera ensuite séparément de ce qui concerne les Hôteliers, Taverniers & Cabaretiers, & finalement de ce qui a rapport aux Loueurs de Chambres garnies, Maîtres de Pension & autres de pareille qualité.

Objets à connoître pour parvenir à la perception.

1165. Pour parvenir à la perception des Droits de détail, il est nécessaire de connnoître; 1°. ceux qui debitent des Boissons; 2°. la quantité de Vin qu'ils ont chez eux, & 3°. celle qu'ils consomment journellement, ce sont les trois objets des dispositions suivantes.

Ord. de Paris, T. II. des Droits de détail, Art. I. Ord. de Rouen,

1166. Tous vendans Vin ou autres Boissons sont tenus, avant de commencer leur débit, de déclarer non seulement les Boissons qu'ils ont des-

sein de vendre, mais encore généralement toutes celles qu'ils ont en leur possession en une ou plusieurs caves (*a*). Cette déclaration doit être faite aux
Bureaux de Recette dans les lieux où il y en a d'établis, & aux Commis
aux exercices dans les lieux où il n'y a point de Bureau. Il doit y être fait
mention du lieu où ils entendent faire la vente de leurs Boissons, si c'est
à pot ou à assiette (*b*), & si elles sont de leur crû ou d'achat : & ils doivent
retirer un Acte de cette déclaration qui leur est délivré sans frais par les
Commis ; le tout à peine de confiscation de toutes les Boissons saisies (*c*)
& de cent livres d'amende qui ne peut être modérée de plus du quart (*d*),
à peine d'en répondre en leur propre & privé nom, & de tous dépens,
dommages & intérêts envers le Fermier, & au payement de laquelle non
seulement les Débitans qui sont surpris vendre sans déclaration, mais encore
les Acheteurs ou Fauteurs de la fraude, sont solidairement contraints comme pour les propres deniers & affaires de Sa Majesté.

rembre 1750, regissrée en la Cour des Aides de Rouen le premier Octobre suivant, Article IV.
   Arrêts de la Cour des Aides de Paris des 30 Avril 1706 & 16 Février 1724.
   Arrêts du Conseil des 6 Octobre 1684, 30 Juillet 1689, 3 Octobre 1690, & Déclaration du 4 Septembre 1708, registrée en la Cour des Aides de Paris le 20 dudit. Autre Déclaration du 30 Janvier 1714, regiltrée en la Cour des Aides de Paris le 17 Février suivant, Article premier. Arrêt du Conseil des 8 Avril 1710 & 10 Avril 1736.

Les Vendans en détail qui exploitent des terres & des fermes particulieres hors du lieu de leur domicile, sont même obligés de déclarer les
Boissons qu'ils ont dans lesdites terres & fermes pour la consommation de
leurs gens, d'en payer les Droits de détail & d'annuel, & d'y souffrir les
exercices des Commis (*e*).

Ces Déclarations font la base du travail des Commis. on exige dans les
Pays de huitiéme, qu'elles contiennent, si la vente est à pot ou à assiette
à cause de la différence des Droits (1160.), & si les Boissons sont du crû
ou d'achat, par rapport à l'annuel qui n'est point dû (1366.) par ceux qui

(*a*) L'Ordonnance de Rouen ajoute
en quelque endroit qu'elles soient situées
dans une même Ville, Fauxbourgs &
Banlieue ; ce qui revient à la disposition
qui suit sous le même nombre, & à celle
rapportée nombre 1170.
   (*b*) Cette distinction n'est point prescrite par l'Ordonnance de Rouen, parce
que la Normandie est sujette au Quatriéme, & que dans les lieux où ce Droit
a cours il n'y a point de différence entre
la vente à pot & celle à assiette, Nombre 1332.
   (*c*) L'Article IV. de la Déclaration du
premier Septembre 1750, en ordonnant
l'exécution de l'Article I. du Titre XV.
de l'Ordonnance de Rouen, enjoint à tous
Juges de prononcer la confiscation des
Boissons saisies, & leur défend de la rédui-

re aux seules piéces en perce ou de la liquider à une somme au-dessous du prix
commun des Boissons.
   (*d*) La Déclaration du 17 Février 1688,
porte que cette amende pourra être réduite au quart par les Juges. La Déclaration du 4 Septembre 1708, déroge à
cette disposition, & défend de moderer
ces amendes de plus du quart.
   (*e*) Le Fermier cependant ne tire point
cette disposition à rigueur. Il accorde ordinairement aux Débitans qui sont dans
ce cas la déduction des Droits sur une
certaine quantité de Vin proportionnée
à ce qu'en peuvent consommer leurs gens
& domestiques étrangers à leur Cabaret.
Cette tolérance n'a lieu que pour ceux
qui sont entiérement hors de soupçon de
fraude.

FORMALITE's &c,
<hr>
Tit. XV. Art. I.
   Arr. du C. des
30 Juill. 1689, 21
Juin 1723, 18 No.
1727, 28 Septem.
1728, 3 Jan. 1730,
2 Av. 1737, 1 Ao.
1741 & 6 Septem-
bre 1746.
   Arrèts de la C.
des Aides de Paris
des   7   Janvier
1722, 16 F. 1724,
11 Janv. & 3 Av.
1726, 26 Jan. 1740,
3 Sept. suiv. 28 F.
1742 & 17 Février
1750.
   Décl. du 1 Sep-

Arrêt de la Cour
des Aides de Paris
du   11   Janvier
1692.

FORMALITE'S &c.

ne vendent que le Vin de leur crû, en suppofant toutes fois qu'ils ne tiennent point Cabaret.

Ordonnance de Paris, Titre II. des Droits de Détail, Article IV. Arr. de la C. des A. de Paris des 19 Août 1681, 19 Mars 1682. Arr. du C. des 5 Janvier 1697 & 5 Avril 1723. Aut. du 23 Oct. 1731, portant défenfe de moderer l'amende. Autres des 11 Août 1733 & 28 Février 1741.

1167. Le Vin tant du crû que d'achat, vendu partie à pot & partie à affiette eft reputé, pour le tout, vendu à affiette, quand même le débit en auroit été fait en différentes caves, maifons & quartiers. Il eft permis à cet effet aux Commis d'entrer, même aux jours de Dimanche & de Fête, hors les heures du Service Divin, dans les maifons des Vendans en détail, qui font tenus de leur en faire ouverture, finon & en cas de refus, reputés vendans à affiette. Et fi après leur déclaration de vendre à pot ils font trouvés vendans à affiette, ils font condamnés pour chaque contravention en trois cens livres d'amende, qui ne peut être moderée.

Si la diftinction de vente à pot & à affiette pour un même Propriétaire étoit admife, ils pourroient prefque toujours déclarer fans aucun rifque comme vendu à pot ce qu'ils auroient réellement vendu à affiette, & frauder ainfi la partie des Droits qui fait la différence de ces deux efpéces de vente. L'amende eft ici de trois cens livres au lieu qu'elle n'eft que de cent livres pour défaut de déclaration, parce que la peine de la fauffeté doit être plus forte que celle de l'omiffion.

Reftriction à l'égard des Bourgeois. Ordonnance de Paris, Même Tit. Article V.

1168. La permiffion accordée aux Commis par la difpofition précédente d'entrer dans les maifons des Vendans Vin ne les autorife cependant pas d'entrer dans les Chambres des Bourgeois qui vendent le Vin de leur crû à pot, fous prétexte qu'ils le vendroient à affiette. Ils ne peuvent le faire qu'après en avoir obtenu la permiffion en Juftice, fi ce n'eft par fuite & lorfqu'ils ont découvert un commencement de fraude. (Nombre 1233.).

Bouchons ou Enfeignes. Ordonnance de Paris, même Titre Article II. Ordonnance de Rouen, même Titre XV. Artile II. Arrêt du Confeil du 30 Juill. 1639, rendu en exécution.

1169. Il eft enjoint aux Vendans en détail, fous les peines ci-deffus de confifcation & de cent livres d'amende, après leur déclaration faite, de mettre bouchon ou enfeigne à leur porte ou autres lieux où ils veulent faire le débit de leur Boiffons.

Les déclarations indiquent bien au Fermier les lieux où fe fait le débit; mais ces déclarations peuvent être mal faites, donner matiere à conteftation, & laiffer aux Vendans en détail le temps de vendre en fraude. Les bouchons & enfeignes achevent de rendre les Commis certains des lieux indiqués par les déclarations.

Boiffons recellées. Ordonnance de Paris, même Titre, Article XVI.

1170. Il leur eft expreffément défendu, auffi fous les mêmes peines durant le temps de leur débit, de cacher ou receler aucunes Boiffons dans leurs maifons ou ailleurs.

Ordonnance de Rouen, même Titre, Article XIV. Arrêts du Confeil des 15 Janvier 1723 & 18 Novembre 1727.

Vaiffeaux prefcrits pour la vente. Ordonnance de Paris, même Titre Art. III. & XV.

1171. Il leur eft fait pareilles défenfes de vendre aucunes Boiffons en détail s'ils n'en ont en muids ou demi muids dans leurs caves, (en ce non compris le Vin de liqueur qui peut être en moindre Vaiffeaux), fans qu'il leur foit permis d'en avoir chez eux en bouteilles, cruches ou

Ordonnance de Rouen, même Titre, Article III. & XIV. Arrêts de la Cour des Aides de Paris des 13 Juillet 1714, 16 Décemb. 1721 & 9 Février 1725; Arrêts du Confeil des 12 Janvier, 5 Avril 7 & 21 Juin 1723 & 9 Août fuivant.

barils, ainsi que d'en envoyer chercher ailleurs par pintes, cruches, barils & autres vaisseaux de pareille qualité. Il doit être procédé extraordinairement contre ceux qui se trouveroient saisis desdits vaisseaux prohibés.

Comme les futailles doivent être marquées par les Commis (1228.), & que ce n'est que par l'exercice de la Rouanne qu'ils peuvent prendre le débit à mesure qu'il se fait, il est nécessaire que les Boissons soient dans des vaisseaux qui puissent en souffrir la marque. On a voulu d'ailleurs par cette disposition reprimer la fraude du barillage, en défendant aux Vendans en détail l'usage de tous vaisseaux dont il est facile de faire furtivement le transport.

1172. Ils ne peuvent avoir pendant le temps de leur débit aucune ouverture dans les murs de séparation des maisons voisines, à peine de confiscation du Vin qui y seroit trouvé & de cent livres d'amende. Les Commis à cet effet sont autorisés à faire les visites nécessaires, & il leur est permis de sceller les portes de communication, qui en cas de nécessité, ne peuvent être ouvertes qu'en leur présence, sous les peines ci-dessus.

La fraude qu'ils pourroient commettre en faisant des entrepôts cachés chez leurs voisins, dont ils tireroient au fur & à mesure le Vin dont ils auroient besoin pour remplacer celui qu'ils débitent & cacher leur consommation, a donné lieu à cette disposition.

Ordon. de Paris, Titre II. Art. VI. Ord. de Rouen, Titre XV. Art. V. Arr. du C. des 22 Janv. 1718 7 Juin 1723 & 17 Juillet 1725. Arr. de la C. des A. de P. des 25 Sep. 1716, 10 Fév. & 21 Avril 1719. Aut. de la C. des Aid. de Rouen du 12 Mai 1724.

1173. D'un autre côté il est défendu à toutes personnes de souffrir qu'il soit encavé aucunes Boissons appartenant aux Vendans en détail, s'il n'y a bail par écrit reçu par personne publique, à peine d'amende de cinq cens livres solidaire avec ceux dont ils auroient retiré le Vin, outre la confiscation de toutes les piéces saisies, soit qu'elles soient en perce ou non.

Entrepôts frauduleux. Ordonnance de Rouen, même Titre XV. Art. IV. Cette disposition qui dans cette Ordonnance, regar- & Cabaretiers. Octobre suivant.

de tous les Vendans en détail, n'est portée dans celle de Paris qu'à l'égard des Hôtelliers, Taverniers & Cabaretiers. Déclaratioin du premier Septembre 1750, regiltrée en la Cour des Aides de Rouen le premier Octobre suivant.

1174. Il est pareillement fait défense à tous Vendans Vin en détail, durant le temps de leur débit, de tenir aucuns Atteliers de Chaudieres à Eau-de-vie, à peine de confiscation des ustenciles & de l'Eau-de-vie, & de cent livres d'amende. Il est même enjoint sous les mêmes peines aux Fabriquans d'Eau-de-vie d'en suspendre la vente en détail dans le temps qu'ils font brûler leur Boissons (1317.).

Fabrication d'Eau-de-vie défendue aux vendans en détail pendant leur débit. Ordonnance de Paris, même Titre, Article VII. Ordonnance de Rouen, Titre XV. Article VI.

Ces défenses n'ont point lieu par rapport à la Province d'Anjou.

Elles ont pour objet d'empêcher la fraude que pourroient faire les Vendans Vin, en supposant avoir employé à cette conversion une partie du Vin qu'ils auroient débité. On en a excepté la Province d'Anjou en faveur de l'usage où sont les habitans de convertir en Eau-de-vie presque tous les Vins qu'ils recueillent. On a voulu leur laisser toutes les ressources qu'ils peuvent avoir pour se procurer le débouché de ces Vins, qui sont de trop foible qualité pour supporter les frais de transport, lorsqu'ils ne se consomment pas sur le lieu.

1175. Ils ne peuvent, sous les mêmes peines, enlever le Vin de leurs

Ordonnance de Paris, même Titre II. Art. VIII.

FORMALITE's &c.

Ord. de Rouen, même T. XV. Ar. VII. Arrêts de la Cour des Aides de Paris des 16 Déce. 1721 , 5 Janvier 1725 & 31 Janvier 1741.

Remplages.
Ord. de P. même Tit. Art. IX.
Ord. de R. même Tit. Art. VIII.
Arr. du C. des 26 Septem. 1721 , 26 Janv. 5 & 26 Av. 25 Oct. & 8 Nov. 1723 , 17 Juill. & 11 Sept. 1731.
Ord. de Paris T. du Dr. Quatriéme Article X. rendu commun pour la regie du Huitiéme par Arr. du C. des 15 Av. 1687 & 19 Juin 1688.

Subflitutions frauduleufes.

Arrêts du Confeil des 14 Juillet 1722 & 26 Janv. 1723.

Rapés copeaux prohibés.
Ord. de P. même Tit. Art. X.
Ord. de R. même Tit. Art. IX.
Arr. du C. des 6 Août 1720, 16 Juin , 1719 , 17 Juillet & 2 Octobre 1731.
Arrêt de la Cour des Aides de Paris du 5 Août 1684.

caves fous prétexte de l'avoir vendu en gros, qu'il n'ait été démarqué par les Commis aux excercices, à peine d'être condamnés au payement du double Droit de Détail, & cela quand même ils repréfenteroient la quittance des Droits de Gros, dont ils ne peuvent pas demander la reftitution. A cet effet il eft enjoint aux Commis de venir demarquer les Boiffons dans les vingt-quatre heures de la fommation qui leur eft faite par écrit ; à leur défaut ladite fommation vaut congé.

Les Droits de la vente en détail font plus forts que ceux de la vente en gros : cette difpofition a pour objet de les empêcher de déclarer comme vendues en gros les Boiffons qu'ils auroient vendues en détail.

1176. Il leur eft défendu de faire aucun remplage de Vin fur les tonneaux, foit marqués, foit démarqués, fans y appeller les Commis, à peine de confifcation du Vin qui fe trouveroit avoir été rempli, & de cent livres d'amende (a).

La fraude des remplages eft une des plus ordinaires : elles fe fait au moyen des entrepôts cachés qui y fourniffent, & fert à dérober aux Commis la connoiffance du débit.

1177. C'eft dans l'efprit de la difpofition précédente qu'il eft fait défenfes aux Vendans Vin d'avoir chez eux du Poiré pendant le temps de leur commerce de Vin en détail, à peine de confifcation, tant du Vin que du Poiré. Cette derniere Boiffon fur laquelle les Droits ne font que le quart de ceux qui fe levent fur le Vin pourroit fervir aux remplages.

1178. Il y a un autre genre de fraude que l'Ordonnance n'a point prévu ; c'eft lorfque les Vendans en détail fubftituent de l'eau au Vin qu'ils ont vendu pour cacher aux Commis leur confommation , & attendre le temps favorable pour remplir les mêmes piéces du Vin qu'ils tirent de leurs entrepôts ou pour faire paffer, lorfqu'ils veulent ceffer le débit, les piéces remplies d'eau pour être remplies de Vin qui leur refte , & par ce moyen fe fouftraire au payement des Droits. La peine de cette fraude a été , fuivant plufieurs Arrêts, la confifcation de la jufte valeur du Vin auquel l'eau a été fubftituée & de cent livres d'amende.

1179. L'ufage des rapés de copeaux ou de paille (b), de quelque maniere que ce foit, eft interdit aux Vendans Vin, à peine de confifcation & de cent livres d'amende. Il eft permis aux Commis, lorfqu'ils en trouvent dans leurs caves de les faire enlever & de les dépofer entre les mains de perfonnes folvables après que les bondons ont été cachetés ; & faute d'en trouver qui s'en veuille charger, de les faire porter au Bureau de la

---

(a) A cet effet les Commis doivent avoir foin de ne point fouffrir de tonneaux percés à foffet s'ils ne font en vente fur le Portatif, de cacheter les bondes & de brider les canelles pour empêcher les remplages , & de mettre les vaiffeaux droits en chantier afin de tirer jufte les diminutions.

(b) Un Rapé de copeaux eft un tonneau entiérement rempli de copeaux neufs bien imbibés de bon Vin, fur lefquels on paffe celui qu'on veut éclaircir. Le Vin fe décharge en filtrant à travers ces copeaux des parties qui le rendoient trouble, & fe clarifie en très peu de temps.

Ferme pour les débondonner en préſence d'un Tonnellier ou d'un Habitant du lieu, la partie ſaiſie préſente ou duement appellée pour leur faire voir les Copeaux, & d'en dreſſer Procès-verbal qu'ils doivent faire ſigner, tant à la partie ſaiſie qu'au Tonnellier ou Habitant ; ſinon faire mention de l'interpellation qui leur en aura été faite & de leur refus.

L'uſage de ces rapés eſt défendu à cauſe de la propriété qu'ils ont d'éclaircir promptement le Vin, ce qui facilite aux Débitans le moyen de faire des remplages à l'inſçu des Commis : un muid de rapé de copeaux, qui eſt toujours plein, ne peut pas d'ailleurs s'exercer comme un muid de Boiſſons ordinaire ; il n'eſt pas poſſible d'en prendre le débit par diminution.

1180. Il leur eſt auſſi défendu de ſe ſervir de rapés de Raiſins (a) qu'ils n'ayent au moins vingt muids de Vin dans leur cave dans le temps que le Vin eſt mis ſur le rapé. Ils peuvent dans ce cas, avoir un rapé d'un demi muid pour la quantité de vingt muids juſqu'à quarante, & au-deſſus un rapé d'un muid en une ou deux piéces, à peine de confiſcation des rapés qu'ils auroient en plus grande quantité & de cent livres d'amende.

On n'a pas entiérement prohibé les rapés de Raiſin, parce qu'ils ne clarifient pas le Vin avec autant de promptitude que les rapés copeaux, & qu'ils ſont d'ailleurs néceſſaires pour éclaircir les baiſſieres & en faciliter la vente ; mais il a fallu en reſtreindre l'uſage pour que cette permiſſion ne dégénérât point en abus.

Ils ne peuvent ſous les mêmes peines tenir les rapés de Raiſin en d'autres caves que celles de leur domicile, quoiqu'ils faſſent leur débit en différentes caves, ni mettre le Vin ſur les rapés que le Fermier ou ſes Commis n'y ſient préſens ou duement appellés.

1181. Les baiſſieres du Vin vendu & démarqué doivent être ſurvuidées les unes dans les autres & être tranſportées à meſure qu'un tonneau en eſt plein chez les Vinaigriers. Les tonneaux vuides doivent être tirés de même hors de leurs caves & défoncés, à peine de cent livres d'amende ; (ſuivant la Déclaration du 17 Février 1688, cette amende peut être réduite au quart par les Juges.)

L'Ordonnance rendue pour le reſſort de la Cour des Aides de Rouen, ajoute que le Cidre & Poiré ne ſeront point compris dans cet article, & que les Vendans en détail ſeront tenus ſeulement de tirer les lies à meſure de la vuidange des vaiſſeaux.

1182. Il eſt permis à tous Vendans en détail de faire le débit de leurs Boiſſons à toutes heures du jour juſqu'à huit heures du ſoir en Hyver & juſqu'à dix en Eté, même pendant les Fêtes & Dimanches, excepté pendant le Service Divin, & ce nonobſtant toutes Ordonnances de Police qui pourroient y être contraires.

1683, 19 Avril 1695, 20 Janvier 1714, 22 Décembre 1716, & notamment ceux des 12 Janvier 1723, 4 Février 1727. Arrêts de la Cour des Aides de Paris des 23 Août 1681 & 24 Octobre 1686.

(a) Un Rapé de Raiſins eſt un tonneau rempli à demi de Raiſins en grapes choiſies, ſur leſquels on paſſe les Vins uſés pour leur redonner de la force & de la couleur.

FORMALITÉ'S, &c.

Défenses aux Suisses, Portiers & Domestiques de vendre des Boiss. en détail.
Arrêts du Conseil des 24 Janvier 1705 & 17 Décembre 1718, & Lettres Patentes du 24 Janvier 1719, registrées en la C. des Aides de Paris le 7 Juillet suiv.
Autre Arrêt du Conseil du 14 Juillet 1721, & autre du 2 Février 1723 pour la Ville de Versailles 15 Mars & 3 Mai 1735, rendus en exécution desdites Lettres Patentes.

1183. Il est défendu à tous Suisses, Portiers & autres Domestiques des Maisons & Hôtels de vendre & débiter aucunes Boissons, soit à pot, soit à assiette, à peine de confiscation desdites Boissons & de cinq cens livres d'amende qui ne peut être moderée, & au payement de laquelle ils peuvent être contraints même par corps. Les condamnations doivent être prononcées, soit sur les Procès-verbaux des Commis du Fermier qui se seront transportés dans lesdits Hôtels & Maisons, assistés d'un Officier de l'Election, ou sur la preuve qu'il est permis audit Fermier de faire desdites fraudes par deux témoins d'un même fait, ou par quatre témoins de faits différens. Il est enjoint aux Maîtres desdites Maisons & Hôtels de souffrir leurs visites, & de tenir la main à ce que leurs Suisses, Portiers ou autres Domestiques ne vendent ni débitent aucunes Boissons dans leurs Maisons & Hôtels. En cas de récidive par les Domestiques d'une même maison, les Maîtres sont responsables en leur propre & privé nom des condamnations encourues par leurs Domestiques, sans que lesdits Maîtres & Domestiques puissent être reçus à interjetter appel, qu'en consignant au préalable le montant desdites condamnations.

Il avoit été simplement fait défenses auxdits Suisses, Portiers & Domestiques par l'Arrêt du Conseil du 8 Mai 1691, de vendre sans déclaration ; mais l'impunité avec laquelle ils faisoient la fraude & l'impossibilité où sont les Commis de faire à temps les visites nécessaires dans lesdites Maisons & Hôtels pour la découvrir, ont donné lieu à ces dernieres défenses comme l'unique moyen de la détruire.

Consommations exhorbitantes par les gens du commun.
Arrêt du Conseil du 24 Février 1728 concernant particuliérement les Eaux-de-vie.
Autre du 13 Février 1731, pour toutes les autres Boissons.
Autres des 26 Janvier 1734, 9 & 23 Avril 1737, 29 Avril 1738, 3 Mai 1740, 28 Mars & 8 Août 1741, 20 Mars 1742, 13 Avril suivant 15 Février 1746, 6 Fév. 1748, 24 & 28 Juillet 1750 & 31 Décembre 1754, qui ordonnent l'exécution des deux précédens Arrêts.
Autre du 14 Septembre 1756.

1184. Les gens du commun qui font venir chez eux des quantités de Boissons au-delà de la consommation qu'ils en peuvent faire, eu égard à leurs facultés, à leur état & au nombre de personnes dont leur famille est composée, ensemble aux impositions qu'ils payent à la Taille & à la Capitation, sont tenus de déclarer aux Commis, à la premiere requisition, s'ils entendent vendre lesdites Boissons en gros ou en détail, ou les consommer chez eux & pour leur provision, à peine, en cas de refus de signer ou de faire leur déclaration entre les mains desdits Commis, qui doivent en faire mention sur leur Registre Portatif, d'être contraints au payement des Droits de Détail de la totalité desdites Boissons. Il est enjoint à ceux qui auront déclaré vouloir les vendre en gros ou en détail de souffrir les exercices des Commis, & d'en payer les Droits conformément aux Reglemens, & à ceux qui auront déclaré lesdites Boissons pour leur provision & consommation, lorsque la quantité de ces Boissons excédera ce qu'ils en peuvent raisonnablement consommer, de souffrir pareillement les visites des Commis comme s'ils eussent déclaré vouloir vendre ; pour qu'en cas d'abus le Fermier soit en état de leur faire payer les Droits de Détail sur l'excédant de leur consommation raisonnable, de la même façon que lesdits Droits sont payés par les Cabaretiers.

La

FORMALITÉ's.

Mêmes Arrêts.

La connoiffance des conteftations qui peuvent naître à ce fujet eft attribuée à Meffieurs les Intendans, dont les Ordonnances font exécutoires par provifion, fauf l'appel au Confeil (*a*).

1185. Outre les difpofitions qu'on vient de rapporter dans ce Chapitre, voyez encore celles rapportées, Livre I. Nombre 149. & fuivans, qui regardent en général tous les genres de fraudes, & particuliérement celle faite par les troupes.

1186. Pour l'exécution des difpofitions ci-deffus, voyez celles rapportées au §. III. du Chapitre IV. ci-après, concernant les vifites des Commis, les formalités qui leur font prefcrites dans le cours d'icelles, & l'injonction aux Vendans Vin de leur ouvrir leurs caves, celliers & autres lieux de leurs maifons.

CHAPITRE III.

DE CEUX QUI FONT COMMERCE DE BOISSONS EN DETAIL.

§. I.

Des Hôtelliers, Taverniers & Cabaretiers.

Différences des Taverniers & des Cabaretiers.

1187. OUTRE les difpofitions qu'on vient de rapporter, qui font communes à tous ceux qui vendent des Boiffons en detail ; il en eft de particulieres aux Hôtelliers, Taverniers & Cabaretiers, dont on va parler dans ce Chapitre.

On appelle Taverniers ceux qui vendent du Vin d'achat à pot : en quoi ils différent des Cabaretiers & des Hôtelliers qui vendent à affiette. (On a expliqué Nombre 1159. la différence de la vente à pot d'avec celle à affiette). Les Reglemens qui ont précédé l'Ordonnance admettoient dans leurs difpofitions quelque différence entre les Taverniers & les Cabaretiers ; mais cette différence s'eft perdue dans les Reglemens poftérieurs qui portent les mêmes loix à l'égard des uns & des autres, fi ce n'eft à l'égard de la Ville de Paris, par rapport au Vin vendu dans les maifons détachées (*b*), & dans le cas de ceffation de débit, *Voyez* Nombre 1192.

(*a*) Cette attribution qui ne leur eft donnée que pour le temps d'un Bail, fe renouvelle à chaque bail.

(*b*) L'Article deux du même Titre de l'Ordonnance porte que les Taverniers de la Ville & des Fauxbourgs de Paris qui vendent partie à pot & partie à affiette, feront tenus, outre la moitié des Droits des fix livres quinze fols par muid, de payer le gros du total, déduction faite du tiers qu'ils auront payé pour la portion qu'ils font tenus de mettre fur l'Etape. Cet Article n'a plus fon exécution que dans les maifons détachées, attendu la réunion du gros aux entrées de Paris (Livre I. Nombre 120 & 121.)

Hostelliers.

Ordonance de Paris, Titre III. des Droits de Détail, Article I.

Portes de communication prohibées.

Déclarations des boisso. qu'ils ont dans l'étendue de l'Elect. Ordon. de Paris même Titre, Article III. Arr. de la C. des A. de Paris des 7 Janv. 1722, 16 Avril 1723 & 9 Août 1726.

Teneur de ces Déclarations. Arr. du C. & Let. P. des 1 & 26 Ao. 1741, Regist. en la Cour des Aides de Paris le 21 Février 1742.

Ordon. de Paris, T. III. Art. IV. Ordon. de Rouen T. XVI. Art. I. Arr. du C. des 21 Juill. 1693, 6 Sep. 1701, 18 Mars 1710, 9 Fév. 1715, 5 Sept 1721, 14 Juill. 1722, 26 Ja. & 5 Av. 1723, 28 Nov. 1724, 20 F. 1725, 5 Nov. 1726, 17 Juin 1727, 13 Janv. 1728, 31 Juillet 1744 & 2 Septembre 1749 Arr. de la C. des A. de Paris des 9 Av. 1715, 5 Sept. 1722, 17 Mai 1740 7 Mai 1748, 14 Mars 1752. Arr. de la C. des Ai. de Rouen des 26 Fév. 1701, 5 Mars 1704, 29 Mars 1724 & 18 Novembre 1733.

Cessation de vente.

1188. L'exécution des Articles de l'Ordonnance rapportés sous le Nombre 1167, 1169, 1171, 1172, ci-dessus concernant l'obligation de la part des Vendans Vin de mettre bouchon ou enseigne, & d'avoir du Vin en muid ou demi muid, le payement des Droits sur le pied de la vente à assiette, pour tout le Vin qu'ils débitent, & la défense d'avoir des portes de communication avec les maisons voisines est particuliérement ordonnée à l'égard des Hôteliers, Taverniers & Cabaretiers.

1189. Ils sont tenus de déclarer aux Commis, à la premiere sommation, s'ils ont du Vin en d'autres lieux dans l'étendue de l'Election où ils demeurent, à peine de confiscation du Vin qu'ils n'auront pas déclaré, au profit du Fermier qui l'aura requis, & de cent livres d'amende, que les Juges peuvent réduire au quart, suivant la Déclaration du 17 Février 1688.

Cette disposition n'est qu'une extension de celles rapportées Nombre 1166. par lesquelles il est enjoint aux Vendans Vin de déclarer celui qu'ils ont en leur possession, & défendu d'en cacher ou réceller dans leur maison ou ailleurs.

1190. Ces déclarations doivent contenir, non-seulement les Vins ordinaires, mais encore les demi Vins, Boissons ou Piquettes tirées à clair, pour lesquels ils doivent les Droits; encore qu'ils soient consommés dans leur maison pour leur boisson & celle de leurs enfans & domestiques, à l'exception néanmoins des Piquettes composées de marc pressoiré & entonné avec de l'eau sur lesquelles ils ne doivent point les Droits, si ce n'est en cas de vente.

1191. Il leur est défendu, ainsi qu'aux Patissiers, Cuisiniers, Maréchaux, Bourliers & à tous autres de pareille qualité de loger aucune personne, soit de pied, soit de cheval, ni aucuns chevaux ou bestiaux, & de leur donner foin & avoine, même lorsqu'ils ne font que les tenir à l'attache qu'ils n'ayent du Vin en perce & en vente en muid ou demi muid dans leurs caves, qu'ils n'en ayent fait déclaration, à l'effet d'en payer les Droits, ainsi que de permettre qu'aucune personne boive chez eux du Vin qu'elles auroient fait acheter ou prendre ailleurs, sous peine de trois cens livres d'amende.

Les gens de cette profession sont presque toujours dans la nécessité de fournir à boire à ceux qu'ils logent. S'ils n'avoient pas du Vin chez eux, ils seroient obligés d'en tirer du dehors, & ce seroit souvent en fraude des Droits. La fin de cette disposition regarde la preuve de l'entrepôt qui résulte de la disparité du Vin servi aux buveurs d'avec celui que les Vendans Vin ont dans leur cave : on sent bien que cette preuve n'auroit jamais lieu, ou du moins rarement, si les Vendans Vin pouvoient valablement alleguer que le Vin trouvé différent à celui de leur cave leur a été apporté par les buveurs. L'amende est portée ici à trois cens livres, parce qu'elle est la seule peine du Fraudeur, & qu'il n'y a point d'objet de confiscation. La disparité du Vin indique bien qu'il y a entrepôt, mais elle n'opere pas la découverte des Vins entreposés.

1192. Les Taverniers qui ont ouvert leurs caves ne peuvent les refermer, quelque prétexte que se soit, que tout le Vin qui y a été marqué ne

Ordonnance de Paris, Titre III. Article V. Arrêt du Conseil du 19 Octobre 1706.

foit vendu en détail (*a*), ou du moins que les Droits du total n'ayent été acquittés.

Les Hôtelliers & Cabaretiers ne peuvent non plus cesser leur débit qu'en le dénonçant au Fermier trois mois auparavant, à peine d'être contraints au payement du quartier pendant lequel ils auroient discontinué la vente sur le pied du quartier précédent, & ils sont tenus de faire leur déclaration de toutes les Boissons nouvelles qui leur viennent pendant cet intervale, de la même façon que s'ils devoient continuer le débit ; attendu que jusques au moment où ils cessent de vendre, ils sont sujets à toutes les formalités prescrites aux Vendans en détail.

S'il dépendoit d'eux de cesser sur le champ le débit en le dénonçant simplement au Fermier, ils profiteroient de cette liberté pour se souftraire dans les occasions favorables aux exercices des Commis en interrompant, en apparence, leur débit qu'ils continueroient réellement, sauf à le déclarer de nouveau lorsqu'il y auroit pour eux moins d'occasion & plus de danger de faire la fraude.

Cependant les Veuves ou Héritiers des Hôtelliers, Taverniers & Cabaretiers peuvent cesser le commerce en le dénonçant au Fermier dans quinzaine, à compter du jour du décès ; mais s'ils n'ont pas fait leur dénonciation dans ce délai, il ne leur est plus permis de discontinuer le débit que trois mois après la dénonciation, sous les peines portées en l'article précédent.

Il peut souvent arriver qu'une Veuve ou des Héritiers ne soient pas à portée de continuer le commerce du défunt. Cette considération demandoit que la loi se relâchât en leur faveur.

1193. Il est défendu à toutes personnes d'encaver dans leurs maisons aucunes Boissons appartenant aux Hôtelliers, Taverniers & Cabaretiers ; (cette défense dans l'Ordonnance de Rouen regarde indistinctement tous les Vendans en détail, elle ajoute à moins qu'il n'y ait bail par écrit reçu par personne publique,) à peine d'être condamnées en cinq cens livres d'amende, qui ne peut être modérée, solidaire avec ceux dont elles auroient retiré les Boissons, outre la confiscation.

Les entrepôts cachés que font chez leurs voisins les Hôtelliers, Taverniers & Cabaretiers, font la principale source de la fraude. En portant l'amende à cinq cens livres, on a voulu proportionner la peine de cette fraude au préjudice qu'elle fait aux Droits du Roy, & à la difficulté qu'il y a de la découvrir & de la détruire.

1724, 11 Décembre 1725, 11 Juin 1726, 18 Novembre 1727, 3 Janvier & 25 Avril 1730 ; deux autres du Arrêts de la Cour des Aides de Paris des 23 Janvier 1742, 12 Juillet 1747.

Déclaration du premier Septembre 1750, regiftrée en la Cour des Aides de Rouen le premier Octobre 1750.

1194. Les Particuliers qui demeurent dans les maisons où il est tenu

(*a*) Cette disposition particuliere aux Taverniers n'est point dans l'Ordonnance de Rouen. Elle les comprend dans la disposition suivante avec les Hôtelliers & Cabaretiers, qui ne peuvent cesser leur débit qu'en le dénonçant au Fermier avant les trois mois de la cessation.

HOSTELLIERS.

Mêmes Reglem. & Ordonnance de Rouen, Tit. XVI. Article II.

Arrêt du Conseil du 28 Août 1725.

Exceptions en faveur des veuves & héritiers.
Ordonnance de Paris, même Titre III. Article VI.
Ordonnance de Rouen, Tit. XVI. Article III.

Entrepôts de Boissons appartenant aux Cabaretiers.
Ordon. de Paris, Tit. III. Art. VII.
Ord. de Rouen, Tit. XV. Art. IV.
Arr. du C. des 1 Décemb. 1691, 16 Juin & 7 Juillet 1719, 27 Mai, 29 Juillet & 29 Août 1721 ; deux autres du 15 Mai 1722 ; autres des 5 Janv. & 13 Sept. 1723, 25 Janv. & 7 Nov. 25 Avril 1730.

Visites permises chez ceux qui demeurent dans les maisons des Cabaretiers.

C ij

HOSTELLIERS.

Arr. du C. du 5 Janv. 1716 & Let. Pat. du même jour regist. en la Cour des Ai. de Rouen le 20 Fév. suivant. Arr. du C. du 2 Septem. 1732. Arr. de la C. des Aides de Paris du 22 Août 1738.

Cabaret, & qui ont dans lesdites maisons du Vin ou auttes Boissons sont tenus de souffrir les exercices des Commis, & de payer les Droits de Détail (*a*) comme les Cabaretiers.

Cette disposition est une suite de celle rapportée Nombre 1172. qui défend toute communication des maisons des Vendans en détail avec les maisons voisines, & à plus forte raison de deux parties d'une même maison où cette communication seroit encore plus facile.

1195. *Voyez* ci-après au Chapitre du Recouvrement Nombre 1261. ce qui est prescrit à ceux qui louent aux Cabaretiers des maisons garnies de meubles.

Et dans le même Chapitre Nombre 1257. ce qui concerne les contraintes decernées par corps contre les Hôtelliers, Taverniers & Cabaretiers pour le payement des Droits de détail.

1196. *Voyez* aussi Nombre 1227. & suivans ce qui concerne les visites des Commis chez les Vendans Vin, & les formalités qui leur sont prescrites dans le cours d'icelles.

§. I I.

Des Loueurs de Chambres garnies, Traiteurs, Concierges, Buvetiers & autres qui, par leur profession, sont dans le cas de fournir à boire dans leur Maison.

Loueurs de Chambres garnies & autres faisant commerce de Boissons.
Ordon. de Paris, T. IV. Art. I.
Ord. de Rouen, T. XVIII. Art. I.

1197. Les Droits de Détail sont dûs en entier, tant en pays de Huitiéme Reglé où ils se payent sur le pied de la vente à Assiette, qu'en pays de Quatriéme pour toutes les Boissons, tant du crû que d'achat qui se trouvent consommées dans la maison de ceux qui par état sont dans le cas de fournir à boire dans leur maison, & ce sans aucune déduction pour les Boissons destinées pour leur propre consommation. Les Reglemens ont fixé ceux qui doivent être mis dans cette classe. Ce sont,

S Ç A V O I R,

Mêmes Articles.

Article II. & III. des mêmes Titres, & Arr. de la Cour des Aides de Paris du 22 Août 1698. Autre du 12 Déc. 1719, contre un Maitre de Danse tenant pensionnaires. Autre du 11 Sept. 1753 par rapport à la Ville de Laugres.

& Arr. de la Cour des Aides de Paris du 30 Déce. 1682.

1198. I°. Tous ceux qui logent en Chambre garnie.

1199. II°. Ceux qui tiennent pensionnaires au jour, à la semaine, au mois & à l'année (*b*); il faut en excepter les Pedagogues, Regens & Particuliers qui ont en pension des Ecoliers étudiant actuellement aux Universités ou dans les Colléges publics, & qui les instruisent soit par eux-mêmes ou par des Maîtres & Répétiteurs, demeurans actuellement dans

---

(*a*) L'Arrêt de la Cour des Aides de Paris du 22 Août 1738, les décharge cependant des Droits pour leur Boitte.

(*b*) L'Arrêt du Conseil du 23 Août 1689, confirmé par ceux des 6 Mai 1692 & 18 Octobre 1740, en ordonnant l'exécution de cette disposition, accorde par grace, du consentement du Fermier, à ceux qui tiennent des Pensionnaires dans la Ville de Caen la décharge d'un muid & demi de Boisson par an pour chaque Ecolier ou Pensionnaires, à la charge par les Hôtes & Hôtesses de souffrir les exercices des Commis.

leurs maifons, à la charge par eux de repréfenter aux Elus, lorfqu'ils en font requis, les livres contenans les noms de leurs Penfionnaires, & le temps qu'ils font entrés chez eux, à peine de payer les Droits comme logeant en Chambre garnie, & fur le pied de deux muids par mois ; laquelle exception n'a plus lieu s'ils ne font que donner logement & la nourriture auxdits Penfionnaires fans être chargés de leur inftruction, ou s'ils logent d'autres perfonnes avec les Ecoliers auquel cas ils doivent en entier les Droits de Détail de tous le Vin confommé chez eux comme ceux qui logent en Chambre garnie.

Il faut en excepter auffi les Ecuyers, qui, avec permiffion du Roi par écrit, tiennent Academie, les Procureurs, Notaires & autres de condition plus relevée ayant chez eux des Penfionnaires qui ne font point fujets aux Droits de Détail.

1200. III. Les Buvetiers, même ceux des Cours Souveraines, s'ils vendent du Vin en détail au public auquel cas ils doivent les Droits de Détail de tous les Vins confommés chez eux, même de celui fourni aux Officiers defdites Cours (a) ; ils font tenus à cet effet de fouffrir les vifites & exercices des Commis.

1201. IV. Les Traiteurs.

Par la Déclaration du 8 Juillet 1710, il leur eft enjoint d'avoir du Vin dans leurs caves en muids, demi muids ou autres vaiffeaux qui puiffent fouffrir la marque des Commis, & défendu d'en vendre d'autre ou d'en donner à boire que de celui qu'ils ont dans leur cave, dont les vaiffeaux doivent être rouannés par lefdits Commis, & de fouffrir qu'il en foit apporté dans leur maifon par ceux qu'ils traitent, à peine de cent livres d'amende pour chaque contravention. Ils font tenus de faire ouverture de leurs caves, celliers & autres lieux de leurs maifons à la premiere réquifition des Commis, qui, en cas de refus, peuvent la faire faire par un Serrurier ; & enfin, il eft fait défenfes à toutes perfonnes de garder ou retirer chez eux aucun Vin appartenant auxdits Traiteurs, à peine d'amende de cinq cens livres folidaire, & de plus grande peine s'il y échoit. Ces difpofitions reviennent à celles rapportées ci-devant fous les Nombres 1167, 1171, 1191 & 1193, dont on a jugé néceffaire de faire une application particuliere aux Traiteurs.

1202. V. Les Maîtres de jeux de Paulme. Ils ne doivent aucuns Droits pas même l'annuel, (1365.) lorfqu'ils n'ont point de Vin chez eux, & qu'ils ont déclaré n'en vouloir point avoir : mais ils font toujours fujets aux vifites & exercices des Commis.

du 18 Janv. 1683. Aut. de la Cour des Aides de Paris du 25 Av. 1690. Et autres du Conf. des 8 Août 1690 & 6 Février 1691.

1203. VI. Les Vivandiers.

(a) L'Arrêt du Confeil du 23 Janvier 1723, avoit fixé la confommation de la Buvette du Parlement de Rouen à cinquante muids par an, & déchargé le Buvetier des Droits de détail fur ladite quantité ; mais cet Arrêt qui dérogeoit directement à l'Ordonnance avoit été furpris. Il fut fuprimé par autre du 30 Janvier 1731, qui rétablit, fans reftriction, l'Article de l'Ordonnance.

LOUEURS DE CHAMBRE GARN.

Article IV. des mêmes Titres. Même Arrêt ci-deffus de la Cour des Aides de Paris du 30 Décembre 1682.

Article II. des mêmes Titres.

Buvetiers. Article V. des mêmes Titres. Arr. du C. des 3 Av. 1724, 23 Jan. 1725, 30 Ja. 1731 & 25 Nov. 1738.

Traiteurs. Article VI. des mêmes Titres. Décla. du 8 Juil. 1710, regift. en la C. des A. de Paris le 5 Août fuivant, & Arr. du C. du 13 Juin 1721, rendu en exécution.

Sujets aux exercices.

Entrepôts des Vins qui leur appartiennent.

Maîtres de jeux de Paulme. Même Art. V. des mêmes Titres. Arrêt de la Cour des Ai. de Rouen & 6 Février 1691.

Vivandiers. Même Article des

I. DE CH. GARN.

Par les Ordonnances du Roy du 12 Mars 1675 & 30 Avril 1707 ; & l'Arrêt du Conseil du 16 Août 1692, il est défendu à tous Soldats & Vivandiers de vendre des Boissons en détail sans déclaration, à peine de confiscation des Boissons & de trois cens livres d'amende, & par les Commandans & Officiers d'en répondre en leur propre & privé nom ; & par l'Ordonnance du 13 Mai 1666, & la Déclaration du 30 Janvier 1717, il est fait défenses à toutes personnes de se dire Vivandiers & d'en faire les fonctions, à peine de confiscation des Boissons & de punition corporelle, tant que les Troupes demeurent en garnison dans les pays où les Aides ont cours ; à l'exception cependant des Troupes Suisses auxquelles il est permis d'avoir leurs Vivandiers particuliers, à la charge par eux de ne faire entrer dans chaque lieu que la quantité nécessaire à la consommation desdites Troupes (538.).

1204. VII. Les Gargotiers.

1205. VIII. Les Geoliers.

L'Arrêt du Conseil des 11 Juillet 1719, assujetit les Geoliers aux Drois de Détail de tous les Vins qu'ils font entrer dans leurs caves & celliers, quoiqu'ils déclarent ne vouloir point vendre, conformément à l'Ordonnance. Les Lettres Patentes du 26 Novembre suivant les rendent responsables du fait de leurs prisonniers. *Voyez* ci-après nombre 1244. ce que porte à leur égard lesdites Lettres Patentes, par rapport aux rebellions qui pourroient être faites aux Commis de la part desdits prisonniers.

le 12 Décembre aussi de ladite année. Autres Arrêts du Conseil des 22 Mars & 22 Novembre 1720, desdites Lettres Patentes. Arrêts de la Cour des Aides de Rouen des 27 Juillet 1682, 20 Juin 1689, Auttes de celle de Paris des 5 Septembre 1739 & 31 Mai 1740.

1206. IX. Les Concierges des Bâtimens destinés pour les Foires, encore qu'elles soient franches, & que le Vin soit débité pendant qu'elles se tiennent.

1207. X. Les Adjudicataires des bois des Forêts du Roi & les Maîtres de Forges, lorsqu'ils fournissent à boire aux ouvriers qu'ils employent dans leur exploitation.

L'Arrêt du Conseil du 9 Mai 1752, fait défenses auxdits Adjudicataires & exploitans des Bois dans l'étendue des trois Généralités de Normandie, de transporter ou souffrir qu'il soit transporté ni enlevé dans les ventes par les Bucherons & Ouvriers aucunes Boissons que la déclaration n'en ait été faite au plus prochain Bureau ; le tout à peine de confiscation des Boissons & Equipages servans à leur transport & de deux cens livres d'amende. Il porte en outre que lesdites Boissons seront prises en charge & exercice par les Commis dans chaque Attelier ; que les Adjudicataires seront tenus de donner au Fermier des Aides un état certifié d'eux du nombre des Atteliers & des Ouvriers qui y sont employés, & de tenir la main à ce que les Commis puissent exercer librement dans lesdites ventes, à peine de cinq cens livres d'amende en cas de refus

deux Ordonnances des Aides

Ordon. du Roi des 13 Mai 1666 & 12 Mars 1675 pour la discipline des Troupes. Arrêt du Cons. du 16 Août 1692.

Déclaration du 30 Janvier 1717, regist. le 20 Fév. suivant.

Exception pour les Suisses.

Gargotiers.
Même Article des deux Ordonnances des Aides.

Geoliers.
Mêmes Articles.
Arrêts du Conseil des 8 Février 1718, 10 Février, 11 Juillet 1719. Autre du 19 Août suivant & Lettres Patent. expédiées sur icelui le 26 Novembre audit an, regist. en la Cour des Aides de Paris rendus en exécution 27 Février 1691.

Concierges des Bâtimens.
Même Art. des deux Ordonnanc.

Adjudicataires des Bois du Roi, Maîtres de Forges.
Arrêt du Conseil des 10 Septembre 1712, 5 Décembre 1730 & 9 Mai 1752.

ou de trouble de la part des Bucherons & autres Ouvriers, & même d'être procédé extraordinairement contre lefdits Bucherons & Ouvriers en cas de rebellion, & voie de fait, même contre les Adjudicataires, s'ils ont été préfens ou complices : que lefdits Adjudicataires feront auffi tenus de faire défarmer ceux defdits Bucherons & Ouvriers qui feront armés : que pour la fûreté defdits Adjudicataires il ne fera délivré des congés, pour l'enlevement des Boiffons, que fur les Certificats d'eux ou de leurs prépofés, ainfi que fur les Extraits des Regiftres des Commis aux exercices : que la confommation faite dans les ventes fera conftatée & rapportée devant Meffieurs les Intendans, & qu'il fera par eux ftatué fur le payement des Droits de Détail de ce qui excédera la jufte confommation de ceux au nom defquels l'enlevement des Boiffons aura été fait fur le pied du prix commun que les Boiffons feront vendues dans le Bourg le plus prochain defdite sForêts ; les payemens defquels Droits, ainfi que des amendes & confifcations, les Adjudicataires demeureront refponfables, & qu'enfin, les conteftations qui pourront furvenir fur l'exécution de ces difpofitions feront portées pardevant lefdits Sieurs Intendans.

1208. XI. Les Entrepreneurs d'ouvrages publics, comme Architectes, Maçons, Charpentiers, Couvreurs & autres, lorfqu'ils fourniffent comme deffus des Boiffons aux Ouvriers & autres perfonnes employées dans leurs Atteliers ou autrement.

Les Habitans des Villes ou de la Champagne qui donnent à boire aux Ouvriers qu'ils employent pour leurs ouvrages particuliers, & Domeftiques ou pour les recoltes de leurs terres ne font point de ce nombre, & ne doivent point les Droits de Détail.

1209. Il eft enjoint à tous ceux dont on vient de donner l'énumération qui font fujets aux Droits de Détail de fe fournir de Boiffons fur l'Etape & aux Places publiques. Cette injonction qui a pour objet de favorifer le commerce des Foires & Marchés eft purement de Police, & ne regarde qu'indirectement la regie. L'Ordonnance de Rouen n'en fait point mention : elle n'a point été jugée néceffaire dans le reffort de cette Cour.

1210. Ils font d'ailleurs affujettis pour ce qui concerne les Droits à tout ce qui eft porté par les Reglemens à l'égard des Cabaretiers, Taverniers & Hôtelliers ; à la referve cependant de la contrainte par corps à laquelle ils ne font point fujets pour le payement defdits Droits. Le débit du Vin ne faifant point leur état auquel il n'eft qu'acceffoire, leur commerce étant moins étendu de ce côté, & leur profeffion d'ailleurs offrant communément plus de folvabilité, ils ont paru dans un cas plus favorable que ces derniers, qui font les feuls contre lefquels les contraintes fe décernent par corps pour le fimple payement des Droits. (1257.)

Arr. de la C. des Ai. de Rouen du 27 Février 1692. Décl. du 20 Mars 1714, reg. en la C. des A. de Paris le 16 Avril fuivant.

Même Déclaration.

Ordon. de Paris, même T. III. des Droits de Détail, Article VII.

Ils ne font point fujets aux contraintes par corps.

Ordon. de Paris, même Titre des Droits de Détail, Article VII.
Ord. de Rouen, même Titre XVII, Article VII.

CHAPITRE IV.

DES COMMIS AUX EXERCICES.

Objet des fonctions des Commis.

1211. Lorsque les Vendans en détail ont fait les déclarations prescrites & se sont conformés aux dispositions rapportées dans les Chapitres précédens, il est question de leur faire rendre compte des piéces dont ils ont été chargés, & de leur faire payer les Droits des quantités qui leur manquent. Pour y parvenir il est nécessaire de suivre & de constater leur débit au fur & à mesure qu'il se fait. C'est là le premier objet du travail des Commis aux exercices : je dis le premier, parce que ce n'est pas l'unique, & que leurs fonctions sont aussi très souvent relatives à la conservation des autres Droits d'Aides, soit d'Entrées, soit de Gros. *Voyez* Livre VI. Nombre 1648. où il est parlé de leurs principales opérations. Il ne sera ici question que de celles qui ont rapport aux Droits de Détail.

§. I.

De la Reception & Prêtation de Serment des Commis.

Ordon. de Paris, Titre V. Art. I. Ord. de Rouen, T. XVIII. Art. I. Lettres Patentes du mois de Juin 1696, regiſtrées en la Cour des Aides de Paris pour l'âge des Commis, & Arrêt de la Cour des Aides du 11 Juillet 1749. Arrêt du Conseil & Lettres Paten. de la prêtation de positions, regiſtrés leur alliance ou

1212. Les Commis aux Exercices, comme tous les Employés aux Fermes du Roy, doivent être âgés au moins de vingt ans, n'être parens ni alliés du Fermier (a) ni intéressés dans la Ferme, (parce que leur témoignage doit faire foi en Justice en sa faveur,) & avoir prêté serment; ce qu'ils peuvent faire pardevant tous Juges indistinctement, ayant connoissance des Droits des Fermes du Roi, pourvu qu'il dépende du Siége dans l'étendue duquel est situé le principal lieu de leur Département, même par devant les Subdelegués des Intendans des Provinces (b), ou bien en la Cour des Aides.

des 15 & 26 Mars 1720, regiſtrés en la Cour des Aides de Rouen le 17 Juin de la même année, au sujet serment des Commis. Autres Arrêts & Lettres Patentes des 21 & 30 Juin 1720, contenant les mêmes dispositions en la Cour des Aides de Paris le premier Août suivant. Arrêt du Conseil du 13 Novembre 1727, pour parenté avec le Fermier.

Reception sans information de vie & mœurs.

Ils doivent être reçus à l'instant qu'ils sont présentés, sans information

(a) Il a été jugé par Arrêt du Conseil du 18 Novembre 1727, que l'alliance ou parenté des Commis avec les Cautions de l'Adjudicataire de la Ferme n'étoit point un moyen de nullité contre leurs actes, & qu'il suffisoit pour leur validité qu'ils ne fuſſent ni parens ni alliés de l'Adjudicataire.

(b) L'Ordonnance portoit qu'ils seroient reçus en l'Election ou en la Cour des Aides. Les Lettres Patentes de 1720, citées en marge, ont ajouté qu'ils pourroient l'être indistinctement par quelques Juges que ce fut ayant connoissance des Droits des Fermes, pourvu qu'ils rempliſſent dans leurs actes à ce sujet les formalités prescrites.

de

de vie & mœurs, fans conclufions ni commiffion du Procureur Général ou de fes Subftituts, & fimplement fur la Requête du Fermier des Droits *(a)* qui eft civilement refponfable de leur fait : ladite Requête contenant qu'ils ont l'âge requis par l'Ordonnance , & qu'ils font profeffion de Religion Catholique Apoftolique & Romaine *(b)*.

vril 1722, 10 Octobre 1724 & 21 Juin 1729, rendus en conformité. Ordonnance de Juillet 1681, ticle X. qui rend le Fermier refponfable du fait de fes Commis.

1213. Lorfqu'ils ont prêté ferment en une Jurifdiction , ils ne font plus obligés de fe faire recevoir ni de prêter nouveau ferment dans les autres Jurifdictions dans le reffort defquels ils exercent, & ils ne font tenus en ce cas dans leurs Procès-verbaux que de faire mention de leur réfidence actuelle, s'ils en ont une , ou s'ils n'enont point de certaine, du Bureau principal de la Direction dans l'étendue de laquelle ils inftrumentent, ainfi que de leurs fonctions ordinaires, & de la Jurifdiction où ils ont été reçus & prêté ferment pour y avoir recours toutesfois & quantes qu'il en eft befoin *(c)*.

(a) Il avoit été créé par Edits d'Avril 1543 , Décembre 1547, Août 1576 , Décembre 1581 , & par plufieurs Déclarations poftérieurement rendues , des Commis aux Exercices en titre d'Office fous le titre de Commiffaires des Caves, Quêteurs des Aides & Controlleurs defdits Quêteurs. On reconnut par la fuite de quelle conféquence il étoit pour les intérêts de la régie qu'ils fuffent entiérement dépendans du Fermier & revocables à fa volonté. On voit par la lecture des anciens Baux qu'il lui fut permis dès 1604. de les rembourfer, & de commettre qui il voudroit à leurs places. Ils ne furent entiérement fupprimés qu'en 1634 par Edit de Juillet. Ces Employés ont toujours refté depuis à la nomination du Fermier.

(b) L'Ordonnance de Juillet 1681 , au Titre des Publications, Encheres & Adjudications, fait défenfes à tous Juges, à peine d'interdiction, de recevoir au ferment aucuns Commis, qu'en rapportant par eux le Certificat du Curé de leur Paroiffe, foufcrit de celui qui fera le ferment, portant qu'il eft de la Religion Catholique , Apoftolique & Romaine. Depuis la révocation de l'Edit de Nantes, cette difpofition s'eft trouvée inutile. L'Arrêt du Confeil & les Lettres Patentes des 11 & 30 Juin 1720, ordonnent que les Commis feront reçus fur la fimple Requête du Fermier , portant qu'ils font profeffion de la Religion Catholique , Apoftolique & Romaine.

(c) L'Ordonnance de 1680. ne difpenfoit d'un nouveau ferment que ceux qui avoient été reçus en la Cour des Aides, & les affujettiffoit à faire enregiftrer en l'Election de leur domicile le ferment qu'ils avoient prêté en ladite Cour. Les Lettres Patentes de 1719, ont abrogé cette formalité & n'exigent pour ceux même qui ont été reçus en une Jurifdiction fubalterne, que la mention de cette Jurifdiction dans leurs Procès-verbaux pour y avoir recours en cas de befoin. Dans plufieurs Inftances au Confeil & en la Cour des Aides, il a été allégué contre le Fermier que ces Lettres Patentes n'avoient d'application qu'à la loi qui autorife un Commis reçu pour une Ferme à inftrumenter pour toutes les autres ; qu'en conféquence de cette loi, comme il peut y avoir en un même lieu différentes Jurifdictions des Fermes dans le reffort defquelles les Commis peuvent verbalifer, ils ont été difpenfés d'être reçus en celle qui connoît de la fraude pour raifon de laquelle ils ont verbalifé, pourvu qu'ils le foient dans quelqu'autre du même lieu ; attendu qu'il eft facile d'y vérifier s'ils y font reçus ou non ; mais qu'il n'en eft pas de même, lorfqu'ils fe difent reçus en une Jurifdiction éloignée , parce qu'il n'eft pas facile pour lors de vérifier leur reception, & que la caufe feroit fouvent jugée avant que les Parties euffent pû fe procurer les inftructions convenables. Le Confeil ni les Cours des Aides n'ont point eu d'égard

II. Partie.

RÉCEPTION, &c.

Mêmes Regle-glemens & Arrêts du Confeil des 15 Janvier 1718 , 21 Juin 1720 , 24 A-Titre commun Ar-

Difpenfes d'un nouveau ferment dans d'autres Jurifdictions.
Arrêt du Confeil & Lettres Patentes des 26 Octobre & 5 Décembre 1719, regift. en la Cour des Aides de Paris le 14 dudit mois de Décembre.

Arr. du Confeil des 27 Mai & 29 Juillet 1721 , 15 Mai 1722, 12 Jan. & 7 Décem. 1723 & 2 Sept. 1732.

Aut. Arr. du C. & Lettres Patentes des 27 Sept. & 11 Octobre 1740 , reg. en la Cour des Aides de Rouen le 16 Novem. fuiv. Aut. Arr. & Let. Paten. du 21 Fév. 1741 , contenant les mêmes difpofitions, reg. en la Cour des Aides de Paris le 21 Mars fuivant.

Arrêts de la Cour des Aides de Paris des 26 Août 1740, 21 Mars & 6 Sept. 1741 , & 8 Mars 1745.
Arrêt de la Cour des Aid. de Rouen du 28 Juin 1741.

Ils font de même difpenfés de prêter de nouveau ferment au renouvellement des Baux, en fe conformant dans leurs Procès-verbaux à la même formalité.

Voyez Livre VI. Nombre 1607. ce qui eft dû par le Fermier pour la preftation de ferment, & l'enregiftrement de la Commiffion des Employés aux Juges pardevant lefquels ils font reçus.

Lorfqu'ils ont été reçus en la Cour des Aides ils peuvent à plus forte raifon exercer dans toutes les Elections du reffort fans nouveau ferment.

§. II.

Des Actes journalliers des Commis.

1214 Les Commis aux exercices tiennent des Regiftres Portatifs, qui contiennent par compte ouvert pour chaque Vendant en détail, les Boiffons dont il eft chargé, & les quantités qu'il fe trouve, chaque jour d'exercice, avoir débitées. Ces Regiftres doivent être en papier marqué du Timbre de la Généralité d'où reffortit le chef lieu de la Direction dont dépendent les Commis, être reliés & les feuillets cottés par premier & dernier, & paraphés fans frais (*a*), foit par un des Elus, foit par tout autre Juge ayant connoiffance des Droits des Fermes, pourvu qu'il dépende du Siége dans l'étendue duquel eft fitué le Chef-lieu de la Direction, même par les Subdelegués de Meffieurs les Intendans; le tout à peine de nullité. Le Fermier peut y mettre fon Paraphe avec celui du Juge fi bon lui femble.

Confeil du 28 Novembre 1721, concernant le Timbre des Regiftres. Déclaration du 28 Juin 1757, des Aides le 7 Septembre.

1215. Les Commis font tenus d'y diftinguer les Vendans à affiette d'avec les Vendans à pot; faute de quoi les Vendans Vin à affiette ne font tenus de payer les Droits que comme vendans à pot. (Cette difpofition n'eft point dans l'Ordonnance de Rouen, parce qu'il n'y a point de diftinction dans les Pays de Quatriéme entre ces deux efpeces de vente.)

Ils doivent auffi diftinguer fur leur Portatif les Boiffons du crû, de celles d'achat (1166.).

1216. Il eft dreffé Acte par les Commis de chaque exercice fur le Portatif. Cet Acte doit être figné de deux Commis (*b*), qui font tenus de faire figner

à ces moyens, & ont toujours jugé conformément aux Lettres Patentes de 1719. Il eft d'ailleurs enjoint aux Officiers des Jurifdictions pardevant lefquels les Commis ont prêté ferment d'en garder les Actes & Minutes ; Arrêt de la Cour des Aides de Paris du 10 Juillet 1716.

On s'eft étendu fur cet article pour fixer par ces autorités le fens des Lettres Patentes fur la clarté defquelles il femble d'abord qu'on ait quelque chofe à defirer.

(*a*) L'Ordonnance de Rouen porte que ce Paraphe fera fait fans frais. Celle de Paris ne le dit point : mais l'Arrêt du Confeil du 6 Octobre 1691 y a fuppléé.

(*b*) Il eft d'ufage que les Commis tiennent alternativement le Portatif. Celui qui en eft chargé ne doit jamais obmettre de faire figner à l'autre chaque exer-

avec eux, tant en venue qu'en vuidanges, (*Voyez* Nombre 1218. l'explication de ces termes,) les Vendans en détail chez qui ils exercent, & en leur absence leurs Domestiques ou ceux préposés à la vente, ou de les interpeller de signer & d'en écrire autant sur le Livre ou les Feuilles des Vendans Vin, qui sont tenus de les représenter aux Commis, à la premiere requisition qui leur en est faite en parlant à leurs personnes, ou à leurs femmes, ou autres préposés au débit de leurs Boissons; & en cas de refus de représenter leurs Livres ou Feuilles, ou de signer sur les Registres Portatifs, les Commis en doivent faire mention sur lesdits Registres & en laisser copie signée d'eux dans le même jour, le tout à peine de nullité de l'exercice dans lequel l'omission auroit été faite, & de répondre par les Commis des dommages & intérêts envers le Fermier.

ACTES JOURNA.

de Normandie: elle n'a pas moins toute sa force dans ce ressort: elle est comprise dans ce principe de Droit généralement admis, *Testis unus, testis nullus.*

Feuilles des Vendans Vin.

Ces Livres ou Feuilles doivent être fournis sans frais par le Fermier aux Vendans en détail & par eux conservés jusqu'à ce qu'ils soient entiérement remplis, & au cas qu'ils les perde, ils sont obligés de s'en fournir de nouveaux.

Elles leur doivent être fournies par le Fermier.

Déclaration du 4 Mai 1688, regisitrée en les deux Cours des Aides de Paris & de Rouen.

Le double des Actes des Commis écrit sur ces Livres ou Feuilles, opere en faveur des Redevables une sûreté entiere par rapport à la vérité des Registres desdits Commis. Mais comme ce seroit un soin pour eux auquel ils ne veulent point s'astreindre, ils ne sont point dans cet usage, & ils aiment mieux s'en rapporter aux Commis. Il arrive même rarement qu'ils signent les Actes des Portatifs. Les Commis y font mention de l'interpellation & du refus.

1217. Les Commis dans leurs exercices & Registres Portatifs ne sont assujettis qu'aux formalités prescrites par les dispositions ci-dessus. *Voyez* Livre VI. Nombre 1692. ce qui est dit sur la même disposition par rapport aux Procès-verbaux de fraude ou contravention, & les Reglemens rapportés à l'appui.

Les Actes des Commis sont dispensés de toute autre formalité.

Ordon. de Paris, T. V. Art. VIII. Ord. de Rouen, Titre XVIII. Article VII.

1218. Les charges du Portatif sont composées d'une part des Boissons, portées par le premier Inventaire que font les Commis chez ceux, qui déclarent vouloir vendre en détail, ou bien, si c'est par suite, de celles qui restent chez eux, suivant l'Acte de cloture du dernier Portatif, & qui sont portées en reprises sur le nouveau; & d'une autre part de toutes les Boissons de nouvelle venue, c'est-à-dire, de toutes celles que lesdits Débitans font venir ensuite pendant le courant de leur débit. Les décharges sont composées de Boissons vendues en détail, autrement trouvées en vuidange, de celles vendues en gros, & des Boissons perdues ou gâtées. Pour connoître distinctement les Boissons sur lesquelles les Droits de Détail sont dûs, on ne porte au folio recto que celles débitées. Celles vendues en gros, perdues ou gâtées se portent au folio verso, & se défalquent des charges.

Charges des Portatifs.

Décharges.

L'Article du portatif pour chaque Débitant se clôt par la comparaison de l'entrée & de la sortie, à l'effet d'établir les Boissons débitées & les Droits

Acte de clôture.

cice. C'est dans la maison des Vendans Vin & non ailleurs qu'ils doivent faire les Actes de charges, & de nouvelles venues.

DES ACTES, &c.

qui font dûs ; l'Acte de cloture fe fait à chaque fois qu'on quitte le Portatif pour le renouveller & porter en reprife fur le nouveau les quantités reftantes ou lorfque le Débitant ceffe fa vente ; ce qui s'arrête par un Acte qu'on appelle Acte de ceffé. On donnera à la fin de ce §. un modele de ces differens Actes.

Les portatifs fe renouvellent ordinairement tous les mois dans les Villes confiderables, ou tous les deux mois, autrement à chaque tierce dans les autres lieux où les exercices ne font pas auffi frequens.

Exercice par diminution.
Ordon. de Paris, T. V. Art. X.
Ord. de Rouen, Titre XVIII. Article V.
Arrêt du Confeil du 21 Mars 1684, concernant l'exercice des Commis
1219. Les Commis aux exercices peuvent exercer par diminution de quart en quart ou de moindres parties tant dans les Villes que dans les Campagnes, & en charger le Portatif; le Fermier cependant ne peut demander le payement des Droits dans les Villes où il y a Election, qu'après le débit de la pièce entiere. (*a*) Voici ce qu'on appelle exercer par diminution.

Déclaration du Aides de Paris du fur la batre des futailles. Autres Arrêts du Confeil des 14 Mars & 3 Juin 1690 & 11 Novembre 1704; 17 Janvier 1705, regiftrée en la Cour des Aides de Paris le 19 Mars fuivant. Arrêt de la Cour des 19 Avril 1684.

Marque de la Rouanne.
1220. Lorfque les Commis prennent en charge une piece de Vin ou autre Boiffon fur le Portatif : ils font autorifés à la marquer N. 1228. Ils fe fervent pour cela d'une Rouanne, qui eft un inftrument de fer, avec lequel ils tracent comme avec un compas, un cercle fur un des fonds de chaque piece. Dans les vifites fuivantes ils déterminent l'endroit où aboutit la vuidange des pieces qui ont été mifes en perce, c'eft-à-dire, la partie du tonneau qui fe trouve vuide, ce qu'ils connoiffent par le coup du manche de la Rouanne qui devient plus fourd vers la ligne où commence le plein. Ils tranchent avec une pointe du même inftrument le cercle qu'ils ont marqué fur le fond du tonneau par differentes lignes, (voyez la planche ci-jointe) qui fuivant leur pofition défigne par partie de moitié, quart ou huitiéme, les progrés de la diminution, & ils en chargent chaque fois leur Portatif jufqu'à ce que la piéce foit entierement finie.

L'empreinte des Rouannes & Cachets doit être dépofée au Greffe des Elections.
Titre VII. de l'Ordonnance de 1637, rendue pour la partie des Traites, Art. I. que l'on applique ici à celle des Aides.
1221. L'empreinte des Rouannes & des cachets dont les Commis fe fervent pour leurs Exercices, doit être dépofée par les Directeurs au Greffe des Elections.

(*a*) L'Ordonnance de Paris porte que les Commis pourront par tout ailleurs que dans les Villes où il y a Election exercer les Vendans en détail par diminution. L'Arrêt du Confeil du 14 Mars 1690, rendu en interprétation de cet Article, a jugé que Sa Majefté n'avoit point entendu exclure l'exercice par diminution dans les Villes où il y a Election, mais feulement que le Fermier ne pourroit y demander les Droits qu'après le débit de la piece en entier. Dans les lieux où la confommation eft moins forte, & où une piece eft quelquefois un mois ou davantage en perce, il eft néceffaire que le Fermier foit toujours en état d'exiger le payement des Droits à quelque point que foit la diminution, parce que les Vendans en détail pourroient pendant ce temps devenir infolvables. Mais dans les Villes confidérables telles que peuvent être celles où il y a Election, le débit y étant plus rapide, il fuffit au Fermier, pour la fûreté des Droits, qu'il puiffe les exiger après le débit de chaque piece entiere.

1222. Toutes les marques & démarques qui font faites par les Commis fur les vaiffeaux & futailles, doivent l'être fans frais.

1223. *Maniere de marquer la diminution des Piéces pour la perception des Droits de Détail.*

Ordonnancé de Juillet 1681, Titre commun, Article XVII.

Ufage de la Rouanne fur les Futailles.

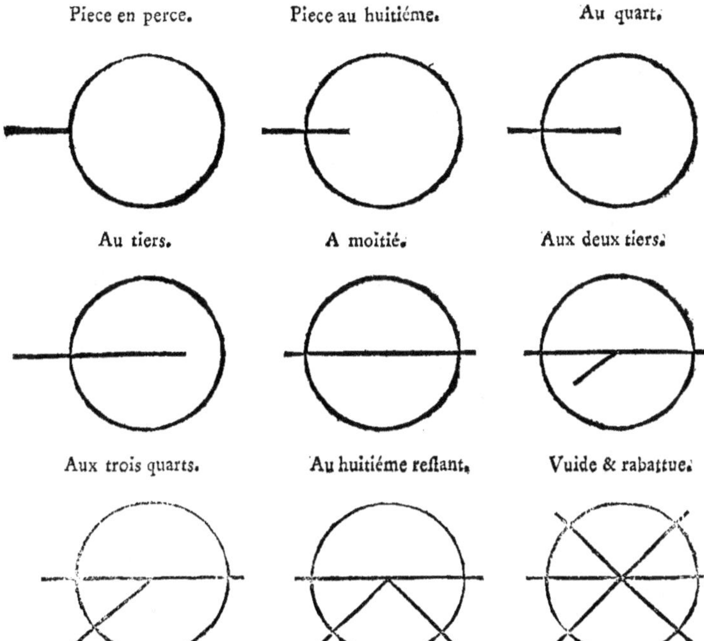

1224. FORMULES de différens Actes du

PAROISSE
de

Pierre......& sa Femme vendans en détail

CHARGES.

Par premier Inventaire.

Spécifier ici en chiffre à la marge le nombre de muids & autres vaisseaux, & distinguer le Vin du crû d'avec le Vin d'achat.

Les marques en usage pour désigner les différentes pieces sont,
SAVOIR;
Pour un muid...........1. M.
Un demi muid...........1. ½ m.
Un quart de muid........1. qtm.
Demie queue Vauvray....1. ¼qw.
Demie queue Orléans.....1. ⅝qor.
Demie queue Champagne.1. ⅝qch.
Quart Orléans..........1. qtor.
Quart Champagne......1. qch.

LE (*mettre la datte en toutes Lettres*) à......... midi.. (*a*) lui (*ou* elle) présent nous N.....& N..... soussignés pour Me.......des Aides de la Généralité de.....avons rouanné & chargé en plein, par premier Inventaire, à l'ouverture de son débit (*spécifier en toutes Lettres la quantité de chaque espece de Boissons*) qu'il nous a déclaré provenir de (*dire si le Vin vient du crû ou d'achat, & dans ce dernier cas faire mention du nom du Vendeur & de sa demeure, de la représentation des congés,* (b) *du Bureau où ils ont été expédiés, & du nom du Commis qui les a signés & délivrés.*) & les vendre en détail à pot (*ou à* assiette) a dit n'en avoir autres chez lui ni ailleurs, de ce interpellé, sommé de signer, de prendre feuille (*c*) & de nous en signer le Récépissé, a pris feuille contenant.....feuillets, de nous cottés & paraphés, & le surplus a refusé (*ou a signé ce qu'ils refusent ordinairement,*) & laissé copie sur icelle.

Acte de nouvelle Venue.

Mettre en marge les quantités comme ci-dessus.

Le.......à....midi.....présent, nous Commis susdits & soussignés, avons rouanné & chargé en plein de nouvelle venue (*spécifier les quantités de Boissons qu'il a achetées, & le nom, ainsi que la demeure du Vendeur,*) suivant le congé qu'il nous en a représenté, en datte du........... signé de.......a dit n'en avoir fait venir ni acheté d'autre, de ce interpellé, sommé de signer & de représenter sa feuille, a refusé, laissé copie.

(*a*) La mention d'avant ou après midi est nécessaire, parce que les Commis sont obligés de délivrer copie de leurs Actes dans le même jour, lorsque la représentation de la feuille des Débitans leur a été refusée, & qu'ils n'ont pu par conséquent donner sur le champ ladite copie sur icelle.

(*b*) Si les congés ne leur sont pas représentés, les Commis doivent en dresser Procès-verbal.

(*c*) *Voyez* ci-devant 1216. ce qui a été dit par rapport à ces feuilles. Si un Débitant après avoir fait refus de représenter sa feuille venoit à la représenter dans un autre exercice, les Commis en feroient Acte sur leur Portatif pour établir la différence d'icelui auxdites feuilles, & insereroient dans ledit Acte, *sans préjudice des autres charges venues & vuidanges portées sur notre Registre & non sur la feuille.* Même mention seroit faite sur la feuille.

Regiſtre Portatif des Commis aux Exercices.

à Pot (ou *à Aſſiette*,) ſuivant ſa déclaration.

VENTES.

Actes de Vente ou Vuidange.

$\frac{1}{4}$

LE (*mettre la datte en toutes lettres*) à.....midi lui (*ou* elle) préſent, nous Commis ſouſſignés avons trouvé (*ſpecifier les vaiſſeaux*) en perce & en vente, vuide du quart (*par ſuppoſition*) que nous avons marqué ſur le tonneau, ſommé de ſigner, & de repréſenter ſa feuille a refuſé, laiſſé copie (*a*).

$\frac{1}{3}$

Le.........dudit mois à.....midi.......préſent; Nous Commis ſouſſignés, avons trouvé le muid de Vin ci-deſſus vuide d'un quart...... à préſent au tiers, que nous avons marqué ſur le tonneau, ſommé de ſigner & de repréſenter ſa Feuille, a refuſé, laiſſé copie.

Il eſt dreſſé par les Commis, à chaque Exercice, un pareil Acte de la diminution des pieces en perce juſqu'à ce qu'elles ſoient trouvées vuides, & ven-dues & pour lors elles ſout rabattues, ainſi qu'il ſuit.

$\frac{2}{3}$

Le.........dudit mois à.......midi......préſent; Nous Commis ſouſſignés, avons trouvé vuide & vendu le muid de Vin, ci-deſſus du tiers vuide, & l'avons rabattu, & en perce un autre muid de Vin vuide des deux tiers que nous avons marqué; ſommé de ſigner, & de repréſen-ter ſa Feuille, a refuſé, laiſſé copie.

Mettre à la marge en chiffre les muids ou au-tres Vaiſſeaux trouvés vendus & rabattus.

Acte de Ceſſé.

Le.........à.....midi.....préſent; Nous Commis ſuſdits ſouſſignés, avons fait la clôture de ſes Charges & Reſtes qui ſe ſont trouvés monter à (*déſigner la quantité des Boiſſons reſtantes*) que nous avons goûtés & dé-marqués après ſa déclaration de ne plus vouloir vendre en détail, (*cette déclaration eſt ſuffiſante ſi c'eſt un Vigneron ou un Bourgeois qui vend à pot le Vin de ſon crû; mais ſi c'eſt un Tavernier ou un Cabaretier ordinaire,* (1192.) *il faut ajouter*) ſuivant la ſommation par lui faite au Bureau le........ ſignée de.........& qu'il a réiterée ce jourd'hui verbalement,) ſommé de ſigner, a refuſé, laiſſé copie.

(*a*) Voyez la notte dans la page pré-cédente au ſujet du refus de la part des | Vendans en détail de repréſenter leur Feuille.

Suite des Charges de Pierre . . . . & sa Femme.

Les Commis doivent dresser un pareil Acte à chaque fois que les Vendans en détail reçoivent de nouvelles Boissons.

Acte de Décharge pour vente en gros.

Le . . . . à . . . . . . midi . . . . présent ; Nous Commis soussignés, l'avons déchargé de (*désigner les Boissons vendues*) qu'il a vendus en gros à . . . . demeurant à . . . . . . suivant la Quittance des Droits qu'ils nous a représentée en datte du . . . . . . signée . . . . . lesquels (*repéter les Boissons vendues,*) avons vu enlever, après les avoir goûtés & démarqués, sommé de signer & de représenter sa Feuille, a refusé, laissé copie.

Porter dans cette marge en chiffre les quantités de Boissons vendues & qui doivent être déchargées.

Autre pour Vin gâté vendu à un Vinaigrier.

Le . . . . à . . . . . . midi . . . . . . présent ; Nous Commis soussignés, l'avons déchargé de (*mettre la quantité qui s'est trouvé gâtée,*) gâté, par nous reconnu tel après l'avoir goûté, (*a*) qu'il a vendu en gros à . . . . Vinaigrier, demeurant à . . . . . . suivant le congé qu'il nous en a représenté en datte du . . . . . signé . . . . . . & que nous lui avons à l'instant rendu, lequel muid préalablement démarqué avons vu enlever avec ledit congé, sommé de signer, &c. *comme ci-dessus.*

Idem.

Autre Décharge pour Vin perdu.

Le, &c. Nous Commis soussignés, l'avons déchargé de (*spécifier les Boissons perdues, & comment la perte en est arrivée*) pour y avoir été appellés sur le champ, sommé de signer, &c. *comme ci-dessus.*

Idem.

Autre pour Vin gâté & jetté sur le Fumier.

Le, &c. Nous Commis soussignés, l'avons déchargé de . . . . gâté, bouté & puant que nous avons reconnu tel pour l'avoir goûté, & l'avons fait jetter en notre présence sur le Fumier après l'avoir démarqué, sommé de signer, &c. *comme ci-dessus.*

Idem.

Acte de Charge & en même tems de Décharge pour transvasion.

Charge de 6m. 15. ½m. 1. qm.

Le, &c. Nous Commis soussignés, avons rouannné & chargé (*par supposition*) six muids, quinze demi queues & un quart de muid de Vin qu'il a soustiré de trois demi queues Vauvray, dix demi queues Orléans & six demi queues Champagne de sa cave que nous avons démarqué comme vuides, sommé de signer, &c. (*comme ci-dessus.*

Décharge de 3. ꝗ qv. 10. ζ qov. 6. qch. de Vin soustiré.

(*a*) Les Commis peuvent se servir dans ce cas de la faculté accordée au Fermier de faire verser dix pintes de Vinaigre dans chaque muid de Vin gâté. Voyez Livre I. Nombre 501.

Suite des Ventes de Pierre........& sa Femme.

Lorsqu'on renouvelle les Portatifs ou qu'un Vendant en détail cesse son débit; on arrête ses Ventes pour le payement des Droits ainsi qu'il suit.

Partant ledit Pierre.........& sa Femme, sont demeurés d'accord avoir vendu pendant lesdits mois de..........la quantité de (*détailler les Boissons vendues*), sommé de signer, a refusé, laissé copie.

Montant des Droits à......par muid........................ooo.
Quatre Sols pour livre............................... oo.
T O T A L (*mettre la somme en toutes Lettres.*) ci.........ooo.

Acte de Clôture.

Le , &c. Nous Commis soussignés , avons trouvé rester des Charges précédentes en la cave dudit.......lui (*ou elle*) présent (*porter les quantités des Boissons restantes*) a dit n'en avoir d'autres , sommé de signer & de représenter sa Feuille, a refusé, laissé copie.

Ce restant sert à former la reprise du nouveau Portatif dans la forme suivante , & ainsi de suite à chaque renouvellement de Portatifs.

Acte de Reprise.

Le...........à.......midi.......présent, Nous N.........& N....soussignés pour M*.....Fermier des Aides de la Généralité de.... avons repris en plein la quantité de.......de crû (*ou d'achat*) restant des mois précédens , qu'il a déclaré vouloir continuer de vendre à pot (*ou* à assiette,*) a dit n'en avoir autre chez lui ni ailleurs ; de ce interpellé , sommé de signer & de représenter sa Feuille, a refusé, laissé copie.

1225. Sur les arrêtés des Portatifs se dressent les Etats de produit, sur lesquels le Directeur forme l'Etat général des Contraintes pour le recouvrement des Droits (1255.) dans la forme qui suit.

DÉPARTEMENT
de

ANNÉE du Bail de

Mois de.....
&
17

*ETAT des Vins & autres Boissons vendues en détail tant à pot qu'à assiette par les Cabaretiers & autres du Département de......
pendant la tierce des mois de.......&.....mil sept cinquante-huit, ensemble des Droits de Huitiéme, Octroy, &c. annuel & quatre sols pour livre par eux dûs, ainsi qu'il suit ;*

SÇAVOIR,

Nota. Faire autant de colomnes qu'il y a de nature de Droits.

Villes ou Pa-
roisses.

de

Pierre........pour
(*désigner la quantité & l'espece des vaisseaux, la nature des Boissons, & si elles sont vendues à pot ou assiette.)* ....
&c.

	HUITIÉME.	OCTROY.	ANNUEL.	Quatre sols pour livre.
	oo.	oo.	oo.	oo.

RECAPITULATION PAR NATURE DES DROITS.

Huitéme à assiette. { *muid.* ₶ { Spécifier ce qui est dû pour cha-que piece. } La piece.........oo. / oo. à..... / *demi queue.* / oo. à idem......................oo. } ooo.

Huitiéme à pot... { m. / oo.   à........................oo. / m. / oo.   à........................oo. } ooo.

Premiere moitié d'Octroy..................................... oo.

Annuels.......... { A huit livres.......................oo. / A six livres........................oo. } ooo.

TOTAL desdits Droits.... ooo.
Quatre sols pour livre...... oo.

TOTAL général.................................... oooo.

Nous soussignés Commis à l'Exercice des Aides, du Département de....
Certifions le présent Etat montant, y compris les quatre sols pour livre, à
la somme de......être conforme au Registre Portatif de la Tierce de....
&......derniers. Fait à.....ce....

1226. Les actes des Portatifs qui se tiennent dans le Pays de Quatriéme
se rédigent sur les mêmes principes & dans la même forme que dans les
Pays de Huitiéme. Ils ne different qu'en ce qu'il faut y faire mention du
prix des Boissons, parce que le Quatriéme étant proportionnel c'est sur ce
prix que s'en fait la perception. En voici le modele ci-après.

PAROISSE
de.......... *Pierre .... & fa Femme.*

CHARGES.

Par premier Inventaire.

<table>
<tr><td>

*Détailler ici le
Numero & la
contenance des
pieces dans cette
forme.*

Vin à...fols le
pot.   *Pots.*
Piece N°. 1..000.
        2..000.
        3..000.

Cidre à....fols
le pot.   *Pots.*
N°. 1........00.

*Et ainfi de fuite
pour les autres
Boiffons.*

</td><td>

LE, &c. (*comme dans le premier modele ci-deffus.*) Nous Commis fouffi-gnés avons percé, gouté, jaugé & marqué, & pris en charge par premier Inventaire à l'ouverture de leur débit; fçavoir, (*faire ici le détail des pieces par Numeros, & de la contenance de chacune par pots.*) lefquels vaiffeaux émargés & numerotés ci-contre ledit nous a déclaré provenir (*dire fi les Boiffons proviennent du crû ou d'achat, & dans ce dernier cas faire mention du nom du Vendeur & de fa demeure, de la répréfentation des congés des Bu-raux où ils ont été expédiés de leur datte & du nom des Commis qui les ont fignés.*) ledit.... nous a déclaré vouloir vendre en détail lefdites Boiffons; fçavoir, (*détailler les differens prix aufquels chaque nature de Boiffon doit être vendue*) & n'avoir autres Boiffons chez lui ni ailleurs, de ce fommé & de figner, a refufé, laiffé copie fur la feuille à lui délivrée, contenant...... feuillets de nous cottés & paraphés.

</td></tr>
</table>

Les actes de nouvelle venue & de reprife fe dreffent de la même façon; on ne fait que changer les mots de premier Inventaire, & y fubftituer ceux de nou-velle venue ou de reftans du mois précedent.

Pour les actes de décharge, c'eft la même forme que ceux dont on vient de donner le modele pour les Pays de Huitiéme.

On arrête à la fin de chaque mois les Boiffons reftantes pour le mois fuivant après la déduction de celles vendues en gros ou en détail, & des autres dé-charges auffi dans la même forme du modele ci-deffus.

Pierre . . . . *& ſa Femme.*

VENTES.

Acte de Vente ou Vuidange.

LE, &c. . . . . . . préſent nous a déclaré vendre en détail à . . . . . ſols le pot, une piece de . . . . contenant . . . . pots droite en bonde & chantier, ſommé de ſigner a refuſé laiſſé copie ſur la feuille à lui dé-livrée.

Le . . . . dudit . . . . préſent, trouvée vuide (*par ſuppoſition*) de dix pots fait contremarque.

Le . . . . dudit. . . . . préſent, trouvée vuide de quinze pots, fait contremarque.

Et ainſi de ſuite juſqu'au dernier du mois.

Le dernier dudit. . . . . préſent, trouvée vuide de douze pots, ſommé de ſigner & de répréſenter ſa feuille, a refuſé, laiſſé copie.

Si la piece ſe trouve vuide, après le mot vuide *on ajoute ,* & vendue l'avons rabattue.

Faire la même operation pour chaque nature de Boiſſons.

Partant le dernier dudit mois de . . . . . . Pierre & ſa femme ſont con-venus avec Nous Commis ſouſſignés avoir vendu en détail pendant ledit mois . . . . pots à . . . . ſols (*porter en toutes lettres la quantité de pots de chaque eſpece d· Boiſſons conſommées & le prix de la vente.*) dont acte ſommé de ſigner & de répréſenter ſa feuille , a refuſé, laiſſé copie.

Les autres actes dans la forme de ceux ci-deſſus.

VIN à. . . . .ſols le pot.
      Pots.
Nᵒ. . . . . .000.

VIN à. . . . .ſols le pot.
Nᵛ. . . .37. pots.

VIN à. . . .ſols le pot.
      Pots.
Du No. 1. . . . .00.
Du No. 2. . . .000.

Et ainſi de ſuite pour tout ce qui peut avoir été conſommé.

---

§. III.

Des viſites des Commis & des formalités qui leur ſont préſcrites dans le Cours d'icelles.

1227. On a vu ci-devant, Chap. II. les formalités qui ſont préſcrites pour la vente en détail des Boiſſons : les diſpoſitions qu'on va rapporter peuvent en être regardées comme une ſuite.

1228. Les Vendans en détail ſont tenus à la premiere ſommation des Commis, d'ouvrir leurs caves, celliers & autres lieux de leurs maiſons pour y faire les viſites néceſſaires & y être les Boiſſons inventoriées, marquées de la Rouanne (1222.) & priſes en venue & en vuidange. (1218. En cas de refus les Commis peuvent en faire faire ouverture par le premier Ser-gent, Serrurier ou Maréchal ſur ce requis, deux voiſins préſens ou duement appellés, ſans demander permiſſion en Juſtice, ce qui cependant ne doit

Ouvertures des Caves. Viſites des Commis.
Ord. de Paris T. V. des Droits de détail , Art II.
Ord. de Rouen , T. XVIII. Art. II.
Exception à l'é.

s'entendre dans le reſſort de la Cour des Aides de Paris, à l'égard des Bourgeois qui vendent le Vin de leur crû à pot, que des lieux ordinaires pour le dépôt des Boiſſons & non des chambres de leur maiſon où les Commis ne peuvent entrer ſans l'autorité du Juge, ſous prétexte qu'ils vendent à aſſiette, ainſi qu'on l'a déja dit. (N. 1168.) Cette reſtriction n'eſt point dans l'Ordonnance rendue pour le reſſort de la Cour des Aides de Rouen : il y eſt d'uſage que les Commis faſſent leurs viſites dans tous les endroits des maiſons deſdits Bourgeois, comme chez les autres Vendans en détail.

1229. Ces viſites & exercices des Commis peuvent être faits & repétés chez tous les Vendans en détail, toutes fois & quantes que les Commis le trouvent néceſſaire, même aux jours de Dimanche & de Fêtes hors les heures du Service Divin.

Les Procès-verbaux qui ſont faits par ſuite, & en conſéquence deſdites viſites & exercices commencés avant le Service Divin, peuvent même être dreſſés pendant les heures du Service Divin, ſans que ce puiſſe être un moyen de nullité.

1230. Il eſt enjoint à tous Vendans en détail de déclarer aux Commis les lieux où ils ont acheté les Boiſſons & le prix de l'achat, & d'en repreſenter les congés s'ils en ſont requis à la premiere viſite à peine de 100 liv. d'amende. A cet effet les Commis doivent laiſſer les congés biffés & lacerés entre les mains des Voituriers qu'ils rencontrent pour les remettre à ceux à qui les Boiſſons ſont deſtinées.

La repréſentation des congés eſt un des moyens de s'aſſurer de la vérité des déclarations. Les Commis doivent biffer & lacerer les congés dont ſont porteurs les Voituriers qu'ils rencontrent, afin qu'ils ne puiſſent pas ſe ſervir du même congé pour faire d'autres voitures en fraude des Droits dûs à l'enlevement ou à la vente en gros.

1231. Ils ſont pareillement tenus de déclarer aux Commis, les caves où ils ont fait deſcendre leurs Boiſſons, tant celles où ils en font le débit, que celles où ils les tiennent en Magaſin, à peine de confiſcation du Vin, trouvé dans les lieux non déclarés, & de 100 liv. d'amende. Les Juges ſuivant la Déclaration du 17 Février 1688, peuvent reduire cette amende à 25 liv.

1232. Les Commis ne ſçauroient faire de viſite ſans autorité de Juſtice chez ceux qui n'ont point fait de déclaration de vendre, excepté dans les lieux ſujets aux Inſpecteurs aux Boiſſons. (Livre I. N. 570.) Mais lorſqu'il y a des ſoupçons vehements de fraude contre des particuliers accuſés de vendre à Muchepot, le Fermier préſente Requête aux Juges de l'Election à l'effet d'obtenir la permiſſion de faire en l'abſence deſdits Juges chez les particuliers dénommés dans ladite Requête, les viſites néceſſaires pour découvrir la fraude. Les Elus ſur cette Requête rendent une Ordonnance, par laquelle ils accordent cette permiſſion pour une fois, ou pour un temps limité comme de quinze jours, un mois, ſix ſemaines ou autre temps qu'ils jugent convenable, & en cas de refus par leſdits particuliers de faire ouverture de leur maiſon, l'autoriſent en même temps à la faire faire par le pre-

DES COMMIS &c.

...gard des Bour-geois.
Ord. de Paris T. III. Art. V.

Arr. du C. du 29 Mars 1662.
Ord. de Paris, T. II. Art. IV.
Arr. de la C. des A. de Paris des 23 Août 1681 & 6 Septembre 1718.
Aut. du Conſeil des 17 Juill. & 2 Octobre 1731.

Déclaration des lieux où les Boiſ-ſons ont été ache-tées & du prix d'icelles.
Répréſentation des congés or-donnée.
Ordon. de Paris, Tit. V. Art. III.
Ord. de Rouen, T. XVIII. Art. III.

Ordon. de Paris, Art. IV.
Ord. de Rouen, Article III.
Arr. du C. du 11 Janv. 1692, au ſu-jet de ceux qui exploitent des Fermes hors de leur domicile.

Viſite par auto-rité de Juſtice chez ceux qui n'ont point fait déclaration de vendre.
Déclaration du mois de Sept. 1581 reg. en la Cour des Aides de Paris le 19 dudit.
Arr. de la C. des A. de P. du 13 Mai 1705, 12 Juin 1714, 19 Fév. 1717 & 7 Avril 1721.

mier Serrurier ou Maréchal fur ce requis, en interpellant deux des plus proches voifins d'y être préfents. (*a*)

Il eft enjoint aux Officiers des l'Élections de répondre lefdites Requêtes en quelque temps & lieux que ce foit, fans pouvoir les retenir n'y en ordonner la communication au Procureur du Roi ni les faire figner en la Chambre du Confeil, ni ailleurs par plufieurs Officiers, & fans pouvoir fe taxer aucunes vacations pour raifon defdits permiffions. En cas de refus de la part defdits Officiers, ou de l'un d'eux de répondre lefdites Requêtes, la fignification faite à leur Greffe vaut permiffion.

Injonction aux Officiers, &c. Arr. de la C. des Aides de Paris du 7 Avril 1721, cité ci-deffus. Arr. du Conf. du 21 Juin 1729.

1233. Lorfqu'il arrive que les Commis dans le cours de leurs vifites & exercices découvrent la fraude, ils peuvent entrer par fuite fans la permiffion du Juge dans les faux bouchons (*b*) & lieux où elle fe commet. Ceci eft conforme à ce qui a été dit au fujet de la déclaration de vente à pot ou à affiette. N. 1168.

Les Commis peuvent entrer par fuite dans les fauxbouchons fans permiffion du Juge.

des 9 Décembre & 24 Mars 1721, 29 Octobre 1726, 28 Février 1736 & 4 Avril 1741. Autres Arrêts de de Paris des 3 Décembre 1698, 20 Décembre 1718, 7 Avril & 30 Décembre 1721, 11 Juillet 1724, 26 Mai 1735 & 7 Février 1741.

Arrêts du Confeil la Cour des Aides Février 1734, 10

1234. Il y a même des cas d'une fraude extraordinaire & indeftructible où le Fermier a été autorifé par Arrêt du Confeil, à faire faire des vifites chez les habitans d'une Ville entiere fans permiffion ni affiftance de Juges, en y appellant toutes fois deux des plus proches voifins.

Arr. du C. des 11 Juillet 1719, 15 Juil. 1721, 15 Se. 1722, 28 Ao. 1725, & 16 Juin 1733, rendus contre les habitans de la Ville de Nevers.

1235. Les Controlleurs Ambulans des Aides ont été de même autorifés à faire des vifites accompagnés de deux Commis, même chez les Nobles & Eccléfiaftiques foupçonnés de fraude.

Arr. du C. des 26 Av. 1723 & 10 Oc. 1741, rendus pour les Elections de Guife, Reims & Rhetel.

1236. Il eft enjoint, à tous Juges Royaux ordinaires, ainfi qu'à tous Officiers des Maréchauffées, Prévôtés & autres Officiers, en cas d'abfence ou refus des Juges qui connoiffent des Droits des Fermes, de fe tranfporter en tous lieux & à toutes les heures que les Commis le requereront dans les cas néceffaires pour les aider dans leurs exercices & fonctions, faire faire l'ouverture des portes fi befoin eft, & en dreffer Procès-verbaux, à peine de demeurer refponfables des dommages & interêts du Fermier, fans que lefdits Juges Royaux & Officiers des Maréchauffées puiffent prétendre de plus grands falaires que ceux accordés aux Officiers des Jurifdictions qui connoiffent des Droits des Fermes; & auffi fans que les Procès-verbaux qui feront faits par lefdits Juges Royaux & Officiers des Maréchauffées puiffent être portés ailleurs qu'aux Greffes defdits Jurifdictions, auxquelles la connoiffance en appartient.

Injoct. aux Juges Royaux, aux Offic. des Maréchauffées & autres Offic. de fe tranfporter en tous lieux. Arr. du C. & L. Pat. des 15 & 26 Mars 1720, regif. en la C. des A. de R. le 17 Juin fuiv. Aut. Arr. & L. P. des 21 & 30 Juin auditan, reg. en la C. des A. de P. le 1 Août fuiv.

1237. Les Commis aux Aides, & en général tous ceux chargés de la perception des Droits & de l'Exploitation des Fermes du Roi, font fous la Sauve-gardedes Juges, Officiers & principaux Habitans des Villes où font

Commis déclarés fous la fauvegarde des Juges. Décl. du 28 Juin 1716, regif. en la C. des A. de Paris le 16 Juillet fuiv. & en celle de R. le 5 Août aud. an. Arr. du C. du 18 Novem. 1727, 14

(*a*) L'Arrêt de la Cour des Aides du 12 Juin 1714, ordonne l'exécution d'une pareille Ordonnance, quoique M. le Procureur Général s'en fût porté Appellant incidemment fur le Barreau.

(*b*) On appelle Fauxbouchons les lieux où il fe vend des Boiffons fans Enfeignes ni Bouchons, fans déclaration & en fraude des Droits.

DES COMMIS, &c.
——————
Sept. 1728 & 11 Oct. 1740, rendus en exécution.

Déclaration du 30 Janvier 1717. regist. en la Cour des Ai. de P. le 20 Fév. suivant & en celle de R. le 12 Mars audit an.

Recensemens en Normandie.
Exercices chez les Marchands de Vin en gros. Et chez les bouilleurs & marchands d'Eau-de-vie.

établis les Bureaux, & il est défendu à toutes personnes de les troubler directement ni indirectement dans leurs fonctions, ni de distribuer contre eux aucun libelle, à peine de 500 liv. damende, & de punition corporelle.

1238. Les mêmes défenses sont portées à l'égard de tous gens de guerre, valets des Officiers & autres à la suite des troupes, sous peine de la vie, contre ceuxqui auroient causé le trouble dans les Bureaux du Fermier, ou dans les visites & exercices des Commis.

1239. Pour ce qui concerne les recensemens dans la Province de Normandie. *Voyez* Liv. I. N. 534. Pour les exercices chez les Marchands de Vin en gros. Livre II. N. 810. Pour les exercices chez les Bouilleurs & Marchands d'Eau-de-vie. Livre I. N. 601. Pour les visites dans les Couvents de Filles, soupçonnés de fraude. Livre II. N. 880.

§. IV.

Des rebellions faites aux Commis.

Emprisonnement des contrevenans en cas de rebellions.
Arr. du Conseil des 30 Sept. 1719, 26 Mars 1720, & Let. Pat. du 4 Mai 1723, regist. en la C. des A. de Paris le 12 Juin suivant.

Décla. du 30 Jan. 1714; regist. en la C. des A. de Paris le 17 Février, & en celle de Rouen le 16 du même mois audit an, Article IV.

Même Article.

Art. V. de la même Déclaration.
Arr. du C. du 16 Nov. 1734, rendu en exécution.

Geoliers responsables de leurs Prisonniers.
§ Arrêt du Conseil & Lettres Patentes des 19 Août & 26 Novembre 1719, regist. en la Cour des Aides de Paris le 12 Décembre suivant. *Voyez* les autres Reglemens cités Nomb. 1205.

1240. Les Commis sont autorisés à emprisonner les Contrevenans qui leur font rébellion dans l'instant d'icelle, sans permission de Justice, & il est fait défense à tous Juges de mettre en liberté les coupables & complices de rébellion, qu'après l'instruction & Jugement diffinitif, & en cas d'appel de la part du Fermier, qu'après le Jugement dudit appel, à peine de répondre par lesdits Officiers en leur propre & privé nom, des dépens, dommages & interêts du Fermier, même des amendes & confiscations encourues par les Fraudeurs. (*a*)

1241. Il doit être procédé extraordinairement contre les Fraudeurs qui ont fait violence & rebellion; sans qu'il puisse être fait aucunes pourfuites contre les Commis, qui en se défendant auroient tué quelques-uns des Fraudeurs, ou de leurs complices; Sa Majesté là-dessus imposant silence à ses Procureurs.

1242. Les Fraudeurs nocturnes sont dans le cas de sédition & rébellion, & il doit être procédé contre eux extraordinairement.

1243. Les Maîtres de maisons, ainsi que les Peres & Meres, sont responsables civilement & solidairement des condamnations jugées contre leurs Domestiques & Enfans de famille mineurs, & demeurant avec eux, pour fraude, violence & rébellion, ou pour complicité.

1244. Les Géoliers sont civilement responsables du fait de leurs prisonniers. Il leur est enjoint de tenir la main à ce que les Commis ne soient

---

(*a*) L'Arrêt du Conseil du 30 Septembre 1719 & celui du 20 Mars 1729, cités à l'appui de cet Article ont été rendus pour rebellions faites à l'occasion de la perception des Droits d'Entrées; mais le prononcé de ces Arrêts & les Lettres Patentes du 4 Mai 1723, ne distinguent point, & rendent la disposition générale pour les rebellions faites à l'occasion de la perception de quelques Droits d'Aides que se soit.

point

point troublés dans les exercices qu'ils font dans leurs prisons, à peine en cas de rébellion de la part des prisonniers de cinq cent livres d'amende contre lesdits Géoliers, qui ne peut être modérée sous prétexte d'absence ou autrement, & à défaut par eux de consigner entre les mains du Fermier ladite amende dans le mois du jour de la signification de la Sentence, la peine doit en être convertie en celle des galeres pour cinq ans, par les Juges qui auront rendu lesdites Sentences, & ce sur la simple Requête du Fermier, sans qu'ils puissent être reçus Appellans que l'amende n'ait été préalablement consignée, à peine de nullité, & sans préjudice de plus grande peine s'il y échoit.

1245. Lorsqu'il est arrivé des rébellions dont l'impunité auroit pu avoir des suites dangereuses, soit par l'indisposition des premiers Juges, soit par la longueur des procedures ordinaires, le Conseil plusieurs fois a évoqué à soi, les instances commencées sur ces rébellions, & a commis Messieurs les Intendans des Provinces pour les juger souverainement.

mois 14 Janvier 1722, 3 Mai & 9 Août 1723, 8 Août & 28 Novembre 1724, 17 Juin 1727, 17 Août 1729, 21 Juin 1735, 27 Janvier & 25 Août 1739, 12 Janvier & 11. Octobre 1740.

1246. Il y a nombre d'Arrêts tant du Conseil que de la Cour des Aides, qui ont condamné en l'amende honorable, aux galeres & autres peines afflictives des particuliers qui ont fait rébellion, & usé de voye de fait contre les Commis dans le cours de leurs exercices.

des Ai. de Rouen des 2 Juin & 20 Août 1710. Autre de la Cour des Aides de Paris du 5 Août 1722, ne du bannissement, 6 Août 1724, celle des galeres; 19 Août suivant, celle de mort; 28 Août 1730, bannissement.

§. V.

Des Decrets contre les Commis.

1247. Il est fait défense à tous Juges, autres que ceux de Sa Majesté, de décreter contre les Commis pour délits & crimes de quelque nature que ce soit, commis dans le département où ils sont employés, à peine de nullité des procedures, dépens, dommages & interêts, & de mille livres d'amende contre les Parties, & d'interdiction contre les Juges.

C'est une faveur que Sa Majesté a jugé à propos d'accorder aux Commis de ses Fermes, dont elle n'a point voulu abandonner le sort aux Officiers des Justices Seigneuriales.

1248. Il est défendu sous les mêmes peines à tous Juges des Jurisdictions Royales ordinaires, de decreter contre eux pour le fait de leurs emplois, & pour les cas arrivés dans la suite de leurs fonctions. Les Jurisdictions établies pour les differentes parties des Fermes, telles que les Elections pour celle des Aides, sont seules competentes pour en connoître en premiere instance respectivement pour ce qui concerne chacune d'elles, à la charge de l'appel en la Cour des Aides.

1249. En cas de conflit pour la compétence entre les Officiers des Jurisf-

Marginal notes:

Evocations & commissions particulieres sur des rebellions.
Arrêts du Conseil des 22 Juillet 1721, 20 du même & 28, 26 Juillet

Diverses peines prononcées pour rebellion.
Arrêt du Conseil du 5 Août 1722.
Arrêts de la Cour qui portent la peine du bannissement.

Défenses à tous autres Juges que ceux de S. M. de decreter les commis.
Ordon. du mois de Juillet 1681, Titre commun, Article XXXV.
Arr. du C. des 15 Mars 1720, 26 Juil. 1729, 30 Jan. 1730, 11 Août suivant & 10 Mars 1744.

Même Titre, Article XXXVI.
Arr. du C. des 15 Mars, 10 Mai & 26 Nov. & 25 Ao. 1722, 3 Déc. 1737. 11 Ao. 1739, 12 Av. 1740, 2 Oct. 1742, 3 Juillet & 28 Décem. 1745.

Conflit de Ju-

DES DECRETS.

rifdiction.
Article XXXVII.

dictions ordinaires & les Juges des Fermes, les informations faites tant par les uns que par les autres, doivent être envoyées au Greffe du Conseil pour y être les parties reglées de Juges, & cependant l'instruction du procès continuée par les Juges des Fermes jusqu'au Jugement diffinitif auquel il doit être surcis jusqu'à ce que la competence ait été reglée. Les Juges qui se trouvent avoir entrepris sur les autres, sont condamnés, outre l'interdiction, en mille livres d'amende.

Tableau des Employés.
Art. XXXVIII.

1250. Pour l'exécution des trois articles précedens, & la validité des exercices & Procès-verbaux, il doit être mis à la diligence & aux frais du Fermier dans un lieu éminent de chaque Greffe des Elections, un tableau où soient inscrits en gros caractéres les noms & surnoms des Commis & autres, ayant serment à Justice, employés dans l'étendue de chaque Jurisdiction.

Arrêt du Conseil du 11 Octo. 1729, qui casse une Sentence de l'Election de Pont-l'Evêque & défend à tous Juges des Fermes tous dommages &

Cet Article de l'Ordonnance n'a point son exécution par la difficulté de changer ce tableau dans les fréquentes mutations qu'exige le service. Lorsque les Parties ou les Juges ont voulu faire de ce défaut d'exécution un moyen de nullité, le Conseil n'y a point eu égard.

d'admettre de pareils moyens de nullité, à peine de cassation des Sentences, de 1000 liv. d'amende & de intérêts.

Commis decretés d'ajournement personnel.
Ordon. de Paris, Tit. VI. Art. XI. Ord. de Rouen, T. XVIII. Art. VI.

1251. Les Commis aux exercices contre lesquels il y a decret d'ajournement personnel, doivent prêter interrogatoire en la maniere accoutumée, après lequel sans qu'il soit besoin d'aucun Jugement, ils peuvent continuer leurs fonctions, excepté chez les Vendans en détail, où l'action qui a donné lieu au decret est arrivée.

Cette disposition a pour objet d'empêcher les Juges de faire application, à ce qui regarde les Commis aux Aides, de l'Article XI. de l'Ordonnance de 1670, pour les matieres criminelles, qui porte, que l'interdiction qui suit un decret d'ajournement personnel contre un Officier de Justice, ne pourra être levée que par un Jugement de défense ou diffinitif. Les évenements auxquelles les Commis sont exposés, mettroient trop souvent la régie dans le cas d'être interrompue, s'il leur falloit subir les longueurs des procedures pour être remis dans leurs fonctions.

Arrêt du Conseil du 8 Avril 1732.

C'est d'après le même principe qu'il a été jugé par Arrêt du Conseil, que des Commis contre lesquels un Cabaretier s'est inscrit en faux sur un Procès-verbal, rendu contre lui par lesdits Commis, peuvent dans le cas même où les moyens de faux ont été admis, exercer son cabaret & verbaliser contre lui, autant de fois qu'ils le trouveront en fraude.

CHAPITRE V.

DU PAYEMENT ET DU RECOUVREMENT DES DROITS.

1252. LES Droits doivent être payés par les Vendans en détail, pour toutes les Boissons prises en venue, c'est-à-dire, portées en charge sur le Registre Portatif des Commis, s'ils en ont disposé en quelque maniere que ce soit, avant qu'il ait été démarqué par les Commis ; ce qui même doit avoir lieu à l'égard du Vin gâté, qui ne peut être démarqué qu'il n'ait été reconnu tel par les Commis en le goûtant ou faisant goûter par experts, en présence des Parties interessées ou elles dûement appellées, dont ils doivent dresser leur Procès-verbal, & dans le cas où la défectuosité en est constatée, ils peuvent en tirer telle qualité que bon leur semble, & y verser pareille quantité de Vinaigre.

Droits de détail dûs sur les boissons qui manquent des charges, s'il n'est justifié qu'elles ont été vendues en gros.
Ordon. de Paris, T. II. Art. XIII.
Ord. de Rouen, T. XV. Art. XII.

Cette disposition à l'égard des Vins gâtés est à peu près la même que pour ce qui concerne les Droits d'entrée, & est rendue dans le même esprit.

1253. Le Fermier peut à la fin de chaque mois exiger le payement des Droits en vertu des contraintes qu'il décerne sur les Etats extraits des Registres Portatifs ou Procès-verbaux des Commis, lesquels Etats doivent être par eux certifiés & signés. *Voyez* N. 1225. dans quelle forme se dressent ces Etats.

Contraintes pour les Droits de Détail.
Ordonnance de Paris, Titre VI. des Droits de Détail, Article I.
Ord. de Rouen, T. XIX. Art. I.

Quoiqu'il soit dit simplement par l'Ordonnance, que le Fermier pourra décerner lesdites contraintes à la fin de chaque mois ; il n'en a pas moins la liberté de les décerner toutes les fois qu'il le juge à propos, & sans délai sur les Extraits desdits Registres, & d'exiger en conséquence le payement des Droits au fur & à mesure de la consommation, pourvu seulement, par rapport aux Villes où il y a Election, qu'il y ait une piece entierre de débitée. (1219.) Il se trouve dans ce cas à l'égard de tous ceux qui viennent vendre leurs Boissons aux foires & assemblées, & de tous les Vendans en détail extraordinaires, auxquels il est nécessaire qu'il fasse payer les Droits à mesure de leur débit, puisque souvent ils vendent moins d'un mois.

Facultés de les decerner en tout temps.

1254. A l'égard des Vendans Vin, domiciliés & ordinaires, il est d'usage de ne former lesdits Etats, & de ne décerner les contraintes qu'à chaque tierce, c'est-à-dire, tous les deux mois ; il y a quelques lieux où on les décerne tous les mois à cause de la rapidité du débit.

Usage de les decerner.

1255. Les Etats sont déchargés sur un Registre qu'on appelle Sommier, qui contient un compte ouvert pour chaque Vendant en détail, & sur lequel sont aussi portés les payemens faits à compte par lesdits Débitans, suivant le Registre de recette des Droits de Détail. C'est sur l'Extrait des articles de ce Sommier, lequel constate ce qui est dû par chaque redevable, que se forme le nouvel Etat au bas duquel le Directeur décerne sa contrainte dans la forme prescrite. Cet usage a été autorisé par Arrêt du Conseil du 24

Contraintes formées sur le Sommier.

Du Payement.

———————

Arrêt du Conseil du 24 Mars 1722, confirmé par autre du 4 Octob. 1723.

Mars 1722, confirmé par autre du 4 Octobre 1723, qui casse celui de la Cour des Aydes du 31 Juillet 1721, lequel avoit annullé l'effet d'une contrainte, sur le motif qu'elle n'étoit point certifiée ni signée des Commis. En effet ce défaut d'une formalité qui ne doit être regardée que comme d'abondant, en consultant les termes propres de l'Ordonnance où il est dit, que le Fermier, *pourra* & non *sera tenu*, ne peut emporter la nullité des contraintes, puisque les Redevables ont la faculté, lorsqu'ils y forment opposition, de demander la réprésentation des Portatifs, sur l'Extrait desquels l'état de contrainte est formé, & où chaque exercice est signé par les Commis.

Voyez à la fin du présent Chapitre la forme dans laquelle se décernent les contraintes.

Contraintes contre ceux qui ont refusé de souffrir les exercices des Commis.
Ordon. de Paris, Tit. VI. Art. II.
Ord. de Rouen, T. XIX. Art. II.
Arr. de la C. des Aides de Paris du 22 Avril 1711.

1256. Le Fermier est autorisé à l'égard des Vendans en détail qui ont refusé de souffrir les exercices des Commis, à décerner contre eux ses contraintes sur le pied du plus haut quartier par eux payé de l'année précedente, en laquelle ils les ont soufferts, pourvû qu'il leur ait été fait à jours differens, trois sommations de souffrir lesdits exercices, & que les Procès-verbaux de refus soient en bonne forme. Dans le cas où ils n'ont souffert aucun exercice, les contraintes doivent être décernées après les trois sommations & les Procès-verbaux de refus, sur les Registres des entrées s'il y en a, ou sur les Inventaires pour tout le Vin qui s'y trouve sous leur nom, ou enfin à défaut de Registre des entrées & des Inventaires sur le pied du plus haut quartier de celui qui fait le débit le plus considerable dans la Paroisse où ils demeurent.

Dans quel cas & contre qui elles sont par corps.
Ordon. de Paris, même T. VI. A. III.
Décla. du 4 Mai 1688, reg. en la C. des A. de P. le 24 du même mois, & en celle de R. le 26 aussi dud. mois.

1257. Les contraintes pour les Droits de Détail se décernent par corps contre les Hôtelliers, Taverniers & Cabaretiers, (*a*) contre qui elles peuvent être exécutées trois jours après le commandement qui leur en a été signifié ; ce qui n'a point lieu par rapport aux Octrois perceptibles au Détail, même pour la moitié desdits Octrois appartenante au Roi, ni contre aucuns autres Vendans en détail de quelque qualité qu'ils soient, à l'égard desquels lesdites contraintes pour Droits de Détail, ne peuvent être décernées par corps dans aucun cas.

Le bénéfice de cession n'a point lieu, &c.
Ordon. de Juill. 1681, T. commun, Art. XLII.

1258. Lesdits Hôtelliers, Taverniers & Cabaretiers, contre lesquels le Fermier a décerné contrainte pour le payement des Droits de Détail, ne sont pas même reçus au bénéfice de cession. Cette loi est commune à tous ceux qui sont contraignables par corps au payement des Droits du Roi.

Autre cas où la contrainte par corps a lieu.

Ce cas & celui du payement de la marque des fers (1510.) sont les seuls où les contraintes s'exécutent par corps pour le simple payement des Droits d'Aides. On a consideré que les Droits de Détail entre les mains

---

(*a*) L'Ordonnance de Rouen portoit, Titre XIX. Article I. qu'elles seroient décernées par corps contre tous Vendans en détail, & leurs femmes qui se sont mêlées de leur commerce, à l'exception des femmes des Officiers & Bourgeois qui vendent en détail les Boissons de leur crû. Cette disposition a été rendue moins générale & plus précise par la Déclaration du 4 Mai 1688, qui veut comme l'Ordonnance de Paris, que les contraintes pour les Droits de Détail & l'annuel ne soient décernées par corps que contre les Hôtelliers, Taverniers & Cabaretiers.

des Hôtelliers, Taverniers & Cabaretiers font un dépôt qu'ils reçoivent de ceux à qui ils débitent leurs Boiffons, & que d'ailleurs la perception ne s'en pouvant faire fur le champ, comme à l'égard des autres Droits, c'étoit le feul moyen d'en affurer le payement, ceux de cette profeffion ne préfentant pas toujours un recours affuré.

1259. Elles ne font point exécutoires par corps contre les feptuagenaires. Les deniers Royaux n'ont dans ce cas aucun privilége ; ainfi qu'il a été jugé par Arrêt de la Cour des Aides du 28 Février 1716.

Exception en faveur des feptuagenaires.
Arr. de la C. des Aides de Paris du 28 Février 1716.

1260. La folidité pour le payement des Droits d'Aides, n'a point lieu contre les Habitans ni les Paroiffes, fi ce n'eft en cas de rébellion par la Communauté, qui doit être jugée en la maniere accoutumée par les Officiers des Elections.

Habitans folidaires en cas de rebellion.
Ordon. de Paris, même Titre Article IV.
Ord. de Rouen, même Titre, Article III.

Les Droits d'Aides tant par rapport au fond qu'à la forme de la perception, ne font pas de nature à operer cette folidité qui n'a lieu que pour le payement des Gabelles en Pays d'impôt, & pour le payement de la Taille. Cela eft different dans le cas de la rébellion par la Communauté, parce que comme elle met ou fouffre qu'il foit mis obftacle à la levée des Droits, il eft jufte qu'elle en foit refponfable envers le Fermier : mais avant que la contrainte de folidité puiffe être décernée, il faut que la rébellion foit inftruite & jugée par les Officiers qui doivent en connoître. On a parlé N. 1240. & fuivans, des rébellions faites aux Commis.

Procédures dans ce cas.

Après le Jugement de la rébellion, & nonobftant l'appel qui en pourroit être interjetté, la Sentence de folidité doit être rendue fur la Requête du Fermier, & fans autre inftruction, contre fix des principaux habitans y dénommés par noms & furnoms, & fignée au moins de trois élus.

Ordon. de Paris, même T. Art. V.
Ord. de Rouen, même T. Art. IV.
Arr. de la C. des Aides de Paris du 23 Juin 1693.

En vertu de cette Sentence le Fermier peut décerner fa contrainte contre lefdits habitans fur le pied du plus haut quartier de tous les Vendans en détail de l'année précedente, & après l'avoir fait vifer par un Juge de l'Election, la mettre à exécution tant fur leurs biens que par emprifonnement de leurs perfonnes.

Ord. des Aides, même T. Art. VI.
Ord. de Rouen, même T. Art. V.

Il eft expreffement défendu aux Cours des Aides, de retarder le cours de l'inftruction ou l'exécution des Sentences & contraintes folidaires par aucun Arrêt de défenfe ou furféance. Tant qu'il n'eft queftion que de condamnations pécuniaires, comme dans ce cas, les Redevables ne courent aucun rifque en fubiffant l'effet des Sentences rendues par le premier Juge, parce qu'ils ont toujours dans le Fermier un garant folvable s'il vient à fuccomber en dernier reffort.

Ordon. de Paris, même T. Art. VII.
Ord. de Rouen, Art. VI. du même Titre.

1261. Les particuliers qui par les Baux à loyer qu'ils font de leurs maifons aux Hôtelliers, Cabaretiers & Vendans Vin, tant en gros qu'en détail, s'obligent par lefdits Baux de fournir aux Locataires des meubles pour garnir lefdites maifons, font tenus dans les trois jours de celui de la paffation des Baux, de faire faire pardevant les mêmes Notaires qui les auront paffés un Inventaire fommaire des meubles qu'ils auront fournis auxdits Locataires ; & trois jours après de faire fignifier & donner copie defdits Baux & defdits Inventaires au Fermier des Aides ou à fes Commis en leurs Bureaux, le tout à peine de nullité.

Baux collufoires.
Arr. de la C. des Aides de Paris du 14 Février 1696.
Arrêts du Confeil des 27 Août 1709, & 24 Janv. 1711, rendus conformément à celui de la Cour des Aides.

Ces Baux quelquefois collufoires & toujours ignorés du Fermier jufqu'au jour où il étoit dans le cas de faire exécuter fes contraintes, trompoient la confiance fur laquelle il avoit fait crédit aux Rédevables, & le privoient de fon privilége fur les meubles qu'il croyoit leur appartenir.

Delai accordé au Fermier pour le recouvrement.
Déclaration du 4 Mai 1688, regif-trée dans les deux Cours.
Déclaration du 26 Nov. 1709, re-giftrée en la Cour des Aides de Paris le 12 Décembre fuivant.

1262. Suivant la Déclaration du quatre Mai 1688, le Fermier n'a que fix mois pour faire le recouvrement des Droits de Détail, tant de quatriéme, huitiéme, que de fubvention, fol pour pot & autres, & n'eft plus recevable après l'expiration de ce délai à en faire la demande, à moins que par oppo-fition formée de la part des Redevables, il n'y eût procès indécis qui l'eût empêché d'en faire le recouvrement. Mais par celle du 26 Novembre 1709, il a été furcis à l'exécution de la précédente, jufqu'à ce que par Sa Majefté il en ait été autrement ordonné. Ainfi, au moyen de cette derniere Décla-ration à laquelle aucun Reglement pofterieur n'a dérogé, on ne peut oppo-fer au Fermier la fin de non-recevoir pour défaut de pourfuites que fix mois après fon bail expiré, & que dans le cas où il n'y a exploit controlé, con-damnation ou obligation à fon profit, conformément à l'Article 34. du Titre commun de l'Ordonnance de Juillet 1681.

Difpofition gé-nérale.
Ordon. de Paris T. VI. des Droits de Détail, Arti-cle III.
Ord. de Rouen, T. XIX. Art. VII.

1263. Dans tout le refte ce qui eft prefcrit pour la forme des procédu-res & l'exécution des contraintes dans le reffort de l'une à l'autre Cour des Aides, par rapport au recouvrement des Droits de Gros, doit être exé-cuté pour ce qui concerne celui des Droits de Détail. *Voyez* Livre II. N. 823, & fuivans.

1264. *FORMULE DE CONTRAINTE POUR LE payement des Droits de Détail.*

ETAT des Droits de Détail dûs à Mᶜ........ Fermier des Aides de la Généralité de ..... par les Cabaretiers & autres Vendans Vin ordinai-res ou extraordinaires de......pour les Boiffons par eux débitées pen-dant les mois de ..... de la préfente année.

On repete ici que les contraintes doivent être libellées, la qualité & la quan-tité des Boiffons, le temps du débit, la nature des Droits & les fommes dûes pour chaque droit y être énoncées en détail, & la fomme de chaque article, écrite en toutes lettres, fans rature, & tirée hors ligne en chifre. (Livre II. Nombre 823.)

NOMS DES REDEVABLES.	NATURE des BOISSONS.	DETAIL des fommes dûes pour chaque natu-re de Boiffons.	TOTAL des fommes dûes par chaque Rede-vable.
Pierre......... Cabaretier à........pour la fomme de (*mettre cette fomme en toutes let-tres.*	*Muids.* VIN....000. CIDRE..000. POIRÉ...00. &c.	₶ o o. oo. o.	₶ 000.

Et ainfi de fuite pour chaque Redevable.

Je fouffigné Directeur des Aides & Droits y joints de l'Election de .... certifie le préfent état de contraintes, montant à la fomme de (*en toutes lettres*) veritable en tout fon contenu, & conforme à l'état de produit fourni par les Commis du département de........fauf erreur, au payement de laquelle fomme je requiers que les Cabaretiers & autres Vendans Vin ci-deffus nommés, foient contraints chacun en droit foi, par toutes voyes dûes & raifonnables, même par corps comme pour deniers Royaux, mandement d'ouverture de porte, fi befoin eft, en obfervant les Ordonnances. Fait à ......ce

Ordonnance ou vifa du Juge préfcrit par l'Ordonnance. Livre II. N. 825.

Vû la préfente contrainte montant à la fomme de (*en toutes lettres*) Nous ordonnons qu'elle fera exécutée felon fa forme & teneur & que les Redevables y feront contraints par toutes voyes dûes & raifonnables, même par corps comme pour les propres affaires de Sa Majefté, mandement d'ouverture de portes en cas de befoin, en obfervant l'Ordonnance par Nous ...... Confeiller élu en l'Election de .... ce

On fait fignifier enfuite Commandement aux Redevables qui font en demeure de payer, en tête duquel l'Huiffier doit mettre, à peine de nullité, (Livre VI. Nombre 1779.) la copie de l'article de la contrainte, qui concerne celui à qui la fignification en eft faite, ainfi que du vû du Juge. Ce commandement peut fe faire dans la forme qui fuit.

L'an.....le......à...midi je...Huiffier reçu & immatriculé à....: demeurant à ......ai fait commandement de par le Roi à .....de payer audit (*le nom du Fermier*) ès mains de fon Receveur à......la fomme de (*en toutes lettres*) contenue dans la fufdite Contrainte, pour Droits des Boiffons par lui vendues pendant les mois de.......faute de quoi il y fera contraint par toutes voies dûes & raifonnables, comme pour deniers & affaires de Sa Majefté, copie donnée comme deffus à ce qu'il n'en ignore. A ....ce

1265. Après le délai de huit jours francs, fi le Redevable ne paye point, le Fermier peut faire procéder fur le champ (*a*) à la faifie & exécution de fes meubles & effets, & arrêt de fes fermages, créances, loyers & revenus.

CHAPITRE VI.

DES ABONNEMENS.

1266. IL fe trouve plufieurs circonftances où il eft avantageux au Fermier & aux Vendans en détail, que les Droits foient payés par abonnement. Il fe fait deux fortes d'abonnemens, l'un au muid, l'autre à l'année. Le cas des

Nature des a-bonnemens.
Ordon. de Paris, T. VII. Art. I.
Ord. de Rouen, T. XX. Art. I.

(*a*) L'iteratif Commandement a été abrogé par la Déclaration du 17 Février 1688. *Voyez* ce qui a été dit à ce fujet Nombre 817. & 818.

abonnemens de la premiere efpece eft, lorfque le Fermier par de certaines confidérations veut bien fe relâcher d'une partie des Droits pour favorifer la confommation : ceux de la feconde efpece fe font avec les Vendans en détail établis dans des lieux écartés & ifolés, où la confommation eft en quelque forte déterminée, & où il n'y a que deux ou trois Débitans pour l'exercice defquels il faudroit que les Commis fe dérangeaffent de leurs tournées & partageaffent un temps qu'ils peuvent employer avec plus d'utilité dans les autres lieux où le débit eft plus rapide.

Comme il eft impoffible que l'exécution de ces abonnemens ne donne pas quelquefois matiere à des conteftations, il a été néceffaire que les Reglemens en les autorifant, portaffent des difpofitions capables de prevenir ces conteftations.

Abonnemens refpectivement obligatoires.
Art. II. des mêmes Titres.

1267. Les abonnemens font refpectivement obligatoires & irrevocables à l'égard des Abonnés & du Fermier, pourvu qu'ils foient par écrit, & il eft défendu d'en recevoir la preuve par témoin.

Abonnés fujets aux exercices.
Même Article.
Arrêt du Confeil du 2 Décem. 1732.

1268. Les Abonnés, foit au muid foit à l'année, ne font point pour cela difpenfés des vifites, inventaires & marques des Commis.

Les premiers ne different de ceux qui ne font point abonnés que pour la quotité des Droits. A l'égard des autres Abonnés à l'année, les vifites des Commis n'y paroiffent pas auffi effentielles, puifque la fomme qu'ils doivent payer eft fixée, quel que foit leur débit. Il eft cependant néceffaire que le Fermier connoiffe s'il n'y a point abus & fi les abonnemens font portés à leur valeur, afin d'être à portée de juger lorfqu'ils font finis s'il ne faut point les augmenter ou les diminuer.

Il n'y a que le Fermier ou Sous-Fermier feuls qui puiffent faire les abonnemens.
Arrêts de la Cour des Ai. de Rouen des 20 Mars 1733 & 26 Avril 1742.

1269. Les abonnemens ne peuvent être faits que par le Fermier ou Sous-Fermier, ou qu'en vertu de fon confentement par écrit. Il eft maître de réfilier à volonté ceux qui ont été faits par fes Directeurs fans qu'il y ait confenti. Il leur eft défendu en conféquence d'en faire aucuns fans ledit confentement & fans en faire mention dans l'acte d'abonnement, à peine d'être refponfables en leur propre & privé nom, des dépens, dommages & intérêts des Parties, & il leur eft enjoint de faire enregiftrer au Greffe des Elections de leur département, les procurations qui leur font données à cet effet par leurs commettans.

Les Directeurs ont bien une procuration du Fermier qui les commet. Mais cette procuration n'embraffe que la perception des Droits tels qu'ils font, l'inftallation & révocation des Commis fuivant les ordres qui leur font envoyés, & les autres objets de la régie fans qu'ils puiffent en vertu d'icelle faire aucuns abonnemens, compofitions remifes & modérations des Droits.

Abonnemens défen. aux Sous-Fermiers dans dans les 3 lieues limitrophes des Généralités.
Arrêt du Confeil du 5 Janvier 1734.

1270. Il a été fait défenfe aux Sous-Fermier, à peine de mille livres d'amende, de faire des abonnemens dans les trois lieues limitrophes des Généralités qui ne font point partie de leur Ferme.

Ces abonnemens faits à vil prix dégénereroient en abus, en donnant aux Cabaretiers abonnés la facilité d'attirer à eux toute la confommation, &

de

de faire tomber celles des cabarets des lieux circonvoifins dépendans d'une autre Sous-Ferme (a).

ABONNEMENS.

Il eft de même défendu aux Sous-Fermiers des Aides des Généra- lités limitrophes du Pays étranger ou des Provinces reputées étrangeres, de faire aucuns fous-baux, arriere-fermes ou abonnemens à quelque titre que ce foit, des Droits d'Aides dûs à la vente en détail des Boiffons dans les quatre lieues des limites de la frontiere.

Arrêt du Confeil & Lettres Patentes du 14 Juin 1746, regift. en la Cour des Aides de Paris le 19 Août fuiv.

Ceci regarde particulierement la confervation des Droits de fortie des Cinq Groffes Fermes. Le Fermier général comme Fermier defdits Droits eft autorifé à faire fuivre les Vins que les habitans poffedent ou font venir dans l'étendue des quatre lieues, & de leur en demander compte. Si les Vendans en détail au moyen des abonnemens ou compofitions des Droits de Détail trouvoient un bénéfice à déclarer comme vendus en détail les Vins qu'ils auroient fait paffer à l'étranger, ils ne payeroient plus de Droits de fortie, & le Fermier général en feroit privé.

1271. Les abonnemens faits tant par le Fermier général que par le Sous- Fermier, demeurent révoqués de plein droit par la réfolution du bail gé- néral, quand même les Sous-Fermiers feroient continués dans leurs fous- baux par le nouveau Fermier général : ce qui ne difpenfe cependant pas les Abonnés de l'exécution de l'article de l'Ordonnance rapporté ci-devant Nombre 1192, qui préfcrit le délai dans lequel les Hôteliers & Cabare- tiers peuvent ceffer leur débit après en avoir fait la dénonciation au Fermier.

Abonnemens revoqués par la refolution du bail.
Article III. des mêmes Titres des deux Ordonnan- ces.
Arrêt du Confeil du 19 Octo. 1706.

Il eft de principe que l'Adjudicataire d'une Ferme telle qu'elle foit, ne peut pour raifon d'icelle contracter d'engagemens dont le temps aille au-delà du terme de fon bail. Autrement il fe trouveroit avoir traité d'une chofe qui ne feroit point à lui, puifque ces Droits fur la chofe adjugée finiffent à ce terme. Lors même que la jouiffance lui en eft continuée par un nouveau bail, il n'eft plus cenfé le même Preneur, les engagemens qu'il a contractés doivent être renouvellés, & ne fçauroient fubfifter en vertu de l'ancien bail qui n'exifte plus.

1272. S'il arrive que le Sous-Fermier pendant le cours du bail foit dépof- fedé, il eft permis au nouveau Sous-Fermier de révoquer ou de continuer les abonnemens en le déclarant par écrit dans le mois à compter du jour où il eft entré en exercice ; faute de quoi ils doivent être continués. Mais il en eft autrement lorfque c'eft par la voye de la ceffion que le nouveau Sous-Fermier entre dans la Sous-Ferme : il eft obligé pour lors de tenir les compofitions faites par le Sous-Fermier qui la lui a cedée.

Cas d'évince- ment de la Fer- me.
Article IV. des mêmes Titres.
Arrêt du Confeil du 2 Octo. 1717, qui ordonne l'exé- cution de cet arti- cle par rapport à la marque des fers & à celle d'or & d'argent.
Aut. du premier Octobre 1726.

Dans le premier cas le nouveau Sous-Fermier eft maître de révoquer les abonnemens faits par fon prédeceffeur, parce qu'il ne doit rien connoître de ce qu'a fait ce dernier, & que c'eft du Fermier général, directement qu'il tient fon bail. On lui préfcrit un terme pour faire fon option parce qu'il eft jufte de décider l'état des Abonnés.

(a) Cette difpofition n'a point d'appli- cation lorfque les Aides font réunies dans la main d'un Fermier général, comme elles le font depuis le 1 Octobre 1756.

ABONNEMENS.

*Vendans Vin dé-
chargés de l'a-
bonnement s'ils
sont évincés de
leurs maisons.*
Article V. des
mêmes Titres.

*Idem dans le cas
d'abandon occa-
sionné par force
majeure.*
Art. V. des mê-
mes Tit. des deux
Ordonnances.

*Résolution des
abonnemens dans
le cas de décès du
mari ou de la
femme.*
Article VI.

*Abonnemens
exécutoires pour
l'année entiere.*
Article VII.
Arrêt du Conseil
& Lettres Patentes
des 16 Mai & 9
Juillet 1744, ren-
dus en interpréta-
tion dudit Article.

*Abonnemens à
une somme fixe
par muid com-
mun résolus.*
Article VIII. des
mêmes Titres.

Dans l'autre cas c'est la raison contraire qui l'oblige à les continuer, parce qu'en se mettant à la place du cédant, il ne peut prétendre en jouir autrement qu'en jouissoit ce dernier.

1273. Les Vendans en détail évincés sans fraude de la jouissance & occupation de la maison où ils faisoient leur débit, sont déchargés des abonnemens en payant le quartier pendant lequel ils ont été contraints de vuider les lieux quand même il ne seroit que commencé ; ce quartier doit être payé par les Abonnés au muid, sur le pied du quartier précédent.

Dans les abonnemens l'avantage est censé du côté des Abonnés : c'est à eux à se précautionner contre un évenement qui ne peut guere être imprévu. C'est d'ailleurs une suite de la dispositition rapportée Nombre 1192, qui ne permet aux Hôteliers & Taverniers de quitter leur débit que trois mois après en avoir averti le Fermier.

1274. Ceux qui sont forcés d'abandonner leur maison par des cas imprévus tels que de feu, d'hostilité, de peste & autres, ne sont point tenus de payer le quartier, mais seulement le prix de la composition jusqu'au jour où les lieux ont été abandonnés, & elle reprend sa force du jour de leur retour s'ils reviennent dans les six mois de la sortie.

1275. Dans le cas du décès du mari ou de la femme, les abonnemens demeurent éteints à l'égard du survivant du jour de la signification qu'il en a faite au Fermier, si mieux n'aime ledit survivant les continuer, & ils sont censés continués si dans le mois du jour du décès la signification n'en est faite au Fermier.

1276. Ceux qui sont abonnés à une certaine somme pour chaque année, sont tenus d'exécuter leur abonnement pour l'année entiere, lorsqu'ils ont cessé volontairement leur commerce avant qu'elle soit finie, quand même la cessation en auroit été signifiée au Fermier, & que la somme seroit divisée par quartier : ils doivent cependant en être déchargés pour les années suivantes, pourvu que la signification en ait été faite trois mois avant l'expiration de l'année dans laquelle ils ont cessé leur commerce.

Les abonnemens suivant l'article de l'Ordonnance, rapporté ci-devant, sont respectivement obligatoires & irrévocables, d'ailleurs le temps pour lequel ils sont faits doit être une des considérations qui entrent dans la fixation de la somme à laquelle ils sont portés, parce que souvent le débit n'étant pas à beaucoup près égal dans toutes les saisons, il en est qui doivent dédommager le Fermier de celles où l'abonnement lui est desavantageux.

1277. Ceux qui sont abonnés à raison d'une certaine somme par muid, sont déchargés de l'abonnement par la cessation de leur commerce en la faisant signifier au Fermier trois mois auparavant.

CHAPITRE VII.

DES EXEMPTIONS DES DROITS DE DÉTAIL.

§. I.

De ces Exemptions en général.

1278. Il ne fera queſtion ici que des exemptions perſonnelles. On a parlé des exemptions locales en rapportant les lieux où les Droits de Huitiéme & Quatriéme ont cours. (1162. 1163. 1327. 1328. & 1329.).

Les exemptions des Droits de Détail ne ſuivent pas à beaucoup près celles des Droits d'Entrée & de Gros. Les Eccleſiaſtiques, les Nobles, les Officiers des Cours Souveraines, les Commenſaux & autres Privilégiés de ces derniers Droits ſont aſſujettis à ceux de Détail pour les Boiſſons même de leur crû ou de leur bénéfice qu'ils vendent ſoit à pot ſoit à aſſiette.

Exemption des Droits de détail. Ordon. de Paris, Tit. IX. Art. XI. Ord. de Rouen, T. XXI. Art. V. Id. d'Août 1719, portant ſuppreſſi. de tous les privilégiés, non compris dans l'Ordonnance de 1680.

1279. Les ſeuls privilégiés des Droits de Détail ſont actuellement,

Les Sécrétaires du Roi.

Les douze & vingt-cinq Marchands de Vin, ſuivant la Cour.

Les Entrepreneurs généraux & particuliers de l'Etape pour les Boiſſons qu'ils fourniſſent aux Troupes.

Et les Maîtres de Poſte pour celles qu'ils vendent aux Couriers & Poſtillons ſeulement.

1280. L'exemption dont jouiſſoient les Archers de l'Hôtel de Ville de Paris, & les Suiſſes de la Garde du Roi & des Princes du ſang, (*a*) a été

Exemption des Archers de l'Hôtel de Ville & des Suiſſes de la garde du Roi & des Princes du Sang ſupprimée.

(*a*) Louis XI. exempta de toutes Tailles, Impôts, Aides & Subvention les Suiſſes employés dans ſes Armées & dans ſa Maiſon. Ces exemptions leur furent confirmées ſous Henry IV. & Louis XIII. par Lettres Patentes de Novembre 1602 & Décembre 1618 ; mais par Déclaration du 25 Janvier 1625, & Arrêt du Conſeil des 5 Juin & 24 Novembre 1655, 11 Juillet 1657, elles furent reſtraintes quant aux Droits d'Aides, à cauſe des abus qui en réſultoient, aux Droits de Détail ſur les quantités qui ſeroient vendues par treize ſeulement des Cent Suiſſes de la Garde. Cette quantité fut fixée par l'Ordonnance de 1680, Titre IX. des Droits de Gros, Articles VI. & VII. qui deſigne en même temps les quartiers de la Ville de Paris où leſdits Suiſſes pourront exercer leur privilége. Cette exemption fut ſupprimée en 1720, lors de la réunion des Droits de Gros & de Détail aux Droits d'Entrée à Paris. Il fut même défendu aux treize Privilégiés des Cent Suiſſes de faire aucun commerce de Vin en gros & en détail, & il leur fut accordé, pour raiſon de ce, une augmentation de paye par forme d'indemnité. (Livre I. Nombre 180.) Ainſi les Cent Suiſſes & autres Suiſſes de Nation attachés ou non au Service militaire ou Domeſtique de Sa Majeſté ne jouiſſent plus d'aucune exemption des Droits d'Entrée ni de Détail ſur les Vins de crû, Ce qui a été confirmé par différens

G ij

DES EXEMPTION.

Idem de celle des Compagnies d'arquebuziers.
Edits de Septem. 1641 & Ao. 1717. Arrêts du Conseil des 16 Nov. 1688, 7 Août 1714, 23 vrier 1721. (ce & 11 Août 1733.

Exemption des Sécretaires du Roi.
Ordon. de Paris, T. IX. Art. I.
Ord. de Rouen, T. XX. Art. I.
Décl. du 11 Mars 1736, reg. en la C. des A. de P. le 21 du même mois.
Aut. du 12 Mars 1737, reg. en la C. des A. de R. le 29 dudit.
Arrêt du Conseil du 11 Octo. 1705, confirmatif.

Où leur maison d'habitation est censée être.
Ordon. de Paris, même T. Art. II.
Ord. de Rouen, même T. Art. II.
Et Arr. du C. 25 Juin 1715, 17

Ils sont soumis aux visites & marques des Commis pendant leur débit.
Ordon. de Paris, Article. X.
Ord. de Rouen, Article IV.

supprimée lors de la réunion des Droits de Gros & de Détail dans Paris à ceux d'Entrée, & il leur a été accordé des indemnités pour raison de cette suppression.

1281. Les compagnies d'Arquebusiers & Arbalêtriers de plusieurs Villes, jouissoient aussi de l'exemption des Droits de Détail. Ces exemptions ont été supprimées par nombre de Reglemens généraux & particuliers comme denuées de titres ou abusives.

Février & 30 Avril 1715, 26 Décembre 1716, 28 Août 1717, 4 Avril 1719, 26 Avril 1720 & 21 Février (dernier est un Reglement général,) 26 Septembre suivant, 26 Janvier 1723, 21 Mai 1726, 25 Mai 1728

§. I I.

De l'exemption des Sécrétaires du Roi.

1282. Les Sécrétaires du Roi, tant de la Grande Chancellerie que des Chancelleries près les Cours du Royaume, soit revêtus actuellement de leurs offices, soit veterans après un service de vingt années ; ainsi que leurs veuves tant que dure leur viduité, sont exempts des Droits de Détail sur les Boissons de leur crû aux conditions suivantes.

1°. De n'en faire la vente que dans leur maison d'habitation.

2°. Qu'elle soit faite à huis coupé & pot renversé. (1159. nottes.)

3°. Que ce soit dans les quartiers de Janvier & Juillet de chaque année.

4°. De fournir au Fermier chaque année les déclarations par tenans & aboutissans des Vignes qu'ils font façonner & des Vins qu'ils y récueillent.

5°. Avant que de vendre, d'en faire leur déclaration au Bureau.

Le tout à peine de déchéance de leurs priviléges, s'ils manquent à l'une de ces conditions.

1283. Leur maison d'habitation ne peut être censée que dans les Villes où ils font leurs fonctions, (a) & ils ne peuvent exercer ailleurs leur privilege ; ce qui a même lieu à l'égard des véterans & des veuves en cas qu'ils transferent ailleurs leur domicile.

des 16 Août & 11 Octobre 1707, 13 Août 1709, 29 Septembre 1710, 21 Février 1713, 15 Septembre 1714, 17 Mars 1716 & 30 Juin 1719.

1284. Ils sont tenus de souffrir pendant le temps de leur débit, les visi-

Arrêts & Reglemens, & notamment par ceux du Conseil des 30 Avril 1707, 7 Octobre 1713, 21 Septembre 1714, 28 Janvier & 7 Novembre 1716, 25 Février & 20 Mai 1719, 18 Août 1722, 18 Juillet 1725, & Arrêts de la Cour des Aides de Paris des 4 Août 1728, 7 Mars 1749 & 11 Juin 1754, ce qui cependant ne doit s'entendre que des Boissons dont ils feroient commerce, & non de celles qui sont vendues par leurs Viandiers pour leur consommation dans

les Villes où ils sont en garnison, selon les quantités qui ont été reglées pour ladite consommation. (538.)

(a) Il est dit dans l'Ordonnance de Paris que leur maison d'habitation ne pourra être ailleurs que dans la Ville & les Fauxbourgs de Paris, à la reserve de ceux qui servent aux Chancelleries, près les Parlemens & Siéges Présidiaux qui peuvent exercer leur privilége dans les Villes où ils font leurs fonctions. Ils n'ont plus ce privilége à Paris depuis la réunion des

tes, marques & inventaires des Commis, à peine de déchéance de leur privilége.

Les difpofitions ci-deffus feroient inutiles fi le Fermier n'avoit pas ce moyen de découvrir les contraventions.

1285. Les conteftations qui peuvent naître entre eux & le Fermier, doivent être portées en premiere inftance pardevant les Elus, & par appel aux Cours des Aides. Il eft fait défenfe aux Officiers du Grand Confeil & à tous autres Juges d'en prendre connoiffance, à peine de nullité des procédures & des jugemens.

Comme il eft ici queftion d'une matiere pour laquelle il y a des Loix & des Jurifdictions particulieres, on a voulu en laiffer la connoiffance aux Juges naturels; c'eft la même Loi pour les autres exemptions des Droits d'Aides. (Livre II. Nombre 1002.)

§. III.

De l'exemption des douze & vingt-cinq Marchands de Vin privilégiés fuivant la Cour.

1286. Ils jouiffent de l'exemption des Droits de Gros & de Détail fur les Boiffons qu'ils vendent à la fuite de la Cour. Il n'en eft fait ici mention que pour l'ordre. *Voyez* ci-devant Livre II. Nombre 1015. & fuivans, où il eft parlé plus au long de cette exemption.

§. IV.

De l'exemption des Etapiers.

1287. Les Adjudicataires généraux de l'Etape, ainfi que les Etapiers particuliers font exempts de tous Droits de Détail dûs à la Ferme des Aides, ainfi que des Droits d'Octroy, même de la premiere moitié appartenante au Roi, fur les Boiffons qu'ils fourniffent à l'Etape feulement, à la charge par eux d'avoir, pour mettre celles deftinées pour l'Etape, des caves & celliers particuliers féparés des lieux où ils mettent les Boiffons deftinées pour leur confommation, d'en faire leur déclaration au Bureau des Aides, & de fouffrir les vifites des Commis à peine de confifcation des Boiffons & de cent livres d'amende.

On peut mettre au nombre des Etapiers les Vivandiers des troupes Suiffes, qui font exempts non-feulement des Droits de Détail, mais encore de ceux d'Entrée fur les Boiffons qu'ils vendent auxdites troupes pour leur confommation, fuivant la quantité fixée. (Livre I. N. 538.)

Droits de Détail à ceux d'Entrée dans ladite Ville; ainfi il n'y a que la feconde partie de cet Article qui ait fon exécution. Les Sécretaires du Roi près les Préfidiaux ont été fupprimés par Edit de Décembre 1727.

§. V.

De l'exemption des Maîtres de Postes.

1288. Les Maîtres de Poſte ne doivent point non plus les Droits de Détail pour les Boiſſons qu'ils vendent aux Couriers & poſtillons, pourvu qu'il n'en vendent qu'à eux; l'exemption ceſſant d'avoir lieu, s'il tiennent Cabaret ou Auberge.

CHAPITRE VIII.
DU PRIVILEGE DE BANVIN.

Ce que c'eſt que le Droit de Banvin.

1289. LE Banvin eſt un Droit attaché à certaines Seigneuries, en vertu du quel les Seigneurs peuvent vendre le Vin du crû d'icelles pendant un certain temps de l'année à l'excluſion de tous autres. Le mot *Ban* dont eſt formé celui de Banvin ſignifie publication, & exprime en même temps l'exercice excluſif de quelque privilege; c'eſt dans ce ſens qu'on dit un Moulin bannal, un Preſſoir bannal ou à ban. Ainſi Banvin ſignifie proprement publication de vente excluſive de Vin. A juger de ce droit par ſa nature & par ſon ancienneté, il paroît qu'il s'eſt établi dans le même temps que les Fiefs & qu'il vient de la même ſource; c'eſt un reſte de cette tirannie des Seigneurs qui caractériſe l'ancien gouvernement. Thaumaſſierre, Commentateur de la Coutume de Bourges, fait mention d'une Charte donnée l'an 1141, touchant le Banvin de la Ville de Bourges. On peut juger que dès lors ce Droit n'étoit pas nouveau.

Charte.

1290. Il n'eſt pas moins difficile de ſçavoir dans quel temps & en vertu de quels Reglemens l'exemption des Droits a été jointe au Banvin, ou s'ils ont toujours été inſéparables. Tout ce qu'on peut aſſurer, c'eſt que cette exemption avoit lieu avant l'année 1507, qui eſt l'époque d'une Ordonnance de Louis XII. dont le Reglement général ſur les Aides du 5 Février 1624. Article XVII. ordonne l'exécution, pour ce qui regarde le privilége de Banvin.

Anciens Reglemens.

1291. Le Reglement du mois de Septembre 1553, celui de 1624. dont on vient de parler, les Coutumes des differens lieux; celles ſur tout de Tours, du Pays Lodunois & de la Marche, & les anciens Baux de la Ferme des Aides, portent differentes diſpoſitions ſur le privilége du Banvin, qui ont ſervi à la rédaction d'un titre particulier au ſujet de ce privilége dans l'Ordonnance des Aides de 1680, rendue pour le reſſort de la Cour des Aides de Paris, & dont on va rapporter les diſpoſitions.

On ſuit la même Ordonnance dans la Normandie pour les Priviléges

de Banvin qui peuvent y avoir lieu. Ces priviléges y font très-rares ; c'eſt
pour cela ſans doute qu'il n'en eſt point fait mention dans l'Ordonnance
rendue pour le reſſort de la Cour des Aides de Rouen.

1292. Ceux qui ont droit de Banvin peuvent vendre leur Vin pendant
le temps porté par la Coutume ou par leurs titres à l'excluſion de tous
autres dans l'étendue de la Paroiſſe où eſt la Maiſon Seigneuriale qui donne
le privilége, & en exemption des Droits de Détail (*a*) aux conditions ſuivantes. (Cette excluſion ne regarde point les Hôtelliers qui peuvent vendre
pendant le temps du Banvin aux paſſans & à leurs hôtes.) (1301.)

1°. Que leur titre ſoit anterieur au 1 Avril 1560. (*b*) & que les aveus
& dénombremens anciens, ayent été reçus avec les Officiers auxquels la
connoiſſance en appartient.

2°. Que la vente ne pourra ſe faire que dans la Maiſon Seigneuriale,
quand même elle ſeroit ſéparée du Bourg ou Village, ou dans la maiſon
deſtinée pour la Ferme, pourvu & non autrement qu'il n'y ait point de Fermier, & qu'ils l'exploitent entierement par leurs mains.

3°. Qu'elle ne pourra non plus être faite qu'à pot & par leurs Domeſtiques.

4°. Que pendant le temps du Banvin ils ne vendront d'autre Vin que
celui du crû de la Paroiſſe où eſt la Maiſon Seigneuriale de la terre, à
laquelle le Droit eſt inhérent.

1293. Le Vin provenant des Dixmes inféodées (*c*) qui ſe recueillent
des Vignes ſituées dans la même Paroiſſe, & des Preſſoirs bannaux qui
y ſont conſtruits, eſt reputé Vin du crû, pourvu que le Propriétaire les
faſſe valoir par ſes mains ; ce qui ceſſe d'avoir lieu ſitôt que leſdites Dixmes
& Preſſoirs ſont données à Ferme, quand même il prendroit le Vin en
payement des loyers qui lui ſont dûs par ſon Fermier, ſi ce n'eſt à l'égard
des Baux à moitié dans leſquels la part revenant au Seigneur, eſt encore
reputée Vin du crû.

Le Fermier eſt admis à faire preuve par témoins ou autrement que le
Vin n'eſt point du crû.

1294. Les Commis ſont autoriſés à ſe tranſporter chaque année après
les vendanges dans les Maiſons Seigneuriales de ceux qui ont droit de Banvin, même dans les lieux où le Gros n'a point cours, pour inventorier &
marquer le Vin qu'ils prétendent être du crû de la Paroiſſe où eſt la Maiſon

(*a*) L'Article XV. ne porte pas l'e-
xemption des Droits de Détail en faveur
de ceux qui ont le privilége de Banvin ;
mais il dit qu'ils ceſſeront d'en jouir, faute de ſe conformer aux Articles VI. &
ſuivans. Cet Article eſt le ſeul de ce titre
duquel on puiſſe conclure que ceux qui
ont droit de Banvin, ſont exempts des
Droits de Détail. Voilà pourquoi je l'ai
rapporté au ſoutien de ce Nombre.

(*b*) On a rendu raiſon, Livre II. Nom-

bre 972. de la même condition qu'on
exige pour les titres de Bannalité au ſujet
de l'exemption des Droits de Gros.

(*c*) Les Dixmes ne ſe payoient anciennement qu'aux Eccleſiaſtiques. On appelle
Dixmes inféodées celles qui depuis ont été
aliénées & données en Fief à des Laics, &
qui ſont par eux poſſédées comme les autres biens purement temporels. La Dixme
eſt la dixiéme ou autre partie des fruits
d'un héritage, elle ſe leve en nature.

Seigneuriale qui leur donne le privilége. Ils font tenus de déclarer aux Commis la quantité de Vin qu'ils y ont récueillie, & la fituation de leurs Vignes par tenans & aboutiffans, & de fouffrir les Inventaires & marques, le tout à peine de déchéance de leur privilége pour l'année pendant laquelle ils auroient refufé d'y fatisfaire.

Ouverture du Ban.
Article IV.

Vifites des Commis pendant le tems du Banvin.

1295. Ils font obligés fous la même peine de faire publier au prône de la Paroiffe le jour où ils doivent faire l'ouverture de leur ban ou vente, & d'en fignifier l'acte de publication au Fermier huit jours auparavant. Il eft permis au Fermier, du jour où la fignification lui en eft faite, d'envoyer des Commis dans leurs maifons, caves & celliers, pour y faire leur vifite pendant tout le temps du Banvin.

Recollemens.
Article V.

1296. Il leur eft enjoint en conféquence de répréfenter aux Commis tout le Vin de leur crû pour être récolté fur les premiers Inventaires qui auroient été faits, ou s'il n'en a point été fait pour être inventoriés & marqués à peine de confifcation du Vin au profit du Fermier, & de trois cent livres d'amende, en cas de fauffe déclaration, ou qu'ils vendent d'autre Vin que celui qui aura été marqué.

Fauffes déclarations.

1297. Le Droit de Banvin ne peut être cedé à Ferme conventionelle ou judiciaire, foit généralement avec les revenus de la terre, foit particulierement, & de quelque autre maniere que ce puiffe être, ni être exercé dans la maifon, cave & lieux, laiffés au Fermier pour fon logement, ni par les domeftiques du Fermier.

Le Droit de Banvin ne peut être cedé.
Article X.

1298. Les Cohéritiers ou autres à qui le droit appartient conjointement, font tenus de s'accorder fur le temps, enforte qu'il foit continu & fans interruption, fuivant les Coutumes & les Titres.

Le tems du Banvin doit être continu.
Article VIII.

Il eft libre aux habitans de vendre leur Vin.
Article IX.

1299. Lorfque le Vin du ban eft vendu, il eft permis aux habitans qui y font fujets de vendre le leur, quoique le temps du Banvin ne foit pas encore expiré.

Ils ne font point affujettis aux vifites des Offic.
Article XIV.

1300. Ils ne font point tenus, même durant le cours du Banvin, de fouffrir les recherches & vifites des Seigneurs qui ont droit de Banvin, ou de leurs Officiers.

Hôtelliers.
Article XII.
A. du C. des 28 J. 1696 & 28 Av. 1721.
Arr. de la C. des Ai. de Paris du 28 Avril 1751.

1301. Il eft permis aux Hôtelliers, même pendant le temps du Banvin, & nonobftant la publication qui en a été faite, de vendre du Vin aux Paffans & à leurs Hôtes, qui n'ont point leur domicile d'habitation dans la Paroiffe, encore qu'ils ne l'ayent point pris en la Maifon Seigneuriale.

Ils font foumis aux exercices des Commis.
Article XIII.

1302. Les Hôtelliers, Taverniers & Cabaretiers font tenus de fouffrir les vifites des Commis, même dans le cours du Banvin, & de payer les Droits de Détail du Vin qu'ils débitent, même de celui qui proviendroit du crû de la Seigneurie.

Peines attachées à la contravention commife par les privilégiés du Banvin.
Article XV.

1303. Dans le cas de contravention par ceux qui jouiffent du Banvin aux difpofitions précédentes, ils font tenus de payer les Droits pour tout le Vin qu'ils ont vendu pendant le ban de l'année en laquelle ils y ont contrevenu, & font privés du Droit de Banvin pour l'année fuivante. Ils en font déchus pour toute leur vie en cas de récidive dans une autre année.

1304.

1304. Les conteſtations pour le Droit de Banvin dans leſquelles le Fermier eſt partie principale ou intervenante, doivent être portées en premiere inſtance devant les Élus & par appel en la Cour des Aides.

1305. On a voulu prévenir par cette diſpoſition les difficultés qui pourroient naître de la part de ceux qui ont leurs cauſes commiſes à certains Tribunaux.

1306. Voyez d'ailleurs le commentaire de Jacquin ſur l'Ordonnance des Aides. Il s'étend beaucoup ſur la comparaiſon des diſpoſitions des Reglemens qui ont ſervi à rédiger le titre ſur le privilége de Banvin.

Competence.
Article XVI.

CHAPITRE IX.

DES DROITS DE DETAIL SUR L'EAU-DE-VIE.

1307. ON a parlé Livre I. Nombre 594. du temps où les premiers Droits d'Aides ont été établis ſur l'Eau-de-vie.

Les Droits de Huitiéme y compris la ſubvention, avoient été fixés par l'Ordonnance des Aides à quinze livres par muid, vendu à pot ou à aſſiette indiſtinctement ; cette fixation dans laquelle le pariſis, ſol & ſix deniers pour livre n'étoient pas compris, a été portée par l'Edit de Decembre 1686, à vingt-quatre livres par muid.

Fixation du Huitiéme & de la Subvention ſur l'Eau-de-vie.
Ed de Déc. 1686 reg. en la C. des Marcha. de Lyon.

Aides de Paris le 31 dudit, Article V. Arrêts du Conſeil des 19 Av. & 26 Juillet 1695 contre les

1308. C'eſt ſur ce pied qu'ils ſe perçoivent dans l'étendue des Pays où le Huitiéme a cours ſur le Vin, ſans exception ni modération pour les lieux où leſdits Droits de Détail ſur le Vin ont été fixés au-deſſous du huitiéme Reglé, (1163.) ou qui s'en ſont redimés par équivalent, abonnemens ou converſion, quelques lettres de conceſſion qu'ils ayent obtenu du Prince auxquelles il eſt dérogé à cet égard. On a vu, Nombre 73. que ces Droits ont été réunis à ceux d'Entrée & de Gros dans la Ville & l'Election de Paris.

Etendue de la perception.
Même Article de l'Edit.

Voyez ci-après, Nombre 1339. ce qui concerne la fixation du Quatriéme ſur cette liqueur.

On perçoit ſur les Eaux-de-vie rectifiées le double, & ſur l'eſprit de Vin le triple des Droits qui ſe perçoivent ſur l'Eau-de-vie ſimple, conformément à la Déclaration du 9 Decembre 1687. *Voyez* parmi les Droits d'Entrée, Livre I. Nombre 604. les autres diſpoſitions portées par cette Déclaration.

Eaux-de-vie doubles & eſprit de Vin.
Décl. du 9 Déce. 1687, reg. en la C. des A. de Paris le 20 dudit.

1309. Les Liqueurs & Boiſſons dans la compoſition deſquelles il entre des Eaux-de-vie ſimples, rectifiées ou de l'eſprit de Vin, ſont ſujettes aux Droits d'Aides comme les Eaux-de-Vie & eſprit de Vin.

Par Arrêt du Conſeil du 28 Mars 1758, rendu commun par celui du 25

Liqueur, Eſprit de Vin.
Arr. du C. & L. P. du 4 Juin 1726, & autres du 7 Juin 1727 reg. dans les C. des Ai. de P.

II. Partie.   H

EAU-DE-VIE, &c.

————————

& de R. Art. XIII.
Arrêt du Conseil
du 15 Juin 1755.
Auz. du 28 Mars
& 25 Juillet 1758.

Juillet suivant, pour tous les lieux sujets aux Aides, les Marchands Epiciers de Compiegne ont été condamnés à acquitter les Droits de la totalité des Ratafias par eux fabriqués avec défense d'en composer à l'avenir sans déclaration & de faire aucun mélange avec de l'Eau-de-vie ou de l'esprit de Vin, même provenant de leurs charges sur le Portatif des Commis, sinon en présence desdits Commis ou eux dûement appellés, à peine de confiscation & de cent livres d'amende : il leur est enjoint sous pareille peine de souffrir l'exercice sur leurs Ratafias, & de les tenir à cet effet en vaisseaux susceptibles de l'empreinte de la Rouanne : il est dit par le même Arrêt, que déduction sera faite auxdits Marchands sur les Eaux-de-vie ou esprits de Vin de leurs charges, des quantités qu'ils en tireront pour la composition de leurs Ratafias.

Vente au-dessous de 60 pintes reputée vente en Détail.
Déclaration du 6 Janv. 1699, reg. en la C. des A. de Rouen le 4 Févr. suiv. Arr. du C. & Let. Pat. du 24 Août 1728 reg. en la C. des Ai. de P. le 24 Sep. suivant, & en celle de R. le 30 dudit, Art. III. & IV.

1310. La vente de l'Eau-de-vie tant dans le ressort de la Cour des Aides de Paris que dans celui de la Cour des Aides de Rouen, est reputée vente en détail lorsqu'elle est faite en barils ou autres vaisseaux au-dessous de soixante pintes. Les Droits de Détail doivent en être payés par les Vendeurs avant l'enlevement, à peine de confiscation & de cent livres d'amende, excepté à l'égard des Eaux-de-vie destinées pour la Ville & Election de Paris, & la Généralité d'Amiens dans laquelle il est défendu d'en faire entrer en vaisseaux de moindre contenance que du quart de muid ; (Livre I. Nombre 643.) ainsi qu'à l'égard de celles destinées pour les Villes, Fauxbourgs & Banlieue de Rouen & Caen, dans tous lesquels lieux les Droits de Détail sur l'Eau-de-vie se payent à l'arrivée ou aux entrées ; (Livre I. Nombre 73, 324, & 635.) laquelle exception n'a lieu qu'à la charge de rapporter au Bureau du lieu de l'enlevement un certificat de décharge du lieu de la destination avec la quittance des Droits.

Défenses aux acheteurs d'enlever sans déclar.
Arr. du C. du 19 Mai 1733 & 13 Fé. 1742, & L. P. sur iceux du 9 Mars suiv. reg. en la C. des A. de Paris le 5 Avril suivant.
Arrêt du Conseil du 23 Juill. 1743.
Ils peuvent les vendre ensuite sans payer aucuns Droits, après qu'ils ont été payés.
Même Décl. du 6 Janvier 1699 & même Let. Pat. du 24 Août 1728.
MêmeReglement.

1311. Il est fait défense aux Acheteurs d'enlever lesdits Barils au-dessous de soixante pintes, qu'il n'en ait été fait déclaration au Bureau établi par le Fermier, laquelle doit contenir le nom, la qualité & la demeure des Vendeurs & Acheteurs, la quantité de l'Eau-de-vie achetée, le lieu de sa destination, & si elle doit être vendue en détail ou non, & qu'il n'ait été pris auxdits Bureaux par les Acheteurs, un congé conforme à cette déclaration, qui doit leur être délivré sans frais, & qu'ils sont tenus de répréfenter aux Commis lors de leurs exercices.

1312. Ceux qui ont acheté de l'Eau-de-vie en barils au-dessous de soixante pintes, dont les Droits ont été acquittés par les Vendeurs, peuvent la revendre ensuite dans l'étendue d'une même Sous-Ferme, sans payer les Droits, en représentant aux Commis aux exercices lors de leurs visites, la quittance des Droit de Détail acquittés par le Vendeur, à la charge par eux d'en faire déclaration avant la vente, & de souffrir les visites & exercices des Commis.

1313. Dans les Pays de Quatriéme, lorsque la revente qu'ils en font excede le prix sur lequel les Droits ont été payés par le Vendeur, ils doivent les Droits par supplément sur cet excedent.

Les mêmes Dr. de Dét. font dûs sur les Eaux-de-

1314. Les Eaux-de-vie transportées des Pays étrangers ou des Provinces exemptes des Droits d'Aides en celles qui y font fujettes, en barils & vaiffeaux au-deffous de ladite contenance de foixante pintes, même dans le cas où elles feroient deftinées par la provifion des Propriétaires, doivent de même acquitter les Droits dûs pour la vente en détail au premier Bureau des Aides, établi fur la route en entrant dans les Provinces fujettes, fous les mêmes peines & aux mêmes exceptions ci-deffus à l'égard de celles deftinées pour l'Élection de Paris, la Généralité d'Amiens & les Villes & Fauxbourgs de Rouen & Caen.

EAU-DE-VIE, &c vie venant en barils au-deffous de 60 pintes des pays exempts d'Aides en ceux qui y font fujets. Arrêt du Confeil & Lettres Patentes des 11 Sept. & 13 Nov. 1742, reg. le 3 Avril fuiv.

Cette difpofition a pour objet de remedier à l'abus qui fe commettoit par les Habitans des Pays d'Aides, limitrophes des Provinces exemptes, qui achetoient leur Eau-de-vie dans ces Provinces, & évitoient par ce moyen de payer les Droits de Détail qu'ils auroient payés s'ils l'euffent achetée dans les Pays d'Aides.

1315. Il eft fait défenfe à tous ceux qui vendent de l'Eau-de-vie, du Ratafiat, même avec le Fruit & autres Liqueurs faites d'Eau-de-vie, à l'exception de ceux qui en ayant acheté à pot ou à pinte en revendent à porte-col ou au coin des rues à petites mefures de fix deniers ou un fol au plus, pour lefquels il n'eft dû aucun Droits de Détail, d'en vendre fans déclaration fous quelque prétexte que ce foit, & d'en avoir chez eux, même fur leurs boutiques en bouteilles, pots, pintes, cruches & autres vaiffeaux de pareille qualité, encore que l'Eau-de-vie fût femblable à celle qu'ils ont dans leurs caves. Et il leur eft enjoint de n'en avoir qu'en futailles, barils & autres vaiffeaux de bois qui puiffent recevoir la marque de la Rouanne & être exercés par les Commis, & de n'en tirer qu'à mefure qu'ils la débitent; le tout à peine de confifcation & de cent livres d'amende (*a*).

Défenfe de vendre en détail de l'Eau-de-vie, des Ratafias, ou Liqueurs fans déclaration. Ordon. de Paris, Titre des Droits fur cette Liqueur, Artic. VI. & VII. Ord. de Rouen, T. XXVI. Articles IV. & V. Même Déclaration ci-deffus du 6 Janvier 1699.

Cette difpofition n'eft point particuliere à l'Eau-de-vie. Elle eft la même pour les autres Boiffons; (1228.) elle eft fondée fur ce que ce n'eft que par l'exercice des pieces qu'on peut connoître la confommation.

Arrêt & Lettres Patentes du 4 Juin 1726, reg. en la Cour des Aides de Paris le 20 Juillet 4 Février & 6 Juin Confeil des 12 A-de la Cour des Ai-1722, 4 Av. 1740,

fuivant, Article XIII. Mêmes Lettres Patentes du 24 Août 1728. Autre Arrêt & Lettres Patentes des 1744, regiftrées en la Cour des Aides de Paris le 9 Juillet fuivant, concernant les Ratafias. Arrêt du vril 1718, 13 Février 1722, 2 Février, 26 Avril, 24 Mai & 20 Septembre 1723, 28 Mars 1755. Arrêts des de Paris des 14 Septembre 1693, 27 Novembre 1699, 7 Septembre & 13 Décembre 1718, 4 Sept. 12 Avril 1741. Arrêts de la Cour des Aides de Rouen des 14 Août 1699 & 11 Mai 1712.

1316. Il eft accordé fur le payement des Droits de Gros, ainfi qu'on l'a déja dit N. 953, aux Marchands & Bouilleurs d'Eau-de-vie qui n'en font commerce qu'en gros, pour le déficit effectif provenant des coulages & remplages, un muid par chaque fois vingt-un muids & pour les quantités au-deffus & au-deffous à proportion. Mais ils doivent les Droits de Détail fur celle qui leur manque au-delà du vingt-uniéme, & qu'ils ne juftifient pas avoir été vendue en gros.

Nombre de Marchands en gros & Bouilleurs d'Eau-de-vie, portoient

Déductions nulles pour ce qui manque au-delà des 21 muids, & Droits de détail fur l'excédent. Même Let. Pat. du 24 Août 1728, Article II. Arrêt du Confeil du 8 Juillet 1732. Aut. Arr. du C. & Let. Pat. des 6 Nov. & 6 Décem. interprétation.

(*a*) Voyez la difpofition des Arrêts du Confeil des 28 Mars & 25 Juillet 1758, rapportée Nombre 1309. au fujet des Ratafias.

1742, regiftrées le 24 Avril 1743 en la Cour des Aides de Paris rendus en

EAU-DE-VIE, &c.

Arrêt de la Cour des Aides de Paris du 1 Avril 1758, rendu en exécut.

Bouilleurs tenus de cesser le débit. Arr. du C. du 1 Mars 1687, 20 Juin 1713, 26 Mars 1720, 12 Oct. 1728, 11 Oct. 1729 & 30 Octobre 1730.

Déclarations prescrites à tous ceux qui font arriver des Eaux-de-vie.

Consommations excessives. Arrêts du Conseil des 11 Nov. 1722, 11 Déce. 1725, 30 Déce. 1727, (ce dernier contre les Ursulines de la Ville d'Eu,) & notamment l'Arrêt de Reglement du 24 Fév. 1728. Aut. des 27 Avril 1728 & 16 Janvier 1731, confirmatifs.

Attributions à Mrs. les Intendans. Mêmes Arrêts.

Nulle exempt.

Reglemens sur le Vin exécutoir,

en coulage & en perte prétendue, les Eaux-de-vie qu'ils avoient réelle-ment débitées en fraude des Droits de Détail ; c'est ce qui donna lieu à cette disposition. Il faut bien observer que la déduction du vingt-unième n'a lieu que par rapport à la perception des Droits à la vente en gros, & seulement dans le cas où il se trouve chez les Marchands & Bouilleurs des Eaux-de-vie en déficit ; elle n'a jamais lieu à l'égard des Droits dûs pour la vente en détail, qui se payent comme on l'a dit, sans aucune déduction.

1317. Les Bouilleurs qui vendent de l'Eau-de-vie en détail, sont tenus de cesser leur débit pendant le temps de la fabrication, à peine de confis-cation des Eaux-de-vie, & Ustenciles & de cent livres d'amende.

On ne peut exercer un Débitant & suivre sa consommation, que ses char-ges n'ayent été constatées. Elles ne peuvent l'être chez un Bouilleur qu'après la fabrication de ses Eaux-de-vie. C'est le motif de cette disposition.

1318. Toutes personnes sans distinction, ainsi qu'il a été dit Livre II. Nombre 607, qui font arriver de l'Eau-de-vie dans les lieux où les Aides ont cours, sont tenus dans l'instant de l'arrivée de déclarer s'ils entendent la vendre en gros ou en détail, ou la consommer pour leur provision, à peine d'être contraints au payement des Droits de Détail de la totalité des Eaux-de-vie qu'ils auroient fait enlever sans cette déclaration, & ce sur les contraintes du Fermier visées par M. l'Intendant de la Province, ou par son subdelegué qui font exécutoires par provision.

1319. A l'égard de ceux qui ont déclaré lesdites Eaux-de-vie pour leur consommation particuliere, lorsque la quantité qu'ils en ont fait venir excede celle qu'ils peuvent réellement consommer proportionnément à leur état & à leur profession ; elles font reputées devoir être vendues en détail, & com-me telles sujettes aux Droits de Détail, & les Propriétaires d'icelles tenus de payer l'annuel, de souffrir les exercices des Commis, & de se sou-mettre aux mêmes formalités que les Marchands d'Eau-de-vie en gros & détail.

Il faut excepter de cette loi les Eaux-de-vie qui font consommées dans la Ville & Election de Paris, dans la Généralité d'Amiens, & dans les Villes de Rouen & Caen, dans lesquelles la fraude des Droits de Détail n'est plus à craindre, parce que ces Droits s'y payent avec ceux d'Entrée auxquels ils font réunis. *Voyez* Livre I. Nombre 73, 324, 633.

La connoissance des contestations qui naissent sur l'exécution de cette disposition est attribuée à Messieurs les Intendans.

On a vu, Nombre 1184. la même disposition par rapport aux consom-mations excessives à l'égard du Vin. Elle étoit encore plus nécessaire pour l'Eau-de-vie sur laquelle la fraude des Droits est plus fréquente que sur le Vin, parce que les Droits ont plus d'objet, & plus facile parce que cette liqueur se vend en plus petite partie ; d'un autre côté la perception des Droits sur l'Eau-de-vie doit être suivie avec plus de sévérité, attendu que l'usage en est moins nécessaire, & mérite par consequent moins de faveur.

1320. Il n'y a nulle exemption de Droits sur les Eaux-de-vie.

1321. Au reste les dispositions rendues en général à l'égard du Vin, tant pour la perception des Droits , que pour les visites & exercices des Commis, doivent être exécutées à l'égard de l'Eau-de-vie.

Voyez d'ailleurs pour ce qui concerne les formalités auxquelles les Marchands & Bouilleurs d'Eau-de-vie font assujettis, & les exercices qui se font chez eux par les Commis , ce qui a été dit Livre I. Nombre 601. & suivans, & pour le commerce qu'en peut faire le Fermier. Livre II. Nombre 957.

EAU-DE-VIE, &c.

Ordon. de Paris, même Titre des Droits sur l'Eau-de-vie, Art. X.
Ordonnance de Rouen, T. XXVI. Article VI.

CHAPITRE X.

DES DROITS DE DETAIL SUR LA BIERRE.

1322. LEs Droits de Détail sur la Bierre dans le Pays de Huitiéme ont été fixés , y compris la subvention & l'augmentation, à trois livres dix sols par muid, vendu à pot ou à assiette indistinctement. Ils se perçoivent sur ce pied , même dans les lieux où ces Droits ont été moderés sur le Vin, aux exceptions portées ci-dessus. Nombre 1163.

Pour ce qui concerne le Quatriéme, voyez sur quel pied il est perçu sur cette Boisson Chapitre suivant, Nombre 1326.

1323. La Boisson appellée Bouillon, composée d'Eau de Son & de Levain a été assujettie aux mêmes Droits que la Bierre lorsqu'elle est vendue en détail, ce qui a été jugé contre les Habitans de Dieppe, à qui il a été permis cependant d'en composer & d'en user pour leur consommation , & celle de leur famille seulement sans payer aucuns Droits.

1324. Au reste les dispositions préscrites pour la perception des Droits sur le Vin, doivent être exécutées à l'égard de la Bierre.

Fixation des Droits de détail sur la Bierre en Pays de Huitiéme.
Ordon. de Paris, Titre des Droits sur cette Boisson, Article VIII.

Bouillon assujet. aux mêmes Dro. que la Bierre.
Arrêt du Conseil du 22 Sept. 1691.

Dispositions rendues pour le Vin déclarées communes pour ce qui concerne la Bierre.
Ordon. de Paris, même T. Art. XI.
Ord. de Rouen , Titre XXVII. Article IX.

CHAPITRE XI.

DU QUATRIE'ME.

§. I.

De l'Origine & de la fixation de ce Droit.

1325. ON a vu ci-devant l'Origine du Quatriéme, en rapportant celle du Huitiéme. Il n'a point été fixé comme ce dernier à une somme déterminée par muid sans égard au prix des Boissons. Ce Droit dans le principe étoit le double du Huitiéme. Il y auroit eu une disproportion trop grande dans la fixation qu'on en auroit pu faire parce que cette fixation n'admettant point de différence entre les Boissons de haute & de basse qualité ; auroit été nécessairement beaucoup trop foible pour les unes & trop forte

Origine

DE L'ORIGINE.

Déduction pour Lies coulages.
Ordon. de Paris, Tit. des Droits de Quatriéme . Article II. & III.
Ord. de Rouen, T. XIV. Art. I.

Ordon. de Paris, Titre des Droits sur la Bierre, Article X.
Parisis sol & 6 den. pour liv.
Ordon. de Paris, Titre de ce Droit, Art. I. II. & III.

Levée du Quatriéme en Normandie.

Ord. de Rouen, T. XIV. Art. I.

Article II.

Ord. de Rouen, Titre IX. Article III. & IV.

pour les autres. Ainsi ce Droit se perçoit sur le pied du Quatriéme effectif du prix de la vente des Boissons. Mais comme il est juste d'avoir égard aux lies, coulages & remplages, & à la Boisson que consomment les Propriétaires pour leur provision, il est accordé un cinquiéme de déduction sur le montant des Droits; ou ce qui est la même chose, ce quatriéme a été reduit au cinquiéme du prix de la vente sur le Vin, le Cidre & le Poiré. Il n'est point question dans l'Ordonnance de cette réduction à l'égard de la Bierre. Elle est cependant d'usage dans la Généralité d'Amiens & l'Election de Bar sur Seine, c'est-à-dire, dans les Pays du ressort de la Cour des Aides de Paris, où le quatriéme a cours. Elle n'a lieu nulle part pour l'Eau-de-vie, sur laquelle le quatriéme se perçoit en entier. Il se leve en outre l'augmentation ou parisis, sol & six deniers pour livre, qui se tire separément sur ledit Droit de Quatriéme reduit au Cinquiéme ; ces deux Droits se payent sur le pied de trente-six septiers ou deux cent quatre-vingt-huit pintes au muid , sans aucune autre déduction, & sans distinction de vente à pot ou à assiette. (*a*) C'est ainsi que le Quatriéme se perçoit dans les lieux du ressort de la Cour des Aides de Paris, où il est établi.

1326. Dans celui de la Cour des Aides de Rouen, c'est au fond la même perception, mais on a tâché d'en rendre les operations plus faciles en déterminant les Droits qui sont dûs pour chaque muid proportionnément au prix que chaque peinte est vendue. Ainsi le Quatriéme reduit au Cinquiéme , en y joignant l'augmentation du parisis, sol & six deniers pour livre comme ci-dessus, sur le Vin debité soit à pot soit à assiette, & vendu par supposition un sol la pinte, les deux pintes faisant le pot, s'y perçoit à raison de trois livres dix-huit sols (*b*) par muid, contenant aussi deux cent quatrevingt - huit pintes, mesure de Paris : pour celui vendu plus ou moins d'un sol, dans la même proportion de trois livres dix-huit sols par muid, pour chaque sol du prix de la pinte , ce qui a lieu pour les Vins d'Espagne & de Liqueur comme pour les Vins ordinaires.

Les mêmes Droits sur le Cidre & le Poiré vendus par supposition six deniers la pinte, sont fixés à trente-huit sols par muid, (*c*) qui sont augmentés ou diminués suivant le prix desdites Boissons à raison de six sols par muid pour chaque denier du prix de la pinte.

Lesdits Droits dans le ressort de cette Cour se payent comme dans le ressort de la Cour des Aides de Paris , sans dimunition pour les lies & coula-

---

(*a*) Dans la fixation du Huitiéme on a mis de la différence entre la vente à pot & celle à assiette , parce que la vente de cette derniere espece est supposée à un prix plus haut que la vente à pot; mais ici cette différence s'établit d'elle-même.

(*b*) En faisant l'opération on ne trouve que trois livres quinze sols & quelques deniers au lieu de trois livres dix-huit sols; on a jugé que la réduction du Quatriéme au Cinquiéme étoit encore assez considérable après cette legere augmentation.

(*c*) Lesdits Droits sur le Cidre & le Poiré ont encore souffert une seconde déduction de huit pintes par cette derniere fixation, qui n'a été faite que sur le pied de deux cens quatre-vingt pintes au muid, au lieu de deux cens quatrevingt-huit, Article III. du même Titre.

ges & la Boiſſon des Propriétaires attendu la réduction qui en a été faite du Quatriéme au Cinquiéme.

Ils ſe perçoivent ſur la Bierre dans ce reſſort ſur le pied du Quatriéme effectif, & du pariſis, ſol & ſix deniers pour livre, auſſi effectifs ſans réduction. C'eſt ainſi qu'ils s'y levent ſur l'Eau-de-vie, de même que dans les lieux du reſſort de la Cour des Aides de Paris, où le Quatriéme a cours. *Voyez* ci-après Nombre 1339.

§. II.

Des Pays où le Quatriéme a cours.

1327. On ne haſardera point de rendre raiſon pourquoi ce Droit eſt établi dans certains Pays d'Aides, tandis que d'autres ne ſont aſſujettis qu'au Huitiéme. Il n'eſt pas poſſible de découvrir dans les anciens Reglemens les motifs de cette inégalité. Mais cette perception eſt aſſez bien établie pour qu'on puiſſe ſe paſſer de remonter à la ſource. Il ſuffira d'en connoître exactement l'état actuel.

1328. Le Quatriéme ſe perçoit, ſçavoir. Pour le reſſort de la Cour des Aides de Paris.

Dans la Gé-néralité d'A-miens. Voyez Livre II. N. 771. ce qui a été dit au ſujet des enclaves de Picardie.

A l'exception de la Ville & Banlieue d'Amiens (a), de la Ville & Fauxbourgs d'Abbeville (b, & des Villes d'Albert & Bray, qui ſont ſujettes toutes quatre au Huitiéme reglé (1162.); des Villes de Montreuil, Doulens, Saint Quentin & Peronne, dans leſquelles ils ne ſe perçoit que les Droits de Pariſis ſols & ſix deniers pour livre du Huitiéme reglé, fixé à vingt-ſept ſols trois deniers par muid de Vin vendu à pot, & trente-trois ſols trois deniers par muid vendu à aſſiette (c); & encore à l'exception des Villes & Bourgs de Boulogne, Calais, Ardres & Guines, Marquiſe, Hons, Huiſſens, Eſure, Samer, Hacquilliers & Etaples, dépendans de l'Election de Doulens, leſquels Villes & Bourgs ſont exempts, tant du Quatriéme que du Huitiéme, & ne ſont ſujets qu'au ſol pour pot.

Dans la Ville & Election de BAR-SUR-SEINE.

Dans la Ville & Election de PONTOISE, & dans le bas Fauxbourg de

---

(a) Le Quatriéme fut commué au Huitiéme dans la Ville d'Amiens par Lettres Patentes de Louis XI. du 29 Mars 1470. Commentaire de Jacquin.

(b) La même commutation fut accordée aux Habitans de la Ville d'Abbeville par Lettres Patentes du 4 Février 1476. Ils ſe racheterent du Gros & du Huitiéme en vertu d'autres Lettres Patentes du

4 Mai 1594, moyennant vingt-neuf mille quatre cens livres de rente. L'Ordonnance les déchargeoit auſſi de ces Droits; mais ils y ont été retablis par Arrêt du Conſeil du 9 Mars 1688.

(c) La regie des Droits dans ces Villes eſt la même que dans les autres Pays où le Huitiéme a cours. Même Titre des Droits de Détail, Article XII.

Marginal notes:

DES PAYS, &c.

Quatriéme effectif ſur la bierre dans le reſſort de la C. des Aides de Rouen. Ord. de Rouen, T. XXVII. Art. VI. Tarifs de 1687 & 1688.

Pays où le Quatriéme a cours.

Ordon. de Paris, Titre de ce Droit, Tarif du 15 Mai 1688.

Idem.

Idem.

DES PAYS, &c.

Ord. de Rouen,
T. XIV. Art. I.

l'AUMONE, dépendant de ladite Ville, le haut Fauxbourg en étant excepté attendu qu'il est sujet au Huitiéme. (*a*) (1162.)

1329. Et pour le ressort de la Cour des Aides de Rouen dans les trois Généralités qui en dépendent. (*b*) Sçavoir.

ROUEN.
CAEN.
ALENÇON.

Privilége de quelques Villes de Normandie.
Tarifs du 15 Mai 1588.
Arr. du C. des 17 Nov. 1655, 11 Fév. 1656, 9 Jan. 1660, 24 Ao. 1675, 22 Mai 1676 & 23 Octo. 1717, pour les Villes de Cherbourg & Grandville.
Aut. du 13 Mai 1687, à l'égard de la Ville de Dieppe, lequel déroge à l'Edit de 1686 qui avoit assujetti les Habitans de cette Ville au Quatriéme

Les Habitans de Cherbourg, Grandville & Pontoison, sont exempts du Quatriéme, & ne payent que la subvention & le parisis, sol & six deniers pour livre fixé au tiers du quatriéme. Ceux de Dieppe, non compris les Fauxbourgs du Pollet & de la Barre, sont exempts du Quatriéme & du parisis, sol & six deniers pour livre, & ne payent que la subvention. Ceux de Treport & Harfleur jouissent de l'exemption de la moitié du Quatriéme, & sont sujets à l'autre moitié & au parisis, sol & six deniers pour livre du Quatriéme en entier. Ceux du Havre (*c*) sont exempts de tous lesdits Droits de Quatriéme, subvention & parisis, sol & six deniers pour livre, si ce n'est sur l'Eau-de-vie pour laquelle ils payent la subvention au détail. Mais pour empêcher l'abus que les Habitans de ces Villes pourroient faire de leur privilége, il leur est défendu de vendre aucunes Boissons pour être transportées en cruches ou en bouteilles hors desdites Villes, & à tous autres de les transporter à peine de confiscation & de cent livres d'amende.

sur l'Eau-de-vie. Arrêts du Conseil des 18 & 30 Décembre 1698, Juillet 1713 & 24 Mai 1723. Arrêts de la Cour des Aides de Rouen des 17 Juillet 1708 & 23 Février 1713.

Idem de la Principauté d'Yvetot.
Arr. du Conseil & Let. Pat. des 30 Août & 27 Sept. 1723, reg. en la Cour des Aides de Rouen le 29 Oct. suivant, où sont rapportés les Titres des priviléges dont jouit la Principauté d'Yvetot.
Arrêt du Conseil portant Reglement en date du 19 Juin 1725, rendu en interprétation desdites Lettres Patentes.

1330. La même défense a lieu par rapport à la Principauté d'Yvetot, Généralité de Rouen, où le Seigneur a le privilége de percevoir le Quatriéme sur les Boissons qui s'y vendent en détail. L'Arrêt du Conseil du 19 Juin 1725. défend de plus, d'enlever de ladite Principauté aucuns Vins & Eaux-de-vie, soit en muid soit en bouteilles, & de quelque façon que ce

(*a*) Cette différence vient de ce que ce Fauxbourg n'est point censé faire partie de la Normandie où le Quatriéme a cours, & qu'il doit être consideré comme dépendant de la Province de l'Isle de France où le Huitiéme se perçoit.

(*b*) Il faut se souvenir de ce qui a été dit dans l'Introduction, page VIII. L'Election d'Eu établie par Edit de Février 1696, qui fait partie de la Généralité de Rouen, est composée en partie de Paroisses qui ont été distraites des Elections d'Amiens & Abbeville, dépendantes de la Généralité d'Amiens. Ces Paroisses doivent être encore considerées par rapport aux Droits d'Aides comme si elles étoient toujours de la Généralité d'Amiens.

(*c*) Par l'Edit de Décembre 1686, rendu pour le ressort de la Cour des Aides de Rouen, les Habitans du Havre avoient été assujettis aux Droits de Détail sur l'Eau-de-vie, & en considération de ce, déchargés du Droit de douze livres par muid qu'ils payent à l'entrée sur cette liqueur. Mais l'Arrêt du Conseil du 30 Septembre 1687, rendu sur les représentations desdits Habitans, les décharge du Quatriéme, & ordonne le rétablissement du Droit de douze livres par muid, ainsi qu'il avoit lieu avant l'Edit de Décembre 1686.

foit , à peine de confifcation & de cinq cent livres d'amende , ordonne qu'au lieu d'être établi des Bureaux par le Fermier dans l'interieur de ladite Principauté , la quantité d'Eau-de-vie que lefdits Seigneur & Habitans pourront faire venir pour leur confommation , fera fixée à foixante muids par an , à peine de confifcation de l'excedent & de cinq cent livres d'amende ; que les déclarations en feront faites par ceux qui voudront faire venir lefdites Eaux-de-vie au Baillif, qui les remettra vifées le même jour aux Commis du Bureau établi à cet effet hors de ladite Principauté , en fe conformant d'ailleurs tant pour l'enlevement d'icelles au lieu où elles font achetées qu'à leur arrivée dans ladite Principauté , aux formalités préfcrites par les Déclarations des 30 Janvier 1717 , & 8 Mai 1718 , (Livre I. Nombre 607.) leur fait défenfe d'en fabriquer dans ladite Principauté de quelque efpece que ce foit , & leur permet cependant à l'égard des Cidres & Poirés, d'en faire tranfporter hors ladite Principauté en le déclarant audit Bureau , & en payant les Droits.

Foire de Gui-bray.
Arrêt du Confeil du 11 Août 1691.

Les Boiffons débitées à la Foire de Guibray, Généralité d'Alençon ont été affujetties aux Droits de Détail , dont les Habitans les prétendoient exemptes.

§. III.

De la vente des Boiffons en Détail & du payement des Droits dans les Pays de Quatriéme.

Prix des boiff. ne doit être fixé par aucun Juge.
Ord. de Paris, T. du Droit de Qua-triéme, Art. IV.
Ord. de Rouen , T. XIV. Art. V.

1331. Il eft permis aux Vendans en détail de vendre leurs Boiffons à fi haut prix que bon leur femble , nonobftant tout Reglement des Juges de Police, qui pourroient l'avoir fixé. En cas de conteftation à ce fujet, la connoiffance en appartient en premiere inftance aux Officiers des Elections , & par appel aux Cours des Aides.

Cette difpofition regarde, quoiqu'indirectement, les Droits de Détail, en ce que le Quatriéme, étant proportionné aux prix des Boiffons, il augmente ou diminue fuivant les variations de ce prix.

Déclarations; Ordon. de Paris, Art. V. du même Titre.

1332. Ils ne font point tenus dans leurs déclarations de faire mention s'ils vendent à pot ou à affiette.

Cette diftinction feroit inutile, puifque le Droit ne fe regle que fur le pied de la vente.

Idem.
Ordon. de Paris, même Titre, Article VI. & VII.
Ord. de Rouen , T. XV. Art. XV. & XVI.
Même Article & Arr. de la C. des A. de Rouen du 13 Août 168...

1333. Il leur eft enjoint de déclarer aux Commis toutes les fois qu'ils en font requis, le prix du Vin par eux vendu & de celui qu'ils ont en perce, & de figner leur déclaration fur le Regiftre des Commis s'ils fçavent figner , ou pour tenir lieu de fignature, de déclarer qu'ils ne fçavent figner , & en cas de refus de leur part après l'interpellation qui leur en aura été faite par les Commis, defquels refus & interpellations ils doivent faire mention fur leurs Regiftres , les Droits doivent être payés à raifon du prix écrit par les Commis. Et cependant il eft permis aux Vendans en Détail de faire preuve par témoins que le prix du Vin étoit moindre que celui porté par le Regiftre lorfqu'ils n'y ont pas figné, en payant toutes fois par provifion, L'Ordonnance de

DU PAYEMENT.

Rouen porte de plus, que cette preuve ne sera point admise s'ils n'ont pas fait signifier au Bureau le prix qu'ils entendent le vendre avant que d'en commencer la vente, ou celui du Vin dont ils ont fait le débit, dans les trois jours après l'interpellation à eux faite par les Commis.

Lorsqu'il est question de choses qui gissent en fait, la preuve par témoins ne peut détruire les actes des Commis qui font foi en Justice jusques à inscription de faux. Mais ici il ne s'agit que de la déclaration des Vendans en détail pour une vente qui n'est point encore faite & qui doit se faire. Voilà pourquoi cette preuve dans ce cas est admise.

Ordon. de Paris, même Titre, Article VIII.

Ord. de Rouen, même Titre, Article XVII.

Fausse déclarat.
Ordon. de Paris, Art. IX.

Ord. de Rouen, Titre XV. Article XVIII.

Faculté accordée au Fermier de prendre le vin au prix déclaré.
Arrêt du Conseil du 14 Mars 1719, & Letres Patentes du 1 Juin suivant, reg. en la Cour des Aides de Rouen le 27 du même mois.
Aut. Arr. & Let. Pat. des 23 Juillet & 5 Août 1720, regist. en la Cour des Aides de Paris le 29 dudit.
Aut. Arr. & Let. Pat. des 25 Sept. 1742 & 15 Mars 1743, regist. en la Cour des Aides de Rouen le 5 Avril suivant.

1334. Le Fermier de son côté est de même autorisé à faire preuve par témoins, du nombre desquels peuvent être les Acheteurs, de la fausseté de la déclaration du prix qui aura été faite & signée sur les Registres des Commis par les Vendans en détail ou leurs préposés.

1335. Le Vin dont le prix se trouve avoir été faussement déclaré, doit être confisqué ou sa juste valeur, & les Vendans en détail condamnés en dix livres d'amende. Ils sont d'ailleurs responsables civilement des déclarations & du fait des préposés au débit de leurs Boissons.

1336. Le Fermier a la liberté de prendre les Boissons à son profit pour le prix déclaré par les Vendans en détail, déduction faite des Droits de Détail, & cela sans préjudice de la preuve de la fausse déclaration qu'il est toujours en droit de faire.

Cette disposition est en partie conforme à celle rapportée Livre II. Nombre 791. pour la regle des Droits de Gros. Elle ne fait aucun tort au Débitans de bonne foi ; le Fermier au contraire en prenant leurs Boissons au prix déclaré, leur évite le soin du débit. Elle diffère de ce qui est prescrit à l'égard des Droits de Gros, en ce que dans la vente en gros le Fermier est obligé de déclarer sans délai son option, parce que la vente en gros est consommée sur le champ, au lieu que pour la vente en détail il peut faire usage de la faculté de prendre les Boissons au prix déclaré pendant tout le temps que dure le débit des vaisseaux en perce, attendu que le Cabaretier peut suivant les circonstances augmenter le prix de ses Boissons & persister cependant dans sa premiere déclaration qui, pour lors devient fausse. Le Fermier conserve en outre, après cette option, le droit de faire preuve de la fausse déclaration, parce que cette option qui à la vérité empêche la fraude de se faire plus longtemps, ne détruit pas celle faite avant l'option, & pour laquelle la peine de la fausse déclaration est encourue. La preuve de la fausse déclaration au contraire n'a plus lieu à l'égard du Gros lorsque le Fermier prend les Boissons au prix déclaré, parce qu'il arrête sur le champ l'effet de la fraude, & qu'il ne pourroit tout au plus prouver que la volonté de la faire qui se ne punit point.

Défens. aux Vendans Vin d'avoir en perce plus de 2 pieces à la fois.
Ordon. de Paris, même T. Art. X.

Ord. de Rouen, T. XV, Art. XIX.

1337. Il leur est fait défense d'avoir en perce plus de deux pieces à la fois, à peine de confiscation des autres qui seroient trouvées en perce, ainsi que d'avoir du Poiré chez eux dans le temps qu'il font commerce de Vin, à peine de confiscation tant du Vin que du Poiré.

Plus les Droits sont considerables & plus il faut de précautions pour empêcher la fraude. La premiere partie de cette difpofition qui ne fe trouve point dans la régie du Huitiéme, eft pour empêcher les remplages qui deviennent plus faciles par le nombre des piéces entamées. La feconde partie qu'on a déja rapportée, Nombre 1177. a le même objet.

DU PAYEMENT.

1338. Pour ce qui concerne le payement des Droits dans le reffort de la Cour des Aides de Rouen, les Commis à la recette font tenus d'expédier chaque mois leurs quittances à la décharge des Cabaretiers & autres Vendans en détail, conformément à l'arrêté fait par les Commis Quefteurs (ou Commis aux Exercices) lefquelles doivent être libellées & contenir la fomme payée, la quantité & qualité des Boiffons confommées pour lefquelles les Droits font payés, & ce fans aucune referve, fi ce n'eft de ce qui eft dû nommément dedits Droits pour raifon du même mois dont les Commis doivent faire mention expreffe dans leurs quittances.

Payement des Droits en Normandie.

Quittances des Commis.
Ord. de Rouen, T. XVIII. Art. IX.
Arrêt de la Cour de Normandie du 13 Août 1698, rendu en exécution.

§. I V.

Du Quatriéme fur l'Eau-de-vie.

1339. On perçoit fur l'Eeau-de-vie le Quatriéme effectif en entier & fans déduction dans le reffort des deux Cours des Aides de Paris & de Rouen, (a) avec le parifis, fol & fix deniers pour livre qui a été fixé au tiers du Quatriéme, & ce non-feulement dans tous les lieux où le Quatriéme a cours fur le Vin, foit au profit de Sa Majefté, foit au profit des Villes & Communautés (b) : mais encore dans tous ceux où le Quatriéme ou Huitiéme ont été reduits fur le Vin au parifis du Quatriéme ou Huitiéme, même dans la Ville de Montreuil en Picardie.

Quatriéme effectif fans déduction.
Edit de Décem. 1686, reg. en la C. des A. de Paris le 31 même mois.
Autre de même datte, regiftré en celle de Rouen le 9 Janvier fuivant.

Il en faut excepter les Villes de Rouen & Caen & la Généralité d'Amiens, où l'on a vu Livre I. Nombre 324. & 633. que les Droits de Détail, ainfi que ceux de Gros ont été réunis aux Droits d'Entrée : & en outre la Ville de Boulogne & le pays Boulonnois qui avoient été affujettis audit Droit de Quatriéme & à la fubvention fur l'Eau-de-vie par l'Edit de Décembre 1686. mais qui depuis en ont été déchargés par Arrêt du Confeil du 13 Mai 1687. ainfi que les Habitans du Fauxbourg de Neuville dépendant du Boulonnois & fitué près la Ville de Montreuil qui jouiffent de la même exemption jufques à concurence de dix bariques d'Eau-de-vie de vingt-fept veltes chacune pour leur confommation, fuivant les Arrêts du Confeil des 25 Juillet 1724, & 30 Janvier 1725.

Pays Boulonnois déchar. du quatriéme.
Arrêt du Confeil du 13 Mai 1687.

Arrêts du Confeil des 15 Juill. 1724. & 30 Janv. 1725.

(a) L'Article III. du Titre XXVI. de l'Ordonnance de Rouen portoit que le Quatriéme feroit réduit au Cinquiéme fur l'Eau-de-vie comme fur les autres Boiffons; mais l'Edit de Décembre 1686 a ordonné qu'il fe percevroit fans déduction.

(b) Ceci regarde quelques Villes telles que Reims qui jouiffent du Quatriéme à titre d'Octroi au moyen de fommes ou équivalens qu'elles payent à Sa Majefté,

§. V.

Des Futailles & Mesures dans le ressort de la Cour des Aides de Rouen, en ce qui concerne la vente des Boissons.

Contenance des futailles en Normandie déterminée pour les Marchands.
Ord. de Rouen, T. XXII. Art. I.

1340. Les Marchands de Cidre & Poiré en gros & en détail dans la Province de Normandie, ne peuvent se servir de Futailles d'une autre contenance que de celle qui leur est préscrite ; sçavoir, du tonneau contenant trois muids mesure de Paris, à raison de deux cent quatre-vingt-huit pintes par chaque muid, de la pipe qui est la moitié du tonneau, du muid mesure de Paris, & du demi muid, à peine de confiscation tant des Futailles que des Boissons, & de cent livres d'amende.

Libre pour tous autres.
Article II.

1341. Il est permis à tous autres qu'auxdits Marchands de se servir pour mettre leur Cidre & Poiré, lors de la recolte de leurs fruits, de telles Futailles que bon leur semble. Lorsqu'ils veulent en faire la vente, la jauge en doit être faite & réduite au muid de Paris, pour être les Droits acquittés sur cette réduction.

Mesures pour la vente en détail.
Article III.
Arrêt du Conseil du 13 Mai 1698.
Aut. de la Cour des Ai. de Rouen des 13 Août 1698 & 23 Nov. 1716.

1342. Ceux qui font commerce en détail du Vin & autres Boissons, ne peuvent se servir d'autres mesures que de la pinte mesure de Paris, du pot contenant deux pintes, de la chopine qui est moitié de la pinte, & du demi septier qui en est le quart ; étalonnés sur les matrices déposées au Greffe des Hôtels de Ville de Rouen, Caen & Alençon, à peine de confiscation & de cent livres d'amende.

Voyez Livre VI. Nombre 1572, ce qui concerne la jauge des Futailles & autres Vaisseaux.

§. VI.

Disposition générale.

Regie du Quatriéme conforme à celle du Huitiéme.
Ordon. de Paris, Tit. de ce Droit. Art. XI.
Les différens Articles de l'Ordonnance de Rouen qui portent les mêmes dispositions à l'égard du pitres précédens.

1343. Tout ce qui est préscrit par les dispositions rapportées dans les Chapitres ci-dessus, pour ce qui concerne les formalités à observer pour la vente de Boissons en détail, celles qui sont particulieres aux Cabaretiers Hôteliers & autres Vendans Vin d'achat, les exercices des Commis, le payement & le recouvrement des Droits, les abonnemens, les exemptions & le privilége du Banvin par rapport à la regie du Huitiéme reglé, doivent être exécutées de même pour la régie du Quatriéme en ce qu'il n'y est dérogé par les dispositions rapportées au présent Chapitre.

Quatriéme, que l'Ordonnance de Paris à l'égard du Huitiéme, ont été rapportés en leur place dans les Chap.

CHAPITRE XII.

DE LA SUBVENTION AU DETAIL.

1344. On a rapporté Livre I. Nombre 510. & fuivant, l'origine de la Subvention. On a vu que dans fon principe elle fe percevoit à l'entrée dans tous les lieux où elle fut établie. Les Habitans des Provinces de Poitou & Berry, furent les premiers qui en demanderent la converfion en pareil Droit fur la vente en détail : ils l'obtinrent par Arrêt du Confeil du 27 Juin 1654. Par celui du 14 Juin 1656, & la Déclaration du 20 Juillet fuivant la même commutation fut accordée aux autres Provinces & lieux de l'étendue du Reffort de la Cour des Aides de Paris où le Huitiéme reglé fe perçoit, aux exceptions portées ci-après Nombre 1347.

L'Eau-de-vie ni la Bierre ne furent point comprifes pour lors dans cette commutation, qui n'eut lieu à l'égard de ces Boiffons, que par les Baux pofterieurs dans lefquels la fubvention au détail fut fixée fur lefdites Boiffons confufément avec le huitiéme reglé.

1345. On continua de percevoir à l'entrée, la fubvention dans les autres lieux du reffort de la Cour des Aides de Paris où le Quatriéme a cours ; ainfi que dans la Normandie fujette au même Droit de Quatriéme.

Mais comme elle fe percevoit à l'entrée dans cette Province, non-feulement dans les Villes & Bourgs fermés, mais encore dans les Villages, Hameaux & Ecarts, les Députés de la Province repréfenterent que ce Droit étoit extrêmement à charge aux Habitans de la Campagne ; & fur leurs remontrances, le Roi convertit la fubvention à l'entrée qui fe percevoit dans lefdits Villages, Hameaux & Ecarts en pareil Droit au Détail, & pour retrouver ce qu'il auroit pu perdre à cet échange, il affujettit en même temps les Villes & Bourgs de ladite Province à la fubvention au détail, outre & fans préjudice de la fubvention qui s'y levoit déja à l'entrée.

1346. L'Ordonnance a fixé dans le reffort des Cours des Aides de Paris & Rouen, la fubvention au Détail fur le même pied que la fubvention à l'entrée.   S ç a v o i r,

		ß	₰
Par muid de Vin ordinaire ou de Liqueur à	27.		(*a*)
Par muid de gros & petit Cidre à moitié	13.		6.
Par muid de Poiré à moitié du Cidre	6.		9.

(*a*) C'eft par erreur que dans les Tarifs de 1687 & 1688, on a porté pour quelques Elections de Normandie, pour celles entr'autres d'Alençon, Argentan, Domfront & Verneuil, la Subvention à cinq livres 8 fols fur les Vins de liqueur comme fur l'Eau-de-vie. Les Reglemens ne font point de diftinction entre ces Vins & les Vins ordinaires pour aucuns Droits d'Entrée qui fe payent de la même façon fur les uns & les autres.

Origine.

Préambule de l'Arrêt du 14 Juin 1656.

Arr. du C. des 14 Juin & 5 Juillet 1656. Déclaration du 20 dudit mois de Juillet, regift. le 14 Août fuivant.

Idem.

Déclaration du 8 Août 1658, regif. le 7 Sept. fuiv. Arrêt du Confeil du 25 dudit.

Fixation.
Ordon de Paris, T. I. de ce Droit, Article I.
Ord. de Rouen, T. XXIII. Art. I.

DES PAYS, &c.

Soit que lesdites Boissons soient vendues à pot ou à assiette, & y compris le parisis, sol & six deniers pour livre.

A l'égard de l'Eau de-vie & de la Bierre, la subvention au Détail a été fixée sur ces Boissons, ainsi qu'on vient de le dire, confusément avec le Huitiéme reglé, dans les Pays du ressort de la Cour des Aides de Paris, où il a cours. (1160.) Dans la Province de Normandie, sujette au Quatriéme, la fixation en a été faite separément à raison de cinq livres huit sols par muid d'Eau-de-vie, & treize sols six deniers par muid de Bierre ; cette fixation est aussi la même que pour la subvention à l'entrée.

Ordon. de Paris, Titre des Droits sur l'Eau-de-vie, Art. VIII. Titre des Droits sur la Bierre, Art. X. Ord. de Rouen, T. XXVI. Art. III. & Titre XXVII. Article VI.

§. II.

Des Pays où se levent la Subvention au Détail.

Pays où elle se leve. Art. III. du même Titre.

1347. On a vu, Livre I. Nombre 516. les Pays où la Subvention se leve à l'entrée, & que ce sont ceux où le Quatriéme a cours : elle se leve au Détail.

SÇAVOIR,

Ordon. de Paris, T. I. de ce Droit, Art. I. II. & III.

DANS LES PAYS OU LE HUITIEME A COURS. Voyez ci-devant Nombre 1162. quels sont ces Pays.

A l'exception de la Généralité de Lyon où il n'y a que la Ville & Election de Roanne qui y soient assujetties, des Elections de Macon, Auxerre (*a*), Tonnerre, Vezelay & Joigny (*b*), qui en sont exemptes & des Villes d'Abbeville & Châlons où elle se leve à l'entrée. (516.).

Les Bourgeois de la Ville & Fauxbourgs de Bourges ne la payent que sur le pied de vingt-deux sols, & ceux de la Ville & des Fauxbourgs de Langres, sur le pied de dix-huit sols pour le Vin de leur crû qu'ils vendent à pot.

Ord. de Rouen, T. XXIII. Art. II.

Et en outre dans les trois Généralités de la Province de NORMANDIE, quoique Pays de Quatriéme, où elle se perçoit même dans les Villes & Bourgs où ce Droit a deja été payé à l'entrée.

Ordon. de Paris, même T. Art. II.

Elle se perçoit encore au Détail dans les Villes de DOULENS & PERONNE, de la Généralité d'Amiens qui ne sont sujettes qu'au parisis, sol & six deniers pour livre du Huitiéme. (1328.)

(*a*) On a dit, Livre I. Nombre 510. que la Généralité de Lyon, (à l'exception de l'Election de Roanne qui ne fut point comprise dans le traité, & les Elections d'Auxerre, Bar-sur-Seine sujettes au Quatriéme & Macon s'étoient rachetées de la Subvention.

(*b*) L'établissement des Droits du Pont de Joigny sur les Vins enlevés desdites Elections & autres lieux situés au-delà de ce Pont, & qui passent dessus ou dessous, tient lieu de la Subvention au détail dans ces trois dernieres.

§. III.

Du payement de ce Droit.

1348. La Subvention au Détail se leve dans tous les Pays ci-dessus, non-seulement dans les Villes & Bourgs, mais encore dans les Villages, Hameaux & lieux de la Campagne où il se vend des Boissons en détail, & ce, nonobstant tous engagemens, octrois, priviléges & exemptions, soit qu'il s'y leve d'autres Droits d'Aides ou non.

1349. Dans le ressort de la Cour des Aides de Rouen, elle n'est point exigible par pots ou pintes à mesure de la consommation, mais seulement lorsque la piéce est vuide au moins jusques à la barre & en un seul paye-ment.

Comme la Subvention se perçoit dans ce ressort distinctement du Qua-triéme, le partage qu'il en faudroit faire en la percevant par diminution, seroit trop minutieux. (*Voyez* Nombre 1219 & 1220, ce qu'on appelle exercer par diminution.)

1350. Les Sécretaires du Roi jouissent seuls de l'exemption de la Sub-vention au Détail, aux mêmes conditions qui leur sont préscrites pour l'ex-emption des Droits de Huitiéme ou Quatriéme. (1282.)

Les Ecclesiastiques, Nobles, Officiers des Cours Souveraines, Com-mensaux & tous autres y sont assujettis, même sur le Vin de leur crû, ou du crû de leurs bénéfices.

1351. La régie de ce Droit ne differe point d'ailleurs de celle des Droits de Huitiéme ou de Quatriéme, avec lesquels il se leve. *Voyez* les Cha-pitres précedens.

CHAPITRE XIII.

DU SOL POUR POT SUR LE VIN EN PICARDIE.

§. I.

De l'Origine & de la fixation de ce Droit.

1352. ON a parlé, Livre I. Nombre 661. de l'établissement du Droit de sol pour pot sur le Vin dans la Province de Picardie, en traitant de celui des neuf livres dix-huit sols par Tonneau. Ces deux Droits, comme on l'a vu, ont été créés en 1598, & ont une Origine commune. Le sol pour pot a été fixé par l'Ordonnance, y compris le parisis, sol & six de-niers pour livre, à six livres dix-sept sols par muid de Vin ordinaire, ou de liqueur vendu en détail, soit à pot soit à assiette.

DU PAYEMENT.

Lieux où elle est perceptible.
Ordon. de Paris, même Titre Arti-cle II.
Ord. de Rouen, même Titre, Ar-ticle II.

Payement de la Subvention en Normandie.
Déclaration du 4 Mai 1688, reg. en la Cour des Aides de Rouen le 26 du-dit.

Exemptions.
Ordon. de Paris, même T. Art. IV.
Ord. de Rouen, même T. Art. III.
Mêmes Articles.

Regie de la Sub-vention à celle des Dr. de Hui-tiéme & de qua-triéme.
Ordon. de Paris, Art. V.
Ord. de Rouen, Art. IV.

Origine.
Ordon. de Paris, Titre des neuf liv. 18 sols par ton-neau, Art. IX.

PERCEPTION.

§. II.

Des lieux où il se perçoit, & du payement de ce Droit.

Lieux où il se perçoit.
Mêm. A. de l'Ord.
Décl. du 11 Mars 1736, à l'égard des Secretair. du Roi.

1353. Il se leve dans les Villes, Fauxbourgs & Bourgs de la Généralité d'Amiens, où le Droit de neuf livres dix-huit sols se perçoit (*Voyez* ces lieux Livre I. Nombre 665.) & doit être payé par toutes sortes de personnes sans exception ni privilége.

Vins transportés à l'Etrang. dans des Ancres, déchargés des Dr. de Détail.
Arrêt du Conseil du 15 Sept. 1722.

1354. Les Vins transportés à l'Etranger dans des petits vaisseaux au-dessous du quart de muid, appellés ancres ou demi ancres, sont déchargés du Droit de sol pour pot & autres Droits de Détail, à la charge par les Marchands & Voituriers de se conformer à l'Article VII. du Titre de l'Ordonnance sur le Droit des neuf livres dix-huit sols, rapporté Livre I. Nombre 669.

Par l'Article VI. du Titre IV. des entrepôts & barillage de ladite Ordonnance, il est fait défense de vendre en gros en vaisseaux moindres que quarts de muids, en conséquence toute vente en vaisseaux au-dessous de cette contenance doit être réputée vente en détail. Les ancres & demi ancres étoient dans ce dernier cas, & les Droits de Détail étoient dûs pour la vente du Vin faite dans ces Vaisseaux; mais la faveur du Commerce a prévalu, & Sa Majesté a bien voulu les en décharger aux conditions préscrites.

Déclarations préscrites aux Marchands de Vin en gros.
Article X.

1355. Les Marchands en gros sont tenus de déclarer le Vin qu'ils vendent par billets, signés d'eux ou de leurs Facteurs, contenant les noms & demeures des Acheteurs, avant l'enlevement, à peine de confiscation du Vin non-déclaré, & de cent livres d'amende.

Cette disposition a pour objet de connoître & de suivre la destination des Boissons pour la conservation des Droits de sol pour pot. Elle est ici en quelque façon surabondante, attendu la même formalité & plusieurs autres préscrites pour la regie du Droit de Gros, qui a cours dans la même Généralité.

Vin de ceux qui vendent en gros & en détail reputé vendu en détail pour le tout.
Article XI.

1356. Le Vin de ceux qui vendent en gros & en détail, même en des caves & en des maisons séparées, est réputé entierement vendu en détail, & sujet au Droit de sol pour pot, s'ils ne réprésentent les acquits de la partie vendue en gros.

Ceci est conforme à l'Article VIII. du Titre II. des Droits de Détail, rapporté ci-devant au Nombre 1167.

Regie pour la percept. des aut. Dr. de Détail, commune au dr. de sol pour pot.
Article XIII.

1357. Ce qui d'ailleurs est préscrit pour l'exercice & la perception des autres Droits de Détail dans les lieux où ces Droits sont fixés, (*a*) doit être exécuté à l'égard du sol pour pot.

(*a*) Il est dit *dans les lieux où les Droits sont fixés*, à cause de ceux où se perçoit le Quatriéme, qui n'est point fixé, & pour lequel il y a quelques dispositions particulieres qui n'ont point leur application au sol pour pot. On doit observer pour ce Droit la régie du Huitiéme reglé.

CHAPITRE

CHAPITRE XIV.

DES DROITS DE JAUGE ET COURTAGE
AU DE'TAIT.

1358. ON a vû ci-devant, Livre II. Nombre 1107. & suivans, l'éta- blissement des Droits de Jauge & Courtage, & que ces Droits sont fixés; Sçavoir,

Jauge, Courtage au détail, fixation.

	DROITS.		TOTAL.
	De Jauge.	*De Courtage.*	
	ß	ß	ß
Par muid de Vin................	5.	10.	15.
Par muid d'Eau-de-vie..........	15.	30.	45.
Par muid de Bierrre, Cidre & Poiré.	3.	6.	9.

1359. Suivant la Déclaration du 10 Decembre 1689, qui les a rétablis en dernier lieu, & qui est le titre de leur perception actuelle, ces Droits se perçoivent à la vente au détail dans les Pays d'Aides où les Droits de Gros & augmentation n'ont pas cours. (*Voyez* dans l'Introduction page IX. quels sont les Pays d'Aides, & Livre II Nombre 771, quels sont ceux de Gros. Il faut en excepter cependant dans la Normandie, les lieux sujets à la Subvention à l'entrée où l'on a vû que les Droits de Jauge - Courtage, se levent à l'entrée avec le Droit de Subvention; ces Droits dans ladite Province ne se percevant au détail que dans les Villages & autres lieux de la Campagne qui ne sont point sujets aux Droits d'Entrée.

Lieux où ces Droits se perçoivent.
Déclaration du 10 Oct. 1689, reg. en la C. des A. de P. le 24 Nov. suiv. & en celle de R. le 29 dud. mois d'Oc.

Aut. Décl. du 31 Décem. suiv. reg. le 21 Janv. 1690.

La Ville de Lyon s'en est rachetée au moyen d'une somme de 30000 liv. par année, qu'elle paye par forme d'équivalent.

Ville de Lyon.
Arrêt du Conseil du 12 Déce. 1693.

1360. Ils sont dûs par toutes sortes de personnes sans exception, même par les Ecclésiastiques pour les Boissons du crû de leurs bénéfices, qu'ils vendent en détail quoiqu'ils en soient exempts à l'entrée sur les mêmes Boissons dans les lieux où ces Droits se perçoivent à l'entrée. En général les Ecclésiastiques ne sont exempts d'aucuns Droits de Détail.

Ils sont dûs sans exception.
Arrêts du Conseil des 5 & 22 Nov. 1718. Aut. du 30 Juin 1719. Deux autres du 21 Février 1736, contre des Sécrétaires du Roi.

CHAPITRE XV.
DE L'ANNUEL.

§. I.

De l'Origine & de la Fixation de ce Droit.

Origine de l'annuel.

1361. QUoique ce Droit se paye également pour la vente en gros des Boissons, comme pour la vente en détail, on a cru devoir le placer ici, parce qu'il semble appartenir davantage à la vente en détail, qui en fait le principal objet, & pour laquelle seule il a d'abord été établi.

1362. Il a été rendu dans differentes temps, plusieurs Reglemens de Police, pour rémédier aux abus qui se passoient dans le commerce des Boissons. Par Edit d'Henri III. du mois de Mars 1577. il fut défendu de tenir Hôtellerie, Taverne ou Cabaret, sans lettres ou permission du Roi.

Edit de Mars 1577.

La Finance fut en même temps fixée pour l'obtention de ces lettres. Cet Edit fut confirmé par Déclaration du 30 Decembre 1581, rendu en interprétation, qui porte, que les Marchands de Vin en gros & tous ceux en général qui font le commerce de Boissons, seroient doresnavant assujettis à la même Loi. L'Edit de Janvier 1627, leur accorda le Droit d'hérédité en payant une nouvelle finance à laquelle ils furent taxés. Cet Edit n'eut pas longtems son exécution. Il fut révoqué par celui de Decembre 1632, qui ordonna qu'au lieu des taxes nouvellement imposées, il seroit payé annuellement par tous ceux faisant commerce de Vin, soit en gros soit en détail; sçavoir, six livres dans les Villes, cinq livres dans les Bourgs & Villages sur les grands chemins, & quatre livres dans les autres Villages & Hameaux. Le Reglement du 12 Août 1637. fixa la perception de ce Droit. La plûpart des dispositions qu'il contient, ont été confirmées par les Reglemens posterieurs. Ces trois fixations subsisterent jusques à l'Ordonnance de 1680. La difficulté de distinguer les lieux qui devoient être de la seconde ou de la troisiéme classe, & les frequentes contestations qui en étoient la suite, firent retrancher cette derniere.

Déclaration du 30 Décem. 1581.

Edit de Jan. 1627.

Autre de Décembre 1632.

Reglement du 12 Août 1637.

L'Ordonnance a porté les deux autres en y comprenant le parisis, sol & six deniers pour livre, à huit livres par an dans les Villes, & à six livres dix sols dans les autres lieux, soit Bourgs, Villages ou maisons de la Campagne.

Fixation.
Ordon. de Paris, Titre de ce Droit, Article I.
Ord. de Rouen, T. XIX. Art. I.
Déclaration du 26 Janvier 1692, en la Cour des

registrée en la Cour des Aides de Rouen le 23 Février suivant, & autre du 23 Août 1704, registrée Aides de Paris le 28 dudit, par rapport à l'Eau-de-vie.

Il y a plufieurs gros lieux qui n'ont pas le titre de Villes & dans lefquels cependant l'annuel a été établi fur le pied le plus fort. Par la Déclaration du 4 May 1688, il fut ordonné qu'il feroit arrêté des Etats des Villes & lieux de chaque Election qui avoient été compris avant l'Ordonnance dans la première des deux claffes. Mais ces Etats n'ont point été dreffés, & le Droit a continué de fe percevoir fuivant l'ancien ufage ; ce qui a été confirmé par Arrêts du Confeil.

PAYS, &c.

Arrêts du Confeil des 7 Mai 1748 & 20 Janvier 1750.

§. II.

Des Pays où l'Annuel eft établi.

1363. Le Droit Annuel fe perçoit dans les Généralités & Elections du reffort des deux Cours des Aides de Paris & Rouen, c'eft-à-dire, dans tous les Pays d'Aides, (Voyez dans l'Introduction page IX. quels font ces Pays.) fans diftinction de ceux qui font exempts du Gros d'avec ceux qui y font fujets.

Annuel établi dans tous les Pays d'Aides.
Edits cités ci-deffus.
Arrêt du Confeil du 5 Sept. 1646.
Arrêts de la Cour des Aides de Paris du 30 Juin 1724, contre les Habitans de Châteauroux, dépendant du Berry, où le gros n'a pas cours.
Arrêt du Confeil & Lettres Patentes du 24 Août 1728, regiftrées en la Cour des Aides de Paris le 24 Septembre fuivant, & en celle de Rouen le 30 dudit. Arrêts du Confeil des premier Mai & 4 Septembre 1731.

1364. Il avoit été fupprimé dans Paris par Arrêt du Confeil du 10 Octobre 1719, lors de la réunion des Droits de Gros & de Détail aux entrées de ladite Ville : mais il y a été rétabli par autre Arrêt du 29 Mars 1721. & Lettres Patentes expédiées fur icelui le 5 Avril fuivant. Les Articles I. VI. VIII. & IX. defdites Lettres Patentes, ne font que rappeller l'exécution des différens Articles de l'Ordonnance fur la régie de ce Droit. Par le II. & le IV. Article il eft dit, que tous ceux qui feront commerce de Vin ou autres Boiffons, feront leur déclaration au Bureau général des Aides, de l'efpece de Boiffons qu'ils ont deffein de vendre, & des differens lieux où ils doivent en faire la vente, foit par premier établiffement, foit en cas de délogement, à peine de confifcation & de cent livres d'amende. Par le III. que ces Déclarations feront infcrittes fur un Regiftre tenu à cet effet audit Bureau, & fignées par lefdits Vendans Vin ou autres Boiffons, ou par gens faifans pour eux dont ils doivent être refponfables, ou s'ils ne fçavent figner qu'il en fera fait mention, & qu'ils feront tenus de retirer un acte defdites Déclarations qui leur fera délivré fans autres frais ni Droits que ceux du Timbre. Par le V. que ceux qui voudront quitter leur vente, feront tenus de le déclarer audit Bureau général, faute de quoi ils feront réputés continuer leur commerce & fujets à l'Annuel ; & enfin par le VII. que les Commis du Fermier pourront faire les vifites néceffaires pour connoître les contraventions fans qu'il foit befoin d'Ordonnance de Juftice.

Rétablis dans Paris.
Arrêt du Confeil & Lettres Patentes des 29 Mars & 3 Avril 1721, regiftrées le 5 dudit.
Arrêt du Confeil du 5 Janvier 1723, confirmatif defdites Lettres Patentes.

Ces difpofitions ne font que le refumé de celles répandues dans les Chapitres précedens pour les formalités auxquelles les Vendans Vin font fujets. Après la fuppreffion des Droits de Détail pour lefquels elles étoient faites, il a été néceſſaire de renouveller l'exécution de celles qui ont leur application à la regie de l'Annuel.

§. III.

De ceux qui ſont ſujets à l'Annuel.

Quels ſont les Redevables de l'Annuel.
Ordon. de Paris, Titre de ce Droit, Article I.
Ord. de Rouen, T. XXIX. Art. I.
Arrêts du Conſeil des 29 Janv. & 20 Mai 1692, concernant ceux qui vendent en détail dans les Foires.

Quels ſont ceux qui peuvent vendre ſans y être ſujets.
Ordon. de Paris, même T. Art. III.
Ord. de Rouen, même T. Art. III.
Déclaration du 6 Juin 1685.
Arrêt de la Cour des Aides de Paris du 5 Février 1686, concernant les vins de gain de preſſoir.
Déclaration du 4 Mai 1688, regiſtrée en la Cour des Aides de Paris le 24 dudit & en celle de Rouen le 26 du même mois.
Arrêts de prorogation des 2 Août 1689, 26 Septem. 1690, 28 Août 1691, 2 Septem. 1692, 18 Août 1693, 14 Septem. 1694 & 6 Septembre 1695.

1365. L'Annuel eſt dû par les Marchands de Vin en gros ou autres Boiſſons, par les Hôtelliers, Taverniers & Cabaretiers, même par les Suiſſes & Marchands Privilegiés, ſuivant la Cour, Loueurs de Chambres garnies, Aubergiſtes, Traiteurs, Maîtres de jeu de Paulme, (*a*) Vivandiers, Buvetiers, qui vendent du Vin en détail, Gargotiers, Concierges des Chateaux, Priſons & Foires, & autres de pareille qualité qui font trafic de Vin ou autres Boiſſons en gros ou en détail, & ce non-obſtant toutes Lettres d'hérédité qu'ils pourroient avoir obtenues. (*b*)

1366. Il eſt permis à tous autres de vendre en gros & en détail, tant à pot qu'à aſſiette les Vins, Cidres & Poirés, provenant des héritages ou preſſoirs qu'ils exploitent par leurs mains dont ils ſont Propriétaires, Uſufruitiers ou preneurs à longues années, & de vendre ſeulement en gros leſdits Vins, Cidres & Poirés, provenant de Vignes, Dixmes & Preſſoirs qu'ils tiennent à Ferme, (*c*) ou des Vignes qu'ils tiennent à moitié, ſans payer le Droit annuel. (*d*)

Mais lorſqu'ils ont chez eux du Vin d'achat avec celui de leur crû, Fer-

(*a*) Les Maîtres Paulmiers ont été déchargés de l'Annuel par Arrêts de la Cour des Aides des 21 Janvier 1684, 25 Avril 1690 & 21 Janvier 1721, & par Arrêt du Conſeil du 8 Août 1690, à la charge par eux de n'avoir aucun Vin dans leurs maiſons, même pour leur proviſion, & de déclarer qu'ils ne veulent point en avoir, comme auſſi de ſouffrir les viſites & exercices des Commis.

(*b*) Cette clauſe regarde les Lettres d'hérédité qui avoient été obtenues en conſéquence de l'Edit de Janvier 1627. juſques à celui de Décembre 1632. Il étoit ordonné par ce dernier Edit que ceux qui avoient financé pour l'obtention deſdites Lettres ne payeroient que la moitié du nouveau droit Annuel. Lors de la réduction de l'Ordonnance on a jugé qu'ils étoient ſuffiſamment indemniſés par le temps qu'ils avoient joui de cette modération, & qu'il étoit néceſſaire pour la facilité de la perception de rendre le Droit égal & uniforme pour tous.

(*c*) Ceux qui tiennent des Vignes à ferme y étoient aſſujettis par l'Article II.

du même Titre de l'Ordonnance, & par la Déclaration du 5 Mai 1685, lorſqu'ils vendoient le Vin de leur recolte; ſçavoir, en gros pour vente au-delà de trois muids, & en détail quelque fût la quantité qu'ils vendiſſent. Mais cette loi a été mitigée par la Déclaration du 4 Mai 1688, qui les en décharge lorſqu'ils ne le vendent qu'en gros. Cette décharge qui n'y étoit portée que pour un an a été prorogée juſqu'aujourd'hui par différens Arrêts & Déclarations.

(*d*) Il eſt fait mention dans cet Article de l'Ordonnance de la décharge du Droit Annuel accordée aux Archers de l'Hôtel de Ville de Paris, lorſqu'ils ne vendent que la quantité pour laquelle ils ſont exempts des Droits de Détail. Ils ne jouiſſent plus de ce privilége depuis les Lettres Patentes du 3 Avril 1721, qui ont rétabli, ſans exemption, l'Annuel qui avoit été ſupprimé en 1719 lors de la réunion des Droits de Détail à ceux d'Entrée, leur ayant été accordé une indemnité pour leur tenir lieu de leur privilége (179.).

mes, Dixmes & Preffoirs, le Vin d'achat eft toujours reputé le premier vendu, & en confequence ils deviennent fujets à l'Annuel pour la vente qu'ils en font, fans qu'ils puiffent en être difpenfés fous le prétexte qu'ils ne vendent que ces derniers Vins, & que celui d'achat n'eft que pour leur confommation. Voyez Livre II. Nombre 975. les abus qu'on a voulu prevenir par cette difpofition qui eft la même à l'égard du Droit de Gros.

1367. Tous Bouilleurs & Marchands d'Eau-de-vie (a) & en général toutes perfonnes de quelque état & qualité qu'elles foient, fans exception, même en faveur des Eccléfiaftiques ni des Nobles, font fujettes à l'Annuel pour le convertiffement de Vin en Eau-de-vie, fans diftinction de celle provenant du Vin du crû de bénéfice, d'achat ou autrement : & foit qu'elle foit fabriquée dans le domicile du Propriétaire pour fa confommation, excepté dans ce dernier cas lorfque la quantité fabriquée n'eft que d'un demi muid & au-deffous, ou qu'il la faffe fabriquer chez un Bouilleur fujet d'ailleurs au Droit annuel; & ce pour la fimple fabrication fans qu'il foit befoin qu'il y ait vente en gros ou en détail.

Il paroîtroit que celui qui ne convertit en Eau-de-vie que le Vin de fon crû, ne devroit point être fujet à l'Annuel pour la fabrication ou la vente de cette Eau-de-vie, puifqu'il n'y auroit pas été fujet pour la vente du Vin avec lequel elle eft compofée ; & cette queftion même a été portée plus d'une fois dans les Tribunaux fuperieurs. Mais l'efprit des reglemens qui y ont été rendus a toujours été, que les Boiffons du crû une fois dénaturées ne font plus reconnoiffables, que nombre d'abus qu'on ne pourroit éviter feroient la fuite de cette tolérance ; que d'ailleurs il eft dangereux de donner un trop libre cours dans l'intérieur du Royaume au Commerce de l'Eau-de-vie qui y eft confommée, parce qu'il porte un préjudice confiderable à celui du Vin qui mérite plus de faveur, & qu'enfin de tout temps cette liqueur a été confiderée comme une de ces chofes qui ne font point effentielles à la vie, dont même un ufage immoderé deviendroit pernicieux, & fur lefquelles par confequent on ne peut trop rejetter le poids des impofitions.

le 24 Septembre fuivant, & en celle de Rouen le 30 dudit. Arrêt de la Cour des Aides de Paris du 15 Mai 1686, pour l'Eau-de-vie provenant de marc de Raifin. Arrêts du Confeil des 19 Avril 1707, 20 Mai 1708, 16 Août 1720, 15 Septembre 1722, 13 Septembre 1723 & 9 Janvier 1725, & Arrêt de la Cour des Aides de Paris du 9 Janvier 1708, concernant les Eaux-de-vie faites de Boiffons du crû & deftinées pour la confommation des Propriétaires. Autres Arrêt du Confeil du 26 Juin 1708, & Arrêts de la Cour des Aides de Paris des 26 Août 1712 & 3 Août 1713, contre les Eccléfiaftiques. Autres Arrêts du Confeil des 19 Février 1709, 4 Juillet 1724, 9 Janvier 1725, premier Mai & 4 Septembre 1731, 4 Mars 1732 & 11 Octobre 1740. Autre Arrêt du Confeil & Lettres Patentes des 12 Avril & 20 Mai 1746, regiftrées en la Cour des Aides de Paris le 21 Juin fuivant, & Arrêts de ladite Cour des 9 Janvier 1708, 17 Décembre 1736, 9 Mars 1740, 14 Mars 1742 & 22 Janvier 1743, contre les Nobles. Autre Arrêt du Confeil du 14 Juin 1718, contre les Bouilleurs & Marchands d'Eau-de-vie de la Ville de Blois qui avoient été déchargés de l'Annuel par Arrêts antérieurs. Autres des 6 Décembre audit an & 15 Mai 1736, contre ceux d'Orléans. Autres Arrêts du Confeil des 15 Mai & 15 Septembre 1722 & 3 Mai 1723, à l'égard de ceux qui font fabriquer leur Eau-de-vie chez les Bouilleurs.

1368. Le Droit eft dû de même par tous ceux qui vendent en détail

(a) L'Ordonnance n'avoit point fait mention du Droit Annuel pour le commerce de l'Eau-de-vie, quoiqu'elle y eût été affujettie par plufieurs Arrêts du Confeil antérieurement rendus, notamment par ceux des 21 Décembre 1675, 26 Juin, 11 Juillet & 5 Septembre 1676 & 19 Juin 1677. Ceux de la Cour des Aides des 2

SUJETS AU DRO.

du 8 Mars 1689 contre les Epiciers.

Maîtres Distilateurs assujettis audit Droit.

Arr. du C. des 13 Mai, 29 Juillet & 12 Sept. 1721, contre la Communauté des Limonadiers & Distilateurs de Paris.

Même Arr. du C. du 8 Mars 1689.

Les consommations excessives engendrent l'annuel.

Arrêt du Conseil du 24 Fév. 1728.

Resumé des dispositions précédentes.

Arr. de la C. des Ai. de Paris du 10 Juill 1684, confir. par Arr. du Conf. du 9 Juillet 1686, & Décl. du 5 Mai 1685, regist. en la C. des A. de Paris le 18 Juin suivant à l'égard du Vin.

Arr. du C. du 18 Mai 1700, pour ce qui regarde les Cidres & Poirés.

Arr. du C. du 22 Novem. 1729, qui

Annuel dû par les particuliers qui font passer des Boissons d'achat d'un pays d'Aides dans un pays qui en est exempt.

Arrêt contradictoire de la Cour des Aid. de Rouen du 23 Mars 1684.

de l'Eau-de-vie, quelque modique qu'en soit la vente, à l'exception de ceux qui après l'avoir achetée à pot ou à pinte, la revendent à porte-col ou au coin de rues.

1369. Les Maîtres Distilateurs y ont été assujettis, à l'exception de ceux qui ne consomment de l'Eau-de-vie que pour faire des Eaux fortes, lesquels sont exempts de l'Annuel en donnant au Fermier déclaration par écrit dans le mois de Janvier de chaque année, qu'ils n'en veulent composer aucune liqueur servant de Boisson, de laquelle déclaration il doit leur être délivré un double par le Fermier, sans autres frais que ceux du Timbre.

1370. Les Apoticaires qui n'en font usage que pour la composition de leurs remedes, en ont été déchargés.

1371. Ceux qui font venir chez eux des quantités d'Eau-de-vie au-delà de ce qu'ils en peuvent consommer proportionnément à leur état & à leur profession, sont sujets comme les Marchands non-seulement à l'Annuel, mais encore aux Droits de Détail & à toutes les formalités préscrites à ces deniers.

Voyez ces formalités. Livre I. Nombre 601. & suivans.

1372. Il resulte que l'Annuel est dû par les Marchands en gros, Cabaretiers & autres, faisant commerce de Vin, Cidre & Poiré, par tous Marchands & Bouilleurs d'Eau-de-vie, Marchands & Brasseurs de Bierre, & par tous ceux qui vendent en détail des Boissons d'achat quelque modique que soit la quantité par eux vendue ou fabriquée. Mais il n'en est pas de même pour ce qui concerne les Particuliers non Marchands de profession, & ils ne doivent point l'Annuel pour vente en gros, s'ils ne vendent pendant l'année au-delà de trois muids de Vin d'achat, & de six muids de Cidre & Poiré aussi d'achat : on a jugé qu'un particulier dans ce cas ne devoit point être censé faire commerce de Boissons ; ces quantités pouvant être considérées comme des excedens de sa provision. Ils ne le doivent point, non plus pour la fabrication de l'Eau-de-vie destinée pour leur consommation, si la quantitée fabriquée n'est au-dessus d'un demi muid. (1375.)

porte que cette décharge n'aura point d'application à ce qui regarde la vente en détail.

1373. Les Particuliers qui font passer des Boissons d'achat d'un Pays d'Aides dans un Pays qui en est exempt, sont sujets à l'Annuel, ainsi qu'il a été jugé par differens Arrêts, sur le principe, que suivant l'Ordonnance les Boissons dans ce cas sont reputées vendues en gros. (Livre II. Nombre 928.) & que ceux qui font de pareils envois doivent être censés avoir pour objet un commerce effectif.

Janvier & 2 Octobre 1683, 17 Mars, 21 & 23 Août 1685, l'y avoient pareille- | ment assujettie avant l'Edit de Décembre 1686.

§. IV.

Du payement de l'Annuel.

1374. Ceux qui font fujets à l'Annuel, & qui font en même temps commerce de Vin en gros & en détail, doivent un Annuel comme vendans en gros, & un autre comme vendans en détail, & de plus autant d'Annuels qu'ils tiennent de caves ouvertes hors de leurs maifons pour la vente de cette Boiſſon.

Ordon. de Paris, Titre de ce Droit, Article VI. Ord. de Rouen, T. XXIX. Art. VI. Mêmes Articles & Arr. de la C. des A. de P. du 26 S. 1685, & du Conf. du 28 Octo. 1727. Aut. de la C. des Aid. de R. du 17, Juin 1746.

L'Annuel eſt payé de la même façon pour le commerce du Cidre & du Poiré (*a*) qui font cenſés ne faire qu'une même Boiſſon.

Ordon. de Paris, même T. Art. VII. Ord. de Rouen, même T. Art. VII.

Pour celui de l'Eau-de-vie.

Ed. de Déc. 1686, reg. comme deſſ.

Et pour le commerce de la Bierre ; il ſe paye en entier par les Braſſeurs de Bierre, & moitié ſeulement par les Revendeurs.

Même Artic. des deux Ordonnan. Arr. du C. des 30 Dé. 1681, 18 Av. 1682 4 Déc. 1683 & 22 Juill. 1684.

1375. Il eſt dû pour la ſimple fabrication des Eaux-de-vie un premier Annuel qui eſt acquis au Fermier du jour où ladite fabrication a commencé, dès qu'elle excede un demi muid d'Eau-de-vie : (pour cette quantité & au-deſſous il n'eſt point dû d'Annuel par ceux qui n'en fabriquent que pour leur conſommation.)

Cependant un Bouilleur qui ne vend qu'en gros pendant l'année de ſa fabrication, ne doit qu'un ſeul Annuel tant pour ladite fabrication que pour la vente en gros : s'il ne vend qu'en détail, il ne paye non plus qu'un Annuel tant pour la fabrication que pour la vente ; on dit pendant l'année de la fabrication, parce que ſi un Bouilleur ceſſoit de bruler & gardoit ſes Eaux-de-vie pour les vendre dans les années ſuivantes, il ſeroit conſideré comme Marchand, & ſuivant la nature de ce droit il le devroit pour chaque année juſqu'à ce qu'il les eût entierement vendues. Il faut auſſi pour ne devoir qu'un Annuel, qu'il ne vende qu'en gros ou qu'en détail ; s'il fait en même temps les deux commerces, quelque modique que ſoit l'objet de la vente en détail, il doit deux Annuels.

Premier annuel dû pour la ſimple fabrication des Eaux-de-vie.

Edit de Décembre 1686, regiſtré en la Cour des Aides de Paris le 31 du même mois. Autre de même datte, regiſtré en celle de Rouen le 9 Janvier ſuivant. Déclaration du 30 Janvier 1717, regiſt. en la Cour des Aides de Paris le 20 Février ſuivant, & en celle de Rouen le 12 Mars audit an. Aut. du 24 Août 1728, regiſtrée en

la Cour des Aides de Paris le 24 Septembre ſuivant, & en celle de Rouen le 30 du même mois. Arrêts du Conſeil des 19 Février 1709, 15 Mai & 15 Septembre 1722 & 3 Mai 1723. Arrêt de la Cour des Aides du 15 Mai 1686, qui aſſujettit l'Eau-de-vie provenant du marc de raiſin, & autre du 17 Mars 1721.

1376. Celui qui fait en même temps commerce en gros d'Eau-de-vie, de Vin, Cidre, Poiré & Bierre, doit un premier Annuel pour l'Eau-de-vie, un ſecond pour le Vin, le Cidre & le Poiré, & un troiſiéme pour

Il eſt dû pluſieurs Annuels par la même perſonne pour le commerce de différentes eſpeces de Boiſſons.

(*a*) L'Ordonnance de Rouen porte que les Fermiers ſeront exempts de l'Annuel pour le Cidre qu'ils recueilleront dans leur ferme lorſqu'ils n'en feront point | commerce en détail. La Déclaration du 4 Mai 1688, rappelle cette diſpoſition. (1366.)

Mêmes Reglemens.

la Bierre, & s'il vend de ces Boissons en détail, il doit de même un premier Annuel pour l'Eau-de-vie ; un second pour le Vin, le Cidre & le Poiré, & un demi Annuel pour la Bierre lorsqu'il ne l'a point façonnée. (Le Brasseur qui vend en détail doit l'Annuel en entier pour la vente en détail.) Enfin s'il vend à la fois des mêmes Boissons en gros & en détail, il est sujet aux mêmes Annuels comme vendant en gros, & à pareils Droits comme vendant en détail. Ainsi dans cette supposition il doit six Annuels, & en outre autant d'autres Annuels qu'il y a d'atteliers , caves , celliers magasins ouverts hors sa maison d'habitation.

La revente à porte-col est déchargée de l'ann. Mêmes Reglem.

1377. Le Droit n'est point dû , ainsi qu'il a déja été dit , pour la revente de l'Eau-de-vie qui se fait à pot ou à pinte par les Revendeurs à porte-col ou au coin de rues.

Autre Annuel dû par les Cabaretiers pour le Vin qu'ils consomment dans les fermes qu'ils exploitent. Arrêt de la Cour des Aides du 11 Janvier 1692.

1378. Les Cabaretiers & autres Vendans en détail sujets à l'Annuel , qui exploitent des Fermes & des Terres particulieres hors de leur domicile , doivent encore le Droit Annuel ainsi que ceux de Détail (1166.) pour le Vin qu'ils consomment dans lesdites Fermes, pour leur Provision & celle de leurs Domestiques.

La fraude que faisoient ces Cabaretiers en exagerant leur consommation dans lesdits Fermes pour diminuer d'autant celle de leur Cabaret , a donné lieu à cette disposition.

Payement de l'Annuel en une seule fois , après le 15 Février. Ordon. de Paris, même Titre, Article IV. Ord. de Rouen, même T. Art. IV.

1379. L'Annuel est acquis au Fermier & doit être payé par les Redevables en un seul payement après le 15 de Février de chaque année , sans répétition pour le temps de l'année, pendant lequel ils cesseroient de faire commerce, & par ceux qui ne commencent à vendre que dans le cours de l'année , il doit être payé de même en entier dès le commencement de leur débit.

Ce Droit, ainsi qu'on l'a vu par son établissement, est le prix attaché à la faculté de faire commerce de Boissons ; on ne peut jouir de cette faculté sans l'avoir payée quel que soit le temps qu'on veuille en faire usage. C'est ce qui rend ce Droit indivisible.

Contraintes. Article V. des mêmes Titres des deux Ordonnances.

1380. Les contraintes pour le payement de l'Annuel doivent être décernées & exécutées comme pour les Droits de Détail, ainsi elles sont exécutoires par corps (1257. & 1258.) contre les Hôteliers , Taverniers & Cabaretiers.

1381. Suivant la Déclaration du 4 May 1688. le Fermier est tenu de faire le recouvrement de l'Annuel dans le courant de chaque année , faute de quoi après l'année il est déclaré non-recevable dans la demande qu'il en pourroit faire, à moins que par oppositions formées par les Redevables, il y eût procès indécis qui en eût empêché le recouvrement. Il a été dérogé à cette disposition par celle du 24 Novembre 1709. jusqu'à ce qu'il en ait été autrement ordonné par Sa Majesté, ainsi qu'il a été dit Nombre 1262. & l'on ne peut opposer la fin de non-recevoir contre le Fermier que 6 mois après l'expiration de son bail.

CHAPITRE

CHAPITRE XVI.

DE LA PREMIERE MOITIE' DES OCTROIS DES VILLES.

1382. ON suit pour la perception de ces Droits dans les lieux où ils se levent au Détail les mêmes regles & les mêmes formalités préscrites pour celles des autres Droits de Détail. *Voyez* Livre I. Nombre 685. & suivans ce qui a été dit sur la nature & la perception de la premiere moitié des Octrois en général.

Ordon. de Juillet 1681, T. des droits d'Octroy, Art. V. Arr. du C. & L. P. des 23 Juillet & 5 Août 1720, reg. en la C. des A. de P. le 29 du même mois d'Août, concernant la faculté accordée au Fermier de prendre pour son compte le Vin au prix déclaré par les Débitans.

CHAPITRE XVII.

DU VINGT-QUATRIE'ME D'ANGOULESME SUR LE VIN.

1383. LE Vingt-quatriéme d'Angoulême est originairement un Droit d'Octroy perceptible à la vente au Détail, qui fut établi par Lettres Patentes de 1591, & confirmé par autres du mois de Juillet 1674. Le produit en devoit être employé spécialement au payement des gages des Officiers du Présidial d'Angoulême, & ensuite aux réparations de la Ville. Il fut réuni à la ferme générale des Aides par Arrêt du Conseil du 18 Juin 1678. Sa Majesté se reservant de fournir aux dépenses pour lesquelles il étoit destiné. Il ne se leve que sur le vin, il est fixé, Sçavoir,

Origine.

à 5 7 *par Barique de Vin vendu un sol la pinte.*
8 2 *par Barique vendue un sol six deniers la pinte.*
11 2 *par Barique vendue deux sols la pinte*, & au-dessus par proportion.

Fixation.

1384. Il se léve non-seulement dans la Ville & l'Election d'Angoulême; mais encore dans les Paroisses de l'Election de Coignac, qui faisoient entierement partie de celle d'Angoulême, & qui en ont été distraites pour former celle de Coignac.

1384. On observe pour la perception de ce Droit comme pour les autres Droits d'Octroy qui ont été réunis à la Ferme des Aides, (685. & suivant.) les Reglemens rendus à l'égard des Droits de Détail.

Etendue de la perception.
Arr. du Conseil des 18 Juin 1678 & 16 Juin 1682.

Il se perçoit suivant les Reglemens rendus pour les autres Droits de détail.

CHAPITRE XVIII.
DES IMPOTS ET BILLOTS EN BRETAGNE.

§. I.

De l'Origine & de la fixation de ces Droits.

Origine. 1385. LES Droits d'Impôts & Billots faifoient partie du Domaine des anciens Ducs de Bretagne. On ne trouve point les titres de la création de ces Droits ni même aucune piéce qui indique l'époque de leur établiffement. On voit par un Edit de Charles VIII. du 14 Juillet 1492, que les deniers en provenant étoient deftinés pour lors à l'entretien des Villes, Places & Paffages de la Province. Ils étoient réunis à la Ferme générale des Aides dès 1617. fuivant le Bail paffé le 26 Janvier de ladite année à Ifaac Payot, dans lequel on lit que ces Droits ci-devant alienés aux Etats de Bretagne venoient d'être dégagés, & que leur jouiffance devoit expirer au dernier Decembre 1617. Ils furent diftraits du Bail paffé à Brioys le 8 Avril 1628, & engagés de nouveau aux Etats.

En 1664. fous le Bail de Rouvelin ils furent encore réunis à la Ferme des Aides, par Arrêt du Confeil du dernier Decembre.

Enfin ils en ont été féparés au mois de Fevrier 1759, & engagés aux Etats pour la troifiéme fois.

Fixation. 1386. Ces Droits font fixés ainfi qu'il fuit. Sçavoir,

Tarif imprimé en exécution de la Déclaration des Etats.

Arrêt du Confeil du 9 Août 1689, concernant les Eaux-de-vie.

IMPOST.

		#	ß	♏	
VIN hors, c'eft-à-dire, autre que Breton.. }		1.	2.	10.	Par Barique contenant 120 pots.
EAU-DE-VIE.............................. }					
VIN Breton........................... }					
BIERRE.............................. }		11.	5.		
CIDRE.............................. }					
POIRÉ.............................. }					

BILLOT.

Arrêts du Confeil des 9 Juillet 1671 & 29 Février 1672. La quotité de ce Droit eft le prix de fix pots par barique de ladite contenance de cent vingt pots fans déduction pour les lies & coulages. (a)

(a) L'Arrêt du Parlement de Rennes du 13 Mai 1671, ordonnoit qu'il feroit déduit pour les lies & coulages un vingt-uniéme pour vingt ; mais les Arrêts du Confeil des 9 Juillet 1671, & 29 Février 1672, ont ordonné que le Procureur Général du Parlement envoyeroit au Confeil les motifs de cet Arrêt, & que cependant par provifion les Droits feroient perçus fans déduction comme avant

On perçoit les quatre fols pour livre de ces Droits, comme des autres
Droits dépendans des Fermes du Roi.

§. II.

. Des cas où les Impôts & Billots fe perçoivent , & du payement
de ces Droits.

1387. Ils font dûs comme les devoirs dont on va parler dans le Chapitre *Cas où ils font*
fuivant, fur toutes les Boiffons vendues en détail de quelque façon & par *dûs.*
quelques perfonnes que ce foit, & fur celles confommées dans tous les lieux
& affemblées, comme élevement de Maifon, Nôces, Baptêmes & autres
où l'on fait courir le plat pour recevoir de l'argent des affiftans.

1388. Ils doivent être payés par préference aux devoirs des Etats & aux *Préférence au*
Octrois des Villes & Communautés de la Province. *Fermier des Im-*
pôts & Billots
Cette difpofition n'a d'application dans le moment prefent que pour ce *fur celui des de-*
qui regarde les Octrois ; la Ferme des Devoirs & celles des Impots & Billots *voirs.*
étant dans la même main. (1383.) Arrêt du Confeil
du 14 Nov. 1676.

1389. Suivant la Coutume de Bretagne, Article 292. l'action du Fermier *Action du Fer-*
pour les Impôts ainfi que pour les Octrois, fe préfcrit par an & jour, s'il *mier préfcrite*
n'a cedule ou obligation par écrit. *pour an & jour.*

1390. Il eft fait défenfes à toutes perfonnes de permettre qu'il foit tiré *Fraude des Dr.*
de leurs caves aucunes Boiffons pour tranfporter en quelque façon que Arrêt du Parle-
ce foit chez les Cabarretiers & à ceux-ci, ainfi qu'a tous autres Débitans ment de Bretagne
d'en vendre fans brandon & d'en acheter par pots, pintes ou baraux, à du 15 Mai 1659,
peine de confifcation des Boiffons, & de cinq cent livres d'amende. qui ordonne l'exécution de ceux des
28 Fév. 1663, 15
Mars 1667 & 6 Av.
1669. & Arr. du C.
1391. Il eft enjoint à tous Propriétaires & Locataires des maifons & lieux du 6 Déce. 1666.
où fe fait la fraude de faire ceffer le débit auffi-tôt après la dénonciation
du Fermier, à peine de demeurer refponfables en leur propre & privé nom *Idem.*
des condamnations encourues par les Fraudeurs. Même Arrêt.

1392. Il eft défendu aux Marchands en gros de fournir à leurs Fermiers *Idem.*
ou Locataires aucunes Boiffons pour être vendues en fraude & de fouffrir Même Arrêt.
qu'il en foit enlevé de leurs caves & celliers qu'ils n'en ayent averti au
Bureau du Fermier des Impôts & Billots, les Commis à la marque pour qu'il
leur en foit donné décharge à peine d'être refponfables du payement des
Droits & de l'amende ; aux Rouliers & Charretiers de conduire aucunes
Boiffons fans avoir déclaré audit Bureau leur nom, le nom de ceux chez
qui ils les ont chargés, & de ceux pour qui elles font deftinées, à peine de
confifcation des Equipages fervant à conduire les Boiffons, & de pareillé
amende de cinq cent livres, & à tous Vagabonds & gens infolvables de vendre

---

ledit Arrêt, & ce fur le fondement que pots au lieu de cent vingt qu'elle con-
la fixation de ces Droits, ainfi que celle tient effectivement, cette diminution d'un
des devoirs ayant été faite fur une éva- fixiéme, devoit tenir lieu de toute autre
luation de la Barique à raifon de cent déduction pour les lies & coulages.

Du Payememt.

Vijites des Commis.
Même Arrêt.

en détail fans le confentement du Fermier, à peine du carcan, à défaut du payement des Droits & de l'amende pour la premiere fois , & du fouet en cas de récidive.

1393. Il eft permis aux Commis du Fermier de faire leurs vifites & perquifitions dans les maifons foupçonnées de fraude, & il eft enjoint aux Propriétaires & Locataires defdites maifons , d'en faire ouverture à la premiere fommation defdits Commis, pour appofer leur contremarque fur les futailles; & en cas de refus de leur part, les Juges Royaux font commis pour faire faire l'ouverture des caves & lieux foupçonnés aux frais des refufans.

Arrêt du Confeil du 19 Août 1673.

1394. Les Braffeurs ne peuvent vendre des Bierres en gros en d'autres futailles que bariques , pipes ou tierçons.

Préfence d'un Notaire ouGreff. pour conft. la fr.
Même Arrêt ci-deffus du Parlement de Bretagne du 15 Mai 1669.

1395. Sur la conteftation des Commis avec les Fraudeurs, & lorfque les preuves de la fraude demandent d'être conftatées fur le champ , lefdits Commis peuvent fe faire affifter d'un Notaire ou Greffier des lieux pour recevoir les dires des parties & les déclarations de ceux qui ont connoiffance de la fraude.

Injonction aux Juges.
Même Arrêt.
Autre du 22 Janvier 1734.

1396. Enfin il eft enjoint aux Juges des lieux de tenir la main à ce que ces difpofitions foient exécutées, à peine d'en répondre en leur propre & privé nom, & il leur eft défendu de réduire au-deffous de cent livres les amendes encourues pour fraude.

Ordonnance des Aides de 1680 , non enregiftrée au Parlement de Rennes.

1397. Comme l'Ordonnance des Aides du mois de Juin 1680 , n'eft point connue au Parlement de Rennes où elle n'a point été enregiftrée , le Fermier des Impôts & Billots fuit pour la perception de ces Droits les reglemens particuliers dont on vient de rapporter les difpofitions. On voit quelles different en plufieurs cas de celles de l'Ordonnance de 1680. Voyez d'ailleurs dans le Chapitre fuivant , les difpofitions du Bail des devoirs dont la plûpart ont leur application à ce qui regarde les Impôts & Billots.

§. III.

Des Exemptions de ces Droits.

Exemptions.

1398. Il n'y a point de qualité ni d'état qui exempte des Droits d'Impôts & Billots. Les Eclefiaftiques & les Nobles y font fujets, même fur le Vin du crû de leurs Bénéfices ou de leur Patrimoine ; mais il y a des exemptions particulieres en faveur des Arquebufiers qui ont abbatu le Papegault (*a*) de plufieurs maifons franches dans differentes Villes de la Province,

---

(*a*) Il eft d'un ancien ufage dans les Villes , Bourgs & Communautés de la Province de Bretagne de tirer un des jours du mois de Mai de chaque année, tel qu'il plaît aux Habitans, au jeu de Papegault dans les lieux à ce deftinés. Cet ufage eft autorifé par le Prince, à la charge que tous ceux qui feront dudit jeu feront le ferment en la maniere accoutumée, s'y exerceront un jour par chaque mois, qu'ils auront à eux en propre une bonne Arquebufe qu'ils tiendront toujours prête, avec deux livres de poudre & deux livres de balles, & qu'il n'y aura que ceux qui auront prêté ferment qui pourront tirer le Papegault. Arrêts du Confeil des

& de quantité de Seigneuries & de Communautés. Le Nombre de ces Priviléges est considerable. Le préjudice qu'ils portent à la Ferme des Impôts & Billots a donné lieu à la recherche de leurs titres. Il fut ordonné par Arrêt du Conseil du 9 Septembre 1669, que ces Titres seroient rapportés pardevant le sieur Boucherat qui fut nommé à l'effet de les examiner. Sur son rapport intervint l'Arrêt du 27 Juillet 1671, qui a fixé les lieux qui doivent jouir de l'exemption & l'objet d'icelle, ainsi qu'il suit.

1399. Celui qui a abbatu le Papegault, jouit pendant un an à commencer du jour qu'il l'a abbatu, de l'exemption des Impôts & Billots sur la quantité de Vin fixée suivant les differens lieux. Il lui est libre d'exploiter par lui-même son Droit ou de le ceder, en le signifiant au Fermier, à un seul autre Cabaretier ou Habitant du Nombre de ceux qui ont tiré au même Papegault pour vendre sous un même brandon, à la charge par l'Abbateur du Papegault ou celui à qui il a cedé son Droit, de souffrir les exercices des Commis. Leur privilége a été fixé.

Exemption du Papegault.
Arrêt du Conseil du 27 Juillet 1671, confirmé par autre du 22 Août 1672. Autres des 2e Août 1677, 2e Novembre 1725 & 20 Avril 1734.

Sçavoir,

A RENNES	pour	20.	Ton. *(a)*
NANTES		20.	T.
FOUGERES		20.	Pipes.
S. MALO		40.	P.
QUIMPERCORENTIN		15.	T.
S. BRIEUX		20.	T.
VANNES		20.	T.
TREGUIER		30.	P.
VITRÉ		30.	P.
ROCHEBERNARD		20.	P.
PORT-LOUIS		15.	T.
AURAY		20.	B.
MALESTROIS		16.	T. *dont 8. pour l'Hôpital.*
ISLE DE GROIS		30.	P.
JOSSELIN		20.	B.
DINAN		20.	B.
CANCALLES		20.	P.
QUIMPERLÉ		30.	P.
TERROIR DE PENNEMARE		20.	T.
ROSTERNAN		15.	P.
PONT-L'ABBÉ		15.	P.
CONCARNEAU		15.	T.
FAHOU		15.	P.
LAMBALLE		20.	B.

Lieux qui en jouissent.

des 27 Juillet 1671 & Août 1677.
a) Le Tonneau en Bretagne vaut cent quatre-vingt pots. Il est le double de la Pipe & le quadruple de la Barique.

QUINTIN .... 20. B.
GUINGAMP .... 20. B.
MONTCONTOUR .... 20. B.
LANION .... 20. B.
LANDERNAU .... 20. P.
LESVENEN .... 20. P.
LE CROISIC.
LISLE DE BAS. } Il est dit par l'Arrêt du Conseil du 27 Juillet 1671, que le Croisic & l'Isle de Bas rapporteront leurs Titres.
PONTIVY (a)   4. T.

Arrêt du Conseil du 21 Août 1677.
Exemptions des Maisons franches.

1400. Les maisons franches de la Province de Bretagne qui sont exempts des Droits d'Impôts & Billots, sont des Auberges anciennement établies dans differentes Villes de la Province. Les unes étoient nécessaires dans ces Villes pour la commodité du commerce & des Voyageurs : le Prince y a attaché des Priviléges pour en favoriser l'établissement ; cette exemption à l'égard de quelques autres est une récompense que les Ducs de Bretagne ont jugé à propos de donner aux Propriétaires de ces maisons pour reconnoître leurs services ou pour d'autres considérations. Enfin il y en a quelques autres qui ne sont franches qu'à certaines conditions, comme d'entretenir des parties de mur, reparer un chemin & autres titres onéreux. Ces Priviléges quel qu'en fût le motif, ne s'accordoient que du consentement des Etats. Le même Arrêt qu'on vient de citer a reglé dans les differentes Villes, les maisons qui en devoient jouir. Ce sont :

Maisons franches.
Arrêt du Conseil du 27 Juillet 1671.

SÇAVOIR,

A RENNES.

PRÉS LA RUE DE LA FAUVERIE. { La Harpe.
{ Le Pot d'Étain.

RUE SAINT GEORGE .... { Les trois Rois.
{ L'Ecu de France.
{ La Tête noire.
{ Les Clefs.

PRÉS LES PORCHES .... { Le Griffon.
{ L'Image Sainte Catherine.

RUE DE LA .... La Banniere.

RUE SAINT MICHEL .... { L'Image Saint Nicolas.
{ La Maison & Hôtellerie de l'Epine.
{ Le Cerf volant.
{ L'Image Saint Michel.
{ La Tête noire.
{ L'Image Saint Julien.

FAUXBOURG SAINT MICHEL .... Le Flacon.

PROCHE LA RUE DE LA RE-VENDIERE. { Le Dauphin.
{ L'Ecu de France.

(a) L'Arrêt du 27 Juillet 1671, cité à la marge, porte que les Habitans des Villes de Saint Paul-de-Leon & de Hedé prendront sur leurs Octrois ; sçavoir, la premiere, la somme de trois cens livres, & la Ville de Hedé cent livres pour celui qui abattra le Papegault dans lesdites Villes pour lui tenir lieu de son exemption.

Suite de RENNES.
- Rue Haute ....L'Image Notre-Dame.
- Faubourg de l'Evesque .....Les Quatre-Bœufs.
- Rue de la Magdelaine ...... { Le Heaume. / L'Homme sauvage.
- Fauxbourg de la Magdelaine. L'Image Saint Pierre.
- Fauxbourg Saint Helier ....Le Pot d'Etain.

BOURG DE MORDELLE ....La Peruche.
LIEU DE GUIMENÉ GUINGAMP ....La Croix verte.
VILLE DE DINAN ....L'Image Saint Jean.

FAUBOURG DE DINAN .... { Les trois Rois. / La Croix verte.

VILLE DE QUINTIN ....

VILLE DE GUINGAMP .... *Le Cheval Blanc, pour le Droit de Billot seulement, & à la charge par le Propriétaire de reparer une partie de mur de ladite Ville attenant la maison.*

MORLAIX .... *Le Propriétaire de la Maison franche de Morlaix reçoit de l'Adjudicataire des Impôts & Billots la somme de trois cens livres par an, qui lui tient lieu de l'exemption desdits Droits, suivant une ancienne convention du 27 Septembre 1718.*

Les Propriétaires ou Locataires de ces maisons (aux exceptions ci-dessus pour celles de Guingamp & de Morlaix,) jouissent de l'exemption des Impôts & Billots, pour les Vins qu'ils vendent à ceux logeant actuellement chez eux, sans qu'ils puissent donner à boire & à manger à d'autres, tenir Cabaret, ni vendre des Boissons en pots ou en bouteilles, à peine de déchéance de leur Privilége, de cent livres d'amende, & d'être condamnés au payemen des Droits comme les autres Débitans pour les Boissons par eux vendues pendant le quartier où ils sont contrevenus à ces défenses. Il leur est enjoint à cet effet, de souffrir les visites & exercices des Commis. Ces maisons ne peuvent être augmentées par aucune acquisition, donation ou échange, ni l'exemption des Droits transferée en quelque façon que ce soit à d'autres maisons, à peine de déchéance.

En quoi consiste leur exemption. Arrêts du Conseil des 24 Mars 1667, 22 Janvier, 27 Juillet 16, 1 & 21 Août 1677.

1401. Les Prévôt, Officiers & Ouvriers de la Monnoye de la ville de Nantes, servant actuellement & demeurant dans les six lieues des environs de ladite Ville, & leurs veuves tant qu'elles demeurent en viduité, sont exempts des Droits d'Impôts & Billots pour le Vin de leur crû qu'ils vendent en Détail; à la charge de mettre chaque année au Greffe de la Sénéchauffée un Rolle, contenant les noms, surnoms & demeures de ceux qui doivent être compris, & servent actuellement, pour jouir desdites exemptions.

Officiers & Ouvriers de la Monnoye de Nantes Exempts. Même Arrêt du 27 Juillet 1671.

Les Buvetiers de la Chambre des Comptes de Nantes, jouissent de la

Pareille exemption sur 15 tonn. Même Arrêt.

même exemption fur quinze Tonneaux qui fe confomment dans la Buvette de ladite Chambre, fans qu'ils puiffent mettre brandon hors le Palais.

Exemptions des Seigneurs & Communautés.

1402. Il y a outre ces Priviléges nombre de Seigneurs & de Communautés qui jouiffent de l'exemption defdits Droits à differens Titres. En voici l'état fuivant le même Arrêt du Confeil du 27 Juillet 1671, & celui du 21 Août 1677, qui reglent leur Privilége.

SÇAVOIR,

Arrêt du Confeil du 27 Juill. 1671.

L'Abbé, le Prieur & les Religieux de Notre-Dame des Prieres. — Pour les Maifons qu'ils poffédent, dépendantes de ladite Abbaye, dans les Paroiffes de Biliers, Mufillac, du Manoir, Boifderos & Liverfel, la Maifon de l'Ours-lié en la Ville de Guerande, & deux autres Maifons qui leur appartiennent aux paffages de Guidas & l'Ifle.

Le Doyen de l'Eglife de Notre-Dame du Falgoet. — Pour les Maifons & Caves dépendantes de ladite Eglife, fans qu'ils puiffent mettre aucunes Rivelles ou Brandon audit lieu pendant le cours de l'année, fi ce n'eft durant le temps du Pardon feulement.

La Maifon de Notre-Dame de la Martyre. — Pour la quantité de dix pipes de Vin par an.

Le Sieur d'Efpináffe, Comme Seigneur de la Terre & Seigneurie de Pofterie. — Pour les Vins & Cidres crûs en ces Héritages audit Fief.

M. le Duc de Briffac, Seigneur de la Guerche. — Pour le Droit de Ban & Etanche, & faire vendre Vin & Cidre dans la Ville & Fauxbourgs de la Guerche, pendant quarante jours confécutifs, à commencer du Mardy d'après la Pentecôte à l'exclufion de tous autres, & en exemption des Droits d'Impôts & Billots.

M. le Marquis de Charoft, Seigneur d'Ancenis. — Pour le même Droit en la Ville d'Ancenis depuis le premier fon de Vêpres de la Vigile de Saint Barnabé, jufqu'au premier fon de Vêpres du jour de la Magdelaine, 21 Juillet en fuivant.

M. le Duc de Coaflin, Seigneur de la Roche-Bernard. — Pour le même Droit pendant quarante jours confécutifs, commençans au jour de l'Afcenfion de chaque année, dans la Ville de la Roche-Bernard. *Il eft neanmoins permis aux Cabaretiers de ladite Ville de vendre & débiter leur Vin en détail, en payant à ladite Seigneurie, chacun onze livres, fans payer aucuns autres Droits pour les Vins qu'ils auront débité pendant lefdits quarante jours, & à la charge de foufirir les exercices des Commis.*

M.

EXEMPTIONS.

M. le Duc de Retz, Seigneur de Pornic.

Pour le même Droit dans sa Terre de Pornic pendant un mois consécutif, en le faisant publier huit jours avant l'ouverture dudit Ban & Etanche, sans que ceux qui auroient vendu en détail pendant ledit temps puissent en être recherchés, si ladite publication n'a pas été faite, en payant vingt sols chacun audit Seigneur de Pornic.

Le Prieur d'Indre.

Pour le même Droit de Ban & Etanche, & de faire vendre Vin provenant du crû & dixmes dudit Prieuré pendant quinze jours consécutifs audit lieu d'Indre, en le faisant publier huit jours avant l'ouverture du Ban.

Le Sieur de Monty, Seigneur de la Terre de Rezé.

Pour le même Droit pendant quinze jours consécutifs, à commencer de la Vigile Saint Eutrope, pour les Vins du crû de ladite Terre débités dans la Maison Seigneuriale seulement.

Le Sieur de Treveler, Seigneur de la Châtellenie de Coueron & de sept maisons dépendantes de ladite Châtellenie.

Pour le même Droit pendant quinze jours en le faisant publier huit jours auparavant dans ladite Châtellenie, & pendant un mois aussi consécutif dans la Seigneurie de Sept-Maisons, dépendante de ladite Châtellenie, à commencer quinze jours devant la Saint Simphorien & quinze jours après, pour le Vin du crû desdites terres seulement.

L'Abbé, le Prieur & les Religieux du Couvent de S. Guidar.

Pour le même Droit pendant quarante jours à commencer après les Vépres de la Vigile de Saint Marc (a).

Le Sieur d'Epinay & la Dame de Brondneuf Co-Seigneurs de Broon.

Pour le même Droit de Ban & Etanche, à l'effet d'en jouir entr'eux alternativement d'année à autre pendant quarante jours consécutifs audit lieu de Broon, sans qu'ils puissent prétendre les Droits d'Impôts & Billots des Vins & autres Boissons vendus audit lieu pendant ledit temps.

Les Sieurs de la Bouessiere & de la Ville au Févre, Co-Seigneurs du Fief de la Mothe Allemand.

Pour ledit Droit pendant les quinzaines des Fêtes de la Pentecôte & Sainte Marguerite, au Bourg de Saint Nazaire, à cause dudit Fief, à l'effet d'en jouir entr'eux alternativement d'année en année (b).

Le Seigneur d'Assigné.

Pour ledit Droit pendant quinze jours de chaque année, en le faisant publier huit jours auparavant (c).

(a) L'Arrêt ne les conserve dans la jouissance de l'exemption que par provision seulement.

(b) L'Arrêt porte que lesdits Sieurs de de la Bouessiere & de la Ville au Févre représenteront leurs Titres, toutes choses cependant demeurant en état.

(c) Il est dit de même que le Seigneur d'Assigné représentera ses Titres & qu'il ne jouira que par provision.

EXEMPTIONS.

Les Seigneurs de la Hunaudaye & de Montafilan.

> Pour l'exemption des Impôts & Billots sur la quantité de quatre pipes par an ; sçavoir, une pipe aux Fêtes de la Pentecôte, au Pardon & Assemblée du Saint Esprit, en la Paroisse de Blédeliar ; une autre pipe le jour de la Saint Simphorien, au Pardon & Assemblée, en la Paroisse de Pleven ; une autre pipe à la Foire de la Montbran, en la Paroisse de Pleboul ; & une autre pipe à la Foire de Sainte Catherine, qui se tient au lieu de Plancoet.

Les Cabaretiers & autres Habitans de
Saint Aubin-du-Cormier.
Liffré,
Vieillevigne,
Saint René-du-Bois.

> Pour l'exemption des Impôts & Billots.

Ceux de la Ville d'Hedé.

> Pour l'exemption des Impôts seulement.

Les Habitans de la Terre & Seigneurie de Porterie.

> Pour l'exemption des Impots & Billots sur les Vins & Cidres du crû des Héritages, situées dans le Fief de la Porterie.

Ceux de Saint Nazaire & de Gavre.

> Il est dit par l'Arrêt de 1671 qu'ils représenteront leurs Titres.

Arrêt du Conseil du 21 Août 1677.

Les Cabaretiers & autres Débitans aux Foires de la Noyalle, la Houssay & de la Broulade, transferées à Pontivy.

> Pour l'exemption des Impôts seulement.

Privilégiés quelconques tenus de souffrir les exercices des Commis.
Mêmes Arrêts.

1403. Tous les Privileges ci-dessus tant ceux dont l'exemption est à temps, & sur une quantité fixée que ceux qui en jouissent indéfiniment sur toutes les Boissons qu'ils peuvent vendre, sont tenus de souffrir les exercices des Commis du Fermier comme les autres Habitans, à peine de déchéance de leur Privilége & de cent livres d'amende.

CHAPITRE XIX.

DES DEVOIRS DE BRETAGNE.

Droits de Bretagne.

1404. ON appelle Devoirs la plûpart des Droits qui se perçoivent dans la Province de Bretagne : on dit Devoirs de la Prévôté de Nantes, Devoirs de Brieux &c. Il n'est ici question que de ceux qui se perçoivent sur les Boissons à la vente en détail.

Quoique ces Droits ne faſſent point partie de la Ferme générale des Aides , F ı x a t ı o ǹ. on a cru qu'il étoit à propos d'en traiter ici , parce que de leur nature ils ſont dans la claſſe des Droits d'Aides ; que leur perception a continuellement Ils compoſent rapport à celle des Impots & Billots, qui ſe perçoivent dans les mêmes une Ferme parti- cas, & que d'ailleurs ces deux Fermes étant ordinairement dans la même culiere. main (ı 386.) la connoiſſance des Devoirs devient également néceſſaire à ceux qui ſont chargés de la perception des Impôts & Billots.

§. I.

De l'Origine & de la quotité de ces Droits.

ı 4o5. Il n'eſt pas moins difficile de remonter à l'Origine des Devoirs Origine de ces qu'à celle des Impôts & Billots dont on vient de traiter dans le Chapitre Droits. précedent. Il eſt a préſumer qu'ils ſont fort anciens , puiſqu'on ne trouve aucun veſtige de leur établiſſement , ni dans les Reglemens , ni dans les hiſtoires particulieres de la Province.

Ces Droits ne ſont point impoſés par le Souverain. Les Etats de la Province dans l'aſſemblée qui ſe tient tous les deux ans , en font eux-mêmes l'impoſition & le bail , pour être les deniers en provenans principalement employés au payement du don gratuit qu'ils accordent au Roi , ſur la demande des Commiſſaires députés par Sa Majeſté pour la convocation des Etats. Ce Bail qui ſe renouvelle à chaque tenue des Etats , en préſence du Commandant en chef de la Province , & qui doit être ratifié par les Commiſſaires de Sa Majeſté , eſt le titre en vertu duquel ſe fait la perception de ces Droits. Il comprend auſſi le Droit Annuel , les Droits de Courtiers , Gourmets de Vin , & ceux de Jaugeage que leſdits Etats ont acquis de Sa Majeſté lors de la création deſdits Officiers. Voici l'état de tous ces Droits , ſuivant le tarif annexé au Bail.

D E V O I R S.

Par Barique de ı2o. pots.   Leur quotité,

		₶	ß	₰
V I N. Hors du crû de la Province.	Grand Devoir, quatre ſols par pot, ce qui fait par barique évaluée à cent pots , ci................	2o.		
	La Barique contient réellement cent vingt pots , mais on en déduit vingt pots, c'eſt-à-dire, un ſixiéme dans la perception des Droits , à cauſe des lies, coulages & Boiſſons.			
	Petit Devoir.................	5.	ıo.	
	Tiers en ſus du grand Devoir par augmentation.................	6.	ı3.	4.
		32.	3.	4.

FIXATION.

Suite du VIN.

Du crû de la Province, débité dans un autre Evéché que celui du crû.
- GRAND DEVOIR, deux sols huit deniers par pot, ce qui fait par barique suivant l'évaluation ci-dessus.. 13. 6. 8.
- PETIT DEVOIR.............. 2. 15.
- TIERS en sus du grand Devoir.. 4. 8. 10.

20. 10. 6.

Débité dans l'Evêché où il est crû.
- GRAND DEVOIR, un sol quatre deniers par pot, ce qui fait par Barique.......................... 6. 13. 4.
- PETIT DEVOIR.............. 2. 15.
- TIERS en sus du grand Devoir.. 2. 4. 5.

11. 12. 9.

CIDRE.....................
POIRÉ.....................
BIERRE....................
HYDROMEL. Suivant l'Arrêt de la Cour du Parlement du 21 Mai 1740.
- GRAND DEVOIR, huit deniers par pot, & par Barique........ 3. 6. 8.
- PETIT DEVOIR.............. 2. 15.
- TIERS en sus du grand Devoir.. 1. 2. 2.

7. 3. 10.

EAU-DE-VIE............
VIN DE LIQUEUR........
Vingt-cinq sols par pot pour tous lesdits Droits.

AUTRES DROITS JOINTS AU BAIL DES DEVOIRS.

Droits des Courtiers à la vente y compris le doublement.

		Par Barique.
VIN......... Du crû des Evéchés de Nantes, Vannes & Rennes vendu en gros, par Barique..................		10.
Venant des autres Provinces en celle de Bretagne pour y être vendu.		16.
CIDRE.......... Vendu en gros................		6.
EAU-DE-VIE..... *Idem* Par Barique de 28 Veltes..		1. 10.
LIQUEURS...... *Idem*..................		3.

Droits des Courtiers & Gourmets qui se perçoivent dans l'Evêché de Nantes, y compris le doublement.

		Par Barique.
VIN......... Des Provinces & Pays étrangers arrivant par eau dans le Comté Nantois...................		12.
Nantois, sortant par eau, les Droits payables par le Chargeur..		1. 10.
EAU-DE-VIE. Chargée pour sortir, les Droits payables par le Chargeur, soit pour son compte ou par commission......................	*Par Pipe.*	2.

Les Etats ont arrêté que, conformément à l'Edit de création & à l'Arrêt du Conseil du 23 Septembre 1692, les Propriétaires, Bourgeois, Gentilshommes ou Ecclesiastiques pourroient, soit par eux, leurs femmes, enfans ou Domestiques vendre les Vins & Liqueurs de leur crû dans leur maison, caves & celliers, à d'autres Bourgeois, Gentilshommes ou Ecclesiastiques sans payer aucun Droit de Courtiers Gourmets.

			₶	ß	₰	PERCEPTION.
Droits de Jaugeage à la premiere vente ou enlevement des Boissons.	VIN.........	Par Pipe......................	2.			
		Par Barique...................	1.			
		Par Tierçon...................		8.		
	EAU-DE-VIE.	Par Pipe......................	4.			
		Par Barique..................	2.			
		Par Tierçon..................	1.	4.		
	BIERRE.	Par Pipe.....................	1.			
	CIDRE.	Par Barique..................		6.		
	POIRÉ.	Par Tierçon..................		4.		
	MENUES	Par Barique.................		3.		
	BOISSONS.	Par Tierçon.................		2.		
ANNUEL.	Payable par les Marchands, Hôtes, Cabaretiers, Aubergistes & autres Vendans en gros ou en détail ; sçavoir, dans les Villes à raison de........................			8.		
	Et par tout ailleurs à raison de..............			6.	10.	

1406. Les quatre sols pour livre ne se perçoivent point sur les Devoirs ni sur les Droits y joints.

1407. Le Fermier des Devoirs jouit en outre de la faculté exclusive de vendre des Eaux-de-vie en détail, (*a*) & en consequence il est défendu aux Tireurs d'en avoir en Vaisseaux au-dessous de Bariques ou Tiercons pour le commerce de la Province, même d'en avoir en Quartaux si ce n'est pour le commerce de la mer.

§. II.

De la Perception des Devoirs.

1408. Le grand & le petit Devoir se perçoivent sur toutes les Boissons & Liqueurs vendues en Détail de quelque façon que ce soit, même sur celles consommées dans toutes les assemblées, comme élevemens de Maisons, Nôces, Baptêmes & autres, où on fait courir le plat pour recevoir de l'argent des Assistans : & ce dans toutes les Villes, Bourgs, Villages, Paroisses, Châteaux, Forteresses, Forges, Verreries, Conciergeries Royales, Géoles, Marchés, Foires, & dans tous les lieux généralement quelconques où se fait le débit sans en excepter les Maisons franches qui ne peu-

Les 4 sols pour livre ne se levent point sur les Devoirs & Droits y joints.

Privilége exclusif de la vente des Eaux-de-vie en détail accordé au Fermier des Devoirs.
Bail du 22 Nov. 1754, Articles 57. & 58.

Cas de la perception.
Bail du 22 Nov. 1754, Art. I. IV. V. VI. XLIX.

(*a*) Il pourroit arriver que le Fermier des Devoirs pendant les dernieres années de son Bail, répandroit dans la Province une grande quantité d'Eau-de-vie en la donnant à bas prix ; ce qui feroit un tort considérable à son Successeur, & diminueroit d'autant le produit que ce dernier doit naturellement espérer de ce Commerce & des Droits. Pour y remédier le Parlement a rendu différens Arrêts, par lesquels il fait défense au Fermier, dont le Bail est près d'expirer, de vendre des Eaux-de-vie pendant les deux derniers mois de son Bail à plus bas prix que celles qu'il a vendues, prix courant pendant les deux mois précédens, & pour justifier des contraventions à ces défenses, il est enjoint audit Fermier & à ses Commis de représenter au nouveau Fermier les Registres de vente & de distribution desdites Eaux-de-vie.

Arrêts du Parlement de Bretagne des 22 Nov. 1728, 27 Novembre & 16 Décem. 1732.

vent exercer leur Privilége que fur les Impôts & Billots, de même que ceux qui ont Droit de Ban & Etanche.

Ils font dûs fans exception.
Articles I. & XXXIII.

Ils font dûs par toutes fortes de perfonnes Eccléfiaftiques, Nobles, Commenfaux & autres Vendans ou faifant vendre en détail des Boiffons, même de leur crû, & par tous ceux faifans profeffion de tenir Penfionnaires : à l'exception des Écoliers, Seminaires, Maifons de retraites & autres Communautés Eccléfiaftiques approuvées par Meffieurs les Evêques, à l'exception auffi des Buvetiers du Parlement, de la Chambre des Comptes, de la Chancellerie, & des quatre Préfidiaux de la Province pour les quantités fixées par le Bail Article XXXIII.

Le Bail des Devoirs eft le titre de la perception.

1409. Comme le Bail des Devoirs fe renouvelle tous les deux ans, ainfi qu'on vient de le dire, que pouvant y faire à chaque fois les changemens & les additions jugées néceffaires, le dernier de ces Baux doit raffembler toutes les difpofitions, foit des Arrêts du Confeil, foit de ceux du Parlement de Bretagne anterieurement rendus, qui doivent avoir leur exécution, & qu'enfin ce Bail eft difcuté & arrêté en l'Affemblée générale des Etats, figné de Meffieurs les Préfidens des trois Ordres & Députés defdits Etats, ratifié par les Commiffaires de Sa Majefté, & par conféquent autorifé & confenti par toutes les Parties qui peuvent y être intereffées : il devient pour les Redevables comme pour le Fermier, le Reglement général auquel ils doivent fe conformer pour le payement & la perception defdits Droits. On n'en rapportera point ici les conditions. Comme à chaque renouvellement on imprime le nouveau Bail, dans le cas où il y eft fait des changemens, c'eft toujours le dernier qu'on doit confulter. Celui pour les années 1754. & 1755. contient XCII. Articles pour le grand Devoir, VII. pour le petit Devoir, & XVIII. pour les autres Droits y joints de Courtiers, Gourmets, Jaugeage & Annuel.

TRAITÉ
GÉNÉRAL
DES AYDES.

LIVRE IV.
DES DROITS DE PEAGE OU DE RIVIERE.

CHAPITRE PREMIER.

DES QUARANTE-CINQ SOLS DES RIVIERES.

§. I.

De l'Origine & de la Fixation de ce Droit.

1410. N a reconnu depuis long-temps que rien ne gênoit plus *Origine du Droit.* le commerce intérieur & la navigation que les Péages établis sur les Rivieres au profit des Communautés, Seigneurs, Particuliers & autres. Les Possesseurs de ces Péages cherchoient continuellement à étendre leurs droits ou du moins les exerçoient d'une façon dure & ruineuse pour les Marchands & les Voituriers. (a) Ces considérations donnerent lieu à la déclaration du 12 Janvier 1633. qui supprime tous les Péages établis sur la Riviere de

---

(a) Il y a depuis 1724 une Commission particuliere établie en exécution d'un Arrêt du 29 Août de ladite année pour l'examen des Titres sur lesquels se perçoivent ces différens Péages, tant par eau que par terre. Le nombre de ceux qui se sont trouvés usurpés ou dépourvus de Titres est presque incroyable. Il en a été supprimé plus de douze cens, & l'on en supprime encore tous les jours.

DE L'ORIGINE.

Seine & autres y affluentes jufques à Rouen, ordonne que les Proprié-taires de ces Péages feront rembourfés felon la liquidation qui en fera faite, & que pour tenir lieu à Sa Majefté des fommes qui feront employées à ce rembourfement, il feroit perçu un Droit de quarante-cinq fols par muid fur le Vin qui feroit voituré d'une Ville ou Port, dans un autre fur lefdits Ri-vieres depuis leur fource jufqu'à Rouen, dans les différents Bureaux défi-gnés pour en faire la perception. Cette commutation fut avantageufe aux Marchands & Voituriers, non-feulement parce que le nouveau Droit étoit moindre que le montant des Péages dont il tenoit lieu & qui alloient ; fça-voir au-deffus de Paris à cinquante-deux fols un denier, & au-deffous à cin-quante-quatre fols quatre deniers ; mais encore parce que fe percevant en une feule fois, & dans des lieux commodes pour le garrage des Bateaux, la navi-gation n'étoit plus interrompue.

Fixation.
Ordon. de Paris,
Tit. de ce Droit.
Article I.
Ord. de Rouen,
T. XXX. Art. I.

1411. L'Ordonnance des Aides de 1680. a fixé ce Droit à trois livres par muid, à caufe du parifis, douze & fix deniers pour livre. Il eft dû fur le Vin de liqueur comme fur le Vin ordinaire.

§. II.

Des cas où le Droit eft dû.

Cas de la per-ception.
Ordon. de Paris,
même Titre, Arti-cles I. & II.
Ord. de Rouen,
même Titre, Arti-cles I. II. & III.
Arrêt de la Cour des Aides du 4 Septembre 1744.

Idem.
Ordon. de Paris,
Article VII. & de Rouen, Art. VI.

Ordon. de Paris,
Art. VI.
Ord. de Rouen,
Article V.
Arrêt du Confeil & Let. Pat. des 10 Avril & 25 Mai 1742, regift. le 8 Juin fuivant.

1412. Il fe perçoit fur les Vins voiturés, foit en defcendant, foit en montant par la Seine ou par les autres Rivieres y affluentes tant au-deffus qu'au deffous de Paris, depuis les endroits où elles font navigables jufques au Pont de Rouen. Ces Rivieres font défignées par l'Ordonnance. Ce font celle d'Yonne, Beuvron, Eure, Coufin, Armanfon, Loing, Marnes, Etampes, Oife, Aifne & Eure ; & il fuffit que le Vin foit chargé & voi-turé fur l'une d'icelles pour que le Droit foit exigible fans qu'il foit nécef-faire qu'il entre dans la Riviere de Seine.

1413. Il n'eft point dû fur le Vin qui ne fait que traverfer pour paffer d'un bord à l'autre, pourvu qu'il foit tranfporté par charroy, c'eft-à-dire, fur les bacs, fur les Ponts ou par les endroits guéables. Mais il feroit dû fi le tranfport d'un bord à l'autre s'en faifoit par Batteau.

1414. Il ne fe perçoit point fur le Vin aigri & gâté, à moins qu'il ne foit converti en Vinaigre effectif dans lequel cas le Fermier eft autorifé à tirer de chaque vaiffeau dix pintes de Vin, (a) & d'y fubftituer pareille quantité de Vinaigre.

§. III.

Du payement de ce Droit.

Payable aux en-trées de Paris.
Ordon. de Paris,
Article III.

1415. Le Droit de trois livres fur le Vin deftiné pour la Ville ou les Fauxbourgs de Paris, foit pour y être confommé, foit pour paffer ailleurs,

(a) L'Ordonnance ne portoit que qua-tre pintes, les Lettres Patentes citées en marge permetent d'en verfer dix pintes au lieu de quatre. Voyez Livre I. N. 501.

doit

doit être payé à l'entrée de ladite Ville, confusément avec les autres Droits d'Entrée. Il n'est pas permis au Fermier de l'exiger ailleurs.

Il faut en excepter néanmoins le Vin venant par eau de Rouen à Paris, dont le Droit doit être acquitté au lieu du départ. L'Acquit de payement délivré à Rouen est reçu pour comptant aux entrées de Paris.

Ordon. de Paris, Article IV. Ord. de Rouen, Article IV.

1416. Le payement dudit Droit sur le Vin destiné pour d'autres Villes & lieux, sans passer par Paris, doit être fait au lieu de la destination ou du déchargement s'il y a un Bureau établi, sinon au plus prochain Bureau de la route.

Dans les autres cas, il ne se paye qu'au lieu de la destination. Ordon. de Paris, Article V.

1417. Le Droit n'est exigible qu'une premiere fois quoique le Vin soit voituré sur différentes Rivieres, & passe par différens Bureaux où il se perçoit, à la charge par les Voituriers d'y réprésenter les acquits (*a*).

Ordon. de Paris, Article VIII. de Rouen, Art. VII.

1418. Il est enjoint aux Voituriers de réprésenter leurs lettres de voiture au premier Bureau de leur route, & de les faire viser des Commis à peine de confiscation & de cent livres d'amende, s'ils sont trouvés au-delà du Bureau sans lettres de voitures visées. *Voyez* Livre II. Nombre 807. l'obligation où sont les Voituriers de la Riviere de Marne, de garrer leurs Batteaux au Pont de Dormans. Cette disposition est commune aux Droits d'Entrée & de Gros.

Injonction aux Voituriers de représenter leurs Lett. de voiture. Ordon. de Paris, même T. Art. IX. Ord. de Rouen, même Titre, Article VIII.

1419. Il est défendu sous les mêmes peines de décharger le Vin que le Droit n'ait été payé à moins qu'il n'y ait danger imminent de naufrage, dans lequel cas les Voituriers sont tenus d'en faire dresser Procès-verbal par le Juge du lieu, le Commis du plus prochain Bureau présent ou dûement appellé.

Défense de décharger le Vin. Art. X. de l'Ordonnance de Paris. Art. IX. de celle de Rouen.

1420. Les Marchands qui ont des magasins dans les Villes situées sur la Seine ou sur les Rivieres y affluentes, peuvent y faire venir leur Vin par eau des Paroisses voisines, sans payer le Droit pour la quantité qu'ils déclarent être destinée pour entrer par eau dans la Ville de Paris, à la charge par eux de rapporter, dans trois mois, un certificat de l'entrée qui doit leur être délivré sans frais, & de payer les Droits des quantités qui ne seront point déclarées pour Paris, ou dont le certificat ne sera point rapporté.

Facilité accordée aux March. qui ont des mag. dans les Villes situées sur la Seine ou sur les Rivieres y affluent. Ordon. de Paris, Article XI.

1421. Nul sans exception n'est exempt de ce Droit, pas même les Ecclésiastiques, sur le Vin du crû de leur bénéfice & pour leur Provision.

Nulle exemption Ordon. de Paris, Art. XII. Ordon. d'Auxerre. Arrêt Mars 1736, registré mois qui assujettit Entrepreneurs du

nance de Rouen, Article X. Arrêt de la Cour des Aides de Paris du 12 Mars 1728, contre les Chanoines du Conseil du 5 Décembre 1730, contre les Celestins de Villeneuve-les-Soissons. Déclaration du 11 tée en la Cour des Aides de Paris le 21 dudit; & autre du 12 Mars 1757, registrée le 29 du même aux quarante-cinq sols les Secrétaires du Roi. Arrêt du Conseil du 17 Décembre 1743, contre les Canal de Picardie.

(*a*) On pourroit demander si le changement de destination en tout ou partie qui arriveroit par vente ou autrement sans que le Vin fût déchargé, opéreroit une seconde fois la redevance du Droit au lieu de sa derniere destination, malgré le payement qui en auroit été fait au lieu de la premiere. Il ne paroît pas qu'il soit dû dans ce cas, parce que, comme il tient lieu des différens Péages qui se levoient sur la route, il doit suivre la perception de ces péages, & que cette perception ne varioit point par le changement des destinations. C'est l'avis du Commentateur de l'Ordonnance de 1680. & l'usage y est conforme, quoiqu'il y ait un Arrêt du Conseil du 27 Janvier 1699, qui autorise cette perception.

Les Hôpitaux & Communautés Religieuſes de la Ville de Paris, qui ſont exempts dudit Droit, ainſi que des autres Droits d'Entrée, Liv. I. N. 181. ne jouiſſent de cette exemption que ſuivant les Etats arrêtés au Conſeil chaque année, du montant deſquels il eſt tenu compte à l'adjudicataire des Fermes générales par Sa Majeſté.

CHAPITRE II.

DES TROIS LIVRES ET QUARANTE-CINQ SOLS
par charroy ſur le Vin, autrement grand Droit de Picardie, fixés à ſept livres par muid.

1422. ON a vu, Livre I. Nombre 674, l'origine des neuf livres par tonneau qui ſe perçoivent en Normandie. Ce Droit & celui des quarante-cinq ſols des Rivieres furent réunis par Déclaration du 23 Mars 1645, & fixés à ſept livres par l'Ordonnance de 1680. pour être perçus ſur le Vin du crû des Villes & Paroiſſes compriſes dans les huit lieues, tant en-deçà qu'au-delà des environs des Rivieres de Seine au-deſſous de Paris, Andelle, Eure, Itton, d'Oiſe & du Terrain, tranſporté par charroy dans les Provinces de Picardie, Normandie, du Perche ou autres Lieux & territoires ſitués au-delà deſdits Rivieres, ſoit pour y être conſommé, ſoit pour paſſer debout.

Les fréquentes conteſtations qui s'élevoient au ſujet de ce Droit par rapport aux lieux où il devoit être établi, la qualité des Vins des Elections où il ſe levoit qui eſt trop modique pour ſupporter un Droit auſſi fort, les

frais conſiderables qu'il occaſionnoit pour l'établiſſement des Bureaux, & pour garder les paſſages, & enfin ſon peu de produit ont fait prendre le parti de le ſupprimer. Cette ſuppreſſion a été ordonnée par Arrêt du 30 Décembre 1755, à commencer au prémier Octobre 1756. On ne fait ici mention de ce Droit que parce que l'Ordonnance porte un Titre particulier concernant ſa perception.

Il faut obſerver que le même Arrêt porte que cette ſuppreſſion n'aura point lieu ſur le Vin conduit dans la Ville, Fauxbourgs & Banlieue de Rouen, où les Droits de trois livres & quarante-cinq ſols par charroy font partie de la ſomme à laquelle les Droits d'Entrée dans ladite Ville ont été fixés par l'Ordonnance de 1680, & que les Droits de neuf livres par tonneau, fixés à quatre livres neuf deniers par muid, (675) & de quarante-cinq ſols des Rivieres fixés à trois livres auſſi par muid, (1411) continueront d'être levés conformément aux Reglemens.

CHAPITRE III.
DES CENT SOLS PAR MUID SUR L'EAU-DE-VIE, FIXE'S A SIX LIVRES QUINZE SOLS.

§. I.
De l'Origine de ce Droit.

1423. LE Droit de cent fols fur l'Eau-de-vie a la même Origine que celui des quarante-cinq fols des Rivieres. Suivant la Déclaration du 12 Janvier 1633, citée au Chapitre de ce dernier Droit, l'Eau-de-vie qui entreroit, pafferoit ou defcendroit en la Ville de Paris, devoit payer dix-huit livres par muid, celle qui pafferoit à Conflans vingt-un livres par muid, celle qui entreroit, pafferoit ou defcendroit en la Ville de Rouen vingt-quatre livres ; & enfin l'Eau-de-vie qui feroit déchargée en d'autres Villes ou lieux, les mêmes Droits ci-deffus felon le Bureau le plus prochain où elle feroit déchargée dans lequel ils devoient être acquittés. Ces Droits étoient trop forts relativement à la balance du commerce. Sur les remon-trances des Marchands, ils furent commués par l'Article 4. du Bail paffé à Maloifel le 12 Octobre 1641, & par les Déclarations du dernier Juin 1649. & 13 Decembre 1652. qui le confirmerent, en celui de cent fols par muid indiftinctement pour toutes les deftinations ci-deffus, à la charge que ledit Droit de cent fols feroit payé de même fur les Eaux-de-vie qui ne fe-roient que traverfer les Rivieres fur les Ponts & Bacs, & par des endroits guéables.

Origine des fix liv. quinze fols.

1424. L'Ordonnance en y comprenant le parifis, fol & fix deniers pour livre, l'a fixé à fix livres quinze fols par muid.

Ordon. de Paris, Titre des Droits fur l'Eau-de-vie, Article IX.
Ord. de Rouen, T. XXVI. Art. I.

§. II.
Des cas où fe leve le Droit de fix livres quinze fols, & du payement de ce Droit.

1425. Il fe perçoit 1°. dans le reffort des Cours des Aides de Paris & Rouen, fur toutes les Eaux-de-vie, montant ou defcendant la Seine & autres Rivieres y affluentes.

2°. Dans l'étendue des mêmes refforts fur celles qui font tranfportées par charroy lorfqu'elles paffent lefdites Rivieres, tant fur les Ponts & Bacs que par des endroits guéables. (a)

Cas & lieux où il fe leve.
Ordon. de Paris, même Article.
Arrêt du Confeil du 4 Déce. 1683.
Edit du mois de Déce. 1686, regif. en la Cour des Ai-des de Paris le 3: dudit, Art. VII.
Autre dudit mois, regift. en la Cour des Ai. de Rouen le 9 Janv. fuivant.
Même Edit de 1686 pour le reff. de la Cour des Ai-des de Rouen.
Arrêts du Confeil des 13 Juill. 1688.

(a) L'Ordonnance de 1680, ni l'Edit de 1686, ne parlent point de la condi-tion par laquelle il faut, pour que le Droit foit dû par charroy, qu'il paffe fur l'une defdites Rivieres. Ils portent fimplement qu'il fera peçu fur l'Eau-de-Vie tranfpor-tée par charroy ; il n'y a que l'Arrêt du Confeil du 4 Décembre 1683 qui en faffe mention; mais on voit dans les Reglemens antérieurs que cette condition a toujours été dans l'efprit du Legiflateur. L'ufage y eft conforme, & le Fermier ne s'en eft jamais écarté,

DU PAYEMENT.

& 20 Octo. 1714.
Arr. du C. & L. P.
des 29 Mai & 28
Juin 1722, reg. en
la C. des A. de R.
le 14 Août fuivant.

Arr contradict.
du Conf. du 5 Juil.
1707, confirmatif
de celui de la Cour
des A. de Paris du
8 Juillet 1706.

Ord. de Rouen,
T. XXVI. Art. I.
Même Edit & mê-
mes Lett. Patent.

*Injonct. à tous
March. Voitur.
autres de faire
leur déclaration.*
Mêmes Lettres
Patent. du 28 Juin
1722.

*Le Droit ne peut
être payé qu'une
fois.*
Même Edit de
Déce. 1686, pour
le reffort de la C.
des Ai. de Rouen.
Lett. Pat. du 28
Juin 1722, citées
plus haut.
Ordon. de Paris,
même Art. IX.

Edit de 1686,
Article VII.

3°. Sur celles entrant tant par mer & par les Rivieres que par charroy, dans le reffort de la Cour des Aides de Rouen, foit pour y être confommées, foit pour paffer debout.

Dans ces trois cas il faut excepter les Eaux-de-vie façonnées & confommées dans l'étendue dudit Reffort, qui ne doivent les fix livres quinze fols, que dans le cas fuivant. Le motif de cette exception eft la faveur qu'on a voulu donner à la fabrication des Eaux-de-vie de Cidre & de Poiré qui eft permife en Normandie en vertu de la Déclaration du 24 Janvier 1713. (Livre I. Nombre 601. nottes.) les arbres fruitiers étant un des principaux revenus de cette Province.

4°. Sur toutes les Eaux-de-vie fans diftinction entrant tant par eau que par terre dans les Villes, Fauxbourgs & Banlieue de Rouen, & dans les Villes & Fauxbourgs du Havre & Dieppe, foit pour y être confommées ou vendues, foit pour paffer debout.

1426. Il eft enjoint à tous Marchands, Maîtres de Navires & Voituriers, tant par eau que par terre, conduifant des Eaux-de-vie dans la Province de Normandie, d'en faire leur déclaration au premier Bureau de paffage, & d'y payer les Droits. Il leur eft défendu de fe détourner de leur route & des Bureaux de recette, à peine de confifcation des Eaux-de-vie & Equipages fervant à les conduire, & de cinq cent livres d'amende.

1427. Ce droit ne peut être payé qu'une feule fois pour un même muid d'Eau-de-vie, foit que de Normandie il remonte à Paris ou reverfiblement. Il ne doit être payé fur celle deftinée pour Paris, qu'aux entrées de ladite Ville dont il fait partie; mais s'il arrive qu'il ait été payé en route il eft déduit fur le montant defdites entrées.

Voyez d'ailleurs Livre I. Nombre 607. les formalités prefcrites pour l'enlevement & le tranfport des Eaux-de-vie. La fûreté des Droits des fix livres quinze fols dépend également de ces formalités.

CHAPITRE IV.
DU DROIT DU PONT DE JOIGNY.

§. I.

De l'Origine & de la Fixation de ce Droit.

Origine.

1428. ON a vu, Livre I. Nombre 513. l'Origine de la fubvention à l'entrée, & Livre III. Nombre 1344. la commutation qui en fut faite en pareil Droit au Détail par l'Arrêt du Confeil du 14 Juin 1656. & la Déclaration du 20 Juillet fuivant, dans les Provinces & lieux du reffort de la Cour des Aides de Paris où le Huitiéme a cours, à l'exception cependant des Elections d'Auxerre, Macon, Bar-fur-Seine, (*a*) & de celles de Joigny, Tonnerre & Vezelay, situées au-delà du Pont de Joigny, qui furent déchargées de la Subvention au Détail au moyen du payement dudit Droit de fubvention, qui fut établi par doublement fur les Vins enlevés defdites fix Elections & autres lieux, qui pafferoient deffus ou deffous le Pont de Joigny ou feroient chargés au Port du Follet, fitué à une demie lieue au-deffous de cette Ville. C'étoient les paffages ordinaires & ufités pour le tranfport defdits Vins, qui avoient leur principal débouché dans les Provinces au-delà dudit Pont, les autres chemins pour lors n'étant pas praticables. De cette façon le Droit de Subvention ne tomboit plus fur le Vin confommé dans ces Elections; mais feulement fur celui qui en fortoit. C'étoit l'objet des Habitans de ces Elections qui avoient fait tous leurs efforts pour fe fouftraire à l'établiffement de la fubvention.

1429. L'Ordonnance a fixé le Droit du Pont de Joigny en y comprenant le parifis, fol & fix deniers pour livre, à cinquante-trois fols neuf deniers par muid de Vin. Il fe leve fur le Vin de liqueur comme fur le Vin ordinaire.

DE L'ORIGINE.

Fixation.
Ordon. de Paris, Titre de ce Droit, Article I.
Arrêt du Confeil du 1 Sept. 1733.

§. II.

Des cas où il fe leve, & du payement de ce Droit.

1430. Le Droit eft dû, 1°. fur le Vin qui paffe deffus ou deffous le Pont de Joigny. (*b*)

2°. Sur celui qui eft chargé au Port du Follet, encore qu'il ne paffe deffus ni deffous le Pont. (*c*)

3°. Sur le Vin qui eft enlevé des Elections de Joigny, Tonnere, Ve-

Cas de la perception.
Ordon. de Paris, Titre de ce Droit, Article I.

Article II. du même Titre.

Article III. & Arrêt du Confeil & Lettres Patentes du 21 Novembre 1752, regift. en la Cour des Aides de Paris le 31 Mai 1754.

(*a*) On a dit Nombre 510. obfervation, que ces trois Elections s'étoient rachetées de la Subvention en 1642. Il eft à croire que leur décharge n'eut d'effet que pendant le premier établiffement de ce Droit, qui fut fupprimé en 1648. qu'elles y furent affujetties lors de fon rétabliffement en 1652, & que ce fut l'établiffement du Droit du Pont de Joigny qui leur procura cette feconde fois la décharge de la Subvention dont ils jouiffent.

(*b*) La Cour des Aides par fon enregiftrement du 31 Mai 1754, fur les Lettres Patentes du 21 Novembre 1752, paroîtroit, en fuivant à la Lettre, les termes de la première partie dudit Arrêt d'enregiftrement, avoir voulu reftreindre la perception de ce Droit fur le Vin qui paffe deffus ou deffous le Pont de Joigny, à ceux enlevés des Elections d'Auxerre, Mâcon, Bar-fur-Seine, Joigny, Ton-

nerre & Vezelay. Mais on doit regarder cette mention comme un cas particulier où elle ordonne l'exécution de l'Ordonnance fans la reftreindre pour les autres cas. Il eft conftant que les Vins venant de tous les Pays qui font au-delà du Pont de Joigny doivent les Droits en paffant deffus ou deffous ledit Pont. La preuve s'en tire de ce que les Vins de Bourgogne n'ont été déchargés de la Subvention par doublement, que parce qu'ils font fujets au Droit du Pont de Joigny.

(*c*) Ce Port eft fitué à une demie lieue au-deffous du Pont. Le motif de cette difpofition étoit les fréquens chargemens de Vin qui s'y faifoient : au moyen de quoi les Voituriers évitoient de payer les Droits. Ce Port s'eft comblé par des atterriffemens. Il ne s'y charge plus de Vin. Ainfi cet Article n'a plus d'application; d'ailleurs ce cas rentre dans le troifiéme ci-deffus.

zelay, Auxerre, Macon & Bar-fur-Seine, pour être voituré par eau en la Ville de Paris & autres lieux, (*a*) foit qu'il paffe ou non fous le Pont de Joigny.

Même Article.

4°. Sur celui enlevé defdites Elections & conduit, foit par eau, foit par terre, dans les villes de Joigny, Villeneuve-le-Roy, Sens, Pont-fur-Yonne, Montereau, Moret, Melun & Corbeil ; auffi quoiqu'il ne paffe point deffus ni deffous ledit Pont.

Mêmes Lettres Patentes.

5°. Sur celui pareillement enlevé defdites Elections, & voituré par terre en fuivant le cours de la Riviere d'Yonne, au lieu de paffer le Pont de Joigny pour quelque deftination que ce foit. (*b*)

On voit que dans ces quatre derniers cas il eft dû fans paffer deffus ni deffous le Pont Joigny.

Arrêt d'enregiftrement de la Cour des Aides fur lefdites Lettres Patentes.

Le Vin néanmoins enlevé defdites Elections & deftiné pour toutes les villes & lieux du Royaume, autres que ceux rapportés dans le quatriéme cas ci-deffus, voituré par terre feulement, & paffant fur la Riviere d'Yonne par les Bacs légitimement établis, & fur les Ponts de ladite Riviere, autres que celui de Joigny n'eft point fujet au Droit. Il eft d'ailleurs

---

(*a*) Les Lettres Patentes de 1752, affujettiffent au Droit les Vins enlevés defdites Elections lorfqu'ils font voiturés par eau, fans avoir égard au lieu de la deftination. L'enregiftrement de la Cour des Aides n'a point reftreint cette difpofition. La modification y portée ne regarde que ceux voiturés par terre, à l'égard defquels il eft dit que les Vins defdites Elections deftinés pour toutes les autres Villes & Lieux du Royaume, qui feront voiturés par terre feulement, & qui pafferont la Riviere d'Yonne par les Bacs légitimement établis, & fur les Ponts de ladite Riviere, autres que celui du Pont de Joigny, ne doivent point les Droits. Cette expreffion par *terre feulement*, eft la confirmation du Droit pour les Vins Voiturés par eau. Cette difpofition des Lettres Patentes étoit néceffaire pour empêcher l'anéantiffement de ce Droit que les Voituriers évitoient de payer en chargeant leur Vin au-deffous du Pont de Joigny & du Port de Folliet, qui étoient les paffages ordinaires lors des anciens Reglemens. Elle n'eft point une extenfion de l'Ordonnance ; elle ne fait qu'en rendre l'efprit, qui étoit d'établir fur les Vins fortant des fix Elections, un Droit qui tînt lieu de la Subvention au détail dont elles font déchargées. L'Ordonnance n'étoit plus fuffifante, parce qu'on en éludoit l'exécution. Il a fallu la faire revivre

par une nouvelle Loi qui l'interprétât.

(*b*) Lefdites Lettres Patentes portoient que les Vins qui feront tranfportés defdites Elections par eau ou par terre acquitteront le Droit, foit qu'ils paffent ou non deffus ledit Pont, en fuivant le cours de la Riviere d'Yonne, & déclaroient chemin oblique & faux paffage tout autre chemin que celui qui paffe fur le Pont de Joigny. La Cour des Aides par fon enregiftrement a reftreint cette difpofition qu'elle a trouvé trop générale. Elle l'a laiffé fubfifter par rapport à l'affujettiffement au Droit pour les Vins voiturés par eau, fans égard au lieu de la deftination, ou fur ceux que les Voituriers, pour éviter le Pont de Joigny, conduifent par terre en fuivant le cours de la Riviere d'Yonne ; mais c'eft à la charge que dans tout autre cas lefdits Vins voiturés pour toute autre deftination que celle des lieux défignés par l'Article III. de l'Ordonnance ne devront point les Droits lorfqu'ils feront voiturés par terre feulement fans paffer le Pont de Joigny, pourvû qu'ils paffent fur les Bacs légitimement établis & fur les Ponts.

Ce qui a donné lieu à cette difpofition des Lettres Patentes, eft la fraude que faifoient les Voituriers, qui au lieu de paffer par le Pont de Joigny s'en détournoient lorfqu'ils y étoient arrivés, fuivoient le cours de la Riviere d'Yonne, & alloient plus loin la paffer à gué.

défendu aux Voituriers de paſſer par les gués de ladite Riviere au-deſſus ou au-deſſous du Pont de Joigny, qui ſont déclarés faux paſſages depuis Auxerre juſques à Villeneuve-le-Roy.

1431. Les diſpoſitions qu'on vient de rapporter doivent être excutées à l'égard des vendanges ſur le pied de deux muids de vin pour trois muids de vendange.

Le droit eſt dû ſur les vendang. Art. IV. du meme T. de l'Ordonnance.

1432. Les Voituriers ſont tenus de faire leur Déclaration aux Bureaux, & d'y répréſenter leurs lettres de voiture viſées & paraphées des Commis dans la même forme & ſous les mêmes peines que pour les Droits d'Entrée. *Voyez* Livre I. Nombre 47. 48. 55. & 56.

Injonction aux Voituriers de faire leur déclaration au Bureau. Article VI.

1433. Le Droit doit être payé ſans aucune déduction pour les lies & coulages, même pour le vin voituré par eau.

Nulle déduction. Article VII.

1434. Il eſt dû par toutes ſortes de perſonnes ſans exception, même par les Eccléſiaſtiques & autres Privilégiés pour le vin du crû de leur bénéfice ou de patrimoine.

Art. V. du même Titre. Décl. du 11 Mars 1736, regiſt. le 21 dudit, qui aſſujett. les Sécrét. du Roi.

Il y a à Paris différentes communautés qui en ſont exemptes, mais elles ne jouiſſent de cette exemption comme de celle des Droits d'Entrée, qu'en vertu des Etats du Roy arrêtés au Conſeil, du montant deſquels il eſt tenu compte à l'Adjudicataire par ſa Majeſté. (181)

Si ce n'eſt en faveur des Communautés portées ſur l'Etat du Roi.

CHAPITRE V.

DES DROITS DU PONT DE MEULAN.

1435. CEs Droits ſont fort anciens : on n'a point les titres de leur établiſſement. On lit dans le préambule de l'Arrêt du 13 Octobre 1685, qu'ils avoient été créés avant l'année 1596. Ils faiſoient partie du Bail paſſé à Jacques Barberé le 25 Septembre 1630. Ils étoient originairement de quinze ſols par cent de Plâtre, & de ſix livres par Batteau. Ils ont été portés à cauſe du pariſis, douze & ſix deniers pour livre, à vingt ſols trois deniers par cent de plâtre, & à huit livres un ſol ſix deniers par Batteau chargé de Marchandiſe paſſant ſous le Pont de Meulan.

Origine.

1436. Il eſt défendu à tous Marchands, Voituriers & autres, de faire paſſer leurs Batteaux ſans les garrer au Bureau du Fermier pour y acquitter les Droits, à peine de confiſcation des Batteaux, & de cinq cent livres d'amende.

Fixation. Arrêt du Conſeil du 13 Octo. 1685. Bail de Forceville, Art. 433.

Garrage des Bateaux. Même Arrêt & autre du 2 Octobre 1731.

1437 La connoiſſance des conteſtations ſur la perception de ces Droits appartient aux Juges de l'Election de Mantes, à qui elle a été renvoyée par Arrêt du Conſeil, malgré la prétention du Bureau de la Ville de Paris, qui vouloit en connoître, ſous prétexte qu'ils étoient perçus ſur des Marchandiſes deſtinées pour Paris.

Elûs juges des conteſtations. Même Arrêt du 2 Octobre 1731.

CHAPITRE VI.

DU PE'AGE DE PONT SUR YONNE.

Etabliſſement & Fixation.

1438. ON ignore dans quel temps ce Droit a été créé. C'étoit dans l'Origine un Octroy accordé à la Ville de Sens, pour le payement des dettes & de la taille de cette Ville. Par le Bail paſſé à Barberé le 25 Septembre 1630. il fut joint à d'autres Droits de Péage pour être levé au profit de Sa Majeſté, qui ſe reſerva de pourvoir aux dettes de la Ville de Sens, & il fut arrêté par ledit Bail, que la perception en ſeroit faite à Pont-ſur-Yonne au lieu de l'être à Sens. Ce Droit ſuivant le même Bail étoit pour lors de huit ſols dix deniers par muid de Vin. La moitié dudit Droit fut accordée par Lettres-Patentes de 1675. à la Princeſſe de Meckelbourg, & enſuite réunie au Domaine du Roi par Arrêt du Conſeil du 28 Juin 1681.

Arrêt du Conſeil du 28 Juin 1681.

Perception actuelle réduite à moitié de l'ancienne.

Arrêt du Conſeil du 14 Févr. 1682.

Autre du 21 Septembre 1745.

Bail de Forceville, Art. 438.

L'Adjudicataire des Fermes fut confirmé dans la jouiſſance de la premiere moitié par Arrêt du Conſeil du 14 Février 1682. La ſeconde lui ayant été conteſtée en 1745, la jouiſſance lui en fut auſſi confirmée par Arrêt du Conſeil du 21 Septembre de la même année. Ainſi il doit jouir de la premiere & de la ſeconde moitié, ce qui eſt confirmé aux Fermiers du Bail de Forceville.

Cependant il ne ſe leve aujourd'hui, tant pour la premiere que pour la ſeconde moitié, que quatre ſols par muid au lieu des huit ſols 10 deniers, portés par l'ancien Bail de Barberé. On n'a pu découvrir par quel titre ni dans quel temps cette réduction a été faite.

Cas de la perception.

Le Péage de Pont-ſur-Yonne ſe leve ſur les Vins qui paſſent debout tant deſſus que deſſous le Pont. On ne le perçoit point ſur ceux, ſoit de crû ſoit d'achat, qui ſont deſtinés pour les Habitans de ladite Ville.

CHAPITRE VII.

DE L'ANCIEN OCTROY ET DU DROIT DE PASSE-DE-BOUT A ORLEANS.

Origine & Fixation.

1439. IL avoit été accordé à la Ville d'Orleans, un Octroy de vingt ſols par tonneau de Vin, & par poinçon d'Eau-de-vie entrant ou paſſant debout dans la Ville, Fauxbourgs & Franchiſe d'Orleans, deſſous & deſſus les Ponts de la Ville; on ignore la datte de ſon établiſſement. Cet Octroy fut réduit à onze ſols en 1650, porté à vingt-deux ſols en 1655, & à trente-trois

trois fols en 1657. les Vins & Eaux-de-vie deftinés par eau pour Paris en furent déchargés par Arrêts du Confeil des 21 Février 1664, & 2 Janvier 1677. Lors de la réunion de la premiere moitié des Octrois aux Fermes du Roi par Edit de Decembre 1663. ce Droit y fut réuni en entier ; Sa Majefté ayant abandonné à la Ville pour l'indemnifer, la jouiffance en totalité d'un autre Octroy qui fe levoit au Détail. L'Octroy de trente-trois fols fut perçu fuivant cet établiffement jufqu'en 1693, que Sa Majefté par Arrêt du 29 Septembre le réduifit à vingt deux fols, quant au paffe-de-bout, & ne le laiffa fubfifter fur le pied de trente-trois fols, que pour les Vins & Eaux - de - vie deftinés pour refter dans la Ville ; le Droit de trente-trois fols fe perçoit fous le nom d'ancien Octroy. Nul n'en eft exempt.

Ledit Droit de vingt-deux fols par tonneau de Vin & par poinçon d'Eau-de-vie eft ce qu'on appelle Droit de Paffe-de-bout. Il doit être perçu comme avant la réduction fur lefdits Vins & Eaux-de-vie paffant debout dans la Ville, Fauxbourgs & Franchifes d'Orleans, (a) deffus & deffous les Ponts ; & ce fans aucune exception de perfonne ni de lieu, même fur les Vins & Eaux-de-vie deftinés pour Paris, paffant fous les Ponts de ladite Ville d'Orleans, quoiqu'avant la réduction ils ne payaffent point les trente-trois fols.

Ce Droit ainfi que celui d'ancien Octroy, fait partie des Droits dépendans de l'Appanage M. le Duc d'Orleans.

DE L'ANCIEN OC.

Arrêts du Confeil des 21 Févr. 1664 & 2 Janv. 1677.

Arrêt du Confeil du 29 Sept. 1693,

Il appartient à la maifon d'Or-léans.

(a) Il y a un Arrêt du Confeil du 26 Mars 1709, qui décharge du Droit de Paffe-debout les Vins recueillis & façonnés dans les franchifes lorfqu'ils fortent fans paffer dans les Fauxbourgs.

TRAITÉ
GÉNÉRAL
DES AYDES.

LIVRE V.
DES DROITS JOINTS A LA FERME DES AIDES.

CHAPITRE PREMIER.

DES DROITS DE MARQUE D'OR ET D'ARGENT, ET DE CEUX D'ESSAI ET CONTROLLE.

§. I.

De l'Origine & de la Fixation de ces Droits.

Origine de la marque d'Or & d'Argent. 1440.

E n'eſt pas une des Parties les moins intéreſſantes du Gouvernement que de déterminer quels ſont dans un Etat les avantages & les inconveniens du luxe ; dans quels cas on peut lui laiſſer un libre cours, & dans quels autres il ſeroit dangereux de n'y pas mettre de bornes. Chaque état ſuivant ſon climat, ſes productions, ſes Fabriques, ſa conſtitution, les mœurs de ſes habitans peut avoir ſur cet objet des principes differens & relatifs au reſultat de ces conſiderations. On convient en général que le luxe eſt avantageux lorſqu'il eſt en proportion avec les productions & les manufactures du Pays, qui ſervent à l'entretenir, ſoit directement, ſoit par échange avec d'autres matieres & marchandiſes tirées du dehors, &

qu'au contraire il devient nuifible & ruineux dès que cette proportion eſt
rompue & dèſqu'il faut pour le nourrir que l'or & l'argent dont la maſſe fait
la richeſſe reſpective des états, ſoient la matiere de l'échange, & paſſent
ſans retour à l'étranger ; c'eſt ſur ce principe que pendant les Regnes de *Loix ſomp-*
Louis XII. François I. & les ſuivans juſqu'au Regne de Louis XIV. il a *tuaires ſans vi-*
été établi des Loix ſomptuaires par différentes Ordonnances & Déclarations, *gueur.*
& notamment par celles des 22 Novembre 1506. 8 Decembre 1543. 19 Mai
1547. 12 Juillet 1549. 22 Avril 1561. 17 & 28 Janvier 1563. 15 Fevrier
1573. 7 Septembre 1577. 24 Mars 1583. 16 Avril 1634. 24 Novembre
1639. 31 Mai & 12 Decembre 1644. 26 Octobre 1656. 27 Novembre
1660. 18 Juin 1663. 29 Decembre 1664. 17 Novembre 1667. 13 Avril
1669. 26 Avril 1672. Ces Loix devinrent moins néceſſaires à meſure que
la quantité d'or & d'argent augmenta ; que les Manufactures ſe multiplierent
& que l'Etat fut plus à portée de tirer de ſon propre fond, & de fournir
aux objets du luxe ſans s'épuiſer d'eſpeces. La grande faveur que Louis XIV.
donna aux Manufactures & au Commerce, devoit naturellement produire
cet effet. Auſſi les Loix ſomptuaires devinrent-elles moins rigoureuſes, &
commencerent ſous ſon Regne à n'être plus exécutées. Cependant il auroit
été encore dangereux, que la quantité d'or & d'argent employée avec trop
de profuſion dans les ouvrages d'Orfévrerie & dans les vêtemens ne pro-
duiſit la rareté de ces métaux pour l'employ des Monnoyes : c'eſt ce qui
fit rendre pluſieurs Reglemens (*a*) ſur la nature des uſtenſiles d'or & d'argent, qui devoient être prohibés, & ſur le poids de ceux dont l'uſage fut
permis particulierement, ce qui donna lieu à l'établiſſement d'un droit (*b*)
qui fut créé par Déclaration du dernier Mars 1672. ſur l'or & ſur l'argent
qui ſeroient mis en œuvre par les Orfévres, Batteurs & Tireurs d'or, &
autres ouvriers en or & en argent, à raiſon de vingt ſols par marc d'argent,

---

(*a*) Il fut fait défenſe par Déclarations
des 10 Février 1687 & 14 Décembre 1689,
Edit de Mars 1700, & Déclarations des
18 Février 1720, 23 Novembre 1721,
de fabriquer aucuns ouvrages d'Orfévrerie, comme Sceaux, Cuvettes, Feux &
autres uſtenſiles d'un poids conſidérable.
Les mêmes Reglemens fixerent le poids
d'autres gros ouvrages dont la fabrication fut permiſe. L'Edit qu'on vient de
citer, défendoit auſſi la fabrication &
le commerce des étoffes d'or & d'argent
ou faites avec de l'or & de l'argent friſé
au-deſſus de ſoixante-dix livres l'aulne,
& regle la richeſſe de pluſieurs eſpéces de
meubles & vêtemens. Il y a une Déclaration du 5 Mai 1721, qui, entre autres
diſpoſitions, défend de dorer les caroſſes.
. (*b*) Il avoit été créé ſous Henry III. par
Edit de 1579, un Droit ſur les ouvrages
d'Orfévrerie, appellé Droit de Remede.

Le Remede eſt l'alliage que les Orfévres
mettent dans leurs ouvrages pour les rendre plus liants, & les travailler plus facilement. Ce Droit fut ainſi nommé, parce
qu'il devoit rendre à l'or & à l'argent,
dont leſdits ouvrages étoient compoſés,
le prix que leur ôtoit l'alliage ou Remede. Cet Edit, ſans avoir eu ſon exécution, fut revoqué ſous Louis XIII. par
autre du mois d'Octobre 1631, qui créa
en même temps, pour tenir lieu du Droit
de Remede, un autre Droit de trois ſols
par once d'Orfévrerie, dont les premiers
produits furent affectés au rétabliſſement
de la Sainte Chapelle au Palais. Il ne
paroit pas que cet Edit ait eu plus d'effet
que le premier. On ne trouve après lui
aucun veſtige de la perception du Droit
de trois ſols, & il n'en eſt fait aucune
mention dans la Déclaration du dernier
Mars 1672.

DE L'ORIGINE.

& trente fols par once d'or. L'exécution des anciennes Ordonnances qui li-mitoient le poids des ouvrages d'Orfévrerie fut en même temps renou-vellée par cette Déclaration. (*a*) Le même motif fit ordonner le doublement de ces Droits par autre Déclaration du 17 Fevrier 1674.

1441. C'eſt ſur ce pied, c'eſt-à-dire, de trois livres par once d'or & de quarante ſols par marc d'argent ou de vermeil doré, qu'ils ont été fixés par l'Ordonnance du mois de Juillet 1681. (*b*)

Août ſuivant, & en celle de Rouen le 19 Novembre de la même année, Art. I. & II. du Titre de ce Droit.

A l'Exception des ouvrages des Tireurs d'or de Paris & Lyon, en faveur deſquels les Droits ont été moderés; ſçavoir, pour Paris à vingt-deux ſols par marc d'argent par eux fabriqué, tant ſur les lingots d'argent que ſur les lingots dorés, à la déduction de deux ſols pour les retailles & déchets, & pour la Ville de Lyon à vingt ſols par marc d'argent ſans déduction, & en outre ſur les lingots dorés du poids de douze à ſeize marcs, à trois livres par chaque lingot pour l'or qui peut y entrer ſans diſtinction du ſur-doré ou commun.

1442. Il faut joindre à ces Droits ceux d'Eſſayeurs & Controlleurs des ouvrages d'Orfévrerie créés par les Edits de Janvier 1705. Novembre 1707. & Janvier 1708. Ces Offices ayant été ſupprimés par Edit du mois d'Août 1718. les Droits qui leur étoient attribués furent réunis à perpetuité par cet Edit, & par autre du mois de Mai 1723. à la Ferme de la marque d'or & d'argent pour être perçus conjointement avec les Droits de ladite Ferme, dans la même forme & ſuivant les mêmes Reglemens dans toute l'éten-due du Royaume. Ces Droits ſont de vingt-quatre ſols par once d'or, & de ſeize ſols par marc d'argent.

1443. Ainſi il eſt dû pour les Droits de Marque & ceux des Controlleurs & Eſſayeurs réunis; ſçavoir, pour chaque once d'or......4. liv. 4. ſols.
Et pour chaque marc d'argent.......................2.   16.

Fixation.
Ordonnance du mois de Juillet 1681, regiſtrée en la Cour des Aides de Paris le 21

Arr. du C. & Let. Pat. du 24 Av. & 7 Mai 1725, regiſ. le 29 dudit pour ce qui concerne la Ville de Paris.
Arr. du 15 Avril 1673, 22 Jan. 1678 & 25 Av. 1682.
Bail de Forceville Art. 430. concer. la Ville de Lyon.

Ed. de Jan. 1705, Nov. 1707, Janv. 1708 Août 1718 & Mai 1723.
Arr. du C. des 29 Oct. 1718, 23 Ao. & 13 Sept. 1723. & L. P. ſur iceux du 7 Octobre 1723 regiſt. le 24 Nov. ſuiv. pour la per-cept. des 4 ſ. pour liv. ſur ces Droits.

Réunion deſ-dits Droits.

§. I I.

Des cas où les Droits ſont dûs.

1444. Ils ſe perçoivent dans toute l'étendue du Royaume, (à l'exception des Provinces de Franchecomté, & Alſace, & des Pays conquis,) ſur les

Etendue & cas de la perception.
Même Titre, Ar-ticle I.
Arrêt du Conſeil du premier Juillet 1727, rendu en exé-cut. de cet Artic. ſans avoir égard aux Certific, four-nis par le Direc-teur des Medail-les (*c*).

(*a*) Ce Droit fut appellé indifférem-ment par les premiers Reglemens, Droit de Seigneuriage & Droit de Marque, cette derniere dénomination lui eſt reſtée.

(*b*) Dans cette fixation il n'eſt pas queſ-tion du Pariſis, Sol & ſix deniers pour livre, parce qu'il eſt antérieur à la créa-tion des Droits de Marque, & qu'il n'a été mis que ſur les Droits qui ſubſiſtoient lors de ſon établiſſement.

(*c*) Par Arrêt du Conſeil du 8 Juin 1709, le Roi avoit ordonné que ceux qui porteroient de la Vaiſſelle d'or ou d'ar-gent à la Monnoye, pour en recevoir les fonds en rente ſur l'Hôtel de Ville, & qui voudroient après la paix faire faire de nouvelle Vaiſſelle d'or ou d'argent, ſeroient déchargés de tous Droits de Mar-que & Contrôle, juſques à la concurrence de la quantité qu'ils en auroient portée à la

ouvrages neufs d'or & d'argent qui font fabriqués par les Orfévres, Batteurs & Tireurs d'or, Fourbiffeurs & autres ouvriers en or & en argent : (ils ont été modérés au tiers pour les ouvrages fabriqués à Paris, deftinés pour fortir du Royaume, à la charge des formalités qui feront rapportées ci-après. Nombre 1365.)

CAS DE LA PERC

Ils font dûs de même fur la vieille vaiffelle & tous autres gros ouvrages qui font revendus par lefdits Ouvriers & Marchands à chaque revente qui en eft faite, (Nombre 1459.) & fur tous les ouvrages d'or & d'argent qui font apportés des Pays étrangers. (1466.)

Elle a lieu fur la vieille Vaiffelle & autres gros ouvrages revendus.
Article XVIII.

§. III.

De la Marque des Ouvrages & des autres formalités préfcrites pour le payement des Droits.

1445. Suivant l'Ordonnance de 1681. le payement des Droits doit être fait par les Orfévres dans l'inftant où les Jurés & Gardes marquent les ouvrages de leur poinçon après l'effay dans leur Bureau commun. Il eft permis à cet effet au Fermier des Droits, d'y établir un Commis pour contremarquer les mêmes ouvrages d'un poinçon portant la marque d'une Fleur-de-Lys, avec la lettre de la Monnoye au-deffous, different de celui des Jurés & Gardes, & il eft défendu auxdits Jurés & Gardes d'appliquer leur poinçon fur aucun ouvrage qu'en préfence du Fermier ou de fes Commis, à peine de tous dépens, dommages & interêts, & de cinq cent livres d'amende pour chaque contravention. Ce qui eft ordonné à l'égard des Orfévres dans les Villes où il y a jurande, doit être exécuté par les autres ouvriers en or & en argent, dans les Hôtels des Monnoyes.

Payement des Droits à l'inftant de la marque.
Ordon. de 1681, Article III.

Art. IV. confirmé par Décl. du 23 N. 1721, reg. en la C. des Monnoyes le 23 Déce. fuivant, Article IX.

Ces difpofitions de l'Ordonnance ont été bien étendues par celles des Reglemens poftérieurs qui vont être rapportées.

1446. Les Orfévres, Fourbiffeurs, Horlogers & autres travaillant en or ou en argent, font tenus de marquer de leur poinçon & de faire contremarquer du poinçon de charge du Fermier & de celui de la Maifon commune, tant aux pieces principales que d'applique qui peuvent facilement fupporter la marque & contremarque fans difformité, tous les ouvrages qu'ils veulent fabriquer (*a*) mentionnés dans le Reglement général fur l'Or-

Marques préfcrites fur les ouvrages fujets aux Droits, à l'effet d'en affurer la perception.
Art. V. de l'Ord.
Arr. du C. & L. P. des 2 Av. 1697, & 18 Juin fuivant, reg. en la C. des A. le 16 Juil. aud. an.
Arr. de la C. des A. du 5 Fév. 1721.
Décl. du 4 Janv. 1724, reg. en la C. des A. le 5 Février fuiv. Art. II. qui veut que les ouvr. qui feront rapportés pour être marqués de Poinçon de décharge feront

---

Monnoye. Cet Arrêt fut confirmé par celui du 14 Juillet 1711. Mais plufieurs de ceux qui avoient porté leur Vaiffelle à la Monnoye, ayant négligé après la paix de profiter de la grace qui leur étoit accordée, Sa Majefté par l'Arrêt du premier Juillet 1727, qui vient d'être cité, les en priva, & difpenfa le Fermier d'avoir égard aux Certificats du Directeur de la Monnoye, qui avant cet Arrêt fervoient à juftifier des quantités de Vaiffelle d'or & d'argent qui y avoient été portées, & & fur lefquelles la décharge devoit avoir lieu.

(*a*) L'Ordonnance de 1681, portoit fimplement que le Fermier pourroit faire marquer d'un Poinçon, autre que celui portant l'empreinte d'une Fleur de Lys, les ouvrages qui ne font point achevés, & dont les Droits ne pourront être payés fur le champ. Cette difpofition n'étoit point une obligation aux Orfévres de les

DU PAYEMENT.

févrerie du 30 Décembre 1679. en l'Article 7 de la Déclaration du 26 Janvier 1749. & en l'Article 1. des Lettres-Patentes du 17 Mars 1751. & en outre sur tous autres ouvrages de quelque poids qu'ils soient qui peuvent de même supporter les marques & contremarques sans en être détériorés quoiqu'ils ne soient pas nommément désignés par lesdits Reglemens. (*a*) & ce avant que lesdits ouvrages ayent reçu aucune sorte de travail, à peine de confiscation des ouvrages ou pièces auxquels ils auroient travaillé avant l'apposition desdits poinçons, & de cent livres d'amende pour chaque piece. Ils doivent en même temps fournir leur soumission sur le Registre qui est tenu à cet effet par les Commis du Fermier, de rapporter les mêmes ouvrages, quand ils seront entierement finis, achevés & polis pour être marqués du poinçon de décharge, & en payer les Droits, lors

DU PAYEMENT.

entiérement achevés & polis.
Arr. du C. du 11 Août 1722, 23 Ja. & 25 Mars 1725, 18 Oct. & 22 Nov. 1729, 31 Juillet, 14 Déce. 1731 & 19. Août 1732, rendus en exécution desdites Lettres Patentes.

Déclaration du 26 Janvier 1749, regiftrée le 11 Février suivant, Articles VI. VII. VIII. & XIII.

Arrêt du Conseil du 22 Févr. 1751, & Lettres Patentes expédiées sur icelui le 17 Mars suivant.

faire marquer. Il arrivoit que ceux qui vouloient frauder les Droits, déroboient à la connoissance des Commis partie des ouvrages auxquels ils travailloient, & que lorsqu'ils étoient surpris ils évitoient les condamnations qu'ils auroient dû encourir, en alléguant que ces ouvrages n'étoient pas finis, & qu'aussi-tôt qu'ils le seroient, ils les porteroient au Bureau pour y payer les Droits. C'est cet abus qui donna lieu aux Lettres Patentes de 1697.

(*a*) Les pieces détaillées dans l'Etat annexé au Reglement du 30 Décembre 1679. sur l'Orfévrerie qu'on vient de citer, sont les Eguieres, Fouelles, Tasses, Bras de Cheminée, Mouchettes, Salieres, Coquemars, Flambeaux, Rechaux, Cassolettes, Bassinoires, Plaques, Soucoupes, Corbeilles, Flacons, Sucriers, Boetes à poudre ou dragées, Pots à fleurs, Cuilleres, & Fourchettes, Estraintes demi ceint & branches d'Eperon, Marmites, Poelons, Ecumoires, Passoires, Tourtieres, Chocolatiers, Moutardiers, Coquetiers, Bougeoirs, Ecritoires & Poudriers, Clochettes, Chenets, garnitures de feu, Chandeliers. Tables. Gueridons, Miroirs quarrés de toilette, Pelottons, Portemouchettes & Assiettes à Mouchettes, Bassin, Plats, Assiettes & tous autres corps d'ouvrages plats d'une once & demie & au-dessus ; Calices, Ciboires, Burettes, Soleils, Croix, Bâtons de Croix, de Chantre & de Crosses, Chandeliers à pied en triangle, Eau Bénitiers, Crosses, Lampes, Encensoirs, Navettes, Chasses, Reliquaires ou Figures, Boetes aux Saintes Huiles, petites boetes à Ciboire, Boucles servant de garniture de Baudriers, Gardes d'Epée & Sabres. Après l'énumération des différentes pieces qui doivent être marquées & contremarquées, & des endroits où elles doivent l'être, il est porté par ledit Reglement que tous les autres corps d'ouvrage, non énoncés audit Etat, qui pourront être inventés de nouveau du poids d'une once & demie & au-dessus, feront marqués & contremarqués, ainsi que tous les autres ouvrages d'or lissé du poids d'une once & au-dessus. Les Lettres Patentes du 12 Novembre 1733, & la Déclaration de 1749, ajoutent aux pieces portées par cet Etat les Manches de Couteau, les Cuilleres à Caffé, les Boucles, les Boetes de Montre, les Etuis, Crochets de toutes sortes, Poignées d'Epée pleines, Flacons pleins, les dessus & fonds de Tabatieres, tant d'or que d'argent, Couvercles de Poivrieres, Oreillons d'Ecuelles, Eteignoirs, Binets, Bougeoirs de Trictrac, Brosses à peigne, Cornets d'Ecritoire, Pommes de Cannes d'argent, du poids d'une once & au-dessus, Bossettes de Brides, Tiremoeles d'une once & au-dessus & Pieds de Pot à l'eau, Enfin lesdites Lettres Patentes de 1751, assujettissent à la marque & contremarque, outre lesdits ouvrages mentionnés ci dessus, les Lames d'Epée d'or, les lames de Couteau, les Ciseaux, les Anneaux de Ciseaux d'or & d'argent, & en général tous autres ouvrages de quelque poids que ce soit qui pourront souffrir lesdites marque & contremarque sans être détériorés.

duquel payement le Commis doit appliquer fur les ouvrages fon poinçon de Fleur-de-Lys, & décharger les foumiffions, fous les mêmes peines de confifcation de la valeur defdits ouvrages & de cent livres d'amende pour chaque piece contre ceux qui feroient trouvés les avoir vendus & livrés, fans que les foumiffions fuffent déchargées, foit qu'ils les ayent fabriqués ou fait fabriquer par d'autres.

S'il y a quelques pieces qui ne puiffent pas fupporter fans déterioration la marque du poinçon de charge du Fermier & de la Maifon Commune, lefdits Orfévres & autres Ouvriers en or & en argent, font tenus lors de leur foumiffion, de faire déclaration defdites pieces au Bureau de la Ferme, & de s'obliger de les répréfenter lors de la perfection de l'ouvrage, fans qu'ils y puiffent travailler avant d'avoir fait ladite déclaration fous les peines ci-deffus portées.

Si en travaillant lefdits ouvrages ils effacent ou défigurent leur poinçon, il leur eft enjoint de le réapofer fur le champ.

1447. Il leur eft fait défenfe d'ajouter des Pieces neuves à de vieux Ouvrages, que lefdites Pieces n'ayent été préalablement marquées comme ci-deffus de leur poinçon particulier, de celui de Charge de la Ferme & de celui de la Maifon Commune : ou dans le cas où lefdites Pieces ne peuvent fouffrir la marque, qu'ils n'en ayent fait déclaration dans la forme qu'on vient de dire, à peine de confifcation & de cent livres d'amende pour chaque Piece.

Il leur eft de même défendu d'ajouter des Pieces neuves à de vieux Ouvrages, que lefdits vieux Ouvrages n'ayent été effayés & marqués du poinçon de la Maifon Commune, & d'un poinçon du Fermier à ce deftiné, appellé poinçon de reconnoiffance, à peine de confifcation & de trois cent livres d'amende, fans cependant que lefdits vieux Ouvrages qui leur auront été donnés à raccommoder, foient fujets à un nouvel effay ni au payement des Droits, s'ils ont été déja effayés & s'ils font marqués du poinçon de la Maifon Commune de Paris, & de celui de quelqu'un des précedens Fermiers du Droit de Marque. Le Fermier ne peut marquer de fon poinçon de décharge lefdits Pieces neuves qu'elles ne foient ajoutées auxdits vieux Ouvrages, & que lefdits Ouvrages ne foient marqués du poinçon de la Maifon Commune.

Il eft enjoint auxdits Orfévres & autres avant de pouvoir ajouter lefdites Pieces neuves à de vieux Ouvrages, & lors de leur foumiffion dont on a parlé, Nombre 1446, de rapporter au Fermier des Certificats qui juftifient à qui appartiennent lefdits vieux Ouvrages ; de la fauffeté defquels Certificats le Fermier peut faire preuve par l'affirmation des particuliers ou autrement, à peine en cas de contravention, de confifcation & de trois cent livres d'amende. Ces difpofitions ont particulierement pour objet la fûreté de l'effay, & d'empêcher qu'il ne foit ajouté des Pieces neuves à des vieux Ouvrages non marqués & à bas titre, que les Orfévres & autres à la faveur defdites Pieces effayées & marquées pourroient vendre & faire paffer comme ouvrages effayés, & au même titre que lefdites Pieces.

LE PAYEMENT.

Article IV. de l'Ordonnance de 1681.
Article IX. de la Déclaration ci-deffus de 1749.

Article X. de la Déclaration.

Pieces neuves ajoutées à des vieux ouvrages.
Article XI. de la dite Déclaration.

Article II. defdites Lettres Patentes de 1751.

Article III. defdites Lettres Patentes.

Article IV. des Lettres Patentes de 1751.

*Déclarat. pref-
crites dans le cas
de nouvelle defti-
nation.*
Décl. ci-deſſus de
1749, Art. XII.

*Ovrages à re-
préſenter aux
Commis.*
Mêmes Lett. Pat.
de 1697, & même
Déclr. de 1749,
Article XIII.

*Marque du poin-
çon de charge du
Fermier, préa-
lable à celle du
poinçon de la
maiſon commune*
Arr. du C. des 23
Janv. 1725 & 8 S.
1733, & L. P. du
12 Nov. ſuiv. reg.
en la C. des Mon-
noyes le 23 dudit.

*Le Poinçon de
décharge ne peut
être appoſé qu'a-
près celui de la
maiſon commu-
ne.*
Arrêt du Conſeil
du 3 Mai 1723, &
Arrêt & Lettres

Ordon. de 1681,
Article VII.
Arr. du C. des 19
Mai, 11 Ao. 1733.
& 14 Mai 1742,
contre les Lapidai-
res.
Décl. ci-deſſus de
1749, Art. XXVII.

*Inſculpation &
dépôts des empr.*
Ordon. de 1681,
Article VIII.

Arrêt de la Cour
des Aides de Paris
du 22 Déce. 1681.

Art. IX. de l'Or-
donnance de 1681.

1448. S'ils veulent changer la deſtination des ouvrages qu'ils fabriquent après qu'ils ont été marqués du poinçon de Charge du Fermier &
de celui de la Maiſon Commune, ils ſont tenus d'en faire une nouvelle
déclaration au Bureau du Fermier, ſans qu'ils puiſſent travailler auxdits
Ouvrages avant ladite déclaration ſous les peines ci-deſſus, de confiſca-
rion & de cent livres d'amende pour chaque Piece.

1449. En conſéquence des diſpoſitions ci-deſſus, il leur eſt enjoint de
repréſenter aux Commis lors de leurs viſites & à la premiere requiſition,
tous les ouvrages dont ils ſe trouvent chargés par leur ſoumiſſion, & d'indiquer les ouvriers auxquels ils les ont donnés pour travailler, à peine de
confiſcation des Ouvrages non repréſentés ou fauſſement indiqués, ou
qui n'auront point été repréſentés à l'inſtant, & de pareille amende de cent
livres pour chaque Piece.

1450. Tous les ouvrages deſtinés à être eſſayés & marqués du poinçon
de la Maiſon Commune, doivent avant d'y être portés, l'avoir été préalablement au Bureau du Fermier pour y être marqués du poinçon de charge,
& les ſoumiſſions y être faites dans la forme ordinaire, à peine de cinq
cent livres d'amende pour chaque contravention contre les Maîtres & Gardes qui auroient eſſayé leſdits Ouvrages ſans être marqués dudit poinçon
de Charge.

Par ce moyen la formalité préſcrite pour aſſurer le titre deſdits Ouvrages,
ſert en même temps à la conſervation des Droits.

Il eſt défendu d'un autre côté aux Commis du Fermier, d'appoſer le
poinçon appellé de Décharge, aux Ouvrages qui leur ſont préſentés qu'après
l'appoſition préalable de celui de la Maiſon Commune. Cette diſpoſition
regarde le titre des Ouvrages. Ici c'eſt le Fermier qui concourt à en aſſurer
l'eſſay.

Lettres Patentes du 3 Juin ſuivant, regiſtrées en la Cour des Aides de Paris le 5 Juillet audit an. Autre
Patentes des 8 Septembre & 12 Novembre 1733, citées ci-deſſus.

1451. A l'égard des Ouvrages d'or & d'argent de quelque eſpece que ce
ſoit, qui ne peuvent ſouffrir la marque, ils doivent être cachetés par le
Fermier ou ſes Commis, d'un cachet portant l'empreinte d'une Fleur-de-
Lys; ce qui même doit avoir ſon exécution à l'égard des Ouvrages des
Lapidaires, ſous les mêmes peines de confiſcation & de cent livres d'amende
pour chaque Piece, ſans cependant que la confiſcation ait lieu pour les
pierres montées, mais ſeulement pour la matiere d'or & d'argent.

1452. Les empreintes des poinçons & cachets doivent être inſculpées
ſur une Table de cuivre, & dépoſées au Greffe de la Cour des Monnoyes
de Paris, & en l'Hôtel de la Monnoye de Lyon.

La Cour des Aides a ordonné que l'inſculpation deſdits poinçons &
cachets ſeroit faite en l'Election de Paris, ſauf à en dépoſer les empreintes
au Greffe de la Cour des Monnoyes, conformement à la diſpoſition ci-
deſſus.

1453. Le poinçon des Jurés & Gardes doit être dépoſé dans le Bureau
Commun,

Commun, en un coffre fermant à plusieurs serrures, de l'une desquelles le Fermier ou ses Commis doivent avoir la clef, & il est défendu auxdits Maîtres Jurés & Gardes de faire faire les matrices & de frapper les poinçons de contremarque qu'en présence du Fermier ou de ses Commis.

1454. Il est fait défense à tous Orfévres, Jouaillers, Bijoutiers, Fourbisseurs, Batteurs & Tireurs d'or, & autres Ouvriers en or ou en argent, de vendre ou d'exposer en vente aucuns ouvrages qu'ils n'ayent été marqués, selon leur qualité, du poinçon ou du cachet du Fermier, & que les Droits n'ayent été acquittés, à peine de confiscation & de cent livres d'amende pour chaque Piece ; & aux Horlogers, sous les mêmes peines d'avoir ou recevoir chez eux aucunes Montres d'or ou d'argent dont les boetes ne soient point controllées. (a)

Arrêt du Conseil du 7 Août 1685. Défenses d'exposer aucuns ouvrages qu'ils n'ayent été marqués. Ordonnance de 1681, Article X. Arr. de la C. des A. de Paris des 20 Juillet 1682 & 17 Fév. suivant rendu en exécution.

Déclaration du 26 Janvier 1749 citée ci-dessus, Article I. Arrêt de la Cour des Aides de Paris du 9 Avril 1688, concernant les Batteurs d'or. Même Déclaration de 1749, Article XV.

1455. Il est défendu de faire de faux poinçons pour imiter ceux des Jurés ou du Fermier, & de s'en servir pour une fausse marque, à peine de mort après avoir fait amende honorable aux portes de la principale Eglise, & de la-Jurisdiction du lieu où la fausseté aura été découverte. (b)

Peine de mort pour faux Poinçons. Déclaration du du 4 Janvier 1724, regist. en la Cour des Monnoyes le du 9 Mars 1729

5 Février suivant & en celle des Aides le 14 dudit mois de Février, Article I. Arrêt de la Cour des Aides & du Conseil des 22 Mars & 21 Juin suivant, rendus en exécution.

La même peine est portée entre ceux qui font convaincus d'avoir enlevé

Idem pour substitution de marque. Déclaration du 19. Avril 1739, regist. en la Cour des Monnoyes le 17 Juin suivant.

(a) L'Arrêt du Conseil & Lettres Patentes du 9 Juillet 1697, portent que les ouvrages d'or & d'argent qui auront été confisqués par les Juges à qui la connoissance en appartient, seront portés au Greffe de la Cour des Monnoyes ou de la Monnoye la plus prochaine, pour être essayés, & le titre jugé, & qu'ils seront remis aux mains du Directeur de la Monnoye pour être rompus & difformés, & la valeur en être payée sur le peid du Tarif à ceux à qui la confiscation en appartient. Il est d'ailleurs fait défenses à toutes personnes de divertir lesdits ouvrages pour les remplacer par d'autres matieres, ainsi qu'au Fermier de la marque d'or & d'argent d'en accorder main levée ou de les retenir jusqu'à ce que le titre en ait été reconnu & jugé. Celles du 22 Décembre 1706, rendues sur Arrêt du Conseil du 30 Octobre précédent & la Déclaration du 23 Novembre 1723, Article XI. veulent que les ouvrages saisis, même dans le cas où les Juges en accorderoient main-levée, soient pareillement remis au Greffe de la Cour des Monnoyes ou au Greffe de la Monnoye la plus prochaine au même effet,

Il faut en excepter, conformément aux Lettres Patentes du 28 Juin 1722, expédiées sur Arrêt du 15 Mai précédent, les ouvrages marqués du Poinçon de la Maison Commune & de celui du Fermier, lesquels il est inutile de porter à l'assai, puisque le titre en est constaté par la marque, ainsi que les Marchandises d'or & d'argent de Fabrique étrangere dont le titre ne peut être fixé. Lesdits ouvrages, quoique marqués, peuvent être dans le cas de la saisie par défaut de payement des Droits dûs à la revente. Il ne faut point cependant comprendre dans cette exception les ouvrages dont la marque est arguée de faux par le Fermier, desquels il est encore plus essentiel de connoître le titre que de ceux non marqués, conformément à l'Arrêt du Conseil du 12 Juin 1725.

(b) L'Ordonnance du mois de Juillet 1681, Article VIII. portoit la peine de trois mille livres d'amende, & des Galeres pour cinq ans, & en cas de récidive, des Galeres à perpétuité. Ces peines n'empêcherent point encore la contrefaction. Il a fallu traiter ce délit comme le crime de fausse monnoye.

P.

l'empreinte du poinçon des Jurés de deſſus les Ouvrages ou Matieres marqués au titre, & d'avoir enté, ſoudé, ajouté ou appliqué ladite empreinte ſur d'autres Ouvrages à bas titre, & non eſſayés ni marqués dans les Bureaux des Maiſons Communes.

Lorſque le poinçon de la Maiſon Commune & celui du Fermier ſe trouvent avoir été en même temps contrefaits, & que le Procès-verbal en a été dreſſé par les Commis du Fermier dans la forme préſcrite par l'Ordonnance de 1681. la connoiſſance en appartient en premiere inſtance aux Officiers des Elections, & par Appel aux Cours des Aides; mais s'il n'a été falſifié que le poinçon de la Maiſon Commune, ou ſi les Officiers des Monnoyes ont fait la ſaiſie ſans le ſecours des Commis du Fermier elle doit être portée & jugée aux Cours des Monnoyes.

1456. A la fin de chaque bail le Fermier ſortant eſt tenu de remettre au nouveau Fermier les poinçons & cachets ſervant à la marque, à peine de 10000. livres d'amende, qui eſt encourue après la premiere ſommation faite ſans autre formalité.

L'abus qu'on pourroit faire de ces poinçons & cachets, ſi par la négligence du Fermier ſortant ils tomboient en des mains étrangeres, a donné lieu à la ſeverité de cette diſpoſition. Il arrive que pour operer encore plus de ſûreté, Sa Majeſté permet au Fermier entrant de faire briſer en préſence des Officiers de l'Election, les anciens poinçons & cachets, & d'en faire fabriquer de nouveaux, à quoi elle l'autoriſe par Arrêt de ſon Conſeil.

1457. Lorſque dans ce cas il a fait faire de nouveaux Poinçons, il peut en ſe tranſportant lui ou ſes Commis avec un des Officiers de l'Election dans les boutiques des Orfévres y marquer du poinçon de contremarque à ce deſtiné tous les Ouvrages qui ſont en leur poſſeſſion marqués du poinçon de décharge qui a précédé le nouveau, ſans qu'il puiſſe pour raiſon de ce exiger aucuns Droits deſdits Orfévres, leſquels ſont tenus de lui repréſenter leſdits Ouvrages à la premiere réquiſition. Les autres Marchands & Ouvriers, travaillans & fabriquans en or & argent, ſont tenus de porter au Bureau du Fermier tous les Ouvrages qu'ils ont entre leurs mains, marqués de l'ancien poinçon de décharge, pour être auſſi contremarqués gratis du nouveau poinçon. Ces derniers ſont en grand nombre; le Fermier ou ſes Commis ne pourroient ſe tranſporter chez eux avec l'Officier de l'Election ſans beaucoup de temps & des frais conſiderables: d'ailleurs les Ouvrages qu'ils ont ordinairement chez eux ſont de nature à ſouffrir facilement le tranſport. Ladite contremarque ne peut commencer que huitaine après qu'elle a été indiquée par des affiches publiques que le Fermier eſt tenu de faire appoſer tant dans les Bureaux où ſe fait la perception des Droits que dans celui de la Maiſon Commune & autres lieux accoutumés. Le Fermier doit auſſi indiquer le jour auquel finira ladite contremarque par de nouvelles affiches qui ſeront appoſées dans les mêmes lieux que ceux ci-deſſus préſcrits, huitaine avant que ladite contremarque finiſſe, deſquelles appoſitions d'affiches il doit être dreſſé Procès-verbal par l'Officier qui les a appofées, affifté des Commis du Fermier. Après la contremarque finie, les Orfévres, Jouaillers & autres, ne peuvent plus faire contremarquer leur Ouvrages fans payer les Droits fous quelque prétexte que ce foit.

1458. Lefdits Orfévres & autres font tenus à l'égard des ouvrages qui ne peuvent fouffrir la marque à caufe de leur délicateffe, d'en faire déclaration au Bureau du Fermier lorfqu'ils font en état de vente, & de paffer leur foumiffion de les répréfenter lors des vifites, ou de payer les Droits de ceux qui ne feront pas répréfentés à peine en cas de fraude, de confifcation & de cent livres d'amende qui ne peut être moderée.

Idem. Même Déclaration de 1749.

Il n'eft point d'ailleurs permis au Fermier de changer de Poinçon pendant le cours de fon bail, fi ce n'eft en cas de fracture ou de falfification defdits ponçoins.

Idem.

1459. Les Droits font dûs ainfi qu'on l'a dit, non feulement fur toutes fortes d'ouvrages neufs, mais encore fur la vieille vaiffelle & autres gros ouvrages, qui font revendus par les Marchands Orfévres & autres Trafiquans & travaillans en or & en argent, & cela autant de fois que ladite vaiffelle ou lefdits ouvrages font revendus, encore qu'ils ayent été déja marqués, & que les Droits en ayent payés lors de la premiere vente.

Vieux ouvrages. Arr. du Confeil du 11 Déce. 1683 & 12 Sept. 1684. Décl. du 3 Fév. 1685, reg. en la C. des Aides de Paris le 16 dudit. Aut. du 26 Janv. 1749, reg. en ladite C. le 11 Fév. fuiv. Article II.

On repute ouvrages vieux tous ceux qui après avoir été vendus à quelque perfonne que ce foit, non Orfévres ni trafiquant, font trouvés en la poffeffion d'un Orfévre ou Trafiquant, même de celui qui en auroit fait la premiere vente, quoique lefdits ouvrages foient marqués du poinçon de décharge du Fermier (a); & en cas de conteftation pour fçavoir fi lefdits ouvrages trouvés chez un Orfévre ou autre Trafiquant, font du nombre de ceux dont les droits font dûs, il eft permis au Fermier d'en faire preuve tant par titres que par témoins fauf la preuve contraire, il peut faire entendre pour témoins le Vendeur & l'Acheteur defdits ouvrages, fi mieux il n'aime s'en rapporter à l'affirmation de l'Orfévre ou Trafiquant, chez lequel auront été trouvés lefdits ouvrages, auquel cas il n'eft plus admis à la preuve par témoins.

Même Déclaration de 1749, Article III.

Article IV. de la même Déclaration.

Article V.

1460. Il eft enjoint à tous Orfévres, Jouailliers, Fourbiffeurs, Merciers, Graveurs (b) & autres travaillant & trafiquant des ouvrages d'or & d'argent (à l'exception des Horlogers, pourvu qu'ils ne reçoivent chez eux aucune montre d'or & d'argent dont les boettes ne foient controllées) de tenir des Regiftres cottés & paraphés par l'un des Officiers de l'Election, pour y enregiftrer jour par jour par poids & efpeces, la vaiffelle & autres ouvrages vieux ou reputés vieux qu'ils reçoivent, foit qu'ils les achetent

Regiftres à tenir par les travaillant & trafiquant d'or & d'argent. Déclaration ci-deffus du 11 Décembre 1685. Arrêt du Confeil & Lettres Patentes des 4 Août 1693 & 14 Mars 1694 reg. en la Cour des Aides le 7 Juin fuiv. Arrêt de Reglement du 25 Mars 1704. Autres des 24 Mars & 13 Décembre 1735 & 17

(a) Cette difpofition eft conforme à un Arrêt du Confeil du 11 Septembre 1703, qui décharge des Droits de Marque & Contrôle à la revente les ouvrages neufs & deià marqués, qui après avoir été achetés des Orfévres de Paris par ceux de Province, font enfuite re- vendus par ces derniers.

(b) Les Graveurs avoient deja été affujettis par Arrêt de la Cour des Aides du 21 Avril 1717, à enregiftrer la Vaiffelle non marquée du Poinçon du Fermier.

DU PAYEMENT.
____

Mai 1736 rendus en exécution.
Arrêts de la Cour des Aides des 21 Av. 1717, 25 Jan. 1719, 22 Janv. & 7 Avril, 10 & 16 Décembre 1745, 21 Avril 1747 & 6 Mai 1748.
Déclaration ci-dessus du 20 Janvier 1749, Articles XIV. & XV. rédigés sur lesdits Reglemens.

Arrêt du Conseil du 13 Décembre 1735, confirmé par autre du 15 Mai 1736.
Article XVI. de la Déclaration ci-dessus de 1749.

Article XVII. de la même Déclaration, rédigé sur les mêmes Reglemens que l'Article XIV. rapporté ci-dessus.

Arrêt du Conseil & Lettres Patentes des 4 Août 1693 & 14 Mars 1694 rapportés ci-dessus.
Décl. de 1749, Article XVIII.

Faculté qu'a le Fermier d'enlever lesdits Regiftres lors des faifies & en fourniffant d'autres fur le champ à fes frais.
Article XIX. de la même Déclaration.

pour leur compte ou pour les revendre, foit qu'ils leur foient portés pour raccommoder ou donnés en nantiffement pour modele (a) ou dépôt, ou fous quelque autre prétexte que ce puiffe être, & ce à l'inftant que lefdits ouvrages leur font apportés, ou qu'ils les ont achetés ; & ils font tenus de faire mention dans lefdits enregiftremens de la nature & de la qualité des ouvrages, des armes qui peuvent y avoir été gravées des noms, qualités & demeures de ceux à qui ils appartiennent, & du fujet pour lequel elle leur a été apportée ; le tout à peine de confifcation & de trois cent livres d'amende, lefquels regiftres doivent être par eux reprefentés aux Commis du Fermier lorfqu'ils font leurs vifites, pour en prendre tels extraits qu'ils jugent à propos.

Ils font en outre tenus pour lefdits ouvrages qui leur ont été donnés ; foit pour raccommoder, foit en nantiffement ou dépôt, ou pour modele de rayer fur leur Regiftre le nom de ceux qui y ont été portés à mefure qu'ils les rendent, & dans le cas où ils ne rendront pas en même temps tous les ouvrages contenus en un feul Article de faire mention à la marge des pieces qu'ils auront rendues par efpece, poids & qualité, de reprefenter aux Commis du Fermier lors de leur vifite le furplus des pieces reftantes entre leurs mains, & d'indiquer les ouvriers à qui ils les auront donnés pour raccommoder, le tout à peine de cent livres d'amende.

Et à l'égard des ouvrages qu'ils auront achetés pour leur compte, foit pour les revendre, foit pour leur ufage particulier : ils font obligés de les faire marquer & d'en payer les Droits, & ce dans les vingt-quatre heures après l'enregiftrement defdits ouvrages, & fi lefdits ouvrages par eux achetés ne font pas en état d'être vendus, ou qu'ils ne veulent pas les vendre ni s'en fervir pour leur ufage, de les rompre & brifer dans l'inftant, de façon qu'ils foient hors d'état de fervir ; le tout à peine de confifcation & de trois cent livres d'amende.

Il eft permis au Fermier de faire preuve de la fauffeté des enregiftremens faits par lefdits Orfévres & autres, foit par l'affirmation des perfonnes fous le nom defquelles lefdits enregiftremens auroient été faits, foit par la preuve teftimoniale ou autrement ; mais lorfqu'il a pris le premier parti, il n'eft plus admis à fe fervir de témoin.

S'il arrive que le Fermier ou fes Commis faififfent la totalité des ouvrages portés aux regiftres defdits Orfévres & autres en cas de fraude ou contravention : ils peuvent faifir de même & enlever lefdits Regiftres à la charge d'en fournir fur le champ & à leurs frais, (fauf à repeter) auxdits Orfévres & autres, un autre regiftre cotté & paraphé par l'un des Officiers de l'Election, pour y être porté par lefdits Orfévres & autres, tous les ouvrages qu'ils doivent enregiftrer. Lefdits regiftres, lors de la faifie qui en eft faite, doivent être cottés & paraphés, tant par l'Officier de l'Election que par le

____

(a) L'Arrêt de la Cour des Aides du 11 Février 1746, qui déchargeoit de l'enregiftrement les ouvrages donnés pour modele par les Orfévres à leur Confrere, a été détruit par la Déclaration de 1749, que cette Cour a verifié par enregiftrement pur & fimple.

Commis du Fermier, & par le prevenu, qui en cas de refus de figner , doit en être interpellé par ledit Elu. Et il doit être fait mention de fon refus dans le Procès-verbal. Lefdits regiftres doivent être fur le champ portés au Greffe de l'Election pour y refter en dépôt jufqu'au jugement de la faifie.

1461. Il eft fait défenfe à tous Revendeurs, Colporteurs, Courtiers & autres perfonnes fans qualité, de faire le commerce d'ouvrage d'or & d'argent, foit comme Propriétaires defdits ouvrages, foit comme Commiffionnaires, & aux Orfévres & autres travaillans & fabriquans, de faire vendre leurs ouvrages par lefdits Revendeurs, Colporteurs & Courtiers, à peine de confifcation & de cinq cent livres d'amende, au payement de laquelle les Contrevenans font contraignables par corps. (*a*)

Cette difpofition qui étoit indifpenfable pour l'entiere exécution des précedentes, ne regarde pas moins la police & la fûreté de ce commerce que la confervation des droits. Elle eft conforme aux anciens reglemens, notamment aux Edits des 22 Mars 1550. 5 & 17 Mars 1568. fous Henri II. & Charles IX. rendus fur le même fait.

1462. Pour l'exécution des difpofitions qu'on vient de rapporter le Fermier a la liberté dans tous les lieux où il fe travaille de l'or & de l'argent, même dans la Ville de Paris, de faire ou de faire faire par fes Commis des vifites chez les Orfévres, Jouaillers & tous autres ouvriers travaillant auxdits ouvrages, en fe faifant toutes fois affifter de l'un des Officiers de l'Election, & de dreffer des Procès-verbaux des fraudes & contraventions, fans qu'il foit néceffaire pour la validité d'iceux qu'ils foient affirmés par les Commis, la préfence du Juge tenant lieu de cette formalité.

Il eft même permis auxdits Commis en fe faifant pareillement affifter d'un Officier de l'Election, de fe tranfporter dans les Chambres Garnies que les Orfévres & autres ouvriers trafiquans en or ou en argent louent dans les maifons qu'ils occupent à d'autres perfonnes, même dans les Monafteres, Colleges, Maifons Royales & des Princes du Sang, & autres lieux prétendus privilégiés où il y auroit des ouvriers établis, & par tout ailleurs où ils peuvent être informés qu'il fe fait des contraventions aux reglemens concernant les Droits de Marque. La vaiffelle & autres ouvrages d'or & d'argent trouvée dans les Chambres Garnies, loués par les Orfévres & autres ouvriers à d'autres perfonnes, font cenfés appartenir auxdits Orfévres & ouvriers, & fujets aux Droits fi elles n'affirment que lefdits ouvrages leur appartiennent & qu'elles les y ont apportés.

Dans les lieux où il n'y a point de Maifon Commune & Jurande, les Commis peuvent fe faire affifter dans leurs vifites du premier Juge fur ce requis, même d'un Juge de Juftice Seigneuriale pour dreffer leurs Procès-verbaux fans que lefdits Procès-verbaux puiffent attribuer à cet égard au Juge qui y aura affifté aucune Jurifdiction, laquelle appartient en premiere

---

(*a*) Cette mention de la contrainte par corps eft furabondante, attendu que c'eft la même loi pour toutes les autres amendes encourues fur quelques parties des Fermes que ce foit, fuivant la Déclaration du 24 Août 1728. (Livre VI. Nombre 1736.

DU PAYEMENT.

Commerce des ouvrages d'or & d'argent défendu aux Colporteurs, Courtiers & Revendeurs.
Déclaration ci-deffus du 26 Janv. 1749, Article XXVIII.

Ordon. de 1681; Article XI.
Arr. du C. des 19 Mai & 11 Août 1733, contre les Jouailliers, Lapidaires travaillans en or & en argent.
Arr. du C. & L. P. des 22 Octobre 1718 & 16 Nove. fuivant, reg. le 22 Décem. audit an.

Il leur eft permis de fe tranf-porter avec un Officier dans les Chambres garnies que lefdits Orfévres & travaillans louent.
Décl. ci-deffus du 26 Janver 1749, Article XXII. redigé fur les Arrêts du Confeil des 13 Jan. 1685 30 Juin & 18 Août de la même année.

De qui ils peuvent fe faire accompagner dans les lieux où il n'y a point de Maifon Commune.
Même Déclaration, Article XXI;

instance à l'Election dans le ressort de laquelle est située la Maison Commune où l'Orfévre ou autre a été inscrit s'il y a Election, sinon au premier Juge Royal, sauf l'Appel en la Cour des Aides.

Orfévres & tous autres travaillans en or ou en argent tenus de se faire inscrire au Greffe des Monnoyes.
Ordonnance de 1681, Art. XVI.

Ou dans la maison commune de la plus prochaine Ville de leur résidence.
Décla. ci-dessus du 26 Janv. 1749, Article XX.

1463. Les Orfévres, Affineurs, Batteurs & Tireurs d'or & d'argent, & tous autres ouvriers de même qualité, sont tenus de se faire inscrire au Greffe des monnoyes, & d'y déclarer le lieu & l'endroit où ils travaillent, à peine cinq cent livres d'amende contre les contrevenans, & à l'égard de ceux établis dans les Villes, Bourgs & autres lieux où il n'y a point de corps de Communauté, ils doivent être inscrits dans la plus prochaine Ville de leur résidence où il y a une Maison Commune & Jurande de leur art & métier & Bureau du Fermier de la Marque. Et ils sont tenus avant de travailler à leurs ouvrages de les faire marquer du poinçon de charge dudit Fermier & de celui de la Maison Commune, & avant de les exposer en vente d'y faire appliquer le poinçon de décharge, & d'en payer les Droits, d'avoir des registres ainsi que les Orfévres & autres ouvriers demeurant dans les Villes, & enfin de se conformer en tout aux formalités préscrites par les reglemens à l'égard de ces derniers sous les peines y portées.

Défenses à tous Compagnons de travailler dans les lieux privil.
Arrêts & Reglemens de Septembre 1543, Avril 1564, 2 Juillet & 6 Octobre 1611, 3 Mars 1634, 22 Avril 1661 & 7 Août 1671, dont l'Arrêt du Conseil du 18 Mars 1684 rappelle l'exécution, & Déclaration du 23 Novembre 1721, Article X. Arrêt de la Cour des Monnoyes du 17 Février 1734. Autre de la Cour des Aides du 4 Septembre 1739.

1464. Il est fait défenses à tous compagnons Orfévres & autres de travailler dans les Hôtels, Cloîtres, lieux privilégiés, & par tout ailleurs que chez les Maîtres.

Ouvrages envoyés dans les pays étrangers.

1465. Reste maintenant à parler des Droits sur les ouvrages envoyés dans les Pays étrangers & sur ceux qui en sont apportés.

De la Fabrique de Paris modérés au tiers.
Arrêt du Conseil du premier Août 1733, confirmé par autres des 26 Juill. 1735 & 20 Juillet 1751, ce dernier ordonne l'exécution de l'Article premier de celui du premier Août 1733, par rapport à la marque des ouvrages destinés pour l'étranger.

On a dit, Nombre 1444. que les Droits de Marque sur les ouvrages de la fabrique de Paris, destinés pour l'étranger, avoient été modérés aux tiers. Cette modération qui est la même à l'égard des Droits de sortie du Royaume, a été accordée en faveur du Commerce, du consentement de l'Adjudicataire générale des Fermes & du Sous-Fermier de la Marque d'or & d'argent. Mais pour prévenir les abus qui en auroient pu résulter, on y a attaché les formalités suivantes portées par l'Arrêt du premier Août 1733. dont voici les dispositions.

ARTICLE PREMIER.

Qu'à l'avenir la vaisselle d'argent & tous autres ouvrages d'Orfévrerie d'or ou d'argent, pourront librement sortir du Royaume, sans qu'il soit besoin de Passeport : après néanmoins que les Droits tant de Sortie que de Marque & Controlle en auront été acquittés, & lesdits vaisselles & ouvrages marqués d'un poinçon de décharge particulier de ladite Ferme à ce destiné. Sa Majesté dérogeant pour ce regard seulement à l'Article III. du Titre VIII. de l'Ordonnance de 1687. (a)

(a) Cet Article de l'Ordonnance porte: » Nous déclarons l'or & l'argent monnoyé « & non monnoyé, les pierreries, les munitions de guerre, les salpêtres & les chevaux marchands, de contrebande à la sortie du Royaume.

II.

Que les Droits de Sortie du Royaume & quatre fols pour livre d'iceux fur les vaiffelles d'or & d'argent & tous autres ouvrages d'Orfévrerie fabriqués dans la Ville de Paris feulement, & qui feront deftinés pour les Pays étrangers, feront réduits au tiers, & à l'égard des Droits de Marque & Controle, & fol pour livre pour l'Hôpital, veut Sa Majefté qu'ils continuent d'être payés à l'ordinaire : mais que les deux tiers en foient rendus en la maniere ci-après ordonnée pour toutes lefdits vaiffelles & autres ouvrages d'Orfévrerie qui feront envoyés dans lefdits Pays étrangers, à l'exception néanmoins des vaiffelles & autres ouvrages d'or & d'argent qui auront déja été marqués du poinçon de décharge de la Ferme, & dont les Droits de Marque auroient été payés pour raifon defquels il ne fera reftitué aucun defdits Droits.

Laquelle réduction aura lieu par rapport aux Droits de Sortie des Fermes fur lefdits ouvrages, quoique non marqués du poinçon particulier préfcrit par l'Article I. de l'Arrêt du premier Août 1733. La formalité dudit poinçon ne devant avoir fon exécution que pour la réduction des Droits de Marque & Controlle.

Arrêt du Confeil du 20 Juillet 1751 qui interpréte l'Article II. de l'Arrêt du premier Août 1733.

III.

Que les ouvrages d'or & d'argent déclarés pour la deftination étrangere feront portés au Bureau de la Marque & Controle pour y être marqués d'un poinçon de décharge particulier, & enfuite fur un regiftre qui fera tenu à cet effet par le Fermier, être fait déclaration par les Orfévres, Fourbiffeurs & Horlogers, des poids & qualité defdits ouvrages & des noms & demeures de ceux auxquels ils feront adreffés, avec foumiffion de la part defdits Orfévres, Fourbiffeurs & Horlogers, de faire fortir lefdits ouvrages dans les termes qui feront portés par l'acquit à caution, & ce par le dernier Bureau de Sortie qui fera défigné dans ladite foumiffion, de laquelle leur fera délivré un duplicata.

IV.

Les Malles, Coffres, Caiffes ou Ballots, contenant lefdits vaiffelles & autres ouvrages d'or & d'argent deftinés pour l'étranger, feront au fortir du Bureau du Fermier de la Marque d'or & d'argent, accompagnés d'un de fes Commis, portés au Bureau de la Douane, où en fa préfence, après que les Droits de Sortie auront été acquittés conformément à l'Article II. ils feront cordés, fifcellés, plombés, pefés & expédiés par acquit à caution pour en affurer la fortie, & mention fera faite de leur poids dans lefdits acquits à caution, defquels il fera délivré un duplicata audit Commis de la marque d'or & d'argent.

V.

Le duplicata de la foumiſſion des Orfévres, Fourbiſſeurs & Horlogers qui feront les envois defdits ouvrages, fera attaché à l'acquit à caution, au dos duquel le Receveur & le Controlleur du dernier Bureau de Sortie défigné en la foumiſſion, & même les Viſiteurs s'il y en a d'établis audit Bureau, mettront leur certificat de la vérification des poids & de la reconnoiſſance qu'ils auront faite des Plombs, fains & entiers, & de la fortie des Malles, Coffres, Caiſſes & Ballots, s'ils ont trouvé le tout bien conditionné, dont ils feront mention fur ledit acquit à caution; & en cas d'alteration des Plombs ou de foupçon de fraude, il en fera fait ouverture : voulant Sa Majeſté que s'il ne s'y trouve pas la même quantité & qualité de vaiſſelle ou autres ouvrages énoncés au duplicata de la foumiſſion, il en foit dreſſé Procès-verbal pour en être la confifcation prononcée conformément à l'Article XIII. du Titre II. de l'Ordonnance de 1687.

VI.

Ne pourront les vaiſſelles & autres ouvrages d'Orfévrerie deſtinés pour l'étranger, fortir du Royaume par mer que par les ports de Calais, Saint Vallery, Rouen, le Havre, Saint Malo, Nantes, la Rochelle, Bordeaux, Bayonne, Cette, Agde, Marſeille & Toulon, & par terre que par les Bureaux de Lille, Valencienne, Rocroy, Charleville, Sedan, Châlons, Saint Menehoult, Nettencourt, Saint Dizier, Pontarlier, Auxonne, Seiſſel, Colonges, le Pont Beauvoiſin, Chaparillan, le Pas de Béobie, Afcain & Ainhoa, tous autres Ports & paſſages demeurant interdits & prohibés.

VII.

Les acquits à caution feront rapportés, déchargés au Bureau de la Douanne dans le terme fixé par lefdits acquits, faute de quoi ceux qui auront fait les envois, feront non feulement privés de la reſtitution des deux tiers du Droit de Controlle, mais encore condamnés en une amende du quadruple des Droits de Sortie, voulant Sa Majeſté que la même peine ait lieu contre ceux qui rapporteront des acquits à caution dont les décharges ne fe trouveroient pas véritables.

VIII.

Les deux tiers du Droit de Marque & Controlle feront rembourſés par le Fermier de la Marque, aux Orfévres, Fourbiſſeurs & Horlogers qui auront fait les envois defdits ouvrages, en rapportant par eux au Bureau dudit Fermier les duplicata de leurs foumiſſions au plûtard huit jours après que mention y aura été faite à la Douanne, que les acquits à cautions qui

étoient

étoient joints auxdites foumiſſions ont été rapportés avec les décharges re-
quiſes; faute de quoi & après ledit temps de huitaine expiré, veut Sa Majeſté que ledit Fermier ſoit & demeure déchargé du Rembourſement des
deux tiers deſdits Droits.

IX.

Les Fermiers ni Sous-Fermiers des Droits de Sortie & de Marque &
Controlle ne pourront prétendre aucune indemnité pour raiſon de la réduction deſdits Droits portée par l'Article II. du préſent Arrêt.

X.

Permet Sa Majeſté au Fermier de la Marque d'or & d'argent, de faire
faire deux poinçons particuliers pour marquer leſdits vaiſſelles & ouvrages
d'or & d'argent, deſtinés pour l'étranger, l'un pour ſervir à marquer les
ouvrages d'argent & l'autre les ouvrages d'or, au lieu & place de ceux qui
ſervent à marquer les vaiſſelles & ouvrages pour l'intérieur du Royaume,
leſquels feront inſculpés au Greffe de l'Election de Paris ſeulement en la
maniere ordinaire pour y avoir recours en cas de beſoin.

XI.

Les confiſcations & amendes qui feront prononcées en conſéquence du
préſent Arrêt, feront appliquées; ſçavoir, un tiers au Dénonciateur, un
tiers au Fermier Général, & l'autre tiers au Fermier de la Marque d'or
& d'argent.

XII.

Veut au ſurplus Sa Majeſté que l'Ordonnance du mois de Juillet 1681.
Titre des Droits de la Marque d'or & d'argent, enſemble les Edits, Déclarations & Lettres Patentes, concernant ladite Ferme, ſoient exécutés
ſelon leur forme & teneur en ce qui n'y eſt dérogé par le préſent Arrêt.

1466. A l'égard des ouvrages d'or & d'argent venant des Pays étran- *Ouvrages ve-*
gers ou des Provinces reputées étrangeres à la ferme de la Marque, il eſt *nant de l'étran-*
enjoint à tous Marchands & autres de quelque état qu'ils ſoient, ſans diſ- *ger ou des Pro-*
tinction, qui les font venir, d'en faire déclaration à leur arrivée au premier *vinces exemptes,*
Bureau des Fermes, établi à l'entrée du Royaume & de faire leur ſoumiſ- *aſſujettis au pa-*
ſion de les faire marquer & d'en payer les Droits à leur arrivée au Bu- *yement des Dro.*
reau du lieu où ils doivent faire venir leſdits ouvrages, ou au Bureau le *Déclaration à*
plus prochain du lieu de l'entrée; le tout à peine de confiſcation des ou- *faire à l'entrée*
vrages ou de leur valeur & de trois cent livres d'amende. A cet effet il *du Royaume au*
eſt enjoint aux Commis des Fermes qui ont reçu la déclaration d'en don- *premier Bureau.*
ner avis aux Fermier de la Marque du lieu de la deſtination. Ordon. de 1681,
Article XVIII.
Arrêt du Conſeil
du 28 Juillet 1719
qui rend commun

cet Article pour tous ſortes de perſonnes indiſtinctement. Autre des 11 Juillet 1724. & 10 Septembre 1726. Autre du 12
Décembre 1741. Déclaration du 26 Janvier 1742, citée ci-deſſus, Article XXIII. & XXIV.

 Q

DU PAYEMENT.

Défen. aux commis des Douannes de remettre lesdits ovrages qu'ils n'ayent été marqués.
Même Déclarat. Article XXVI.

Il n'est dû aucuns Droits.
Article XXV. de ladite Déclaration.

Liberté des abonnemens ou sous-fermes donnée à l'Adjudicataire.
Arrêt du Conseil des 10 Septembre 1709 & 4 Avril Arrêts du Conseil

Droits dûs sur les ouvrages.
Arrêt du 17 Février 1734.
Amendes.
Déclaration du 3 Février 1685, citée ci-dessus.

Amendes à consigner en cas d'appel.
Article XXIX. de la Déclaration de 1749.

Elus Juges de ces Droits.
Ordonnance de 1681, Artic. XIX.
Arrêt de la Cour des Aides de Paris du 22 Décembre 1681.

Il est fait défense aux Directeurs & Commis de Douanne, ainsi qu'aux Messagers & Conducteurs des voitures qui se feront chargés desdits ouvrages, de les remettre aux Propriétaires qu'ils n'ayent été marqués & les Droits acquittés, ou que les soumissions n'ayent été passées, comme on vient de le dire par lesdits Propriétaires, pour être les Droits payés au Bureau du lieu de la destination, ou au Bureau le plus prochain d'icelle, à peine contre lesdits Commis, Conducteurs de voiture & Voituriers, de cinq cent livres d'amende.

Il n'est cependant dû aucuns Droits pour les vieilles vaisselles & autres vieux ouvrages d'or & d'argent dont les Propriétaires auroient requis la rupture, laquelle doit se faire au Bureau du Fermier en présence des Commis.

1467. Il est permis à l'Adjudicataire des Fermes générales d'abonner ou de sousfermer les Droits de Marque à telle personne qu'il juge à propos, même à des Orfévres, sans que leur qualité puisse les empêcher de faire l'exploitation de ladite Sous-Ferme. (*a*)

1468. Il a été jugé par la Cour des Aides qu'un Orfévre abonné pour les Droits de Marque doit à l'expiration dudit abonnement, les Droits des ouvrages qui se trouvent pour lors chez lui.

1469. Les amendes encourues pour ce qui concerne les Droits de Marque, ne peuvent en être modérées par les Juges, à peine d'en répondre en leur propre & privé nom.

1470. Ceux qui ont été condamnés par Sentence des Elections, ne peuvent être reçus Appellans qu'ils n'ayent consigné entre les mains du Fermier, les amendes auxquelles ils ont été condamnés, ou au moins la somme de trois cent livres sur le montant desdites amendes. Et il ne peut leur être donné main-levée des choses saisies qu'en consignant entre les mains du Fermier leur juste valeur, ou en donnant bonne & suffisante caution reçue avec le Fermier, conformément à l'Article XXVI. du Titre commun de l'Ordonnance de 1681.

1471. La connoissance des affaires contentieuses sur la perception de ces Droits, est attribuée aux Elections, & par appel aux Cours des Aides. (*b*)

(*a*) 1721, & Lettres Patentes du 6 Mai suivant, regiftrées en la Cour des Aides le 2 Décembre audit an. des 10 Août 1734 & 8 Mars 1735, rendus en exécution.

(*a*) Il y a un Arrêt de la Cour des Aides de Paris du 3 Mai 1704. qui est contraire à cette disposition, mais il est détruit par l'enregistrement en ladite Cour des Lettres Patentes du 6 Mai 1721. qu'on vient de citer. Sous le Bail de Bocquillas, cette Sous-Ferme a été adjugé à une Compagnie d'Orfévre de Paris.

(*b*) Jusqu'alors cette matiere avoit été de la compétence de la Cour des Monnoyes. Le dernier Arrêt que je trouve qu'elle ait rendu sur cette matiere est du 23 Août 1681. La Cour des Aides, en exécution de l'Ordonnance de 1681, fut saisie de toutes les Instances pendantes en celle des Monnoyes.

§. IV.

Des Argues établies par le Fermier, & des formalités particulieres préscrites aux Affineurs & Tireurs d'Or.

1472. Le Fermier de la Marque d'or & d'argent, eſt le ſeul qui ait la faculté d'établir des Argues (a) dans les Villes où il y a des Tireurs d'or & d'argent. Il n'y a que deux Argues dans le Royaume, celle de Paris, & celle de Lyon. (b) Les Forges & Argues doivent être placées dans un ſeul lieu où les Commis du Fermier faſſent en même temps la perception des Droits. (c) Le Fermier eſt obligé d'y tenir des filieres propres à tirer & dégroſſir les lingots qui y ſont portés par les Tireurs d'or.

Le Fermier ſeul peut établir des Argues. Arrêt du Conſeil du 25 Juin 1672. Ordonnance de 1681, Art. XII.

Il n'y en a que deux dans le Roy. Arrêt du Conſeil Août ſuivant.

du 13 Octobre 1685 confirmatif. Arrêt du Conſeil & Lettres Patentes du 7 Mai 1726, regiſtrées le 13

Il lui eſt payé pour le Droit de l'Argue vingt ſols par lingot, qui y eſt façonné, & en outre trente ſols auſſi par lingot du poids de trente à quarante-cinq Marcs pour le prix & l'entretien des filieres lorſque les Tireurs ſe ſervent de celles du Fermier, (d) conformément à une ſoumiſſion paſſée le 26 Janvier 1726. par leſdits Tireurs d'or.

Mêmes Let. Pat. Arr. du C. du 10 Ja. 1688, qui porte qu'il ne ſera payé pour les ling. d'argent doré que comme pour les lingots d'argent.

1473. Il eſt enjoint aux Tireurs d'or & d'argent, de porter les lingots

Injonction aux Tireurs de porter leurs lingots à l'Argue pour y être dégroſſis. Article XIV. de l'Ordonnance de 1681.

(a) On appelle Argue une machine qui ſert à dégroſſir & rendre plus menus les lingots de métal, en les faiſant paſſer à travers la filiere, qui eſt une autre machine d'acier ou de fer en forme de plaque qui s'adapte à l'Argue, & dont les pertuis ou trous vont toujours en diminuant. Il y a cinq eſpeces de Filieres différentes ; la premiere, dont les pertuis ſont les plus gros & qui ſert à tirer à l'Argue, ſe nomme calibre ; la ſeconde s'appelle ſimplement Filiere, elle ne ſert point à l'Argue non plus que les trois autres ; la troiſiéme eſt nommée Ras ; la quatriéme Prégaton & la cinquiéme & derniere Fer à tirer. Avant que le Lingot parvienne au dégré de fineſſe que les Tireurs appellent Fil trait ſuperfin, qui ordinairement n'eſt pas ſi gros qu'un cheveu ; il faut qu'il paſſe par plus de cent quarante pertuis.

(b) Il avoit été établi par Edit de Janvier 1708, des Contrôleurs & Inſpecteurs aux Argues de Paris & de Lyon. Leurs fonctions étoient peu néceſſaires & leurs Droits fort à charge, ils furent ſupprimés par Edit d'Aout 1717. Le Receveur deſdites Argues créé par Edit de Septembre 1705. fut de même ſupprimé par autre de Janvier 1730.

(c) L'Article XIII. de l'Ordonnance de 1681 porte que le Fermier pourra prendre à ſon profit les Argues & outils qui ſe trouvent appartenans aux Particuliers chez leſquels les Tireurs d'or & d'argent portent leurs ouvrages, en leur rembourſant le prix ſuivant l'eſtimation. Cet Article n'a plus ſon application & ne la pouvoit avoir que dans le temps où l'Ordonnance a été rendue, puiſqu'il eſt défendu par l'Article XV. aux Tireurs d'or & d'argent d'en employer d'autre que celui façonné dans les Forges & Argues du Fermier.

(d) Il n'eſt pas permis aux Tireurs d'or & autres d'avoir chez eux des Filieres de la groſſeur des trous de celle ſervant à l'Argue ; mais il peuvent avoir à l'Argue même des Filieres à eux appartenantes. Dans ce cas elles ſont enfermées dans une grande Armoire à pluſieurs guichets, chaque Tireur d'or à une clef du guichet où il met ſes Filieres, & le Fermier ſeul a les clefs de l'Armoire.

Article XV. de l'Ordonnance de 1681.

Edit de Décembre 1721 regiſt. en la Cour des Monnoyes le 9 dudit, Article XXII.

Des Argues.

Défense d'employer d'autre or ou argent que celui qui aura été tiré à l'Argue.
Article XV. de l'Ordonnance de 1681.
Déclaration du 23 Octobre 1689.
7 Janvier 1687 & en la Cour des Aides.

Filiere dont ils peuvent se servir.
Même Arrêt ci-dessus du 7 Janv. 1687 pour la Ville de Lyon.
Mêmes Lettres Patentes ci-dessus du 7 Mai 1725, Article II. concernant la Ville de Paris, Article II.
Autre Arrêt & Lettres Patentes du 7 Mai 1726, aussi citées ci-dessus.

Marques qui doivent être apposées sur les Lingots par les Affineurs.
Arr. du C. du 10 Fév. 1711, & L. Paten. dudit jour adressées à la Cour des Mon. de Lyon & reg. en icelle le 15 Avril suivant.
Aut. Arr. du C. des 3 Fév. & 30 Mars 1722 & L. P. du 22 Av. suivant reg. en la C. des A. le 13 Ao. suiv. & en celle des M. le 16 Juil. précéd. qui déclarent commun pour les Affineurs & Tireurs d'or & d'argent de la Ville de Paris l'Arrêt ci-dessus

aux Forges & Argues du Fermier pour y être tirés, dégrossis & façonnés au prix ordinaire ci-dessus, qui ne peut être augmenté sous quelque prétexte que ce soit, à peine de confiscation. (*a*)

1474. Il leur est défendu d'employer d'autre or & d'autre argent que celui qui a été tiré, forgé & dégrossi dans lesdits Forges & Argues, à peine de confiscation des lingots & marchandises, & de trois mille livres d'amende, ainsi que d'avoir chez eux aucuns fourneaux ou creusets propres à fondre les lingots, ni aucunes Forges, Banc sellé à Plâtre, ni Argue propres à les dégrossir.

Edits de Décembre 1692 & Novembre 1693. Arrêts du Conseil & Lettres Patentes des 26 Avril 1682, 10 Janvier 1688. Autres Arrêts du Conseil & Lettres Patentes des 24 Avril & 7 Mai 1725, registrés en la Cour des Aides le 29 dudit, Article IV.

1475. Il leur est même fait défense ainsi qu'aux Orfévres & à tous autres particuliers d'avoir dans leur maison ni par tout ailleurs aucune filiere (*b*) de la grosseur des trous de celles servant à l'Argue, à peine de confiscation & de trois mille livres d'amende, même de déchéance de maîtrise & à tous ouvriers d'en faire ou faire faire aucunes desdites grosseurs pour autre que pour le Fermier sous les mêmes peines. (*c*)

1476. L'introduction frauduleuse des marchandises d'or ou d'argent, trait, qui se tiroient en fraude de l'étranger, & sur tout de la Principauté de Trevoux, & de la Ville de Genêve, où souvent ces marchandises avoient été faites avec des matieres enlevées de France, portoit préjudice aux Tireurs d'or & d'argent de la Ville de Lyon, qui payant les Droits ne pouvoient pas donner leurs marchandises à si bas prix, & faisoit en même temps tomber la Ferme de la Marque d'or & d'argent. Ces considérations donnerent lieu aux dispositions suivantes qui ne furent d'abord ordonnées que pour la Ville de Lyon, & qui ont ensuite été rendues communes à cause des mêmes motifs pour la Ville de Paris.

Les Affineurs (*d*) sont tenus de marquer les lingots affinés par numero

(*a*) Lorsque les Lingots sont apportés au Bureau de l'Argue, les Commis du Fermier marquent chaque lingot du Poinçon de charge. Ce Lingot est ensuite porté chez le Forgeur pour y être forgé de la longueur de quatre à cinq pieds & de la grosseur d'un manche à balay, d'où il est rapporté au Bureau du Fermier où on le passe dans la Filiere, appellée Calibre, pour l'apprêter & applanir les coups de marteau qui y sont restés en le forgeant. On le coupe, ainsi apprêté, en deux bâtons. On réappose le Poinçon de charge sur les deux pointes. Le Tireur les emporte chez lui pour les dorer, & les rapporte au Bureau pour être tirés & dégrossis.

(*b*) Les Filieres qui servent à l'Argue pour y passer les Lingots, sont celles qu'on appelle Calibre, Filiere & Ras. Lorsque les Lingots sortent de cette troisiéme Filiere, ils sont environ de la grosseur d'une plume. C'est alors qu'ils sont rendus aux Tireurs d'or qui les font passer chez eux dans les deux dernieres especes de Filiere, le Prégaton & le Fer à tirer.

(*c*) Par cet Article des Lettres Patentes de 1725, il est expressément dérogé à l'Arrêt du Conseil du 10 Janvier 1688, qui permettoit aux Tireurs d'or de la Ville de Paris d'avoir dans leurs Maisons leurs Filieres, même celles, servant à l'Argue, pourvu qu'il les y fissent porter lorsqu'ils voudroient tirer & dégrossir leurs Lingots.

(*d*) Il a été créé par Edit de Décembre 1721 & Mai 1733, deux Affineurs

& par année en recommençant chaque année les numero & y joignant l'année, d'en tenir regiſtre où ils doivent porter la vente qu'ils en font, & d'en délivrer ſans frais chaque mois un extrait certifié d'eux au Fermier ou à ſes Commis; ainſi que d'écrire ſur leurs regiſtres les ventes, échanges ou remiſes, des retailles d'or & d'argent qui leur ſont faites avec les noms des Tireurs d'or qui les leur ont vendues ou remiſes, & la datte de la remiſe dont ils doivent délivrer auſſi ſans frais un Extrait d'eux certifié au Fermier ou à ſes Commis de trois mois en trois mois.

1477. Il eſt fait défenſe aux Tireurs d'or & à tous autres ouvriers qui employent des matieres d'or & d'argent affinées, d'en employer d'autres que celles provenans des Affineurs.

1478. Il eſt enjoint aux Tireurs & ouvriers de tenir Regiſtre des lingots qu'ils achetent ou vendent avec le poids & le numero d'iceux, le nom & la qualité des Acheteurs & Vendeurs, ainſi que des retailles qu'ils vendent, échangent ou remettent aux Affineurs, avec la datte de la remiſe, le poids & la qualité des retailles, & de repréſenter leſdits Regiſtres au Fermier ou à ſes Commis lors de leurs viſites.

1479. Il leur eſt défendu de vendre ou échanger des retailles d'or & d'argent de quelque qualité qu'elles ſoient à autres qu'aux Affineurs & aux Maîtres de la Monnoye, conformément à l'Article IX. de l'Edit de Decembre 1692. à peine de confiſcation & de trois mille livres d'amende, tant contre le Vendeur que contre l'Acheteur ; laquelle amende ne peut être remiſe ni moderée, à la reſerve, en cas de dénonciation de la part de l'un d'eux, que celui qui l'aura faite ſera déchargé de l'amende.

1480. Il eſt enjoint à tous Marchands & autres qui font venir ou reçoivent des Piâtres, Réaux, Barres, Barretons, Vaiſſelle étrangere, Parfilure & autres matieres d'or & d'argent, d'en faire après leur arrivée au Bureau du Fermier leur déclaration, contenant la qualité & la quantité deſdits matieres & l'uſage auquel ils les deſtinent, de tenir Regiſtre des ventes, remiſes ou de l'emploi qu'ils en font, d'y porter le nom de ceux entre les mains deſquels elles paſſeront & de repréſenter leſdits Regiſtres aux Commis du Fermier dans leurs viſites : ces derniers de leur côté ſont tenus d'écrire ſur un Regiſtre leſdites déclarations, & d'en donner extrait ſigné à ceux qui les ont faites s'ils le demandent, le tout ſans frais.

1481. Ces quatre diſpoſitions mettent le Fermier en état de ſuivre la deſtination & l'employ des lingots, ainſi que des matieres propres à les for-

---

en Titre pour la Ville de Paris & quatre pour celle de Lyon, pour faire ſeuls, & à l'excluſion de tous autres, les fontes & départs d'or & d'argent néceſſaires, tant pour le ſervice des Monnoyes que pour les Orfévres & tous autres Ouvriers qui employent leſdites matieres affinées. Ces Offices ont été ſupprimés & rétablis de nouveau par Edit d'Août 1757, qui modere leurs Droits à ſeize ſols par marc d'argent affiné au lieu de vingt ſols, à huit livres par marc d'or au lieu de dix livres, & à deux livres ſeize ſols pour le départ de l'or au lieu de trois livres dix ſols, & ordonne que tous Droits établis ſur leſdits affinages ſeroient réduits d'un cinquiéme.

DES ARGUIS.

du 10 Fév. 1711.
Aut. Let. Paten.
du 7 Mai 1725,
regiſt. en la Cour
des Aides le 29
dudit mois, qui
confirment celles
ci-deſſus du 22 Avril 1722.

Défen. aux Tir.
Article IV des
Lettres Patentes
de 1725.

Regiſt. à tenir
par les Tireurs
d'or & d'argent
des Ling. qu'ils
achet. ou vend.
Mêmes Reglemens.

Défen. à eux de
vendre ou échanger les retailles
d'or & d'argent.
Mêmes Regl. &
Arr. du Conſ. du 8
Mai 1725, rendu
en exécution.
Art. III. des Let.
Paten. de 1725.

Déclarations
preſcrites aux
Marchands &
autres qui font
venir des Piaſtres, Reaux,
Barres & autres
matieres d'or &
d'argent.
Mêmes Reglemens.

DES ARGUES.

Défenses aux Tireurs d'or & d'argent de se servir d'autres Roquetins que de métail.
Mêmes Reglemens.

mer, & de connoître s'ils ont été forgés & tirés dans les Forges & Argues Royales.

1482. Il a été défendu par les mêmes Reglemens de 1711. 1722. & 1725. aux Tireurs d'or & d'argent, de se servir pour leur Trait d'or & d'argent d'autres Roquetins ou Bobines que ceux de Métail de Potin, choisis par les Maîtres Tireurs d'or, qui ont le privilége de mettre des lingots à la Forge & à l'Argue, auxquels seuls il est permis de faire fabriquer lesdits Roquetins par les ouvriers qu'ils ont nommés. Ces Roquetins, suivant lesdits Reglemens, doivent être de même poids numerotés & marqués de la marque du Tireur d'or, à qui ils appartiennent, & du Poinçon du Fermier. Il doit être tenu par lui, Registre de la quantité qu'il marque pour chaque Maître, le tout sans frais. Il est enjoint auxdits Tireurs d'or de représenter aux Commis du Fermier, lors de leur visites, lesdits Roquetins pleins ou vuides, ou de déclarer à qui ils les auront délivrés & à ceux qui les ont achetés de les rendre aux Maîtres de qui ils les tiennent aussitôt qu'ils sont vuides, sans qu'ils puissent en faire d'autre usage, & de les représenter de même aux Commis du Fermier lors de leurs visites. Il est fait défense auxdits Tireurs d'or de mettre aucun or ou argent sur des Roquetins ou Bobines de bois, si ce n'est l'or ou l'argent trait du poids d'une once ou demie once seulement qu'il leur est permis de mettre sur des petites Bobines de bois empreintes de leur marque.

Regîtres qu'il leur est enjoint de tenir pour les marchandises qu'ils vendent & qu'ils achetent.
Arrêt contradictoire du Conseil du 6 Août 1715, rendu contre les Marchands, Maîtres Tireurs, Ecacheurs & Fileurs d'or & d'argent de la Ville de Lyon, en interprétation de celui du 10 Fé. 1711.

Il a été enjoint à tous Maîtres Tireurs d'or, & à tous ceux qui achetent ou vendent des traits d'or ou d'argent, de tenir des livres exacts, d'y écrire le jour de l'achat & de la vente de leurs traits, les noms des Vendeurs & des Acheteurs, le poids & la qualité du trait, les numero & la qualité des Bobines & des Roquetins, les noms de ceux ou celles à qui ils les ont donnés à écacher ou filer, la remise qui leur est faite des filets qui en proviennent, la vente qu'ils font desdits filets par datte, avec les noms des Acheteurs, le poids & la qualité des filets & le nombre des Bobines & Roquetins, & il est défendu aux Tireurs d'or de vendre des traits aux Marchands, que sur une facture signée des deux parties, qui doit contenir le nombre & le numero des Roquetins avec engagement de la part des Acheteurs de les rapporter & rendre au plûtard dans trois mois.

Inexécution des dispositions contenues dans ce nombre.
Arrêt du Conseil du 21 Août 1717.

Les dispositions contenues dans ce nombre, ont pour objet de découvrir & de détruire la fraude qui peut se faire par l'introduction des Roquetins d'or & d'argent venant des pays étrangers. Mais la difficulté d'y tenir la main, les a, en partie, fait tomber dans l'inexécution : il a même été rendu un Arrêt du Conseil du 21 Août 1717. qui a permis aux Tireurs d'or de Lyon, de se servir de Roquetins de bois comme il se pratiquoit avant les Arrets du 10 Fevrier 1711. & 6 Aout 1715.

Amende de trois mille livres.

1483. La peine de contravention aux dispositions rapportées ci-dessus depuis le Nombre 1472. est la confiscation des matieres & marchandises, outre l'amende de trois mille livres ; le tout applicable au profit du Fermier.

§. I V.

Des formalités préfcrites aux Batteurs d'Or.

1484. Les Batteurs d'or font tenus de faire leur déclaration au Bureau du Fermier, de tous leurs livrets & feuilles d'or & d'argent, lorfqu'ils font en état de vente, & d'en payer les Droits ; même de faire leur foumiffion de repréfenter lefdits livrets lors des vifites , & d'en payer les Droits faute de repréfentation. Ils font d'ailleurs difpenfés d'apporter leurs livrets au Bureau du Fermier.

Formalités pref- crites aux Bat- teurs d'or.
Arrêt de la Cour des Aides du 9 Avril 1688.

CHAPITRE II.

DU DROIT DE MARQUE DES FERS.

§. I.

De l'Origine & de la Fixation de ce Droit.

1485. QUOIQUE le Droit de Marque depuis le Bail de Rouvelin en 1663. (*a*) ait toujours été joint à la Ferme des Aides, il ne tient en aucune façon de la nature de ces Droits, qui dans leur principe font fubventions extraordinaires. Il prend fon Origine d'un autre droit prefque auffi ancien que la Couronne , & qui avoit toujours fait partie du Domaine de nos Rois. Ce premier Droit étoit du Dixiéme de la valeur de tous les Metaux tirés des mines du Royaume. Charles VI. par Lettres Patentes du 30 Mai 1413. rendues fur les prétentions que formoient plufieurs Seigneurs pour la jouif- fance du Droit de Dixiéme dans l'étendue de leur Domaine, les en dé- bouta & en ordonna la perception à fon profit comme d'un Droit pûrement Royal & Domanial. Il a encore été déclaré tel par Arrêt du Confeil du 20 Août 1659.

Origine.

1486. Il fut créé par Edit de Février 1626. un Controlleur Vifiteur & deux Maîtres Experts, & Controlleurs Vifiteurs dans chaque Bailliage & Sénéchauffée, & un Controleur Vifiteur général pour chaque Province, à l'effet de veiller à la fabrication des ouvrages de fer , rétablir l'ufage du fer doux pour tous les ouvrages de Quincaillerie, Coutellerie, Serru- rerie &c. ne permettre l'emploi du fer aigre que dans les gros ouvrages dont la rupture ne peut avoir d'inconvenient dangereux , & marquer à cet effet le fer doux & aigre de Lettres différentes au fortir des Forges ou à l'en-

Idem.

(*a*) Il avoit été aliené par Edit de Mars 1655. Il fut réuni aux Fermes du | Roi par autre Edit de Décembre 1663.

De l'Origine.

Edit de Février 1625, Art. VIII. XIV. & XV.

Reglement du 18 Avril 1628.

Autre du 22 Décembre 1629.

Arrêts du Conseil des 16 Mai 1635, 2 Janvier 1636, 6 Avril 1645, & 20 Août 1659.

Fixation.
Ordonnance des Aides de 1680 pour le ressort de la Cour des Aides de Paris. Titre de ce Droit, Articles I. & II.

trée du Royaume, & il fut ordonné par l'Article XIV. de cet Edit, qu'au-lieu du Droit Domanial du Dixiéme qui se perçevoit avant l'Edit de Juin 1601. (*a*) sur ce qui se tiroit des mines & minieres du Royaume, il seroit perçu dix sols par quintal de fer doux ou aigre, dont deux sols seroient attribués auxdits Controlleurs & Maîtres Experts pour leur gages & émolumens, & vingt sols par quintal d'acier ; que les mêmes Droits seroient levés sur le fer doux & l'acier venant des Pays étrangers, & qu'il seroit perçu douze sols par quintal de fer aigre venant desdits Pays. C'est de cet Edit que tire son origine le Droit de Marque sur les fers qui se perçoit aujourd'hui. L'exécution en fut ordonnée par un nouveau Reglement du 18 Avril 1628, qui porte que dorefnavant le fer au lieu d'être marqué dans les Forges le seroit aux Bureaux établis sur les grands chemins aux lieux les plus proches des Forges, Ports & Havres. Un autre Reglement du 22 Decembre 1629. pour les Pays de Nivernois & Donzy, modera à dix sols par quintal le Droit des vingt sols sur l'acier venant desdits Pays. L'Arrêt du Conseil du 16 Mai 1635. ordonna qu'il seroit payé par quintal de gueuse six sols huit deniers, ou les deux tiers de ce qui étoit dû sur le fer. Par ceux du 2 Janvier 1636. 6 Avril 1645. & 20 Août 1659. La Quincaillerie venant de l'Etranger, fut assujettie au Droit de Marque, qui fut fixé pour ladite marchandise aux deux tiers de ce qui se perçevoit pour l'acier, c'est-à-dire à treize sols quatre deniers par quintal.

1487. L'Ordonnance de 1680, en fixant ces Droits, y a joint le parisis, sol & six deniers pour livre, pour ce qui regarde le fer & la Quincaillerie. Elle a laissé subsister la fixation de l'Edit de 1626. par rapport à l'acier. Ces Droits sont ; Sçavoir,

		ß	♎
	De Mine de Fer lavée & préparée. (*b*)......	3.	4.
	De Fer en Gueuse.....................	8.	9.
PAR QUINTAL.	De Fer en Barre ou autrement...........	13.	6.
	D'Acier............................	20.	
	De Quincaillerie grosse & menue.........	18.	

On vient de parler dans le nombre précédent de la modération des Droits sur les aciers de Nivernois & Donzy.

Il y a une fixation particuliere pour ce qui regarde la mine & le fer, venant des Pays de Foix dans le Languedoc. *Voyez* Nombre 1494.

(*a*) On ne trouve point cet Édit & l'on ignore s'il avoit changé ou interrompu la perception du Droit de Marque.

(*b*) Le Droit ne se perçoit sur les Mines brutes & terrées, que sur le pied de l'estimation, qui doit être faite de gré à gré ou bien par Experts convenus entre les Parties, ou nommés d'Office par le Juge à qui la connoissance en appartient. Arrêts du Conseil des premier Avril & 16 Septembre 1727.

§. II.

Des Pays où le Droit de Marque se perçoit.

1488. L'Edit de Février *1626*, & le Reglement du 18 Avril *1628*. dont on vient de parler, fur lefquels le Titre de l'Ordonnance des Aides, concernant la Marque des fers, a été redigé pour la plus grande partie, en parlent comme d'un Droit Domanial, qui devoit être perçu dans toute l'étendue du Royaume. Mais ladite Ordonnance fait mention de Provinces où le Droit de Marque n'a point été établi fans fpécifier quelles font ces Provinces. Il faut donc avoir recours à l'Edit de *1626.* aux baux qui ont été faits de ce Droit & à l'ufage que l'on a fuivi.

Dans le principe il devroit fe percevoir dans l'étendue des provinces qui reffortiffent aux Parlemens de Paris, Dijon, Metz, Touloufe & Grenoble, dans lefquels l'Edit de *1626.* a été enregiftré. Cependant il n'a point été établi à la fabrication dans les Provinces de Languedoc, Comté de Foix, le Quercy, l'Armagnac & autres Pays dépendans du Parlement de Touloufe, ni dans la Province de Dauphiné du reffort de celui de Grenoble.

Le Languedoc en a été déchargé par Lettres Patentes du mois de Décembre *1659*.

Le Comté de Foix, le Quercy, l'Armagnac, la Bigorre & les autres Pays du reffort du Parlement de Touloufe, jouiffent de la même décharge, fans qu'elle leur ait été accordée par aucun Reglement. La raifon en eft, que le travail des Forges répandues dans ces Provinces eft bien différent de celui des Forges de Bourgogne, Champagne & autres où fe leve le Droit de Marque, en ce que dans les premiers il ne fe coule point de gueufe, & qu'auffitôt que la mine eft en fufion, la matiere ou fonte eft portée tout de fuite fous le Marteau & convertie en fer. Ce travail eft de nature à rendre les exercices des Commis beaucoup plus difficiles, & la perception des Droits plus difpendieufe. D'ailleurs chacune de ces Forges en particulier eft d'un petit objet, & les frais de regie excederoient le produit de la perception. C'eft à ces motifs qu'on peut attribuer la décharge dont on les laiffe jouir.

C'eft à peu près pour les mêmes raifons que ce Droit n'a point été établi dans la Province de Dauphiné reffortiffante au Parlement de Grenoble.

Ainfi on ne leve point le Droit de Marque dans lefdits Provinces dépendantes du Parlement de Touloufe, non plus que dans le Dauphiné fur les Mines de fer & acier qui y font façonnées & qui s'y confomment. Mais il s'y leve à l'entrée & à la fortie fuivant les cas mentionnés ci-après fur lefdites matieres qui en fortent ou qui y font apportées.

Il fe perçoit encore fur les Mines de fer, acier &c. qui entrent en France par la Normandie.

1489. En refumant ce qu'on vient de dire, & en comparant les baux

II. *Partie.*   R

Pays où il fe perçoit.

Edit de Fév. 1726. Autre de Décem. 1660, portant revocation de celui de Décemb. 1654 qui ordonnoit la percept. du Droit de Marque dans la Province de Normandie.

Lettres Patentes de Décem. 1659.

Arrêts du Confeil des 12 Octo. 1683 & 12 Sept. 1724.

Bail d'Adrien Desfoffés du 12 Oct. 1726. Arr. du C. du 13 Av. 1728.

Refumé.

entr'eux, (*a*) & avec les Reglemens, on peut affigner à la perception de ce Droit une étendue plus certaine, & pofer pour principe qu'il eft dû & qu'il fe perçoit effectivement à la Fabrication & à l'entrée dans l'étendue des Provinces du reffort du Parlement de Paris, (excepté le Pays d'Aulnix où il n'a point été établi) de la Cour des Aides de Clermont Ferrand, & des Parlemens de Dijon & Metz ; à l'entrée & à la fortie, & non à la fabrication dans le reffort des Parlemens de Grenoble & Touloufe, & à l'entrée feulement dans la Province de Normandie.

A l'égard des Provinces dépendantes des autres Parlemens où l'Edit de 1626. n'a point été enregiftré, les Droits de Marque ne s'y levent point, ni à la fabrication, ni à l'entrée ni à la fortie. La Franche Comté y avoit été affujettie à l'entrée & à la fortie à l'inftar du Dauphiné, par Arrêt du Confeil du 13 Juillet 1734, conçu à peu près dans les mêmes termes que celui du 12 Septembre 1724, rendu par rapport à cette derniere Province. (1516.) Mais par autre du 19 Avril 1735. il a été furcis à celui du 13 Juillet 1734, & arrêté qu'il en feroit ufé à l'avenir comme par le paffé, jufqu'à ce qu'il en ait été autrement ordonné. Quatre autres Arrêts de 3 Octobre 1741. 31 Juillet, & 23 Octobre 1742. & 18 Juin 1743. ont été rendus depuis en exécution de celui de 1735.

à la fortie de la Franchecomté, les Fers ou Fontes fabriqués dans différentes Forges de cette Province.

§. III.

Des cas où le Droit eft perceptible.

1490. Le Droit de Marque fe perçoit.

1°. Sur le fer, foit en Barre, foit en gueufe au choix du Fermier lors de la fabrication chez les Maîtres de Forges.

 Arrêts du Confeil des 3 Août 1700 & 13 Février 1742, rendus en exécution de cet Article contre les Maîtres de Forges de la Principauté de Sédan. Autre du 18 Octobre 1746, contre les Habitans de Paffavant & Côte de Voge & Vaugicours, frontiere de Franche-Comté & Lorraine, mais du reffort de la Cour des Aides de Paris.

1491. 2°. Sur le fer doux ou aigre, la fonte & l'acier œuvré & non œuvré, apportés des Pays étrangers ou des Provinces où le Droit n'eft point établi en celles qui y font fujettes.

Arrêt du Confeil du 5 Janvier 1715, concernant des Bombes fondues dans le Perigord & tranfportées dans l'Angoumois. Autre Arrêt du 12 Mai 1716, en exécution defdits Articles, à l'égard des Fontes, Fers, Aciers & Armes deftinés pour le Service de Sa Mâjefté. Autre Arrêt du Confeil & Lettres Patentes du 12 Septembre 1724, regiftrées au Parlement de Grenoble le 16 novembre fuivant, & en la Cour des Aides de Paris le 18 Décembre audit an, pour les Fers, Aciers & Quincaillerie venant de Languedoc, Vivarais & Daupiné dans la Généralité de Lyon, dépendante du Parlement de Paris. Autres Arrêts du Confeil des 16 Septembre 1727, 15 Mars 1735, rendus en exécution de l'Article ci-deffus de l'Ordonnance.

Le Droit doit en être acquitté au premier Bureau d'entrée, à peine de

(*a*) Voyez les Baux de Pierre le Gros du 19 Août 1643. de Chevillon du 8 Novembre 1668, & d'Adrien Desfoffes du 12 Octobre 1726. Les Baux fubféquens portent que le Preneur jouira de la Ferme de la marque, conformément au Bail de Desfoffes.

confifcation & de cinq cent livres d'amende contre les Marchands & autres qui auroient paffé lefdits Bureaux fans faire déclaration ni payer les
Droits.

Il a été jugé par Arrêt du Confeil que le Droit n'étoit point dû fur lefdites marchandifes qui fortant d'un Pays fujet au Droit de Marque où ce
Droit auroit été acquitté, pour rentrer dans un autre Pays pareillement
fujet, emprunteroit le paffage d'un Pays où le Droit n'eft point établi ; à
la charge cependant de prendre acquit à caution au Bureau du lieu d'où
elles font enlevées, s'il y a Bureau, finon au premier Bureau de leur route
& de le rapporter déchargé dans le temps réglé par l'acte de foumiffion
fuivant la diftance des lieux, conformément à l'Article IV. du Titre I.
& aux Articles III. & XV. du Titre VI. de l'Ordonnance de 1687.

vince, & les deux autres pour les Fers des Provinces de Berry, Anjou & le Maine qui empruntent le paffage
pour aller en Poitou.

1492. 3°. Sur la Quincaillerie groffe & menue, même fur celle paffant fous le Titre de Mercerie (a) venant des Pays étrangers en l'étendue de la Ferme de la Marque, le Droit doit en être payé comme dans
l'Article précédent fous les mêmes peines.

Il n'eft dû aucun Droit de Marque fur la Quincaillerie groffe & menue,
fabriquée dans le Royaume, foit qu'elle l'ait été dans l'étendue de la Ferme,
foit qu'elle vienne des Provinces où le Droit de Marque n'eft point
établi.

1493. 4°. Sur la mine de fer qui eft tranfportée dans les Pays étrangers
ou dans les Provinces non fujettes au Droit de Marque, fous les mêmes
peines ci-deffus de confifcation & d'amende de cinq cent livres contre les
Voituriers & autres qui auroient paffé les premiers Bureaux de leur route
fans faire déclaration & payer les Droits.

1494. 5°. Sur le Fer & la Mine, venant des Pays étrangers, ainfi
que des Provinces du Royaume où le Droit n'eft point établi, & particulierement du Comté de Foix dans la Province de Languedoc, & ce
à raifon de quinze fols par quintal de fer, & de deux fols par quintal de
Mine, ou cinq fols par charge au lieu de treize fols fix deniers par quintal
de fer, & trois fols quatre deniers par quintal de Mine. Cette fixation
particuliere a été faite pour favorifer les Forges du Languedoc. On a di-
minué le Droit fur la Mine qui eft néceffaire pour leur travail en l'aug-
mentant fur le fer par compenfation.

1495. 6°. Sur les Mines, fer, fontes & acier, venant du Béarn, &
entrant pareillement dans la Province de Languedoc.

CAS DE LA PERC.

Emprunt de de paffage dans les pays exempts.
Arréts du Confeil des 10 Avril 1708, 22 Févr. 1729 & 26 Juin 1731. Le premier concernant les Fers de Lorraine qui paffent par les trois Evêchés pour rentrer dans cette Pro- de la Bretagne

Le Droit eft dû fur la Quincaill.
Article XII. Arrêt du Parlement de Metz du 7 Juillet 1734. (b)
Article XIII. Arrêts du Confeil des 26 Juin 1736 & 2 Juillet 1737, rendus en exécution.

Sur la Mine de Fer fortant des Provinces fujet-tes.
Article XIV.

A l'entrée du Languedoc.
Arrêts du Confeil des 18 Octo. 1681 & 12 Octo. 1688.

Idem.
Arr. de la C. des A. de Montauban du 15 Décem. 1757.

(a) L'Arrêt du Confeil du 13 Avril
1728 porte que les Droits fur le Fer
Blanc & le Fil de Fer arrivant à Rouen
feront perçus fuivant l'ufage, à raifon de
treize fols fix deniers par quintal, c'eft-
à-dire, fur le pied du Fer ordinaire, même fans déduction d'aucune Tarre, Ser-

pilliere ni Emballage.
(b) Cet Arrêt porte que les Déclarations feront faites du poids entier, fans
déduction de celui des Banfes & embal-
lages, ce qui eft conforme à l'Article II. du Titre I. de l'Ordonnance de
1687.

1496. 7°. Sur le fer, l'acier, la Quincaillerie grosse & menue, & la Mine de fer, venant des Pays étrangers ou des Provinces du Royaume réputées étrangeres en la Province du Dauphiné ; ainsi que sur les mêmes marchandises enlevées de ladite Province, soit pour l'étranger, soit pour toutes les autres Provinces du Royaume, sans distinction, sujettes ou non aux Droits d'Aides, à l'exception de la Quincaillerie qui dans ce dernier cas de destination pour les Provinces du Royaume, n'est point assujettie au Droit de marque. *(a)*

suivant & en la Cour des Aides de Paris le 18 Décembre audit an. Autre Arrêt du 2 Juillet 1737.

1497. Le Fermier ne peut exiger des Maîtres de Forge, Marchands de fer & Voituriers, aucune déclaration ni réprésentation d'acquits ou passavans pour les fers, fonte, aciers & quincaillerie qu'ils font enlever ou voiturer de leurs Forges ou Magasins dans l'intérieur de la Ferme en déça des quatre lieues des Limites & Frontieres des Pays étrangers ou Provinces du Royaume non-sujettes auxdits Droits de Marque. Mais à l'égard desdites marchandises qu'ils font enlever ou transporter dans l'étendue desdites quatre lieues, ils sont tenus d'en faire déclaration au premier ou plus prochain Bureau, s'il n'y en a point d'établi dans le lieu du chargement, d'y prendre acquit à caution, contenant la quantité & qualité des Marchandises, & le lieu de leur destination, & de rapporter les acquits à caution, déchargés dans la forme préscrite, à peine de confiscation des marchandises & équipages servant à les conduire, & de cinq cent livres d'amende.

§. I V.

Du payement des Droits à la fabrication, & des exercices des Commis.

1498. On a déja dit qu'il étoit au choix du Fermier de se faire payer par quintal de fer, ou par quintal de gueuse. (1490.)

1499. Pour parvenir au payement des Droits, il est enjoint aux Maîtres de Forges de couler les gueuses en des moules numerotés, en sorte qu'elles soient marquées un, deux, trois, & ainsi consécutivement jusques à la fin d'un même ouvrage tant que dure le premier feu, à peine de confiscation & de cent livres d'amende.

Il leur est défendu de marquer d'un même nombre deux ou plusieurs gueuses d'un même feu, à peine de confiscation de celles qui se trouveroient de même numero que celles réprésentées aux Commis.

Les Maîtres de Forges à chacun des ouvrages du fourneau, & au chan-

PERCEPTION.

A l'entrée du Dauphiné.
Arrets du Conseil des 15 Nov. 1707 & 9 Janv. 1712.
Autre Arrêt du Conseil & Lettres patentes du 12 Sept. 1724, regiftrées au Parlement de Grenoble le 16 Nov.

Fers voiturés en-deçà des quatre lieues des limites de la Ferme, dispenses d'expédition.
Arrêt du Conseil du 1 Avril 1727.
Aut. des 8 Déce. 1733 & 26 Juillet 1735, rendus en interprétation du précédent contre un Marchand de la Ville de Sédan.

Payement des Droits à la fabr.
Ordon. de 1680, Titre de ce Droit, Article II.
Gueuses numérotées.
Art. III. Arr. de la C. des A. de P. du 20 Janv. 1740, rendu en exécut. dudit Article.

Article IV.

Article V.

gement de feu, font tenus de commencer de nouveau à numeroter & marquer les gueufes par un, deux & trois, & ainfi fucceffivement jufques à un nouveau feu, & de les mettre dans un lieu féparé de celles reftant du feu précedent, fous la même peine de confifcation & de cent livres d'amende.

1500. Il leur eft fait défenfe de mettre le fourneau en feu fans avoir averti par écrit les Commis, du jour & de l'heure, à peine de confifcation des gueufes qui en feroient provenues jufqu'au jour de l'avertiffement, & de trois cent livres d'amende.

1501. Ils font tenus à peine de confifcation, & de cinq cent livres d'amende de pefer ou faire pefer les fontes, gueufes, gueufets, Bocages & généralement toutes natures de fonte provenant de leurs fourneaux, en préfence defdits Commis, fitôt après le refroidiffement de ces matiéres, de leur en déclarer ou faire déclarer le poids par celui qui aura fait la pefée pour être porté par lefdits Commis fur leur Regiftre d'exercice fur lequel ladite déclaration doit être fignée par le Maître de Forge ou par celui qui l'a faite, & en cas de refus ou qu'il ne fache figner, il doit en être fait mention par les Commis.

1502. Ils font de plus obligés de tenir Regiftre, cotté & paraphé par le Juge de la marque des fers, ou en cas d'éloignement de plus de trois lieues, par le Juge Royal, & d'y enregiftrer, après la pefée, le numero & le poids des gueufes, & de répréfenter ledit Regiftre aux Commis lors de leurs vifites; à peine de confifcation & cent livres d'amende.

1503. Lorfqu'ils font couler foit dans des chaffis ou en foffe, dans des moules de terre cuitte, foit autrement des fontes appellées communement fontes Marchandes, telles que font les contrecœurs de Cheminée, les Plaques unies ou figurées, Chaudieres, Pots, Marmites, Fourneaux, Tuyaux, Bombes, Boulets, & généralement toutes autres fortes de fontes Marchandes : ils font de même obligés de déclarer immédiatement après chaque coulaifon, & avant que les matieres foient refroidies, la quantité & la qualité des marchandifes jettées au Moule en les défignant; fçavoir, les Marmites & Chaudieres, par le nombre des points & numeros, les contrecœurs des Cheminée ou Plaques unies ou figurées par les longueurs & largeurs & par les ornemens, les Bombes & Boulets par leur Diametre, les Tuyaux par longueurs & Diametres, & les autres marchandifes par quelque marque diftinctive, afin que les Commis puiffent les porter préliminairement fur leur Regiftre d'exercice qui doit être figné conjoinctement avec le Commis de la Forge, ou contenir mention du refus comme ci-deffus, lequel enregiftrement préliminaire doit être porté de même par les Maîtres de Forge ou leurs Facteurs fur leurs Regiftres, le tout à peine de confifcation, & de cinq cent livres d'amende.

1504. Ils font tenus fous les mêmes peines de répréfenter aux Commis aux Exercices, toutes les pieces de fonte provenans de chaque coulaifon contenues dans leur enregiftrement préliminaire, & d'en faire la pefée en leur préfence auffitôt après le démoulage, & qu'elles font refroidies ou du

DU PAYEMENT.

Avertiffement de la mife de feu. Article V..
Arrêt du Confeil du 12 Mai 1716 & autre de la C. des A. de Paris du 26 Août 1733.

Pefées des gueufes, fontes, &c. en préfence des Commis.
Arrêt du Confeil & Lettres Patentes du 7 Mars 1747, regift. en la Cour des Aides de Paris le 14 Avril fuivant, Article I.

Art. III. de l'Ord. déjà citée ci-def.
Arrêt du Confeil du 21 Juill. 1716, concernant l'obligation de faire parapher les Regiftres.

Déclaration des fontes marchandes.
Article II. des Lettres Patentes de 1747.

Enregiftrement par les Commis.

Repréfentation de toutes les pieces.
Article III. defdites Lettres Patentes.

du payement.

Enregistrement par les Commis.

Heure de la pesée
Article IV.

Transport des matieres & marchandises défendu sans la participation des Commis.
Article V. desdites Lettres Patentes.

Déduction.
Article VI.

Fausse déclaration du Poids.
Article VII.

moins dans l'intervalle d'une coulaison à l'autre, & ce dans le même lieu où elles ont été coulées, sinon dans le lieu le plus proche, autre néanmoins que la raperie & le magasin avec les poids & balances bien & dûement égandillées, que les Maîtres de Forge sont tenus d'y avoir pour cet effet. Il leur est enjoint d'en déclarer le poids auxdits Commis qui sont tenus de le porter dans l'instant sur leur Registre d'exercice par un nouvel acte à la suite de celui de l'enregistrement préliminaire qu'ils ont dû faire desdits fontes, lequel doit être signé de même par les Maîtres de Forges, leurs Commis ou principaux ouvriers. En cas de refus, ou qu'ils ne sachent signer, mention en doit être faite. Lesdits Maîtres de Forges sont aussi tenus de porter sur leurs Registres le poids desdits fontes, à la suite de l'enregistrement préliminaire par eux fait, à peine de confiscation & de cent livres d'amende.

1505. Les Commis aux Exercices ne peuvent exiger que la pesée tant des fontes en gueuses, que des fontes Marchandes, soit faite pendant la nuit lorsque les matiéres ne sont pas assez-tôt refroidies pour être pesées de jour; ni respectivement les Maîtres de Forges forcer les Commis de recevoir la pesée & déclaration pendant la nuit.

1506. Il est fait défense aux Maîtres de Forge, d'enlever, échanger, ni transporter à leur raperie où dans leurs magasins, le tout ou partie, tant des fontes en gueuses, que des fontes Marchândes, provenant de chaque coulaison, ni mêler celles d'une coulée avec l'autre, qu'au préalable elles n'ayent été vûes & examinées par les Commis aux Exercices, qu'elles n'ayent été pesées. & que la déclaration du poids n'en ait été par eux faite auxdits Commis, & enregistrée sous les mêmes peines ci-dessus, de confiscation & de cinq cent livres d'amende.

1507. Pour tenir lieu d'indemnité aux Maîtres de Forge par rapport aux ébarbures & au sable qui se trouve attaché sur les Chaudieres, Marmites, Rechauds, Poëles ronds, & leurs couvercles seulement qui ne peut être détaché que par le moyen de la Lime ou de la Rape, & attendu que lesdites fontes doivent être pesées avant d'être rapées, & portées à la raperie; il doit leur être fait diminution dans la perception des Droits, de cinq pour cent sur le poids desdits fontes.

1508. Dans le cas où lesdits Commis jugeroient la pesée & déclaration suspecte, & voudroient en faire la vérification, ils sont tenus de le déclarer sur le champ au Maître de Forge, Facteur, Commis ou principal Ouvrier qui aura fait ladite déclaration, & d'en faire eux-mêmes aussi sur le champ une nouvelle pesée; pour en cas de fraude & infidelité dans la déclaration en dresser leur Procès-verbal, sans qu'autrement ils puissent y être recevables; sauf au Controleur Ambulant lorsqu'il se transporte sur les lieux, de faire peser en sa présence, suivant l'usage ordinaire, celles des gueuses ou fontes Marchandes existantes qu'ils jugera à propos & de proceder à la saisie si le cas y écheoit. Il est d'ailleurs fait défense aux Maîtres de Forge d'enlever ni divertir aucune des fontes dont les Commis aux Exercices auroient déclaré vouloir vérifier le poids, que la vérification n'en ait été faite, & il leur eſt enjoint de leur fournir à cet effet les Poids, Romaines, Balances & Ouvriers néceſſaires ; le tout ſous les peines ci-deſſus.

1509. Il leur eſt défendu auſſi ſous les mêmes peines d'enlever ni divertir aucun des jets provenans des fontes Marchandes, & il leur eſt ordonné de les faire peſer dans le même lieu & dans le même temps de la peſée deſdits fontes Marchandes, en préſence des Commis de la Ferme & de leur en déclarer le poids pour être porté ſur le Regiſtre d'exercice, comme celui des fontes Marchandes. Dans le cas où leſdits Maîtres de Forge ne voudroient pas convertir en fer tiré & parfait, le tout ou partie des jets ainſi que les pieces défectueuſes ou caſſées, & qu'il leur conviendroit mieux de les jetter dans leurs fourneaux pour y être refondues, la peſée en doit être faite de même en préſence des Commis qui doivent faire mention du poids ſur leur Regiſtre d'exercice après avoir vû rejetter leſdites marchandiſes dans le fourneau, & il en doit être tenu compte aux Maîtres de Forge à la fin de chaque quartier ou de chaque feu.

Jets provenans des fontes marchandes ſujets de même à la peſée.
Article VIII.

1510. Les Commis doivent faire les vérifications du nombre & du poids des gueuſes ci-deſſus ordonnées, tenir leur Regiſtre Portatif, faire les viſites, exercices & inventaires, décerner les contraintes qui ſont exécutoires par corps, dreſſer leurs Procès-verbaux en cas de fraude, & faire les pourſuites néceſſaires ; le tout comme pour les Droits de Détail ſur les Boiſſons. *Voyez* Livre III. Chapitre IV. & Livre VI. Chapitre IX. (a)

Exercice des Commis pour la Marque des fers aſſimilée à celui pour les Droits de Détail.
Bail de Rouvelin, Article 113.

de Legendre 291. & de Dufreſoy, Article 112. concernant la Contrainte par corps. Ordonnance de 1680, Titre de ce Droit, Article VII. Arrêt du Conſeil du 21 Juillet 1716, concernant les Procès-Verbaux de fraude. Cet Arrêt porte que les Procès-Verbaux des Commis ſeront affirmés pardevant le Juge Royal au défaut du Juge de la Marque des Fers, ou en cas d'éloignement de plus de trois lieues, ce qui eſt conforme à ce qui à été dit Livre III. Nombre 1688.

1511. Les Propriétaires des Forges & Fourneaux, ſont ſolidairement reſponſables avec les Maîtres de Forge, de ce qui peut être dû du Droit de Marque pour les derniers trois mois qui précedent, le jour que les Maîtres de Forges les auront abandonnés. Le Fermier deſdits Droits n'a de recours pour le ſurplus s'il a négligé de s'en faire payer, que contre les Maîtres de Forge.

Prop. des Forg. ſolidairem. reſponſable avecles M. de Forges.
Article VIII. Arr. des C. des 6. Juil. 1723. 14 Mars & 3 Octob. 1724.

1512. Leſdits Propriétaires des Forges de quelque qualité qu'ils ſoient, & Fermiers du Domaine du Roi, pour ce qui dépend dudit Domaine & les Eccléſiaſtiques pour les forges qui ſont du temporel de leur bénéfice, ſont aſſujettis au payement des Droits de Marque, encore qu'ils les faſſent valoir par leurs Domeſtiques. Les fontes deſtinées à fabriquer des armes pour le ſervice de Sa Majeſté n'en ſont pas même exemptes.

Nulle exempt.
Article XV. du même Titre.
Arrêt du Conſeil du 12 Mai 1716, concernant les armes deſtinées pour le Service de Sa Majeſté.

1513. Ceux qui ont des Mines de fer dans leur fond, ſont tenus à la premiere ſommation qui leur en eſt faite par les Propriétaires des fourneaux voiſins, d'y établir des fourneaux pour convertir la matiere en fer. A leur défaut il eſt permis aux Propriétaires du plus prochain fourneau & à ſon refus aux autres Propriétaires de fourneaux de proche en proche, & à

Propriétaires des mines tenus d'établir des Fourneaux.
Article IX. du Titre de l'Ordonnance.

(a) Il a été imprimé le 20 Août 1744, pour l'exercice de la régie des Fourneaux une inſtruction pour les Commis auxdits exercices que l'on peut conſulter.

ceux qui les font valoir, de faire ouvrir la terre, & d'en tirer la mine de fer en payant aux Propriétaires des fonds pour tout dédommagement un fol pour chaque tonneau de cinq cent livres péfant de mine.

Cette difpofition ne regarde qu'indirectement les Droits dont elle peut cependant augmenter le produit en favorifant le travail des forges. Elle a pour premier objet l'abondance du fer qui eft au nombre des chofes de premiere néceffité.

Juges des Fers.
Arrêt du Confeil du 11 Juillet 1516.
Autre & Let. Pat. du 12 Sept. 1724 regiftrées au Parlement de Grenoble le 16 Novembre fuivant, & en la Cour des Aides de Paris le 18 Décembre 1747, & Lettres

1514 Il y a des Juges particuliers pour la marque des fers, établis dans plufieurs Villes. (*a*) A leur défaut dans les lieux où il n'y en a point d'établis; ce font les Juges des Traittes ou même ceux des Elections, qui connoiffent des matieres concernant la perception de ces Droits. L'Appel de leurs Sentences reffortit aux Cours des Aides ou aux Cours de Parlement dans les Provinces où il n'y a point de Cours des Aides.

Décembre audit an. Autre Arrêt du Confeil du 13 Juillet 1724. Autre Arrêt du Confeil du 7 Mars Patentes du même jour, regiftrées en la Cour des Aides de Paris le 14 Avril fuivant.

§. V.

Du payement du Droit de Marque à l'entrée & à la fortie du Dauphiné, ou à l'enlevement dans l'intérieur de cette Province.

Marque des Fers en Dauphiné.

Déclarations prefcrites aux Voituriers à l'entrée & à la fortie.
Arrêt du Confeil du 12 Sept. 1724, & Lettres Patentes dudit jour, regift. au Parlement de Grenoble le 16 Novembre fuivant & en la Cour des Aides de Paris le 18 Décembre audit an.

1515. On a dit, Nombre 1496. les cas où le Droit eft dû à l'entrée & à la fortie du Dauphiné.

1516. Il eft enjoint aux Marchands, Voituriers & Conducteurs de fer, acier, quincaillerie & mines de fer, d'en faire leur déclaration, & d'en acquitter les Droits; fçavoir pour ceux venant du dehors de la Province du Dauphiné aux premiers Bureaux d'entrée de ladite Province, & à l'égard de ceux deftinés pour en fortir, aux Bureaux établis dans l'intérieur & avant l'enlevement; (*b*) le tout à peine de confifcation de la marchandife & des équipages fervant à la conduire, & de cinq cent livres d'amende contre ceux qui feroient trouvés au-delà du Bureau où la déclaration auroit dû être faite: il eft en même temps ordonné au Fermier d'avoir des Bureaux autant qu'il fe pourra dans le voifinage des Forges, Fourneaux, Martinets & Atelliers, en forte que les Marchands n'ayent au plus qu'une lieue de chemin pour venir faire leurs déclarations.

Acquits de payement des Bureaux du Dauphiné pris pour comptant dans les Provines fujettes.
Mêmes Lettres Patentes.

1517. Les acquits de payement pris dans lefdits Bureaux, doivent être reçus pour comptant dans les Bureaux des Provinces fujettes au Droit de Marque, où il n'eft pas permis aux Commis du Fermier de le percevoir une feconde fois.

(*a*) Ces Villes font, Chaumont en Baffigny, Saint Dizier, Sedan, Angoulême, Nevers, Poitiers, le Mans, Dijon, Mets, Grenoble & Foix.

(*b*) On doit fe rappeller ici qu'il n'eft rien dû pour la Quincaillerie fabriquée dans le Royaume, deftinée pour les Provinces de fon étendue, fujettes ou non au Droit de Marque, (1492.)

1518.

1518. A l'égard des fers, aciers & quincaillerie que les Marchands & tous autres font tranfporter d'un lieu en un autre dans l'intérieur de la Province, ils font tenus d'en faire leur déclaration avant l'enlevement au Bureau dans l'arrondiffement duquel fe trouve le lieu dudit enlevement, & d'y prendre acquit à caution contenant foumiffion de rapporter dans le temps convenu eu égard à la diftance des lieux, certificat en bonne forme figné des Commis des Fermes, du déchargement des fers, aciers & quincaillerie, au lieu de la deftination ou de payer à défaut de ce, le quadruple des Droits pour le payement defquels la caution qu'ils fourniffent, doit faire la foumiffion fur le Regiftre ; fi mieux n'aiment lefdits Marchands & autres, configner les Droits qui leur font rendus en rapportant le certificat de décharge dans la forme ci-deffus.

Les acquits à caution pris dans d'autres Bureaux que celui d'où dépend le lieu de l'Enlevement font déclarés nuls.

1519. Il eft fait défenfe à toutes perfonnes de faire des Magafins & Entrepôts de fer, acier ou quincaillerie dans les quatre lieues près les Limites de la Province du Dauphiné, à peine de confifcation & de cinq cent livres d'amende, on a déja parlé dans plufieurs endroits de ce Traité, de l'objet de pareilles défenfes par rapport aux Boiffons.

1520. Le Droit de Marque dans tous les cas ci-deffus eft dû comme à la fabrication par toutes fortes de perfonnes fans exception ; cependant les Chartreux de Saint Hugon en ont été déchargés pour les fers & la mine de fer qu'ils font venir de Savoye en Dauphiné, pour leur confommation feulement, à la charge par eux d'en faire déclaration au premier Bureau d'entrée, & de rapporter certificat de déchargement à leur Chartreufe dans un mois, à peine de payer le quadruple des Droits.

DU PAYEMENT.

Acquits à Caution pour les Fers tranfportés dans l'intérieur. Mêmes Lettres Patentes.

Mêmes Lettres Patentes. *Entrepôts & Magafins défendus dans 4 lieues des limites.* Arr. du C. du 9 Janv. 1712. L. P. ci-deffus du 12 Septembre 1724. *Nulle exemption.* Arrêt du Confeil du 15 Nov. 1707.

CHAPITRE III.

DE LA FORMULE autrement DES DROITS SUR LE PAPIER ET LE PARCHEMIN TIMBRÉS.

1521. Il y a déja fur ces Droits un Recueil de Reglemens ou plûtôt une inftruction en forme, compofée & mife au jour par M. Denizet, intereffé dans les affaires du Roi. La matiere y eft traitée & approfondie avec beaucoup de méthode & d'exactitude. Avant de lire cette inftruction, j'ai commencé par traiter de ces Droits dans l'ordre & fuivant le plan que j'ai fuivi pour les autres Droits : l'Ouvrage de M. Denizet m'a enfuite fervi à vérifier le mien. Il y a quelques objets fur lefquels j'ai paffé plus legerement que lui, parce que je les ai crûs moins néceffaires à mon fujet, & quelques autres fur lefquels j'ai penfé devoir m'étendre davantage.

Recueil de Denizet.

DES DROITS, &c. J'ai eu de plus que lui à rapporter les difpofitions des Reglemens intervenus depuis quarante années, je renvoye à cet auteur pour ce qui concerne la nature & le nombre des Regiftres que doivent tenir ceux qui font obligés de les avoir en papier marqué, il entre là-deffus dans un très-grand détail auquel je n'aurois pû rien ajouter. Ce détail d'ailleurs n'eft point de mon objet. Je me fuis propofé de rapporter les difpofitions des loix, de les rapprocher & de les comparer entre elles. L'application de ces mêmes loix à la pratique eft le cas d'autant d'inftructions particulieres qui demanderoient des volumes, & qui ne pourroient encore fuppléer à l'expérience.

§. I.

De l'Origine & de la Fixation des Droits.

Origine de la Formule.
Déclaration du 19 Mars 1673.

1522. Il fut ordonné par Déclaration du 19 Mars 1673. (*a*) que pour rendre la procedure uniforme dans toutes les Cours & Jurifdictions du Royaume il feroit dreffé dans la forme préfcrite par les Ordonnances de 1667. 1669. & 1670. des formules d'imprimés pour tous Actes Judiciaires, Actes obligatoires paffés pardevant Notaire, Lettres Royaux, Quittances de Finance, expéditions pour la perception des Droits des Fermes du Roi, &c. & qu'il feroit arrêté un Tarif des Droits qui feroient perçus pour chaque nature d'Acte. Ce Tarif fut effectivement arrêté le 22 Avril fuivant.

Pour parvenir à l'exécution de cette déclaration, il falloit compiler des recueils de modeles pour l'impreffion des formulés, les arrêter au Confeil & les envoyer dans les Cours. Il fut ordonné par autre Déclaration du 2 Juillet 1673. qu'en attendant la confection de cet ouvrage on délivreroit dans les Bureaux établis pour la diftribution de la formule, le papier & le parchemin néceffaires, marqués en tête d'une fleur de Lys, & timbrés de la qualité & fubftance des Actes, avec mention du Droit porté par le Tarif des formules fans que les Officiers, Miniftres de Juftice & autres puiffent ufer d'autre papier ou parchemin pour les minuttes ou copies defdits Actes. Il fut rendu le 3 Avril de l'année fuivante, un Reglement pour l'exécution de cette derniere Déclaration. (*b*)

Déclaration du 2 Juillet 1673.
Arrêt du Confeil du 3 Avril 1674, fervant de Reglement pour l'ufage & la diftribution du Papier & Parchemin timbrés.

Quoique l'ufage des formules établi par la Déclaration du 19 Mars 1673. n'ait point eu lieu, & qu'on y ait fubftitué celui du papier & parche-

---

(*a*) Il avoit été établi par Edit du mois de Mars 1655, un Droit de Marque fur les Papiers & Parchemins qui devoient fervir à l'expédition de tous Actes judiciaires, obligatoires ou autres; mais cet Edit n'eut point fon exécution.

(*b*) Cette même Déclaration fut fupprimée par Edit du mois d'Avril 1674, portant commutation des Droits fur le Papier & Parchemin timbrés en un autre Droit fur tous les Papiers & Parchemins fabriqués & confommés dans l'étendue du Royaume. Mais le préjudice que ce nouveau Droit portoit aux Manufactures de Papier en fit fufpendre la perception, par Arrêt du Confeil du 22 Mai 1674, qui ordonna que le Droit du Timbre feroit perçu comme auparavant. L'Edit du mois d'Août fuivant fupprima les Droits créés par l'Edit d'Avril précédent & rétablit pour toujours les Droits de Timbre, créés par la Déclaration du 2 Juillet 1673, & reglés par l'Arrêt du Confeil du 3 Avril 1674.

min timbrés, on a conſervé quoiqu'improprement au Droit de Timbre la dénomination de Droit de formule. (a)

FIXATION.

1523. Par le Bail de Dufreſnoy, paſſé le 9 Juin 1674. ils furent joints à la Ferme générale des Aides dont ils font encore aujourd'hui partie pour les Provinces où les Aides ont cours. Ces mêmes Droits dans les autres Provinces qui ne font point ſujettes aux Droits d'Aides, font compris dans la Ferme générale des Domaines.

Réunion à la Ferme des Aides. Bail de Forceville, Art. 428. & 521.

1524. Ils n'ont point lieu dans les Ville & Territoire de Bayonne, ni dans les Pays de Labour & de Soule, & il eſt accordé au Fermier une ſomme de vingt-quatre mille liv. par an pour la non jouiſſance de ces Droits.

Territoire de Bayonne & pays. Article 466. du même Bail.

1525. Les Droits de la formule ont été fixés par les deux Ordonnances des Aides, rendues pour le Reſſort de la Cour des Aides de Paris, & de celle de Rouen, & augmentés depuis par la Déclaration du 18 Avril 1690. & l'Edit du mois de Février 1748. ainſi qu'il ſuit; ſçavoir,

Fixation. Ordon. de Paris, Titre de ce Droit, Article I. Ord. de Rouen, Titre XXXIII. Article I. Déclaration du 18 Avril 1690, regiſtrée en la Cour des Aides de Paris le 24 dudit mois. Edit de Fév. 1748.

DROITS.

	Portés par l'Ordonnance de 1680.			Par augmentation. Suivant la Déclaration de 1690.			Par augmentation. Suivant l'Edit de 1748.			Montant desdits Droits.			TOTAL en y comprenant les quatre sols pour livre.		
	₶	ß	₰	₶	ß	₰	₶	ß	₰	₶	ß	₰	₶	ß	₰
PAPIER.															
Grand Papier de 14 pouces de haut ſur 17 de large		2.				8.			8.		3.	4.		4.	
Moyen de 12 pouces de haut ſur 16 de large		1.	6.			6.			6.		2.	6.		3.	
Petit de 9 pouces de haut ſur 13 & demi de large		1.				4.			4.		1.	8.		2.	
Demi feuille			8.			2.			2½			12½		1.	3.
Quart			6.			2.			2.			10.		1.	
PARCHEMIN.															
Peau	1.				7.			6.	4.	1.	13.	4.		2.	
Demi Peau		15.			5.			5.		1.	5.		1.	10.	
Feuille, moitié des Droits ſur les Peaux		10.			3.	6.		3.	2.		16.	8.	1.		
Quart, Cinquiéme ou Sixiéme		6.			2.			2.			10.			12.	
Pour chaque Rolle en cahier		5.			1.	8.		1.	8.		8.	4.		10.	
Pour toutes ſortes de Quittances		5.			1.	8.		1.	8.		8.	4.		10.	
A l'exception de celles délivrées pour les rentes aſſignées ſur l'Hôtel de Ville de Paris, pour leſquelles les Droits ont été moderés à 2 ſols pour chaque Quittance, Art. II. du même Titre		2.			......				6.		2.	6.		3.	

Article II. des mêmes Titres. Déclaration du 18 Avril 1690.

(a) Il fut créé par Edit d'Avril 1696 des Offices de Diſtributeurs de Papier & Parchemin marqués; mais ils furent ſupprimés par autre du mois de Février 1698.

Il n'eſt payé que la moitié des Droits ci-deſſus pour les Déclarations qui ſont fournies au papier Terrier du Domaine du Roi.

1526. Les Notaires de la Ville de Paris, payent une augmentation ſur le papier & le parchemin timbrés dont ils ſe ſervent, pour tenir lieu du Droit de Controlle des actes dont ils ont été déchargés par Déclaration du 7 Decembre 1723. ils les payent ſur le pied ; ſçavoir,

	DROITS d'Aides rapportés ci-deſſus.			DROITS fixés par la Déclaration du 5 Décembre 1730.			Augmentation portée par l'Edit de Février 1743.			TOTAL.		
	₶	ß	ð	₶	ß	ð	₶	ß	ð	₶	ß	ð
Pour chaque feuille de Papier............		3.			7.	6.		2.	6.		13.	
Pour chaque feuille de Parchemin.......	1.			1.				5.		2.	5.	
Pour chaque demi feuille de Parchemin.		12.			12.			3.		1.	7.	

Les Greffiers du Châtelet de Paris ont été aſſujettis pour la rédaction des actes de renonciation à ſucceſſion ou à communauté, de démiſſion, abandonnement & autres de cette eſpece par eux reçus & de nature à être également paſſés pardevant Notaire, à ſe ſervir de papier & parchemin du Timbre de la formule des Notaires, à peine de cinq cent livres d'amende.

§. II.

Des Actes & Regiſtres qui doivent être en Papier ou Parchemin Timbrés.

1527. Tous les Actes ci-après ne peuvent être préſentés, reçus, exécutés ni ſervir en Juſtice s'ils ne ſont écrits ſur papier ou parchemin timbrés ; ce qui doit avoir lieu, tant pour les originaux que pour les copies, & ce à l'égard de tous Actes faits & ſignifiés depuis le premier Avril 1673. c'eſt-à-dire depuis l'époque de l'établiſſement de la formule. (1522.)

SÇAVOIR,

1528. Iº. Toutes Requêtes, Exploits, Ecritures, Procédures, Jugemens, Arrêts, Déclarations de dépens, Exécutoires, Commiſſions, Extraits, Collations, & généralement tous Actes & expéditions de quelque qualité qu'ils ſoient, tant en matiére Civile que Criminelle, faits par tous Juges, Avocats, Procureurs, Greffiers, Huiſſiers, Sergens & autres Officiers & Miniſtres de la Juſtice, même des Officialités ainſi que les Concluſions, Ordonnances & autres Actes faits par les Procureurs Généraux des

Cours, leurs Subſtituts, les Commiſſaires départis, les Procureurs du Roi des Bailliages, Sénéchauſſées, Préſidiaux & autres Juriſdictions. (*a*).

les Procédures faites dans les Maîtriſes & Gruries de France. Autres Arrêts du Conſeil des 2 Août 1723, 20 Juin 1724, 14 Août 1725, 2 Septembre 1727 & 26 Octobre 1728, rendus en exécution deſdits Articles de l'Ordonnance.

Autres Arrêts du Conſeil des 24 Novembre 1716, 28 Août 1725. & 10 Août 1728. Autre de la Cour des Aides de Rouen du 31 Juillet 1733. & autre de la Cour des Aides de Paris du premier Décembre 1741, pour les Actes & Procédures concernant le recouvrement des Tailles, leſquels doivent être ſur Papier timbré.

Il faut excepter de cette diſpoſition les Exploits, Jugemens, Avertiſſemens, Commandemens & autres diligences qui ſont faites à l'occaſion de la levée du Don Gratuit, & du Recouvrement de toutes les impoſitions aſſiſes ſur le Clergé, qui peuvent être miſes ſur papier non timbré, & ſont même déchargées du Controle des Exploits.

Toutes Requêtes, Inventaires, Avertiſſemens, Contredits, Salvations, Enquêtes, Comptes, Procès-verbaux, Déclarations de dépens & toutes autres Ecritures des Procureurs & Avocats, qui ſont ſignifiées, ſoit dans les Cours ſupérieures ou dans les Juſtices ſubalternes, doivent être ſur grand papier dont chaque page contienne vingt-deux lignes, ou ſur papier moyen dont la page contienne dix-huit lignes, & pour les expéditions & autres procédures dans leſquelles on ſe ſert de petit papier, chaque page doit être de treize à quatorze lignes, & à proportion pour celles où on n'employe que le quart. Il eſt ordonné que les copies qui ſont faites deſdites écritures pour être ſignifiées, ſeront d'écriture liſible & ne contiendront que quarante-quatre lignes à la page du papier moyen, trente lignes à la page du petit papier & pour le quart à proportion; & que toutes copies de pieces & écritures, même des Exploits de quelque qualité qu'elles ſoient, ſeront écrites de même en caractere liſible, & porteront une marge au papier au moins d'un travers de doigt. La communication de la main à la main ne peut être faite par les Procureurs, ni ordonnée par les Juges ſous prétexte d'inſtruction ou autrement: mais il doit être donné copie des pieces aux termes de l'Ordonnance de 1667. ſi ce n'eſt à l'égard des Inventaires, Comptes & autres Actes de cette qualité dont il n'eſt pas d'uſage de donner copie, & qui ſe communiquent par les Huiſſiers & Greffiers. A l'égard des Avocats il leur eſt permis de

---

(*a*) Suivant l'Arrêt du 5 Août 1673, le Papier deſtiné pour les Procureurs du Roi, dans les affaires auxquelles Sa Majeſté ou le Public ſont ſeuls intéreſſés, devoit être marqué d'un Timbre particulier. On jugea par la ſuite qu'il y avoit moins d'inconvenient à leur accorder une indemnité, qui ſeroit fixée à une ſomme par chaque année. Cette indemnité, qui faiſoit ci-devant partie de l'Etat des Charges aſſignées ſur la Ferme Générale des Aides, doit ſe porter depuis l'Arrêt du 7 Juin 1740. dans l'Etat des Gages deſdits Officiers, au moyen de quoi, les Pieces juſtificatives qu'ils ſont obligés de fournir pour recevoir leurs Gages, leur ſervent en même temps pour celui de ladite indemnité. Arrêt du Conſeil du 7 Juin 1740, & Lettres Patentes ſur icelui, regiſtrées en la Chambre des Comptes le 5 Août ſuivant. Arrêts du Conſeil des 20 Novembre 1742 & 6 Mai 1755. A l'égard des Procureurs du Roi qui n'ont point de Gages, ladite indemnité leur eſt payée par les Receveurs Généraux des Domaines & Bois.

DES ACTES.

Grosses des Informations & autres Procédures secretes qui doivent être envoyées dans les Cours en cas d'appel.
Article VIII. de l'Ordonnance du 19 Juin 1691.

Avenirs en Papier Timbré.
Article XI. de ladite Déclarat.

Ordonnance de 1680, Article V.
Actes extrajudiciaires passés par devant Notaires.
Article VI. de l'Ordonnance.

Registres des Corps, Communautés, Officiers de Justice, Police & Finance, Marchands, Ferm. des Droits, Maîtres des Coches, &c. en Papier timbré.
Ordonnance de 1680, Article VII.
Déclaration du 19 Juin 1691, citée ci-dessus, Articles XIV. & XV. confirmatifs dudit Article de l'Ord à l'égard des Registres des Villes & Communautés, des Fermiers des Droits du Roi, Trésoriers en charge, Commissionnaires des March. Agens de Banque

---

se donner communication de leurs sacs avant la plaidoyerie des causes. Ces dispositions ont eu pour objet d'empêcher que le prix du papier marqué n'en diminuât l'usage ; & que les écritures qui se font ordinairement ne fussent supprimées en partie ou abregées par la réduction outrée des caracteres.

En cas d'Appel des Sentences & procédures en matiére Criminelle, les Greffiers des Jurisdictions dont est Appel, sont tenus d'envoyer au Greffe des Parlemens ou Cours supérieures où l'Appel doit être porté, les Grosses des informations & autres procédures secretes, & il leur est fait défense de porter ou envoyer les minutes desdites informations s'il n'a été ainsi ordonné par Arrêt. Cette disposition a rapport aux Droits de la Formule en ce que ces Grosses & expéditions doivent être en papier marqué suivant l'Article IV. de l'Ordonnance.

Les Procureurs des Cours & Jurisdictions ne peuvent poursuivre l'Audience sans avoir fait signifier un avenir à jour préfix, ni se servir du même avenir pour poursuivre l'Audience à différens jours, à peine de cent livres d'amende qui ne peut être moderée. Ces avenirs doivent être en papier Timbré.

1529. II°. Les Lettres de Chancellerie où il y a partie réquerante ou impétrante.

1530. III°. Les Hommages, Aveux, Dénombremens, Déclarations, Contrats de mariage, Acquisitions, Permutations, Donations, Transactions, Baux, Sous-Baux, Constitutions, Obligations, Procurations, Quittances, & tous autres Contrats & Actes passés pardevant Notaire, de quelque qualité qu'ils soient, même pardevant les Notaires Apostoliques, & généralement tous actes qui sont délivrés par personne publique. (a)

1531. IV°. Les Registres des Universités, Facultés, Corps des Marchands, Communautés Laïques, Ecclésiastiques, Séculiéres & Régulieres, Hôpitaux, Fabriques, Confrairies, Curés, Vicaires, Recteurs & autres Supérieurs Ecclésiastiques, Sécrétaires des Archevêques, Evêques, Abbés & Chefs d'Ordre, & de leurs grands Vicaires & Économes, Administrateurs, Syndics, Marguilliers, Fabriciens, Greffiers, Procureurs, Réceveurs des Consignations, des Tailles, Décimes & autres, Commissaires aux saisies réelles, Commissaires pour les Sequestres & biens saisis, Directeurs de Créanciers, Fermiers des Droits du Roi, Commis à la Regie, Recette & Controlle, Concierges des Prisons, Messagers, Maîtres de Coches & Carosses, Négocians & Marchands tant en gros qu'en détail, (b)

(a) On a dit, Nombre 1526, que ceux desdits Actes délivrés par les Greffiers du Châtelet de Paris, doivent être sur papier de la formule des Notaires.

(b) Les Marchands ont été dispensés par Arrêts de la Cour des Aides de Paris, des 15 Juillet 1684. & 5 Mai 1693. rendus à l'égard de ceux des Villes de la Rochelle & de Tours, de tenir leurs Registres en papier timbré lorsqu'ils ne voudroient pas s'en servir en justice. La Déclaration du 16 Avril 1737. registrée en la Cour des Aides de Rouen, ne porte point non plus obligation expresse aux Marchands de tenir Registre en papier timbré ; mais elle veut de même qu'aucun Marchand, tant en gros qu'en détail, Banquiers, Courtiers de change & autres Négocians du

Banquiers, Courtiers & toutes autres perſonnes de pareille qualité, ſoit publiques, ſoit privées, qui ſont obligées par les Ordonnances & Reglemens de Police, de tenir Regiſtres pour être répréſentés, compulſés ou faire foi en juſtice. (a)

des Aides de Paris du 28 Août 1737, & autres de celle de Rouen des 23 Septembre 1677, 16 Janvier & 7 Mars 1679, & Arrêt du Parlement de Metz du 22 Juin 1708, à l'égard des Marchands & Négocians. Arrêt du Conſeil & Lettres Patentes des 10 & 31 Octobre 1721, regiſtrées en la Cour des Aides de Paris le premier Décembre ſuivant, Article V. & Arrêt du Conſeil du 24 Mai 1723, pour ce qui concerne les Courtiers, Facteurs & Commiſſionnaires de Vins.

Arrêts du Conſeil des 27 Avril 1694, 21 Juin 1695, 31 Décembre 1717, 28 Mars 1719, 2 Juin 1722 & 19 Avril 1740, & Arrêt de la Cour des Aides de Rouen du 5 Février 1704, contre les Greffiers, Notaires, Marchands & Fermiers des Droits du Roi. Autre Arrêt du Conſeil du 27 Novembre 1725, & Arrêt de la Cour des Aides de Paris du 13 Avril 1742, contre les Fermiers des Octroys des Villes. Déclaration du 16 Avril 1737, regiſtrée en la Cour des Aides de Rouen le 16 Mai ſuivant, qui fait défenſes à tous Juges de parapher aucuns Regiſtres qu'ils ne ſoient en Papier Timbré.

Il eſt fait défenſe à tous Juges de parapher aucuns Regiſtres en papier non timbré, & d'avoir égard aux Extraits qui en ſont tirés à peine de nullité de leurs Jugemens. (b) Le Réglement de 1674. porte la peine d'interdiction, de mille livres d'amende & de tous dépens, dommages & interêts envers

Royaume, ne puiſſent ſe ſervir en juſtice d'autres Regiſtres qu'en papier marqué, & défend aux Juges d'en parapher aucun en papier blanc, & d'avoir égard aux Extraits qui en ſeroient tirés à peine de nullité des Jugemens. Il ſembleroit par les Arrêts & le Reglement qu'on vient de citer, que la Loi qui aſſujettit les Marchands & Négocians à tenir Regiſtre en papier timbré, n'eſt pas tout à fait poſitive: mais elle le devient d'un autre côté par les Titres les plus ſorts & les mieux reconnus: ce ſont l'Ordonnance de 1673. autrement Code des Marchands, le Reglement du 3 Avril 1674, concernant la formule, l'Ordonnance des Aides de 1680, & la Déclaration du 19 Juin 1691, qui portent des diſpoſitions préciſes ſur cette obligation. Les Articles I. V. & VII. du Tit. III. & l'Article III. du Titre XI. de l'Ordonnance de 1673. veulent que les Négocians & Marchands, tant en gros qu'en détail, ayent des Regiſtres & Journaux, ſignés & paraphés, & qu'en cas de faillite ceux qui ne repréſenteront pas leſdits Regiſtres & Journaux dans les formes préſcrites, ſoient reputés Banqueroutiers frauduleux. L'Article V. du Reglement du 3 Avril 1674, porte en termes exprès, que les Regiſtres & Journaux preſcrits par l'Ordonnance de 1673, ſeront en papier timbré. L'Article III. de l'Ordonnance de 1680, & l'Article XV. de la Déclaration de 1691, s'expliquent dans des termes auſſi poſitifs à cet égard. La Cour des Aides de Paris,

qui, par ſes Arrêts des 15 Juillet 1684, & 5 Mai 1693, qu'on vient de citer s'étoit écartée en quelque ſorte de ce principe s'en eſt rapprochée par celui qu'elle a rendu le 28 Août 1737. Les Arrêts de la Cour des Aides de Rouen des 23 Sept. 1677. & 16 Janvier 1679. celui de la Cour des Aides de Clermont-Ferrand du 25 Juin 1680. y ſont auſſi conformes. Les Marchands de Paris, Rouen & Lyon, ne tiennent point de Regiſtres en papier marqué, mais il n'y a point de Reglement qui les en diſpenſe. C'eſt un uſage qu'on laiſſe ſubſiſter ſans doute pour des conſiderations particulieres qui n'ont point la même force pour les autres Villes & lieux du Royaume; ainſi on peut établir comme conſtant, que les Négocians & Marchands, tant en gros qu'en détail, ſont dans l'étroite obligation de tenir leurs Regiſtres en papier timbré.

(a) On peut conſulter le recueil de M. Denizet, ſur la nature & le nombre de Regiſtres que doivent tenir ceux qui par cette diſpoſition ſont aſſujettis à les avoir en papier timbré. Le détail dans lequel il entre là-deſſus, ne laiſſe rien à déſirer. (1521.)

(b) Ceci ne doit s'entendre que lorſque les Marchands & autres voudroient ſe ſervir deſdits Regiſtres par eux tenus, ſur papier non timbré, pour leur profit ou à leur décharge. Ils ne peuvent en ce cas faire valoir des pieces qui ſont déclarées informes par la Loi; mais il n'en eſt pas de même lorſqu'il y a lieu de s'en ſervir

& de Change.
Arrêts du Conſeil du 17 Fév. 1687.
Autre de la Cour des Aides de Paris du 28 Août 1737, & autres de celle de Rouen des 23 Septembre 1677, 16 Janvier & 7 Mars 1679, Arrêt du Conſeil & Lettres Patentes, Article V. & Commiſſionnaires de Vins. 2 Juin 1722 & 19 Avril contre les Greffiers, Notaires, Marchands & Fermiers Aides de Paris du 13 Avril la Cour des Aides de Rouen en Papier Timbré.

Défenſes à tous Juges de les parapher autrement qu'en Papier timbré.
Reglement du 3 Août 1674, Article VI.
Déclaration ci-deſſus du 16 Avril 1737.

DE S ACTES.

le Fermier contre les Juges qui auront paraphé lesdits Régistres non timbrés.

Il faut excepter de cette regle les Regiftres qui fe tiennent pour la régie de la Ferme des Huiles, pour la levée du Don Gratuit & le recouvrement de toutes les impofitions affifes fur le Clergé, & les Regiftres de recette & de Controlle des dépôts des fels; ainfi que ceux que tiennent les Gardes, Commis, & prépofés à la vifitte, marque & enregiftrement des Toiles, Futaines, Canevas & autres étoffes & ouvrages; ceux qui fervent aux Officiers des Jurifdictions qui connoiffent des Manufactures à enregiftrer les noms & demeures des Fabriquans, ainfi que tous Procès-verbaux, nominations d'Infpecteurs & Maîtres, & autres expéditions pour le même fujet qui peuvent être en papier non timbré.

Exceptions. Arrêt du Conseil du 24 Août 1724. Bail de Forceville Article 369. pour la ferme des Huiles. Arrêt du Conseil & Lettres Patentes du 19 Mars 1734, & Contrat passé entre le Roi & le Clergé. Arrêt du Conseil du 27 Mars 1731, pour les Registres des Dépôts. Arrêts du Confeil & Lettres Patentes des 7 & 19 Février, 22 & 29 May 1736, & autre Arrêt du 13 Mars 1742; pour les Toiles de Bretagne. Autres Arrêts & Lettres Patentes des 8 & 18 Mai 1736 & premier Octobre 1737, pour celles qui fe fabriquent à Lyon. Autres Lettres Patentes du 14 Janvier 1738, pour celles d'Alençon. Autres du 8 Décembre fuivant, à l'égard de celles fabriquées dans la Généralité d'Alençon. Autre du 19 Août 1739. pour celles frabriquées dans les Villes de Laval, Mayenne, &c. Autres Lettres Patentes des 27 Septembre & 20 Décembre 1740, en faveur des Fabriquans de Beauvais. Autre du 20 Janvier 1741, concernant les Manufactures de la Province de Picardie (Ville d'Amiens exceptée). Autres du 29 Janvier 1743, pour les Manufactures de Sédan. Autre du 16 Juillet fuivant pour les Fabriques de Bonneterie.

Regiftres des Jurifdict. pour y porter les Ordonnances & Reglemens, timbrés gratis. Arrêt du Conseil du 27 Mars 1731.

L'Arrêt du Confeil du 27 Mars 1731. rendu avec l'Adjudicataire des Fermes & les Sous-Fermiers, & de leur confentement, porte qu'ils feront teuus eux & leurs Succeffeurs de timbrer gratis le papier qui leur fera fourni par les Officiers des Bailliages, Sénéchauffées & autres Juftices Royales ou fubalternes pour en compofer des Regiftres fur lefquels feront inferés les Ordonnances, Edits, Déclarations & Lettres Patentes envoyés par les Cours pour y être publiés & regiftrés, fauf auxdits Adjudicataire & Sous-Fermiers à y mettre une legende particuliere pour qu'il ne foit point fait autre ufage defdits papiers.

Repertoires des Notaires en Papier timbré. Article VIII. du Titre de l'Ordon. Arrêts du Conseil des 19 Avril 1740 & 5 Décem. 1752,

1532. V°. Les Notaires & Tabellions font obligés de tenir des Répertoires de tous les Contrats & actes qu'ils paffent, foit qu'ils lesdélivrent en minute ou qu'ils les gardent pour en délivrer des Groffes, d'en donner communication, même d'en délivrer des Extraits au Fermier des Domaines, & Droits y joints toutes les fois qu'ils en font requis.

contre les Notaires de la Ville de Macon. Arrêt du Conseil du 21 Juin 1699. Déclaration du 19 Mai 1696, Article III. Autre du 14 Juillet 1699. Autre du 20 Mars 1708, Article VI.

Même Art. VIII. de l'Ordonnance.

1533. VI°. Les Rolles des Tailles, de l'Impôt du Sel, des Décimes & autres Droits,

Expéditions & Actes judiciaires relatifs à la Jurifdiction Eccléfiaftique. Article IX.

1534. VII°. Les Mandemens, Vifa, Lettres d'Ordres des Maîtres-ez-Arts, Bachelier, Licentié, Docteur, Nominations, Provifions, Collations & autres Lettres & Actes qui s'expédient dans le Sécrétariat des Archevêques, Evêques & autres Prélats, dans les Greffes des Officialités & Univerfités, & par toutes autres Communautés Laïques, Eccléfiaftiques, Séculieres & Régulieres.

contre eux comme pour établir une créance, ou juftifier un payement, ou dans le cas de faillite. Toutes pieces alors quoi- | que informes font admifes pour établir la vérité. Autrement leur contravention tourneroit à leur avantage.

15534

1535. VIII. Les Nominations, Préfentations & Actes de prife de Poffef-fion de Bénéfices délivrés par les Notaires Apoftoliques.

1536. IX. Les Affiches, Placards, Publications d'Arrêts, Senten-ces, Ordonnances, Monitoires, & généralement tous Actes qui doivent être publiés au Prône des Paroiffes, ou affichés aux portes des Eglifes, foit par ordre de Juftice des Officiers de Sa Majefté ou autres, foit à la diligence des Fermiers des Droits du Roi ou des Seigneurs particuliers.

1537. X. Les Quittances, Actes & Expéditions tant des revenus cafuels de Sa Majefté, que de ceux des Seigneurs appannagés ou enga-giftes du Domaine & des autres Seigneurs Eccléfiaftiques ou Laiques.

1538. XI. Les Récepiffés, Acquits, Certificats, Bulletins, Paffeports, Paffavans, Congés, (*a*) Depris, Contraintes, Quittances, Ampliations & autres Actes délivrés par les Tréforiers, Receveurs généraux des Fi-nances, Receveurs des Tailles, Fermiers des Droits & Octroys des Villes, Officiers de Police, Regratiers, Commis à la diftribution du Sel & autres prépofés à la Direction & Perception des Droits du Roi, & générale-

DES ACTES.
Déclaration du 19 Mars 1673, ci-tée ci-deffus.

Article X. de l'Ordonnance..
Arrêt du Confeil du 19 Déce. 1692, contre la Maîtrife des Eaux & Forêts de Sens, en exécu-tion de cet Article.

Quittances.
Article XI. de l'Ordonnance.

Quittances & autres Actes dé-livrés par les Receveurs des Impofitions.

Article XII. de l'Ordonnance.

Arrêt de la Cour des Aides de Paris du 6 Octobre 1682, pour la copie que les Commis aux Aides doivent délivrer à chaque Particulier, de l'Article de l'Inventaire des Vins qui le concerne. Arrêt du Confeil du 23 Décembre 1690, concernant les Quittances des Droits d'Aides, en exécution dudit Article. Autre du 9 Janvier 1691, contre l'Hôpital de Tours, pour la perception des Droits qui lui font attribués. Autre du 20 Février 1691, contre les Fermiers des Octroys de la Généralité d'Alençon. Autre du 27 Avril 1694, contre les Fermiers des Droits du Roi & autres Droits dans la Gé-néralité de Metz. Autre du 5 Mai 1696, pour les Quittances des Droits de Courtiers-Jaugeurs. Arrêt de la Cour des Aides de Clermont-Ferrand du 20 Août 1714, & Arrêt du Confeil du 24 Novembre 1716, pour les Quittances des Tailles.

Arrêts du Confeil des 15 Septembre 1716, & 19 Juin 1717. rendus en interprétation de la Déclaration du 22 Juillet précédent, pour ce qui concerne les Billets de Remuage.

Autres Arrêts du Confeil des 24 Novembre 1716, 28 Août 1725 & 10 Août 1728. Arrêt de la Cour des Aides de Rouen du 31 Juillet 1733, & autre de la Cour des Aides de Paris du premier Décembre 1741, pour les Procédures, Ta-bleaux des Collecteurs, Nominations & autres Actes concernant le recouvrement des Tailles, lefquels doivent être en Papier marqué.

Autres du Confeil des 25 Septembre 1715, 29 Octobre 1720, 4 Mars 1721, 12 Avril 1729, 10 Octobre 1741, 2 & 23 Janvier 1742, & Arrêt de la Cour des Aides de Rouen du 10 Juin 1738, contre les Fermiers & Receveurs des Tarifs des Villes, & particuliérement de la Ville de Pontoife.

Arrêt de la Cour des Aides de Paris du 5 Janvier 1720, contre les Propriétaires des Droits de Marque fur les Cuirs. f. Arrêt du Confeil & Lettres Patentes des 10 Février & 4 Mars 1728, regiftrées en la Cour des Aides de Rouen le 16 dudit, concernant les déclarations qui doivent être faites pour braffage de Cidre & Poiré, & dont il doit être délivré Actes fur papier timbré.

(*a*) La Déclaration du 22. Juillet 1716. affranchiffoit des Droits du Timbre, les Congés de remuage qui feroient pris dans les Pays où les Aides ont cours. L'Arrêt du Confeil du 15 Septembre 1716. rendu en interprétation de cette Déclaration ; veut que la décharge du Droit de Timbre n'ait lieu que dans les Pays exempts du Gros, & dans la Ville & Election de Paris pour les Congés qui feront délivrés à l'é-gard de l'Eau-de-vie feulement, attendu qu'elle n'y doit plus les Droits lorfqu'elle y eft entrée, & ordonne que le Droit du Timbre fera payé pour lefdits Congés dans tous les Pays où le Gros & l'augmenta-tion ont cours. Par celui du 19 Juin 1717. il a été jugé que cette décharge des Droits du Timbre ne devoit regarder que les Vins, Bierre, Cidre & Poiré & qu'elle ne devoit point avoir d'application à l'Eau-de vie par rapport aux Congés qui doivent être pris dans la Province de Normandie, pour la vente ou le tranfport d'icelles, ni aux certificats de décharge & de payement des Droits au lieu de la deftination des Eaux-de-vie. Le motif de cette décharge eft, que les billets de remuage dans les Pays exempts de Gros, ne font qu'une formalité de régie qui a été établie pour la sûreté des deftinations, & qui ne doit pas tomber à la charge des particuliers, fi elle n'a pas lieu. A l'égard de l'Eau-de-vie, c'eft toujours dans le principe que cette Liqueur moins néceffaire que les au-tres Boiffons mérite auffi moins de faveur.

II. Partie.   T

ment tous Actes & Expéditions concernant les Domaines, Gabelles, Regrats, Aides & autres Fermes de Sa Majesté, les Tailles, Decimes, Octroys, Police & Charges des Villes. (a)

Il faut excepter de cette regle les Acquits & Quittances qui sont délivrés pour Droits, dont le montant est au-dessous de cinq sols qui peuvent être mises sur papier non marqué. A l'égard de celles pour tous Droits, soit des Fermes du Roi, soit des Villes & Communautés dont le montant est de cinq sols & au-dessus, elles doivent être en papier timbré. Les Redevables sont tenus de rembourser aux Commis préposés à la recette des Droits, le prix du timbre sans qu'il soit permis de délivrer deux Quittances sur une même feuille ; & il est défendu aux Commis chargés de la Recette desdits Droits, à peine de concussion, de percevoir aucuns Droits sans en donner Quittance.

des 13 Janvier 1699, 29 Janvier, 3 Juin, 9 Février, 5 Juin 1714, 25 Septembre 1715, 4 Avril & 8 Décembre 1720, 21 Février, 4 Mars, 1 & 29 Juillet 1721, 6 Octobre 1722, 26 Avril & 31 Mai 1723, 19 1725, & 19 Mars 1726, 12 Avril 1729, 10 Octobre 1741, 2 & 23 Janvier & 13 Avril 1742, & 7 Août 1745. Lettres Patentes des 26 Octobre & 8 Novembre 1720, pour les Quittances des Droits sur les Raisins qui Arrêt de la Cour des Aides de Rouen du 10 Juin 1728.

Il faut en excepter aussi les Billets & Bulletins qui se délivrent par les Commis du Fermier des Gabelles à ceux qui levent du Sel aux Greniers ou aux Regrats : les décharges qui se donnent aux Voituriers par les usagers de basse Normandie, de la quantité de Sel blanc que lesdits Voituriers leur délivrent : les Quittances & Certificats qui servent à la régie de la Ferme des Huiles ; & les Quittances & Actes concernant le recouvrement de la Capitation, du Dixiéme ou Vingtiéme & autres impositions extraordinaires.

du 24 Avril 1722. Bail de Forceville, Article 369. (Ferme des Huiles). Déclaration du 18 Janvier 1695. des 25 Novembre 1710, 28 Août 1725 & 14 Novembre 1741.

Les Collecteurs des Tailles ne sont tenus de payer les Droits que de six Quittances du Nombre de celles qui leur sont délivrées par les Receveurs des Tailles, le surplus demeurant à la charge de ces derniers. Ce surplus a été fixé à pareil nombre de six, ce qui fait en tout douze Quittances qu'ils doivent fournir en papier timbré aux Collecteurs de chaque Paroisse de leur Election par chaque exercice. Lesdits Receveurs sont tenus à cet effet de faire la levée de toutes les Quittances dont ils ont besoin en une seule fois au Bureau de la formule dans le quartier d'Octobre, & d'en prendre un Certificat des Directeurs ou Commis, auxquels ils doivent en laisser une ampliation signée d'eux à l'effet de justifier qu'ils ont pris le nombre préscrit de Quittances ; (ces Quittances sont fournies du consentement du Fermier en demi feuilles au même prix des quarts de feuille) au moyen de quoi il leur est permis de mettre sur papier non marqué toutes les Quittances qu'ils peuvent délivrer aux Collecteurs dans le

(a) On trouve dans le recueil de Denizet, le détail des actes & expéditions ordinaires qui concernent les Fermes du Roi, les Decimes, Octrois, &c.

courant de chaque exercice au-delà dudit nombre de douze. On a voulu mettre les Receveurs des Tailles dans le cas de recevoir fans que cela leur fût à charge jufques aux moindres fommes que leur apporteroient les Collecteurs , & procurer par-là la facilité des recouvremens. A l'égard des Quittances que les Collecteurs fourniffent aux Taillables ; elles doivent être toutes en papier timbré : mais ces derniers ont la liberté de n'en pas prendre lorfqu'ils veulent bien fe contenter de la décharge des Collecteurs fur le Rolle.

DES ACTES.

1539. XII. Les Déclarations, Soumiffions & Copies des pieces qui doivent être fournies aux Bureaux des Fermes.

Déclarations & foumiff. à fournir aux Bureaux des Fermes. Article XIII. de en exécution.

l'Ordonnance. Arrêt de la Cour des Aides de Normandie du 3 Août 1731 , rendu

1540. XIII. Les Quittances & Acquits des parties prenantes, états des Comptables , (a) & les pieces juftificatives fervant à leur décharge, à l'exception néanmoins des Quittances & décharges qui font fournies aux Tréforiers de l'extraordinaire des Guerres , de la Marine , de l'Artillerie ou de leurs Commis, par les Officiers des Troupes du Roi, & fignées d'eux, ainfi que les Billets de logement de Gens de guerre. Dans laquelle exception il ne faut point comprendre les états & autres expéditions qui doivent être rapportés aux Tréforiers par les Entrepreneurs des Vivres & Etapes & autres qui doivent être écrits fur papier timbré.

Quittances & Acquits des Parties prenantes , Etats des comptables , &c. Article XIV.

§. I I I.

De ceux des Actes ci-deffus qui ne peuvent être qu'en Parchemin Timbré.

1541. De tous les actes dont on vient de donner le détail , ceux qui auparavant l'établiffement du Droit de formule devoient être écrits en parchemin, doivent l'être de même en parchemin timbré, & il eft défendu de les mettre en papier.

Actes qui ne peuvent être qu'en parchemin. Ordonnance de 1680, Art. XVI.

Cet Article de l'Ordonnance ne fixoit point autrement la nature des actes & expéditions qui doivent être en parchemin. Cette difpofition étoit trop vague, & laiffoit matiere à un nombre infini de conteftations entre les Redevables & le Fermier. La Déclaration du 19 Juin 1691. y a pourvu. On va rapporter les difpofitions de cette déclaration & des autres Reglemens qui ont rapport au même objet. Les actes qui doivent être en parchemin font; fçavoir ,

1542. I°. Les Arrêts des Cours fuperieures , tant diffinitifs qu'interlocutoires, provifionnels, préparatoires ou introductifs d'inftance tant en matiere civile que criminelle , foit qu'ils foient contradictoires, par forclufion, congé, défaut à l'Audience, fur procès par écrit ou accordés au Parquet , Reglemens à écrire & produire , les Baux judiciaires & les Decrets forcés

Arrêts de Cours fuperieures , foit définitifs , foit provifionnels ou interlocutoires. Déclaration du 19 Juin 1691 , reg. au Par. de Paris le 25 dudit mois & en celle de Rouen le

(a) Les Comptables dont on vient de parler ici, font ceux qui font obligés de compter en la Chambre des Comptes ou aux Parties cafuelles, ou au Confeil, &c.

& volontaires, de licitations ou adjudications, omologations de Contrats; tranfactions, Sentences arbitrales, actes de reception d'Officiers, decrets de prife de corps, d'ajournement perfonnel & d'affigné pour être oüi, les défauts levés aux Greffes & aux préfentations en matiere Civile & Criminelle, les exécutoires de dépens, d'apport de procès, conduite de Prifonniers, & enfin tous les Arrêts & Ordonnances defdites Cours & actes dont il refte minute aux Greffes, lefquels doivent être expédiés en parchemin d'un feul volume, dont la page contienne vingt-deux lignes; (*a*) & pour les Arrêts qui contiennent au-delà de vingt-fix lignes, ils doivent être mis en rolles & feuilles de parchemin, & il eft fait défenfe aux Greffiers de les mettre en quart. Il eft enjoint aux Procureurs de regler les qualités des Arrêts d'audience, d'y établir celles des Parties, de datter les appointemens, Sentences ou actes dont eft appel, & faire mention par quels Juges ils ont été rendus. Cette derniere difpofition a pour objet d'empêcher que le prix du parchemin ne fît réduire le caractere des actes pour en employer moins, & n'engageât à fupprimer une partie des circonftances qu'il eft d'ufage d'inferer dans lefdits actes.

1543. II. Les Sentences ou Jugemens diffinitifs rendus aux Requêtes du Palais; celles des Bailliages, Siéges préfidiaux, Elections, Greniers à Sel, Prévôtés, Châtellenies, Amirautés & autres Juftices Royales, & tous autres actes qui doivent être mis à exécution, tant en matiere Civile que Criminelle, rendus en l'Audience ou fur procès par écrit (*b*) à l'exception des Sentences de Jurifdictions confulaires qui peuvent être expédiées en papier comme en parchemin, fuivant l'ufage des lieux, & des Sentences diffinitives rendues dans les Juftices Seigneuriales de la Province de Bretagne que les Greffiers font difpenfés par la Déclaration du premier Juin 1711. de mettre en Parchemin dans les Jurifdictions où elles s'expédioient en papier avant celle du 19 Juin 1691. (*c*) A l'égard des Sentences interlocutoires de provifion ou d'appointement, (*d*) elles doivent être ex-

(*a*) Cet Article de la Déclaration du 19 Juin 1691. le II. le III. & le IV. Articles préfcrivoient le nombre de fyllabes qui devoient être contenues dans chaque ligne. La Déclaration du 24 Juillet fuivant, a levé cet affujettiffement par rapport au nombre de fyllabes auquel il n'étoit prefque pas poffible de tenir la main. Elle ordonne au furplus l'exécution defdits quatre Articles.

(*b*) Il eft dérogé par cette difpofition à l'Article I. de l'Edit d'Avril 1686, concernant les Greffes des Elections & Greniers à Sel, qui portoit qu'il n'y auroit que les Sentences diffinitives, rendues fur vû de Piéces, & fur des Procès appointés en Droit ou à mettre, qui feroient expédiés en Parchemin, & que celles même diffinitives, rendues en l'Audience, feroient expediées en papier.

(*c*) L'Arrêt de la Cour des Aides de Rouen du 9 Août 1684, & les Arrêts d'enregiftrement en ladite Cour, des Déclarations du 22 Février 1687 & 16 Juillet 1697, exceptent encore les Sentences où les Collecteurs font parties, & portent qu'elles pourront être delivrées en papier.

(*d*) L'Arrêt du Confeil du 16 Mars 1706 ordonne l'exécution de cette difpofition par rapport aux jugemens & aux expeditions qui doivent être exécutées au dehors du Siége defdites Jurifdictions, & permet à l'égard de ceux qui ne font rendus que pour l'inftruction dans ledit Siége, de les mettre feulement en papier timbré.

pédiées fur parchemin dans les lieux où on les y expedioit avant l'Edit de Mars 1673. c'eſt-à-dire, avant l'établiſſement de la formule, & en papier dans les lieux où l'uſage étoit avant ledit temps de ne les mettre qu'en papier, lequel uſage a dû être certifié par les Procureurs Généraux ou leurs Subſtituts dans la quinzaine après l'enregiſtrement de la Déclaration du 19 Juin 1691. Les Greffiers deſdites Juriſdictions ſont tenus d'inſerer dans les Sentences, les qualités des Parties, avec mention ſommaire de leurs demandes & défenſes. Ce qui eſt préſcrit par rapport au nombre de lignes que doivent contenir les Arrêts & expéditions délivrées dans les Cours ſupérieures doit être exécuté pour les Sentences & autres expéditions dans les Juſtices ſubalternes. Voyez là-deſſus ce qui vient d'être dit à la fin du nombre précédent.

1544. III. Les Lettres expédiées en grande & petite Chancellerie.

1545. IV. Les Quittances & Acquits des parties prenantes.

1546. V. Les Actes de Foi & Hommage, Déclarations, Aveux & Dénombremens qui ſont fournis aux Terriers pour les Droits des Domaines de Sa Majeſté. Ceux des Tenanciers ou Vaſſaux des Seigneurs particuliers peuvent être en papier ou en parchemin, ſuivant l'uſage établi dans les différens lieux avant l'Edit de 1673.

1547. VI. Les Contrats de vente, de mariage & échange, ceux de conſtitution de rente, obligations, tranſactions, ſentences arbitrales, teſtamens, & tous autres actes portant obligation, qui doivent être en papier ou en parchemin, ſuivant l'uſage des lieux pratiqué avant ledit Edit de Mars 1673. Les Particuliers ont la liberté de les faire expédier en papier dans les lieux où il eſt ordinaire de ne les expédier qu'en papier. Mais aucun deſdits Contrats & Actes ne peut être ſignifié, ni la demande être faite en Juſtice en conſéquence d'iceux qu'ils n'ayent été mis en parchemin une premiere fois, dont il doit être fait mention ſur la minute & ſur les expéditions qui en ſont enſuite délivrées. (a)

1548. Il eſt défendu à tous Greffiers, Notaires & Tabellions, de délivrer en papier aucune expédition des Jugemens, Sentences, Contrats & Obligations que les Parties voudroient ſignifier ou mettre à exécution, aux Huiſſiers ou Sergens de les ſignifier ou mettre à exécution, même à tous Procureurs de les faire ſignifier, d'en donner copie ſignée d'eux de la main à la main, ni de faire aucune réquiſition, ſi leſdits Sentences, Jugemens & Actes ne ſont en parchemin, à peine de faux, de nullité, de cent livres d'amende, & de dommages & intérêts, & à tous Juges de donner aucuns Paréatis, Mandemens, Commiſſions, Permiſſions d'aſſigner, exécuter ni ſaiſir ſur leſdits Sentences, Jugemens & Actes, & d'avoir égard aux Procès-verbaux, ſaiſies réelles & autres Actes faits en conſé-

DES ACTES.

cutoires de Proviſion ou d'Appointement, rendues en la Sénéchauſſée de & ſiège Préſidial d'Angoulême, ainſi que les Baux judiciaires y ſeront expediés en Parchemin, conformément à l'uſage.
Article IV. de la Déclaration du 19 Juin 1691.

Regl. du 3 Avril 1674, Art. VIII.
Article X. du même Reglement.
Actes de Foi & Hommages, Aveux & Dénombrement.
Article IX. de la Déclaration du 19 Juin 1691.

Contrats &c.
Arr. de la C. des A. de Paris du 19 Octob. 1680, par rapport aux Actes, portant contrainte & hypoteque.
Même Art. IX. de la Déc. du 19 Juin 1691. Déclaration du 16 Juill. 1697, citée ci-deſſus, & Arrêt du Conſeil du 24 Avril 1717.

Peines portées contre les Notaires & Officiers qui contreviennent aux diſpoſitions ci-deſſus.
Même Reglement. Ceci eſt conforme à l'Article IV. du Reglement du 3 Avril 1674.

(a) La Déclaration du 24 Juillet 1691, levoit ces défenſes par rapport à la ſignification des Actes & Contrats; mais celle du 16 Juillet 1697, a fait revivre dans toute ſa force l'Article IX. de celle du 19 Juin 1691, & porte que leſdits Actes ne pourront être ſignifiés qu'après avoir été mis en Parchemin.

quence defdits Sentences, Jugemens & Actes, s'ils ne font en parchemin timbré, fans même excepter defdites défenfes ceux où a été appofé le Sceau de la Jurifdiction, lefquels ne peuvent être non plus fignifiés & mis à exécution par lefdits Sergens & Huiffiers, autrement qu'en parchemins fous les mêmes peines.

§. IV.

De l'ufage du Papier & Parchemin Timbré.

Le Papier ou Parchemin tim bré ne peut fervir que pour un feul Acte.
Article XVIII. de l'Ordonnance.
Arrêts du Confeil

1549. Le papier ou le parchemin timbré qui a fervi une fois pour quelque Acte que ce foit, ne peut plus être employé à aucun autre, ni le premier Acte être barré pour en écrire un autre au-deffus ou au-deffous ou au verfo, ni le timbre être couvert d'écriture, coupé ou rompu pour s'en fervir en tout ou partie après le premier Acte confommé.

des 31 Mai 1723 & 28 Octobre 1728, rendus en exécution. Arrêt du Confeil du 7 Septembre 1757.

Défenfes aux Notaires de mettre deux Actes l'un enfuite de l'autre.
Déclaration du 19 Juin 1691, citée ci-deff. Art. XII.

1550. Il eft défendu aux Notaires de mettre deux Actes enfuite l'un de l'autre, pas même les minutes encore qu'il fût queftion d'un même fait & entre les mêmes parties, à l'exception de la ratification des Actes paffés en l'abfence des Parties & des Quittances de rembourfement d'une conftitution ou obligation qu'ils peuvent mettre en marge ou enfuite des minutes. A l'égard des lieux où les Notaires étoient dans l'ufage avant la Déclaration du 19 Juin 1691. d'écrire leurs minutes de fuite dans leurs Regiftres ; il leur eft permis de fuivre cet ufage.

Mêmes défenfes à tous Greffiers, Huiffiers & Sergens.
Arrêt du Confeil du 16 Déc. 1696, concernant les Greffiers.
Art. XIII. de la Déclaration du 19 Juin 1691, à l'égard des Huiffiers & Sergens.

1551. Il eft de même fait défenfe à tous Greffiers, Huiffiers & Sergens, de mettre plufieurs Actes fur un même papier ou parchemin, fous quelque prétexte que ce foit, fi ce n'eft pour les premieres fignifications des Sentences, Arrêts & autres procedures, lefquelles peuvent être écrites fur lefdites Sentences ou écritures, & pour les Procès-verbaux de vente de meubles, de criées, inventaires, compulfoires ou autres Actes qui ne fe peuvent confommer dans un même jour & même vacation, & qui font contenus fur un même cahier ; à l'exception auffi des Exploits d'affignation & demandes dans lefquels peuvent être écrites les copies des pieces, en vertu defquelles les demandes font faites.

Id. pour Quittances pour Dr. des Fermes ou droits, d'Octroy & de Commun.
Art. XI. de ladite Déclaration.
Article XVII de l'Ordon. Arrêt du Confeil du 3 Mars 1722, rendu en exécution contre les Greffiers & Notaires de la Généralité de Paris.

1552. Enfin les mêmes défenfes font faites à tous Receveurs de quelques Droits que ce foit dépendant des Fermes du Roi, des Octrois des Villes, Communautés & autres de délivrer deux ou plufieurs Quittances fur une même feuille, demi feuille ou quart de papier timbré.

Arrêts du Confeil des 5 Juin 1714, 9 Fév. 1715 25 Sept. fuiv. 31 Mai 1723, 12 Avril 1729, 10 Octo. 1741.

1553. Le papier ou parchemin timbrés ne peut être employé pour aucun Acte que dans la Généralité dont il porte le timbre, ni fervir dans cette Généralité à autre ufage qu'à celui pour lequel il eft deftiné par fon infcription.

Cependant les Procès-verbaux, affignations & autres Actes que les Commis des Fermes peuvent faire par eux-mêmes pour l'exploitation defdites Fermes peuvent être fur papier timbré d'une autre Généralité que celle d'où depend le lieu où ces Actes font faits, pourvu que ce papier foit du timbre de la Généralité dans laquelle eft le chef-lieu de la direction. Cette exception à la loi regarde les directions qui font compofées de départemens, & lieux fitués dans différentes Généralités. On a voulu décharger la regie des Fermes de l'embarras d'avoir dans ce cas différentes efpeces de papier timbré dont l'ufage auroit pu d'ailleurs donner matiere à conteftation.

Exception pour la regie des Fermes du Roi. Arrêt du Confeil & Lettres Patentes des 15 & 26 Mars 1720, regiftrées en la Cour des Aides de Rouen le 17 Juin fuivant.

Autre Arrêt & Lettres Patentes portant les mêmes, par rapport aux Paris le 7 Sept. fuivant.

des 21 & 30 Juin de la même année, regiftrées en la Cour des Aides de Paris le premier Août fuivant, portant les mêmes difpofitions, & Arrêt du Confeil du 28 Novembre 1721, rendu en interprétation defdites Lettres Patentes, par rapport aux affignations. Arrêt du Confeil & Lettres Patentes du 28 Juin 1757, regiftrées en la Cour des Aides Paris le 7 Sept. fuivant.

1554. Au commencement de chaque Bail le nouveau Fermier renouvelle les timbres des différentes Généralités ; (*a*) à quoi il eft autorifé par Arrêts, qu'il obtient au Confeil, qui défendent en même temps l'ufage du papier & parchemin marqués de l'ancien timbre, fans que le nouveau Fermier foit tenu de contretimbrer gratis, reprendre ni changer les papiers & parchemins timbrés en feuilles ou en regiftres qui pourroient lui être rapportées (*b*) ; à l'exception cependant des regiftres en papier timbré des timbres du Fermier précedent, cottés & paraphés par un Juge qui ont été commencés avant l'expiration du dernier Bail, lefquels peuvent être continués dans le Bail fuivant, jufqu'à leur entiere confommation.

Nouveau timbre au renouvellement des Baux. Arr. du C. des 12 Décem. 1682, 22 Juillet 1687, 16 Août 1695. 10 Septem. 1597, 25 Jan. 1716, 17 Sep. 1720, 10 Mai 1723, 26 Août 1738, 5 Juillet 1740, 15 Oct. 1743, 28 Oct. 1749, 31 Ao. 1756.

La derniere partie de cette difpofition concernant les Regiftres a été rédigée fur les Arrêts du Confeil du 15 Novembre 1687. 24 Février 1668. 19 Novembre 1697. 7 Septembre 1706. & 20 Janvier 1714. Ces Arrêts portent qu'à l'égard des Marchands, Négocians & autres de pareille qualité qui ont des regiftres en papier marqué du timbre du précedent Fermier ; il leur fera permis de continuer à écrire fur lefdits Regiftres jufqu'à ce qu'ils foient entierement remplis ; à la charge par ceux qui demeurent dans les Villes où il y a Bureau du timbre, de les faire contremarquer du timbre du nouveau Fermier ; ce qui doit être fait gratis, & pour ceux refidans ailleurs, de les faire parapher par les Juges Royaux des lieux, les Procureurs ou Commis du Fermier dûement appellés ; & que d'ailleurs cette exception n'aura point lieu en faveur des Curés, Recteurs des Paroiffes, Receveurs ou Commis à la recette des deniers de Sa Majefté, Fermiers

Regiftres à renouveller en papier du nouveau timbre. Arrêts du Confeil des 15 Nov. 1687, 24, Fév. 1688, 19 Nov. 1697, 7 Sep. 1706 & 20 Janvier 1714.

(*a*) A cet effet le Fermier depofe au Greffe de chaque Election des échantillons de chaque efpece de Papier ou Parchemin timbré du nouveau Timbre, dont le Greffier doit donner fon Certificat au pied du double defdits échantillons.

(*b*) Les Particuliers ne peuvent ignorer que les Timbres fe renouvellent avec les Baux. Ainfi ils peuvent n'en prendre que ce qui leur eft néceffaire pour leur confommation jufqu'au commencement du nouveau Bail ; cette difpofition a pour objet de faire jouir le Fermier entrant dès le commencement de fon Bail & d'empêcher d'ailleurs les compofitions que pourroient faire, à fon préjudice, les Commis du Fermier fortant avec les Redevables, fi ces derniers avoient la liberté d'échanger le Papier de l'ancien timbre contre celui du nouveau.

& Sous-Fermiers de ſes Droits, de ceux des Etats, Villes & Communautés & en général de tous autres qui ſont dans le cas de prendre de nouveaux Regiſtres au commencement de chaque année ou exercice, & au renouvellement de chaque Bail, auxquels il eſt enjoint ſous les peines portées par les Reglemens d'avoir des Regiſtres de papier marqué du timbre courant & de payer les Droits dudit timbre, même pour les Regiſtres commencés qu'ils veulent faire contremarquer tant pour ce qui a été employé que pour ce qui reſte en blanc, quoique ces Droits ayent été payés au Fermier précedent pour la premiere marque. (a)

§. V.

Des peines portées pour les contraventions concernant la formule.

Amendes.
Article XIX. de l'Ordonnance.

1555. La peine portée pour chaque contravention aux diſpoſitions rapportées ci-deſſus, eſt de trois cent livres d'amende pour la premiere fois, ſix cent livres pour la ſeconde, & mille livres pour la troiſiéme, & de plus ſi les contrevenans ſont Officiers & Miniſtres de Juſtice, l'interdiction pour un an ſi c'eſt la premiere fois & pour toujours en cas de récidive.

Diſtribution du Papier & Parchemin timbré ſans permiſſion du Fermier défendue.
Article XX. du même Titre.

1556. Il eſt expreſſement défendu de vendre & diſtribuer du papier & parchemin timbré, ſi ce n'eſt de l'ordre & en vertu d'un pouvoir par écrit du Fermier ou de ſes Procureurs ou Commis, à peine de trois cent livres d'amende pour la premiere fois & de mille livres en cas de récidive : il eſt permis à cet effet aux Commis de faire leurs viſites dans les Moulins & Magaſins à papier, à l'effet de découvrir les contraventions, & d'en dreſſer leurs Procès-verbaux. Le Fermier eſt tenu de mettre au Greffe de chaque Election, ainſi qu'on a déja eu occaſion de le dire, une empreinte de ſa marque pour y avoir recours en cas de falſification.

(a) On trouve pluſieurs Arrêts, tels que ceux des 24 Février 1688. 6 Mai 1690. 28 Août 1717. 12 Septembre 1719. 10 Mai 1728. deſquels il reſulte que le Droit du Timbre n'appartient aux Fermiers de la formule, que ſur les papiers & Parchemins qui ſe conſomment pendant leur Bail, & qu'ils doivent la reſtitution du prix du Timbre pour ceux qu'ils ont vendus, & qui n'étant point conſommés après la fin dudit Bail, ſont inutiles, ou dans le cas d'être contre-timbrés par le Fermier du Bail courant à qui les Droits en ſont dûs. Mais ces Arrêts ont été rendus pour des Baux que Sa Majeſté a réſiliés, & pendant le cours deſquels le public avoit fait des Proviſions de papier & parchemin timbrés ſur la foi de l'exécution deſdits Baux. Il n'auroit pas été juſte dans ce cas que ces changemens inattendus tombaſſent à ſa charge. Il n'en eſt pas de même lorſque les Baux ont leur entiere exécution, parce que c'eſt à ceux qui font des proviſions à ne les pas faire au-delà de ce qu'ils ſçavent par évaluation qu'ils en pourront conſommer pendant le temps de ces Baux, & en effet, les Fermiers du Bail courant, dans pareil cas, ont été diſpenſés de reprendre ou d'échanger les Papiers & Parchemins marqués du Timbre du précédent Fermier pour les rendre au Fermier ſortant & s'en faire rembourſer le prix, & leſdits Papiers & Parchemins ſont demeurés inutiles & à la charge des Particuliers. L'Arrêt du Conſeil du 5 Juillet 1740, & nombre de déciſions du Conſeil, celle entr'autres du 18 Mai 1743, ont été rendues conformément à ce principe.

1557.

1557. Les Parcheminiers & autres convaincus d'avoir fait enlever l'écriture de deſſus le parchemin timbré, ſoit que les Actes effacés ayent eu leur exécution ou non, ſont condamnés en mille livres d'amende, & doivent être pourſuivis extraordinairement comme pour crime de faux.

1558. Il eſt fait défenſe de contrefaire les timbres & moules ſervant à la marque des papiers & parchemins, à peine contre ceux qui feront convaincus de les avoir contrefaits ou d'avoir aidé à en faire le debit de mille livres d'amende, d'amende honorable à la porte de l'Egliſe & de la Juriſdiction, & des Galeres pour cinq ans pour la premiere fois, & de Galeres à perpetuité en cas de récidive.

1559. Il eſt défendu à tous Juges de moderer leſdites amendes & peines, ſous quelque prétexte que ce ſoit, & aux Cours des Aides de recevoir l'appel des Sentences de condamnation que leſdites amendes n'ayent été conſignées entre les mains du Fermier. Ceci n'eſt point particulier aux Droits de formule. *Voyez* Livre VI. Chap. X. des amendes & confiſcations.

§. VI.

Des viſites des Commis.

1590. Les viſites, actes & Procès-verbaux des Commis prépoſés à la découverte des fraudes, doivent être revêtus des mêmes formalités préſcrites à l'égard des Droits d'Aides.

du 11 Novembre 1674. Reglement du 3 Avril 1674, Article XX. Arrêt du Conſeil du 17 Février 1685.

1561. Ils peuvent faire leurs viſites chez les Greffiers, Procureurs, Notaires, Marchands & autres dénommés dans l'Ordonnance, leſquels ſont tenus de leur repréſenter leurs Regiſtres à la premiere requiſition. Sur leur refus donc il doit être dreſſé Procès-verbal, les Commis peuvent les faire aſſigner devant le Juge de leur Reſſort, à l'effet de repréſenter leſdits Regiſtres, & faute de ce, ſe voir condamner aux peines portées par le Reglemens. (*a*)

1562. Il leur eſt permis, en vertu du Reglement du 3 Avril 1674, de faire en préſence d'un Juge, Commiſſaire, ou d'un Huiſſier, les viſites néceſſaires dans les Greffes & Etudes des Greffiers, Gardes-ſacs pour y prendre communication ſommairement des productions & pieces qui s'y trouvent, ſans cependant qu'il leur ſoit permis d'en prendre lecture. Le même Reglement porte que le Fermier ou ſes Commis feront appellés

<hr>

<table>
<tr><td>

(*a*) M. Denizet dans ſon Recueil, ſur la formule pour autoriſer les viſites que les Commis du Fermier peuvent faire chez les Marchands, rapporte l'Article X. du Titre IV. de l'Ordonnance de 1687 ſur les Droits d'Entrée & de Sortie. Mais cette application ne paroît point placée.

</td><td>

Les Douannes & les Aides ont chacun leurs Ordonnances & leurs Reglemens particuliers, ſuivant leſquels s'en doit faire la perception. Ce ſeroit pécher contre les principes, & tomber dans la confuſion, que d'appliquer à une partie, ce qui n'a été ordonné que pour l'autre.

</td></tr>
</table>

II. Partie.   V.

DES PEINES, &c.

Ecritures enlev.
Arrêt du Conſeil du 27 Juin 1690.

Contrefaction du Timbre.
Article XXI. de l'Ordonnance.
Arr. de la C. des A. de Paris des 31 Déce. 1693 & 26 Janv. 1594, rendus en exécution.

Moderation des amendes défend.
Décl. du 18 Avr. 1690, reg. en la C. des A. de P. le 24 dudit, par laquelle il eſt derogé à l'Art. 25. de celle du 17 Fév. 1688. Et aut. du 19 Juin 1691, citée ci-deſſus, Article XV.

Formalités des Procès-Verbaux des Commis comme pour les aut. Droits d'Aides.
Arrêt du Conſeil 17 Février 1685.

Viſites chez les Greffiers, Notaires, &c.
Même Arrêt du Conſeil du 17 Février 1685.

Commis autoriſés à prendre communication, ſommaires des productions dans les Greffes & dans les Etudes.
Même Reglement du 3 Avril 1674. Article XVIII.

pour affifter à la taxe des dépens, & qu'ils pourront retirer fur le champ & mettre au Greffe après les avoir paraphés, les actes ou procedures faits fur papier ou parchemin non timbré, pour être procedé contre ceux qui s'en feront fervis.

§. VII.

Des Juges qui connoiffent des Droits de la formule.

Elus, Juges de la formule en prem. inftance.
Article XXII. de l'Ordonnance.
Arr. du C. du 15 Fév. 1724, rendu en exécution à l'égard du Parlement de Rouen.
Commentaire de Jacquin fur l'Ordonnance de 1680.
Arr. du C. des 27 Mars & 13 Avril 1683.
Arr. du C. des 10 Juillet & 18 Septembre 1683.
Arrêt du Confeil du 18 Mai 1694.

1563. La connoiffance des affaires contentieufes concernant les Droits de formule, appartient en premiere inftance aux Officiers des Elections, & par appel aux Cours des Aides (a). Dans les Pays où il n'y a point d'Elections la connoiffance en a été attribuée par des Arrêts particuliers du Confeil à diverfes Jurifdictions dont les Sentences reffortiffent aux Cours des Aides dont elles dépendent, ou à leur défaut aux Cours de Parlement. Ainfi dans les Généralités de Montpellier & Touloufe, elle appartient aux Vifiteurs Généraux des Gabelles, & leurs Lieutenans qui en connoiffent chacun dans fon département, dans le Diocèfe de Mende & Puy aux Juges Royaux, dans le Comté de Foix au Juge Mage de Pamiers, dans la Lorraine aux Juges des Traittes, &c.

CHAPITRE IV.

DES DROITS DE MARQUE ET CONTROLLE SUR LE PAPIER.

Supreffion des Droits de Marque & Contrôle fur le Papier.
Ordonnance de Paris, Titre de ce Droit, Article I.
Ordonnance de Rouen, T. XXXII. Article I.

1564. CEs Droits tirent leur origine de l'Edit de Juin 1633. qui établit des Officiers, Controleurs, Marqueurs de papier, & de la Déclaration du 16 Février 1635. qui fupprima ces Offices, & ordonna la perception des Droits qui leur étoient attribués au profit de Sa Majefté : ils étoient de quatre fols par rame de papier du poids de fix livres, cinq fols pour celles de fix à douze livres, fix fols pour celles de douze à dix-huit, fept fols pour celles de dix-huit à vingt-quatre, huit fols pour celles de vingt-quatre à trente, & deux fols par rame de papier gris, bleu & brun, outre lefquels Droits il devoit être perçu un fol quatre deniers fur chaque rame de papier entrant dans la Ville de Paris. Sa Majefté pour

(a) Les Lieutenans Généraux des Bailliages, Sénéchauffées & Préfidiaux, avoient été commis par l'Arrêt du Confeil du 26 Août 1673, pour connoître des affaires contentieufes touchant ces Droits. Il paroît par l'Article XIX. du Reglement du 3 Avril 1674, qu'il y avoit auffi des Pays où la connoiffance en avoit été attribuée à Meffieurs les Intendans. Elle fut donnée aux Elections en premiere inftance, & par appel aux Cours des Aides par l'Edit d'Août 1674, pour les Pays d'Election.

favorifer les fabriques & le commerce de papier dans le Royaume , voulut bien fur les répréfentations qui lui furent faites fuupprimer ces Droits par Arrêt de fon Confeil du 26 Fevrier 1720. Ainfi les Droits de Marque & Controlle ne fubfiftent plus , & l'on n'en fait ici mention que parce qu'ils font compris dans l'Ordonnance des Aides de 1680. où il y a un titre particulier pour ces Droits.

Ils fe perçoit aux entrées de Paris d'autres Droits fur le papier, qui font partie des Droits rétablis. *Voyez* Livre I. Nombre 308.

CHAPITRE V.

DU PARISIS, SOL ET SIX DENIERS POUR LIVRE DES DROITS ATTRIBUE'S AUX OFFICIERS DES CUIRS.

1565. **L**Es différens Offices établis pour le Controlle & le commerce des cuirs ont été créés; fçavoir, les Controlleurs, Marqueurs , par Edit de Juin 1585. les Prudhommes par Edit de Février 1627. & les Vendeurs, Déchargeurs & Lotifleurs de Cuirs par autre du mois de Juin de la même année. Il fut arrêté par la Déclaration du 16 Février 1635. qu'on a déja citée dans le Chapitre précedent, que ces Offices feroient rembourfés & fupprimés , & que les Droits qui leur étoient attribués feroient levés au profit de Sa Majefté , fuivant la fixation qui en fut faite par la même Déclaration Mais le rembourfement n'en ayant pû être fait, les Titulaires continuerent d'avoir la jouiffance defdits Droits , & ils y furent confirmés par plufieurs Déclarations par celle entre autre du 15 Decembre 1703. L'Arrêt du Confeil du 29 Mars de l'année fuivante , porte que dans les lieux où l'établiffement de cesOffices a été négligé ou abandonné dans leReffort des Cours des Aides de Paris , Rouen , Dijon , Clermont-Ferrand , la vente en fera faite à ceux qui voudront les acquerir. Il y a nombre de Villes où ce font les Communautés des Tanneurs ou des particuliers qui ont fait l'acquifition des ces Offices.

Le Parifis , fol & fix deniers pour livre (a) des Droits attribués à ces Offices , faifoit anciennement partie de la Ferme des Aides. (b) L'Ordonnance de Juillet 1681. a reglé la perception de ce Droit par un titre particulier qui contient cinq articles. Mais les difficultés qui fe rencontroient pour en faire féparement la levée , ont déterminé Sa Majefté à aliener ledit Droit de Parifis , fol & fix deniers , & à en faire l'union aux Offices des Cuirs par Déclaration du 29 Novembre 1689; ainfi ce Droit n'eft plus compris dans la Ferme des Aides. Il n'en eft ici queftion que parce qu'on a voulu n'obmettre aucun des Droits d'Aides compris dans les Ordonnances de 1680. & 1681.

Origine.

Aliénation de ces Droits.

Déclaration du 29 Novem. 1689.

(a) Voyez Livre I. Nombre 763. ce que c'eft que le parifis , fol & fix deniers pour livre.

(b) Voyez le Bail de Legendre , Article 282, celui de Fauconnet , Article 100, & celui de Charrieres, Article 27.

TRAITÉ
GÉNÉRAL
DES AYDES.

LIVRE VI.
DE LA REGIE GÉNERALE DES DROITS D'AIDES.

CHAPITRE PREMIER.
DE LA FIXATION ET DE LA PERCEPTION
DES DROITS D'AIDES.

Défenses aux Juges, Fermiers & Redevables de contester la fixation des Droits. Ordon. de Juill. 1681, T. commun, Article I.

Etalonnement des poids & mesures des Bureaux. *Perception en conséquence.* Même Titre, Art. XL.

Déclar. à faire pour le payement droits dans les Bureaux partic.

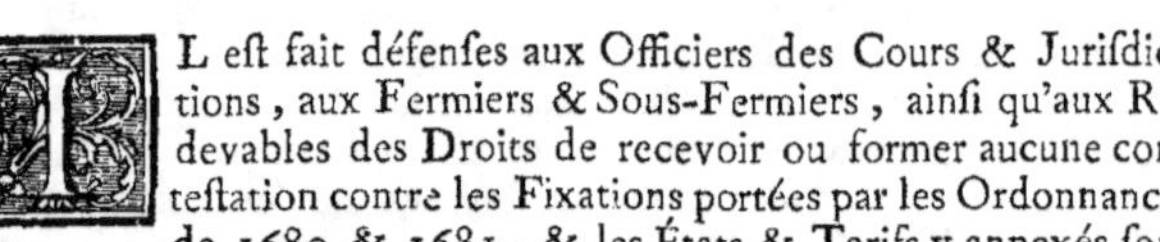

1566. L est fait défenses aux Officiers des Cours & Jurisdictions, aux Fermiers & Sous-Fermiers, ainsi qu'aux Redevables des Droits de recevoir ou former aucune contestation contre les Fixations portées par les Ordonnances de 1680 & 1681, & les États & Tarifs y annexés sous prétexte d'erreur de calcul ou autrement.

1567. Les Marchandises & denrées dont les Droits sont payés à raison du poids ou de la mesure, doivent être pesées & mesurées aux poids & mesures que les Fermiers & Sous-Fermiers des Droits tiennent dans leurs Bureaux, pourvu que l'étalonnement en ait été bien & dûement fait en la maniere accoutumée, sans que les Engagistes & Fermiers des poids & mesures ou les Seigneurs particuliers des Villes & lieux où il y en a d'établis puissent les en empêcher.

1568. Les Déclarations & le payement des Droits doivent être faits dans les Bureaux, particulierement affectés à chaque Droit suivant la fixation

& les difpofitions des Reglemens rendus pour chaque partie des Fermes, c'eft-à-dire, par exemple, que les déclarations pour le payement des Droits d'Aides ne peuvent être faites dans un Bureau de Traittes, ni reverfi-blement.

1569. Il eft enjoint aux Commis des Fermiers & Sous-Fermiers, de mettre en dehors fur la porte des Bureaux ou autre lieu apparent, un ta-bleau ou infcription qui indique fous une expreffion générale les Droits de la Ferme pour la recette ou controlle defquels ils font établis ; ainfi que de mettre de même en un lieu apparent un autre tableau contenant un tarif exact de tous les Droits qui fe perçoivent dans lefdits Bureaux, à peine d'amende arbitraire & de dommages & interêts des Parties.

On ne tire point à rigueur cette derniere difpofition parce qu'il y a plufieurs parties où le grand détail des Droits ne permet pas qu'on puiffe l'éxécuter.

1570. Il eft porté par le Bail général des Fermes qu'il ne fera fait au-cune aliénation ni moderation des Droits, ni établi aucune impofition par forme d'octroy ou autrement fur les marchandifes fujettes aux Droits des Fermes, foit au profit du Roi, foit en faveur des Villes, Communautés & Particuliers, ni accordé aucun privilége ni exemption des Droits, que du confentement de l'Adjudicataire, & en le dédommageant à propor-tion, & que dans le cas de diftraction de quelque partie des Droits com-pris dans le Bail, l'indemnité fera reglée fur le pied du produit de l'année qui aura précédé la diftraction.

1571. Il y eft dit que le Fermier fera de même indemnifé des pertes qu'il aura fouffertes dans le cas de guerre, ftérilité, pefte & autres éve-nemens imprévus, de ceffation ou diminution de commerce par des défen-fes générales ou particulieres & dans tous les cas de non-jouiffance des Droits portés audit Bail général, en tout ou partie.

CHAPITRE II.

DE LA JAUGE DES VAISSEAUX ORDINAIRES QUI CONTIENNENT LES BOISSONS ET LIQUEURS SUJETTES AUX DROITS D'AIDES.

1572. LEs Droits d'Aides fur les Boiffons & Liqueurs fe perçoivent fur le pied du muid de Paris, contenant 36 feptiers ou 288 pintes ; ce qui revient à 8 pieds cubes en folidité,

Pour établir la perception des Droits, il faut réduire à cette mefure commune, la capacité des Vaiffeaux qui contiennent les Boiffons ou Li-queurs fur lefquelles ces Droits doivent être perçus. Cela feroit facile fi tous ces Vaiffeaux étoient parties aliquantes ou aliquotes du muid de Paris,

DES DROITS, &c.

Arr. du C. & L.
P. des 28 Nov. &
16 Décem. 1721.

Tableaux des Droits fur la porte des Bu-reaux.
Titre commun,
Article XXXIX.

Cas d'indemnité en faveur des Fermiers.
Articles 597. &
598. du Bail de Carlier.
Articles 593. &
594. de celui de Forceville.

Idem.

Contenance du muid de Paris.

Reduction au muid de Paris.
Variation de la contenance des pieces.

c'eſt-à-dires'ils le contenoient ou y étoient contenus un certain nombre de fois juſte & ſans reſte. Au contraire non-ſeulement chaque Province, quelquefois même chaque canton a ſes meſures particulieres. Mais il arrive encore que ces meſures qui devroient être conſtantes puiſque c'eſt là-deſſus qu'eſt fondé en partie la confiance du commerce, varient dans leur contenance ſuivant les vûes & l'interêt des Marchands.

La diverſité & la variation des meſures produit, ſur tout dans la perception des Droits, beaucoup de difficultés & de conteſtations. On a voulu fixer du moins les meſures de chaque Province. Sa Majeſté à cet effet or-

donna par Arrêt de ſon Conſeil du 17 Février 1688. que Meſſieurs les Intendans des Provinces feroient aſſembler par devant eux les Juges de Police & autres Officiers avec les principaux Bourgeois, Marchands & Tonneliers des Villes principales de leur département où ſe fait le plus grand commerce de Boiſſons, en préſence des Fermiers Généraux & Sous-Fermiers des Aides, pour ſe faire repréſenter & examiner les Coutumes des lieux, les Reglemens de Police & les Statuts des Tonneliers, concernant la Jauge des Vaiſſeaux qui entrent dans le commerce, à l'effet de convenir & ſtatuer ſur leur véritable contenance ſuivant leurs differentes dénominations, pour, ſur les procès-verbaux qui en ſeroient dreſſés, & l'avis deſdits ſieurs Intendans, être pourvu par Sa Majeſté ainſi qu'il appartiendroit. Ces ſages diſpoſitions n'ont point eu de ſuite par les difficultés ſans doute inſurmontables qu'on a rencontré dans l'exécution. Ainſi les choſes à cet égard ſont toujours reſtées dans le même état; ou plûtôt, comme un deſordre auquel on ne remedie point, accroit néceſſairement, le nombre & la variation des meſures ont encore augmenté.

1573. Celles d'un uſage le plus connu, particulierement dans les Provinces du Royaume où les Aides ont cours, ſont;

SÇAVOIR,

DENOMMINATION DES PIECES.			CONTENANCES.	
LE TONNEAU....	De Bordeaux & Bayonne.........		108. Septiers.	
	D'Orléans & du Berry..........		72.	
LA PIPE..........	D'Anjou...................		62	4. Pintes.
	De Saumur................		61.	
LA BARIQUE....	De Bordeaux.	De grande jauge....	27.	
		De petite jauge....	23.	
	En Bretagne...............		30.	
LA BUSSE........	D'Anjou...................		32.	
	De Saumur................		30.	4.

DENOMMINATION DES PIECES.	CONTENANCES.	
MUID		
Orléans	38.	*Septiers.*
Bourgogne	39.	
Rapé	40.	
Bourgogne rapé	41.	
Très gros rapé Bourgogne	46.	
Gros	42.	
Gros rapé	43.	
Très gros	44.	
Très gros rapé	45.	
De Paris	37.	
DEMI-MUID		
Gros	19.	4. *Pintes.*
Rapé	20.	4.
Gros rapé	21.	4.
Très gros	22.	4.
Très gros rapé	23.	4.
De Paris	18.	4.
DEMI-QUEUE		
Orléans, Sancerre, Châlonnois	29.	4.
Beaune, Hériffé, La Chaife	30.	
Macon	28.	2.
Montigny	28.	6.
Orléans , Bourgogne	27.	6.
Chateldon & Nantes	30.	4.
Chatillon & Chatellenie	30.	6.
La Chapelle Blanche	31.	
Batarde	31.	2.
Montlouis	32.	2.
Vauvray	32.	6.
Groffe Vauvray	33.	6.
Groffe	34.	6.
Très groffe	35.	6.
Champagne , groffe	25.	$\frac{2}{3}$.
Villeneuve, Château-Thierry	24.	$\frac{2}{3}$.
Reims, Montagne	26.	
QUARTEAU		
Orléans & la Chaife	13.	7.
Beaune & Hériffé	14.	7.
Montlouis	15.	7.
Vauvray	16.	3.
Bâtard	15.	3.
Chalonnois, Bar-fur-Aube	14.	3.
Champagne	12.	$\frac{1}{3}$.
Reims, Montagne	13.	

Voilà ce que ces mesures sont reputées devoir contenir suivant leur dé-nomination ; mais elles varient & contiennent un septier ou davantage de différence suivant les cantons. On peut consulter à ce sujet l'instruction donnée en 1748. par M. Leger, Inspecteur de la Jauge aux entrées de Paris. Cette instruction est faite avec beaucoup de méthode, d'exactitude & de clarté. C'est d'elle qu'on a tiré les contenances des differentes pieces dont on vient de donner le détail.

A l'égard des pieces venant du Lyonnois, du Languedoc, d'Auvergne & des Pays étrangers, elles n'ont point de contenance déterminée.

Jauge des vaisseaux.

1574. Pour parvenir à percevoir les Droits, il est donc question de jauger, c'est-à-dire de réduire au muid de Paris la contenance de ces différens Vaisseaux. Ce qui rend cette opération difficile, est surtout la courbe que forme la cambrure des douves, parce qu'entre deux pieces de mêmes diamêtres aux fonds & à la bonde & de même longueur, celle dont la cour-bure s'éleve plûtôt en partant de chaque fond, pour parvenir jusqu'au cercle de la bonde qu'on appelle aussi bouge, a sensiblement plus de ca-pacité que celle dont les douves en partant du fond, iroient en ligne droite jusques à ce même cercle. Ainsi il ne suffit pas de connoître les diametres des fonds, celui du cercle à la bonde, & la longueur des piéces : il fau-droit encore déterminer la courbure que forme les douves dans leur lon-gueur.

Reglemens pour la contenance des vaisseaux non suivis.
Arrêt du Conseil & Lettres Patentes des 8 Déce. 1714 & 8 Avril 1715.

L'Ordonnance rendue pour le Ressort de la Cour des Aides, Titre XXII. a bien fixé l'espece de Vaisseaux dont l'usage seroit permis en Nor-mandie, & prohibé tous ceux d'une autre espece ; l'Arrêt du Conseil du 8 Decembre 1714. & les Lettres Patentes expédiées sur icelui le 8 Avril 1715. regiftrées en Parlement le 9 Mai suivant, font défenses à tous Tonnelliers & Propriétaires de Vignobles dans l'étendue des Villes & Territoire d'Auxerre, Tonnere, Chablis, Vermanton, Avalon, Joigny & Villeneuve-le-Roi, de fabriquer ou faire fabriquer aucuns muids qu'il ne contienne 37 septiers & demi pour revenir à 36. septiers de liqueur, y ayant un septier & demi pour le marc & la lie, & ordonnent que com-me les vieux muids diminuent en les reparant, ils soient réduits en demi muids.

Arrêt du Conseil du 20 Déce. 1718. Autre du 15 Mai 1725, & Lettres Paten. dudit jour.

L'Arrêt du Conseil du 20 Decembre 1718. & celui du 15 May 1725. revêtu de Lettres Patentes du même jour enregistrées en la Cour des Ai-des de Rouen, défendent à tous Tonnelliers ; sçavoir, le premier de fa-briquer des Tonneaux Boujus, c'est-à-dire extremement élevés & arrondis depuis un fond jusques à l'autre, & le second de fabriquer des Futailles appellées Vauplattes qui sont applaties par la bonde & le côté opposé, & larges par les flancs avec des fonds de figure ovale, à peine de con-fiscation desdits Tonneaux & Futailles, & de cinq cent livres d'amende ;

Arrêt du Conseil du 6 Février 1725. Autre de la Cour des Aid. de Rouen du 17 Mai de la même année.

lesdits Arrêts, celui du Conseil du 6 Fevrier 1725. & celui de la Cour des Aides de Rouen du 17 Mai suivant, portent défenses expresses à tous Tonnelliers de faire aucuns Vaisseaux d'une figure & d'une mesure extraor-dinaire & frauduleuse, & à tous Marchands & Cabaretiers de s'en servir sous les mêmes peines. Tous ces Reglemens tendent à diminuer l'irrégu-larité

larité des Vaisseaux ; mais il n'est gueres possible d'y tenir exactement la main par la difficulté de déterminer à quel point les Vaisseaux & Futailles sont dans le cas de la contravention.

DE LA JAUGE &c.

1575. Il a été donné nombre de regles pour connoître la capacité des differentes especes de Vaisseaux, & en faire la réduction ; mais ou ces regles pèchent par le peu d'exactitude, ou elles deviennent impraticables dans l'usage ordinaire par la complication & la longueur des operations qu'elles exigent. Comme cette réduction est souvent repetée, on a besoin d'une regle simple peu chargée de calculs, & qui approche de l'exactitude autant qu'il est nécessaire pour la pratique.

Methode pour les Jauges des Vaisseaux.

Pour y parvenir on a recours à des instrumens avec lesquels on mesure les dimensions des Vaisseaux, & sur lesquels sont calculés d'avance, & marqués les dégrés qui indiquent leur capacité. On peut voir dans l'instruction de M. Leger, dont on a déja parlé, la description de celui dont on se sert à Paris qui est composé de deux parties, la jauge & le Bouge, & la maniere dont on en fait usage. On se sert en Normandie d'une jauge de Ruban, accompagnée d'un Tarif, dressé à raison du pied & du pouce. Cette jauge a été approuvée par l'Académie des Sciences, & l'usage en a été autorisé par Arrêt & Lettres Patentes du 8 Mai 1742. Chaque Province a ses instrumens, & sa façon de jauger particuliere adoptée par l'usage ; ces jauges ne sont point d'une justesse géométrique qu'on ne pourroit atteindre sans de longs calculs & dont on tireroit peu d'avantage ; mais elles suffisent pour la perception des Droits, & s'il y a quelque erreur legere, elles sont faites de façon que ces erreurs sont ordinairement à la décharge des redevables.

Arrêt du Conseil & Lettres-Patentes du 8 Mai 1742, registrées le 23 Juillet audit an.

CHAPITRE III.

DES PUBLICATIONS, ENCHERES ET ADJUDICATIONS DES FERMES ET DE L'ENREGISTREMENT DES BAUX ET SOUS-BAUX.

1576. CE Chapitre, ainsi que le cinquiéme, le septiéme & le huitiéme du présent Livre n'est point particulier à la Ferme des Aides. Il est commun à toutes les Fermes des Droits du Roi.

Observation.

1577. L'Ordonnance du mois de Juillet 1581. a préscrit les formalités qui doivent être observées pour les publications, encheres, adjudications des Fermes, & l'enregistrement des Baux (a). On va rapporter ici les dispositions qu'elle contient, & celles des Reglemens postérieurs qui y ont apporté quelque changement ou quelque modification.

Adjudication des Fermes.

(a) Les principaux Reglemens sur lesquels cette Ordonnance a été redigée | sont des 27 Novembre 1648, premier Février 1662 & 11 Juin 1680.

1578. Il doit être dreffé au Confeil, fix mois avant l'expiration des Baux des Fermes, des affiches contenant les conditions, & le temps des Baux qui feront renouvellés, & les affiches doivent être envoyées en tous les Bureaux des Finances des Généralités dans l'étendue defquelles les Droits qui compofent les Fermes font perceptibles, pour y être publiées; defquelles publications les Tréforiers de France font tenus d'envoyer inceffamment leurs procès-verbaux au Confeil.

1579. Les mêmes affiches doivent être publiées au Confeil, & appofées aux lieux accoutumés, trois mois avant l'expiration des Baux, & principalement aux portes du Louvre & de la Salle du Confeil par les Huiffiers qui y fervent ordinairement, qui font tenus d'en dreffer & rapporter leurs procès-verbaux dans les derniers trois mois. La publication doit en être faite par les mêmes Huiffiers à l'Audience du Confeil, en laquelle toutes perfonnes folvables & bien cautionnées font reçues à faire les encheres par la bouche de leurs Avocats.

1580. Les affiches doivent être publiées à trois differens jours de Confeil, au dernier defquels l'Adjudication fe fait à l'extinction de la chandelle, au plus offrant & dernier enchériffeur, fauf huitaine, après laquelle les affiches doivent être publiées en l'audience du Confeil où les nouvelles encheres peuvent être reçues; & s'il ne fe trouve point d'autres Enchériffeurs, l'Adjudication, fauf huitaine, doit être & demeure purement & fimplement confirmée & le Bail expédié & délivré dans la huitaine fuivante.

1581. Il eft enjoint à l'Avocat auquel l'Adjudication aura été faite de faire fa déclaration dans les 24 heures au Greffe du Confeil, du nom de celui au profit de qui il a pourfuivi l'Adjudication, enfemble de fes cautions; lefquels font tenus de figner l'Acte de leur cautionnement au Greffe du Confeil dans les trois jours fuivans : finon le temps paffé, la Ferme doit être publiée de nouveau à la folle enchere de l'Adjudicataire & de fes cautions, & adjugée fous les mêmes conditions au plus offrant & dernier encheriffeur, fi Sa Majefté ne juge plus expédient de faire l'adjudication à celui dont l'enchere aura été couverte par la premiere Adjudication.

Il faut remarquer que dans ce dernier cas le confentement de celui dont l'Enchere a été couverte eft néceffaire, & qu'on ne peut le forcer de prendre l'Adjudication s'il n'y confent pas.

1582. Après l'Adjudication pure & fimple aucune Enchere n'eft reçue, fi elle n'eft faite par tiercement en triplant la derniere Enchere, en forte que l'Enchere courante étant de dix mille livres, celle qui fe fait par tiercement foit de trente mille livres. Ce tiercement ne peut être reçu, s'il n'eft fait au Greffe du Confeil, dans le jour fuivant l'Adjudication jufques à l'heure de huit heures du foir, & fi dans le même temps l'acte n'en a été fignifié à l'Avocat de l'Ajudicataire (a)

(a) La queftion s'eft préfentée de fçavoir fi dans le cas où l'adjudication auroit été faite la veille d'un Dimanche ou d'une Fête, cette fignification doit être faite le

1583. L'Enchere du tiercement doit être publiée de nouveau au premier jour de Conseil suivant immédiatement, & pour lors il n'est plus reçu d'autres Encheres que celles de l'Adjudicataire & de celui qui a fait le Tiercement.

1584. Toutes personnes sont reçues au Triplement du Tiercement huit jours après l'Adjudication, soit qu'elle soit faite sur le Tiercement ou non ; laquelle Enchere doit être de quatre-vingt dix mille livres sur un Tiercement de trente mille livres sur l'Enchere simple de dix mille livres. Ceux qui ont fait le Triplement du Tiercement sont tenus de le faire signifier dans la huitaine au Greffe du Conseil & dans le jour suivant à l'Avocat de l'Adjudicataire.

1585. L'Enchere du Triplement du Tiercement doit être de même publiée au premier jour de Conseil immédiatement suivant, pour être l'Adjudicataire, & celui qui aura fait le Triplement, seuls à l'exclusion de tous autres, reçus à encherir par simple Enchere, & l'Adjudication faite sur le champ sans y pouvoir revenir, ni les Adjudicataires être dépossedés de leurs Baux quelques Encheres qui soient faites, ni en quelqu'autre maniere que ce soit.

1586. Le Triplement du Tiercement ne peut être moindre que de neuf fois l'Enchere simple, quand même il n'y auroit pas eu de Tiercement fait dans les vingt-quatre heures, & doit être reçu dans la huitaine de l'Adjudication, ainsi qu'il a été dit ci-dessus.

1587. Trois jours après l'Adjudication les Adjudicataires sont tenus de donner un état certifié d'eux, des noms & surnoms de tous ceux qui y sont interessés avec les parts de chacun d'eux en vingt sols dont les sociétés sont composées, & de renouveller cet état dans les changemens qui y surviennent.

1588. Les Catholiques, Apostoliques & Romains, peuvent seuls être admis dans les Fermes & Sous-Fermes des Droits, soit comme Adjudicataires, soit comme interessés. Et il est défendu à tous autres d'y prendre part, à peine de confiscation au profit de Sa Majesté, des fonds qu'ils y auroient mis, des intérêts & des profits qu'ils en auroient reçus, dont elle abandonne le tiers pour le Dénonciateur ; de cinquante mille livres d'amende contre les Fermiers Généraux, & de dix mille livres d'amende contre les Sous-Fermiers qui les auroient admis.

1589. Il est d'ailleurs permis à tous les sujets du Roi, Catholiques, Apostoliques & Romains, d'entrer dans les Baux & sous-baux de ses Fermes, & aux Fermiers & sous Fermiers d'y associer ou interesser qui bon leur semble pour telle portion qu'ils jugent à propos, à la charge cependant par les interessés de conserver un tiers dans la part qu'ils auront

Des Adjudicat.

Idem.
Article VI.

Triplement du tiercement après l'Adjudication.
Article VII.

Idem.
Article VIII.

Idem.
Article IX.

Etat des Intéressés & de leur part dans la Ferme à fournir au Conseil.
Article XI.

Catholiques seuls admis dans les Fermes.
Article X.

Défenses à tous autres d'y prendre part à peine d'amende, &c.

Cessions des intérêts permise à la charge d'y conserver au-moins un tiers.
Arrêt du Conseil du 25 Janv. 1687, qui deroge aux Articles XII.&XVI. de l'Ordonnance de 1681.

jour même de la Fête, ou si elle peut être différée au lendemain. Par Arrêt du Conseil du 13 Juillet 1756, par rapport aux Octrois de la Ville de Melun, il a été jugé qu'un tiercement signifié le Lundy sur une adjudication faite le Samedi précédent, ne pouvoit être admis, & que le délai de vingt-quatre heures étoit de rigueur même dans ce cas.

prise dans les Baux & sous-Baux, à peine de vingt mille livres conre chaque intéressé aux Fermes générales, & de six mille livres contre les Sous-Fermiers.

Par cette disposition l'Arrêt du Conseil du 25 Janvier 1687. déroge aux Articles XII. & XVII. de l'Ordonnance de Juillet 1681. par lesquels il étoit fait défense à tous Associés de sous associer ou donner part en leurs parts à qui que ce soit, sans qu'il leur fût expressément permis par Arrêt du Conseil. On a regardé ces défenses comme contraires à la liberté nécessaire dans les traités pour augmenter le nombre de Concurrens, & porter les Adjudications à leur valeur. On a d'ailleurs conservé l'Esprit de l'Ordonnance en assujettissant chacun des intéressés à conserver un tiers dans la part qu'il aura prise, afin que cet intérêt les mette tous dans le cas de partager les soins de la régie.

Rapport de tous les profits à la masse commune. Article XIII.

1590. Il est expressément défendu aux Associés de partager séparément aucuns des profits des Fermes, comme confiscations, intérêts d'avance, indemnités, gratifications & tous autres profits de quelque nature qu'ils puissent être : & il leur est enjoint de tout rapporter dans la masse commune & dans la caisse des Fermes, pour être partagé également à la fin de chaque année.

Droits de présence & frais de Voyage. Article XIV.

1591. Il leur est néanmoins permis de prendre leurs Droits de présence & les dépenses des voyages qu'ils font par ordre de leur compagnie pour le fait de leurs Fermes.

Adjudication des Sous-Fermes faite comme celle des Fermes géné. Article XV.

1592. A l'égard des Sous-Fermes des Fermes générales, les Adjudications doivent s'en faire en présence d'un Commissaire pour ce nommé, par Arrêt du Conseil, & être données de même au plus offrant & dernier enchérisseur, après trois publications & trois remises consécutives.

Etat à fournir de même par les Sous-Fermiers. Article XVI.

1593. Les Sous-Fermiers sont pareillement tenus de donner au Controlleur général un état ou mémoire certifié d'eux, de tous les Associés en chacune de leurs sous-Fermes, avec les parts de chacun d'eux, en vingtsols dont les sociétés sont composées, & de renouveller cet état dans les changemens qui y surviennent.

Arrêt du Conseil du 25 Janv. 1687, qui déroge à l'Article XVII. de ce Titre.

1594. *Voyez* ci-devant Nombre 1589. la liberté qu'ont les Sous-Fermiers comme les Fermiers, de s'associer telles personnes que bon leur semble.

Sujets du Roi & Catholiques seuls capables des Emplois de la régie des Fermes. Article XVIII.

1595. Il est enjoint aux Fermiers & Sous-Fermiers de ne donner leurs procurations & commissions pour les Directions, Recettes, Controlles, Exercices, Emplois de Capitaines, Brigadiers, Archers & Gardes, & généralement tous autres concernant l'administration, conservation & économie des Fermes, qu'aux sujets du Roi, faisant profession de la Réligion Catholique, Apostolique & Romaine ; & défendu à tous autres de s'immiscer dans la régie des Droits, à peine de faux & de punition corporelle.

Le même article en outre faisoit défenses à tous Juges, à peine d'interdiction de les recevoir au serment, qu'ils ne rapportassent le certificat du Curé de la Paroisse dans l'étendue de laquelle ils font leur résidence, souscrit de celui qui prête serment. Mais par les Lettres Patentes du 30 Juin 1720. Cette formalité a été abrogée comme inutile, & il a été

Art. du C. du 21 Juin 1720, & Let. Patentes du 30 dudit regist. en la Cour des Aides de Paris le 2 Août suivant.

ordonné que les Commis feroient reçus fur la fimple Requête du Fer-
mier, contenant qu'ils profeffent la Réligion Catholique, Apoftolique &
Romaine.

1596. Il eft défendu aux Avocats du Confeil, de prendre part dans les Fermes générales & fous-Fermes, à peine de perte de leurs charges qui font déclarées impétrables dès l'inftant de la contravention,

1597. Les Sous-Fermiers ont la liberté de faire des arrierres-baux par Généralités, Elections, Départemens, Villes & Seigneuries; ainfi qu'ils le jugent à propos pour le bien de leur Ferme.

L'Ordonnance les défendoit, & vouloit que ceux qui prendroient les fous-Fermes des Fermiers Généraux les exploitaffent, ou par eux ou par leurs Commis. Mais on a vû par expérience que dans plufieurs parties d'un grand détail, ces arrieres-baux étoient quelques fois indifpenfables. Il y a cependant des cas où les compofitions font défendues dans les Paroiffes frontieres des Provinces. (*Voyez* Livre III. Nombre 1270.)

1598. Il eft fait défenfes expreffes aux Fermiers Généraux & Sous-Fermiers, de donner aucune gratification, penfion ni préfent, directe-ment ni indirectement pour quelque caufe & fous quelque prétexte que ce foit, fans permiffion de Sa Majefté par écrit.

1599. Sa Majefté veut que les intéreffés en chaque Ferme & fous-Ferme s'obligent à l'exécution des Articles de l'Ordonnance rapportés ci-deffus, & qu'ils en mettent l'acte entre les mains du Sécrétaire du Con-feil des Finances; par lequel acte ils doivent fe foumettre; fçavoir, les Fermiers Généraux, à la peine de cinquante mille livres d'amende, & les Sous-Fermiers à celle de dix mille livres pour chaque contravention; laquelle amende eft déclarée encourue par les contrevenans en vertu du même article, fans qu'il foit befoin qu'elle foit ordonnée par aucun Ju-gement.

1600. Les Adjudicataires des Fermes & fous-Fermes, & autres per-fonnes de quelque qualité qu'elles foient, qui font convaincues d'avoir fait des traités ou compofitions verbales, ou par écrit, ou qui par eux ou par perfonnes interpofées, & par quelque voye que ce foit, ont empêché la liberté des Encheres fimples, de Tiercement ou de Triplement, doivent être punis felon la griéveté du cas, & condamnés en une amende qui ne peut être moindre que de trois fois l'Enchere ou deux fois le Tiercement ou le Triplement qu'ils feroient convaincus d'avoir empêché : les pro-meffes à cet effet font déclarées illicites ; & il eft ordonné que l'argent, foit qu'il ait été reçu, foit même qu'il foit dû, fera donné moitié à l'Hôtel-Dieu, & l'autre moitié à l'Hôpital Général de Paris, & que ceux qui ont reçu argent ou promeffes pour ne point encherir, ou qui fe font rendus dépofitaires des promeffes ou des deniers pour être par eux délivrés après la confommation de la fraude, feront condamnés folidairement envers Sa Majefté en dix mille livres d'amende ; au payement de laquelle ils font contraignables comme pour les propres deniers & affaires de Sa Majefté.

1601. Les Encheres, Tiercemens & Triplemens dont le prix de l'Ad-

DES ADJUDICAT

Défenfes aux Avocats.
Article XIX.

Arrieres Baux autorifés.
Arr. du C. du 25 Fév. 1687, qui dé-roge à l'Art. XX. du Titre de l'Ord.

Défenfes aux Fermiers de fai-re aucun préfent gratification.
Article XXI.

Soumiffion à fournir par les Fermiers de fe conformer aux difpofitions ci-deffus.
Article XXII.
Encourue fans qu'elle ait befoin d'être prononcée.

Traités tendant à empêcher la li-berté des Enche-res défendues, amendes encou-rues en confé-quence.
Article XXIII.

judication eſt augmenté, appartiennent au Roi à l'égard des Fermes générales; & au Fermier Général à l'égard des ſous-Fermes.

1602. Les Baux des Fermes doivent être enregiſtrés aux frais des Fermiers dans les Cours des Aides & aux Greffes des Bureaux des Tréſoriers de France & des Elections, & les ſous-Baux aux Greffes des Elections ſeulement, ou des Juges inférieurs qui connoiſſent des Droits des Fermes.

1603. On ne connoît point de Reglemens qui fixent les Droits d'enregiſtremens dans les Cours des Aides; on ſe conforme à cet égard à l'uſage établi dans chacune deſdites Cours.

1604. Les frais dudit Enregiſtrement des Baux généraux aux Bureaux des Tréſoriers de France, (*a*) ſont dûs à raiſon de vingt livres pour chaque Election où les Droits d'Aides ſe levent pour tous les Officiers des Bureaux, mêmes pour les Procureurs & Avocats du Roi; & aux Elections à raiſon de dix ſols pour chaque Paroiſſe où les anciens & nouveaux Droits d'Aides ont cours, (*b*) & de moitié ſeulement en celles qui ne ſont ſujertes qu'aux nouveaux Droits, tant pour l'enregiſtrement des Baux généraux, que des ſous-Baux, pour tous les Officiers de chaque Election, y compris même les Procureurs du Roi & les Greffiers. (*c*)

(*a*) Il y a un Arrêt du Conſeil du 7 Décembre 1638, qui caſſe deux Ordonnances rendues par les Tréſoriers de France d'Orléans & de Moulins, par leſquelles ils avoient ordonné que Charrierre, Fermier Général des Aides, ſeroit tenu de rapporter dans quinzaine le Bail général, pour être enregiſtré en leur Greffe, conformément à l'Ordonnance de 1681, & qui leur fait défenſes, ainſi qu'aux autres Tréſoriers de France, de rendre de pareilles Ordonnances, ſauf à eux, après l'enregiſtrement du Bail, à ſe faire payer de leurs épices.

(*b*) Les anciens Droits, dont l'Ordonnance entend parler, ſont ceux de Gros, de Quatriéme & de Huitiéme. Les nouveaux ſont les anciens & nouveaux cinq ſols, la Subvention, les neuf livres dix-huit ſols par tonneau & autres qui ſont de beaucoup poſtérieurs aux premiers.

(*c*) Le Fermier avoit été déchargé par Arrêt du Conſeil du 4 Novembre 1710, du payement des nouveaux Droits attribués aux Offices de Receveurs & Controlleurs des Epices, pour l'enregiſtrement des Baux & Sous-Baux des Fermes, & pour les Procurations & receptions des Commis, & par l'Arrêt du 27 Novembre 1714, de ceux attribués aux Greffiers-Gardes minutes. Ces Arrêts ont été confirmés par autre du Conſeil des 27 Avril 1717 & 10 Août 1728, contradictoirement rendus. Mais le même Arrêt du 27 Avril 1717, porte que les Droits reſervés de ceux ci-devant attribués aux Offices de Receveurs & Controlleurs des Epices, qui conſiſtent en quatre ſols pour livre, ſeront payés ſur les Epices des Inſtances, Jugemens & autres Actes y ſujets concernant les Fermes, même ſur les Droits d'Enregiſtrement des Baux & Sous-Baux, & de reception des Commis ſur le pied que leſdits Droits d'Enregiſtrement & de Reception, & leſdites Epices ont été reglés par l'Ordonnance de Juillet 1681. & la Déclaration du 17 Février 1688, c'eſt-à-dire, à raiſon de dix ſols par Paroiſſe pour l'enregiſtrement des Baux, & de quatre livre pour la reception des Commis.

Lorſque les Baux ont été faits pour moins de ſix années, leſdits Droits d'Enregiſtrement ont été modérés à proportion de la durée deſdits Baux, ainſi qu'il eſt arrivé pour le Bail de Ferreau qui n'a été paſſé que pour trois années, & qui a enſuite été continué pour une quatriéme année, & pour le Bail de Carlier, dont les Droits d'Enregiſtrement n'ont été payés que ſur le pied de quatre années, attendu qu'au commencement dudit Bail il y avoit encore deux années des trois de la Régie de Cordier pour leſquelles les

1605. Les frais qu'occafionnent l'impreffion & l'envoi des Baux dans les differentes Jurifdictions font confiderables. Il n'en a été imprimé que deux depuis 1687. qui font ceux de Carlier & de Forceville. Les Droits que comprennent ces Baux font établis par des Reglemens enregiftrés dans les Cours, ou adreffés aux Intendans des Provinces pour y tenir la main. Ainfi lefdits Baux n'ont befoin d'être notifiés que pour autorifer l'Adjudicataire dans la jouiffance des Droits, & non pour en établir la perception. En conféquence le Confeil conformément au réfultat qui y eft arrêté pour l'Adjudication de chaque Bail, met par Arrêt & Lettres Patentes qui tiennent lieu dudit Bail, & qui font enregiftrées fçavoir, l'Arrêt & les Lettres dans les Cours, & l'Arrêt feulement dans les Jurifdictions, l'Adjudicataire en poffeffion des Fermes qui lui font adjugées pour en jouir fuivant les Baux précedens. Lors même que le Bail doit être enregiftré, comme l'expédition, le fceau & l'enregiftrement d'icelui, demandent du temps, & fouffrent quelques fois des retards, le Fermier obtient pareil Arrêt pour être mis en poffeffion des Fermes comprifes dans fon Bail, pour en jouir en attendant qu'il foit enregiftré. (a)

Refultat du Confeil & Lettres Patentes tenant lieu de Bail.

Droits avoient été payés. Arrêts du Confeil des 6 Octobre 1703 & 19 Octobre 1706, pour le Bail de Ferreau Autre du 17 Septembre 1709, pour la Régie d'Ifambert. Autres des 1 Octobre 1726 & 26 Septembre 1730, pour le Bail de Carlier.

(a) Voici la fuite de ces Arrêts & des Adjudicataires ou Régiffeurs des Fermes générales-unies, depuis le Bail de Fauconnet.

Arrêts de prife de poffeffion des

Bail imprimé. Fauconnet, fubrogé à Claude Boutet pour fix années................29 Juin 1680.

Idem. Charrierre pour idem, 18 Mars 1687.
Pointeau pour idem...25 Sept. 1691.
Templier pour idem...14 Mai 1697.
Ferreau pour 3. années. 18 Août 1703.
Par continuation.....10 Sept. 1707.

Régie. Isambert. Le Bail des Fermes avoit été adjugé à Ifambert par refultat du Confeil du 4 Septembre 1708; mais il fut enfuite arrêté qu'en attendant que ledit Bail eût fon exécution, la Régie en feroit faite par les Intéreffés, ce qui continua jufqu'au Bail d'Edme Bonnet, en vertu des Arrêts de prife de poffeffion des 17 Septembre 1709, 2 Septembre 1710, 6 Septembre 1712, 29 Août 1713.

Idem. Nerville par continuation. 9 Déc. 1713.
Bonnet pour fix années.. 25 Juin 1715.
Manis, fubrogé à Bonnet. 5 Octob. fuiv.
Son Bail fut refilié par Arrêt du Confeil du 28 Juin 1718.

Lambert pour fix années. 6 Sept. 1718. Son Bail fut de même refilié par Arrêt du Confeil du 27 Août 1719.

Pillavoine, pour la Compagnie des Indes pour neuf années. 1 & 23 Sept. 1719.

Cette Compagnie délibera qu'il ne feroit point fait de Sous-Ferme, & entreprit de régir par elle-même toutes les parties des Fermes. Son Bail fut encore refilié par Arrêt du 5 Septembre 1721. Il fut arrêté par le Confeil que les Fermes feroient mifes en Régie, & exploitées par une Compagnie de 40 Regiffeurs fous le nom de

Cordier............11 Janv. 1621. Regie.
Par continuation...5 Sept. fuivant. Idem.
Idem............7 Sept. 1722. Idem.
Idem............13 Juill. 1723. Idem.
Idem............19 Juin 1725. Idem.
La Régie dura jufqu'au Bail de

Carlier pour fix années. 20 Août 1726. Bail imprimé;
Desboves idem........9 Sept. 1732.
Forceville idem......1 Juillet 1758. Idem.
La Rue idem ....15 Octo. 1743.
Girardin idem.......28 Octo. 1749.
Auquel a été fubrogé
Bosquillon, par Arrêt du Confeil du 6 Mars 1751.
Henriet idem........31 Août 1756.

Procurations.
Article XXVII.

Droits d'Enregiſtrement des Arrêts de priſe de poſſeſſion & des procurations & commiſſions.

Ces Arrêts ſont rapportés dans l'obſervation ſur le N. 1605 ci-deſſus.

1606. Les Procurations pour la recette & la régie des Droits, compris dans les Baux & ſous-Baux, doivent être enregiſtrées aux Greffes des Elections.

1607. Les Droits pour l'enregiſtrement des Arrêts de priſe de poſſeſſion dans les Juriſdictions, & pour celui des procurations & commiſſions des Employés des Fermes, ſont ordinairement reglés par ces Arrêts même ; ſçavoir pour l'enregiſtrement de l'Arrêt en chaque Élection, Grenier, Chambre à Sel & Juriſdiction des Traittes pour une fois ſeulement. . . . . 20.ᵗᵗ ₲

Pour celui des commiſſions des Directeurs & Controlleurs Généraux des Fermes. . . . . 6 *(a)*

Dans les parties des Traites Gabelles & Tabac,

Pour les commiſſions & preſtations de ſerment des Employés aux viſites, recettes, entrepôts & controlle ; ainſi que pour les Revendeurs de Sel à petite meſure dans le Reſſort du Grenier de Paris 3

Pour les Revendeurs de Sel & Diſtributeurs de Tabac dans les Provinces. 1 10

Pour les Capitaines Généraux & Capitaines de Brigades. 1

Les Lieutenans de Brigades ou Sous-Brigadiers. 15

Les Gardes & Archers. 10

Dans la partie des Aides.

Pour l'enregiſtrement des Procurations des Directeurs des Aides. 6

Et pour la preſtation de ſerment des Receveurs, Controlleurs & Commis. . . . . 5 *(b)*

En ce compris les Droits du Greffier. *(c)*

Faute par les Officiers deſdites Juriſdictions d'enregiſtrer leſdits Arrêts & Commiſſions, la ſignification faite à leur Greffe, tient lieu d'enregiſtrement.

Signification au Greffe tenant lieu d'enregiſtr.
Mêmes Arrêts.

Commis reçus pour un Bail.
Arr. du C. des 19 Octob. 1715 & 21 Janv. 1718, & L. P. donn. ſur iceux le 4 Fév. ſuiv. reg. en la C. des A. de P. le 22 du même mois pour le Bail de Paul Maris. Aut. Arr. des 18 Sept. 1718 & 17 Oct. 1719, pour le B. d'Aimart Lambert. Aut. des 11 Jan. 1721, 19 Juin 1725 pour la Régie de Cordier, 20 Ao. 1726 pour le Bail de Carlier, 9 Sept. de Forceville, 15 celui d'Henriet.

1608. Les Employés à la régie & exploitation des Fermes, qui ont reçu des Commiſſions du Fermier ſortant, ou de ſes Prédéceſſeurs, & qui ont prêté ſerment, ſont autoriſés par l'Arrêt de priſe de poſſeſſion de chaque Bail, à continuer les fonctions de leur Employ pour l'exploita-

(a) L'Ordonnance de 1681, Article XXVII. du Titre cité ci-deſſus, n'accordoit que trois livres pour leſdits Droits d'enregiſtrement.

(b) La Déclaration du 17 Février 1688. Article XXII. fixoit les frais de preſtation de ſerment & de reception des Commis aux Aides à quatre livres au lieu des trois livres portées par l'Article VI. du Titre VII. de l'Ordonnance des Aides. Ils ont été fixés à cinq livres par les Arrêts qu'on vient de citer.

(c) Les Droits de petit Scel pour la reception des Commis ſe payent au Fermier du Controlle, ſur le pied de douze ſols pour chaque Sentence de reception, non compris les quatre ſols pour livre, ainſi qu'il a été arrêté par déciſions du Conſeil des 11 & 26 Juin 1729.

1732, pour celui de Desboves. Arr. du Conſ. & Lett. Paten. des 11 Août 1733 & 1 Juillet 1738 pour celui Octobre 1743 pour celui de la Rue, 28 Octobre 1749 pour celui de Bocquillon, 31 Août 1756, pour celui d'Henriet.

tion

tion de la nouvelle ferme fans être obligés de fe faire reçevoir une feconde DESADJUDICAT.
fois ni prêter nouveau ferment.

CHAPITRE IV.

DES DROITS D'AIDES, CY-DEVANT SOUS-FERME'S PAR LA FERME GENERALE, ET DE CEUX QU'ELLE SE RESERVOIT POUR LES REGIR PAR ELLE-MEME.

1609   ON a vu dans l'Introduction à la tête de ce Traité, que la Ferme *Droits ci-de-vant Sous-Fer-més.* générale des Aides faifoit anciennement une Ferme diftincte & féparée des autres Fermes du Roi. Elle y fut réunie pour la premiere fois par le Bail paffé à Rouvelin le 25 Septembre 1663. Elle en fut diftraite par les Baux faits à Dufrefnoy en 1674. & à Charriere en 1687. Elle fut réunie au Bail général des autres Fermes, paffé à Dommergue la même année 1687. avant que celui de Charriere fût expiré. Elle a continué dans les Baux fuivans, d'être jointe aux autres Fermes du Roi, fous le titre qu'on a donné à toutes enfemble de Fermes générales unies.

Les Droits que compofent la Ferme des Aides, font d'un très grand détail. Ce n'eft que par l'exactitude & la vivacité du fervice qu'on parvient à les mettre en valeur. Il ne fut pas dabord poffible à la Ferme générale de partager fes foins fur tant de parties minutieufes qui raffemblées, font un des objets les plus confiderables de fon Bail. Il lui fut d'une néceffité indifpenfable de fe décharger du foin de la régie des Aides, ainfi que de celle des Domaines qui eft peut-être encore d'un plus grand détail, pour porter toute fon attention fur les grandes parties qu'elle regiffoit par fes mains. C'eft ce qu'elle fit en divifant la partie des Aides & Droits y joints, (ainfi que la partie des Domaines) en un nombre de fous-Fermes proportionné à la nature des Droits, & à l'étendue des Provinces où ils fe perçoivent. Cependant parmi ces Droits, il y en eut plufieurs qu'elle préfera de régir par elle même, foit parce qu'ils fe trouvoient à fa portée, foit parce qu'ils font d'un moindre détail, foit pour d'autres confidérations particulieres. Mais depuis le Bail d'Henriet, commencé le premier Octobre 1756. les fous-Fermes ont été fupprimées, ou pour mieux dire, n'ont point été renouvellées, & la Ferme générale régit par elle même, les parties qu'elle avoit fous-fermées jufqu'alors, à l'exception de la marque d'or & d'argent, & des Droits fur la Bierre dans la Ville de Paris, qui ont continué d'être fous-fermés.

Malgré ce changement on a cru devoir préfenter ici la diftribution des Droits telle qu'elle étoit obfervée avant cette révolution.

II. Partie.   X

DROITS CI-DEVANT SOUS-FERMÉS.

1610. Tous les Droits qui fuivent étoient fous-fermés dans tous les Pays d'Aides, à l'exception du Plat-Pays, autrement de l'Election de Paris pour tous les Droits d'Aides qui y ont cours, & quelques autres lieux pour partie de ces Droits feulement, dont le Fermier Général s'étoit réfervé la perception, ainfi qu'on le dira dans le nombre fuivant.

Droits d'Entrée.

Sol pour livre fur les Efpeces refervées, anciens & nouveaux cinq fols, aux exceptions dont il fera parlé ci-après.

Subvention à l'entrée.

Infpecteurs aux Boiffons & aux Boucheries, à l'exception des Droits d'Infpecteurs aux Boucheries dans la Ville & Comté d'Auxerre, & dans la Ville & Election de Bar fur Seine, qui ont acquis lefdits Droits, & ont été confirmées dans la propriété d'iceux ; & aux exceptions ci-après pour les cas où ces Droits étoient régis par la Ferme générale.

Controlle fur les Bierres fabriquées ou amenées dans les Pays d'Aides & Droits des Effayeurs defdits Bierres dans Paris, dans laquelle Ville l'un & l'autre Droit eft fous-fermé à la Communauté des Braffeurs : ce qui fubfifte encore malgré la fuppreffion des fous-fermes.

Entrées fur les Eaux-de-vie en Picardie.

Neuf livres dix-huit fols par Tonneau fur le Vin en Picardie.

Jauge - Courtage à l'entrée des Villes & Bourgs en Normandie.

Premiere moitié des Octrois des Villes.

Subvention & fubfiftance des Villes.

Entrées particulieres des Villes de Rouen, Dieppe & du Havre, à l'exception des neuf livres par Tonneau, & des Droits de Riviere.

Vin étranger entrant à Lyon.

Cloifon d'Angers.

Pied Fourché dans l'étendue du Cotentin.

Suifs & Chandelle dans la Ville & Banlieue de Paris.

Droits a la vente en Gros.

Gros & augmentation.

Jauge-Courtage, aux exceptions ci-après.

Courtiers - Jaugeurs, aux exceptions ci-après.

Sol pour livre fur le Poiffon de mer, aux Côtes de Normandie & Picardie.

DROITS DE LA VENTE EN DÉTAIL.
- Huitiéme.
- Quatriéme.
- Subvention au détail.
- Sol pour pot en Picardie.
- Jauge-Courtage au détail.
- Impôts & Billots en Bretagne.
- Vingt-Quatriéme d'Angoulême.
- Annuel.

DROITS JOINTS A LA FERME DES AIDES.
- Marque d'or & d'argent. Cette partie a continué d'être fous-fermée, & eft réunie à celle des Suifs. L'une & l'autre font entre les mains des Intéreffés en la manufacture de Porcelaine établie à Sévres.
- Marque des fers.
- Formule, excepté dans la généralité de Paris & l'Election d'Auxerre.

Ces Droits étoient divifés en feize fous-Fermes.

SÇAVOIR,

Généralité de Paris, Ville & Election exceptée.
Amiens & Soiffons.
Châlons & Election de Bar fur Seine.
Rouen.
Caen.
Alençon.
Orléans.
Lyon, Bourges & Moulins.
Poitiers & la Rochelle.
Tours.
Marque d'or & d'argent.
Marque des fers.
Infpecteurs aux Boucheries dans les Généralités de Metz & Grénoble, & Province de Rouffillon.
Suif & Chandelle à Paris.
Bierres à Paris.
Impôts & Billots & Formule dans la Province de Bretagne. *Ils ont été aliénés depuis à la Province. Voyez Nombre 1385.*

1611. DROITS QUI ONT TOUJOURS ÉTÉ REGIS PAR LA FERME GENERALE.

Droits d'Aides dont la Ferme Générale fe refervoit la perception.

Elle fe refervoit, par les Baux des fous-Fermes, la perception de ces Droits.

ENTRÉES DE PARIS. Sur les Boiffons.
       Sur le Beftial.
       Sur le Bois.
       Sur les Cendres, Soudes & Gravelées, Domaine,

Barrage & Poids le Roy.

Les Droits de Controlle & des Effayeurs fur la Bierre dans Paris, font fous-fermés à la Communauté des Brasseurs.

ANNUEL DANS PARIS.

DROITS D'ENTRÉE, DE GROS ET DE DÉTAIL dans l'étendue du Plat-Pays de Paris.

ANCIENS ET NOUVEAUX CINQ SOLS ET NEUF LIVRES DIX-HUIT SOLS PAR TONNEAU. Sur les Vins venans par mer dans les Villes de Calais, Ardres, Guignes, Boulogne & Etaples, lefquels Droits font réunis dans ce cas à la Ferme des Droits d'Entrée & de Sortie du Royaume.

INSPECTEURS AUX BOISSONS, ET AUX BOUCHERIES ET COURTIERS JAUGEURS. 1°. Dans la Ville & les Fauxbourgs de Lyon. 2°. Dans la Ville de Selle, dépendans de la Généralité de Bourges. 3°. Dans la Ville Election d'Angoulême, & autres lieux dépendans de la Généralité de Limoges.

GROS DANS VILLE ET COMTÉ D'AUXERRE. Les Droits d'augmentation fur le Gros, les anciens cinq fols, les Droits de Détail & d'Annuel dans ladite Ville & Comté, ne font point dans la main du Roi : ils ont été engagés à la Maifon de Bouillon en 1649. Ces mêmes Droits dans la Paroiffe de Seignelay & le petit Moneteau, ont été retrocedés par le Duc de Bouillon à M. Colbert, & appartiennent actuellement à M. de Luxembourg. Les Droits de Courtiers-Jaugeurs & d'Infpecteurs aux Boiffons dans ladite Ville & Comté d'Auxerre, faifoient partie de la fous-Ferme de la Généralité de Paris. On a dit ci-devant que les Droits d'Infpecteurs aux Boucheries appartiennent à la Ville.

JAUGE-COURTAGE. 1°. Dans les Elections d'Auxerre & Vezelay. 2°. Dans le Fauxbourg de la Guillotiere dépendant de la Ville de Lyon; lefdits Droits étant abonnés pour ladite Ville & les autres Fauxbourgs. 3°. Dans la Ville, Fauxbourgs & Franchife de Chartres, fur les Boiffons qui y font entrepofées ou vendues pour être tranfportées ailleurs. 4°. Sur les Boiffons venans des Pays d'Aides où le Gros n'a point cours, ou des Pays exempts d'Aides, & entrant par les Bureaux établis par le Fermier Général, à la charge par lui de rendre aux Sous-Fermiers, le montant des Droits perçus dans ce cas fur les Boiffons qui feront deftinées pour des lieux fujets au Gros, dépendans de leur fous-Ferme, & 5°. fur les Boiffons fortant des Pays où le Gros a cours pour quelque deftination que ce foit. (a)

NEUF LIVRES PAR TONNEAU en Normandie.

SUBVENTION PAR DOUBLEMENT.

QUARANTE-CINQ SOLS DES RIVIERES.

____

(a) Il y avoit encore une referve dans les Baux des Sous-Fermes, à l'égard des Droits de Gros & augmentations fur les Vins venant des Pays exempts du Gros, paffant dans l'étendue des Provinces fujettes à ce Droit, pour être tranfportés dans la Province de Normandie ; mais cette referve n'a plus d'application, attendu que la perception defdits Droits, dans ce cas, a été fupprimée par Arrêt du Confeil du 13 Mars 1753. (930.) aux conditions portées par ledit Arrêt.

CHAPITRE V.

DES PRIVILEGES DES FERMIERS ET SOUS-FERMIERS.

1612. Chaque Fermier ou Sous-Fermier, entrant, a la liberté d'entretenir ou réſilier les baux à loyer des maiſons & emplacemens, qui ont été occupés par leurs prédéceſſeurs, les abonnemens, traités & marchés qu'ils peuvent avoir faits; ainſi que de régir ou ſous-fermer les Droits dépendant de leurs Fermes, comme ils le jugent à propos.

Faculté accordée au nouveau Fermier d'entretenir ou de reſilier les Baux des maiſons.
Arrêt de Priſe de ceux des premier

Poſſeſſion. La datte en eſt rapportée ci-deſſus dans l'obſervation ſur le Nombre 1607. Voyez entr'autre Juillet 1738, 15 Octobre 1743 & 28 Octobre 1749.

1613. Il eſt permis au Fermier de faire conſtruire telles Barrieres, Clôtures, Bureaux & Foſſés, & en tel lieu que bon lui ſemble pour la ſûreté & la perception des Droits, à la charge que leſdits Bureaux ne ſeront que de la Grandeur néceſſaire à ſon uſage. Il peut en conſéquence prendre l'emplacement qui lui eſt néceſſaire en en payant la valeur au Propriétaire de gré à gré, ou à dire d'experts. Il eſt même autoriſé à prendre, ſoit à Paris, ſoit dans les autres Villes & lieux du Royaume, telles maiſons qu'il juge néceſſaires pour y établir des Bureaux de Recette, (à l'exception cependant des maiſons occupées par les Propriétaires,) en en payant le loyer ſur le pied des Baux, & aux mêmes clauſes y portées, à la charge, par les Propriétaires, d'affirmer que leſdits clauſes ſont ſinceres & véritables, & s'il n'y a point de Bail, à dire d'experts, ſans que le Fermier ni les Propriétaires ſoient tenus d'aucune indemnité envers les locataires pour raiſon de déplacement ou autre.

Il peut faire conſtruire telles Barrieres, Bureaux, &c. que bon lui ſemble.
Bail de Legendre, Article 199.
Bail de Carlier, Article 565.
Bail de Forceville Article 557.
Arr. du C. des 15 Sept. & 17 Nove. 1722, 23 Ao. 1723, 24 Av. & 31 Juill. 1725, 16 Jan. 1731, 12 Sept. 1741, 2 Sept. 1745, 20 Février 1753.

Sa Majeſté a évoqué à ſon Conſeil, tous les procès mus ou à mouvoir pour raiſon des maiſons ſervant de Bureaux pour la régie des Fermes en quelque Cour & Juriſdiction qu'ils ſoient portés.

Connoiſſance des conteſtations.
Arrêt du Conſeil du 15 Déce. 1722.

1614. On a parlé, Livre III. Nombre 1269. de ce qui concerne la faculté qu'a le Fermier, dans certaines circonſtances, de réſilier ou de continuer les abonnemens faits avec les Redevables des Droits.

1615. Les Fermiers des Droits ont contre les Sous-Fermiers les mêmes Actions, Privileges, Hypoteques, Droits de contrainte & pourſuite

Droits des Fermiers.
Ordon. du mois de Juil. 1681, Ti. commun Art. IV,

dont Sa Majesté peut se servir contre lesdits Fermiers. (*a*)

1616. Sa Majesté veut cependant que leurs Droits & actions soient préscrites par le temps de cinq années, à compter du jour de l'expiration des Baux.

1617. Les instances par eux intentées sont sujettes à peremption, comme entre les autres sujets du Roi, s'il n'y a interruption.

1618. Lesdits prescriptions & peremptions n'ont plus lieu lorsque le Roi se trouve partie comme exerçant les Droits des Fermiers ses Débiteurs.

1619. Les mêmes Privileges & Actions accordés au Fermier contre les

(*a*) L'Hypotéque de Sa Majesté sur les biens de ceux ayant le maniement de ses deniers, a été reglée par l'Edit d'Août 1669, regiſtré en la Chambre des Comptes & en la Cour des Aides le 13 dudit mois. Il porte,

ARTICLE PREMIER.

Que Sa Majesté aura la préférence aux Créanciers des Officiers comptables, Fermiers Généraux & Particuliers, & autres ayant le maniement de ses deniers qui en seront redevables, tant sur les deniers comptans, que ceux qui proviendront de la vente des meubles & effets mobiliaires sur eux saisis sans concurrence ni contribution, nonobſtant toutes saisies précédentes, à l'exception cependant des frais funeraires de Juſtice & autres Priviléges, des Droits du Marchand qui reclame sa marchandise dans les délais de la Coutume, & du Propriétaire des Maisons des Villes sur les meubles qui s'y trouveront pour six mois de loyer.

III.

Entend Sa Majesté avoir aussi le même privilége sur le prix des immeubles acquis depuis le maniement desdits deniers, néanmoins après le Vendeur & celui dont les deniers auront été employés dans l'acquisition, & dont il sera fait mention sur la minutte & expedition du Contrat : ce qui doit avoir lieu à l'égard des Offices de toute nature, nonobſtant toutes Coutumes & usages contraires auxquels Sa Majesté deroge.

IV.

Sur les immeubles acquis avant le maniement des deniers de Sa Majesté, Elle aura hypotéque du jour des provisions des Offices comptables, des Baux des Fermes ou des Traités & des Commissions ; & sur les Offices non comptables ou Offices comptables du Chef desquels il ne sera rien dû, après le Vendeur & celui qui justifiera d'un emploi comme dessus, Sa Majesté entrera en contribution sur le reſte du prix avec les autres Créanciers, même les opposans au Sceau, encore qu'il y eût aucune opposition faite au nom de Sa Majesté au Sceau des Provisions.

V.

Tout ce que dessus doit avoir lieu nonobſtant les oppositions & actions des Femmes séparées de leur mary, à l'égard des meubles trouvés dans la maison d'habitation du mari qui n'auroit appartenu à la femme avant le mariage, même sur le prix des immeubles acquis par elle depuis la séparation, s'il n'eſt juſtifié que les deniers employés en l'acquisition lui appartiennent légitimement.

VI.

Ordonne Sa Majesté que les biens immeubles des Comptables qui se trouveront redevables envers Elle, & leurs Offices de toutes natures, qui seront saisis réellement, soient decretés, adjugés, & l'ordre & la diſtribution du prix fait aux Cours des Aides, séantes ès Villes où les Chambres des Comptes sont établies & dans le reſſort desquelles le Comptable aura exercé.

Le reſte des dispositions de cet Edit regarde les Procédures à faire pour parvenir au decret & à la vente des immeubles & Offices des Créanciers de Sa Majesté,

Sous - Fermiers ont lieu en faveur des uns & des autres contre leurs Commis.

1620. Tout Affocié dans les Fermes ou autres affaires & traités, contraints par corps au payement d'une dette de la fociété, peut exercer pour fon remboursement la même contrainte contre chacun de fes Affociés en particulier pour fa part & portion, après néanmoins en avoir obtenu la permiffion des Juges qui en doivent connoître, auxquels il eft enjoint de la prononcer fans qu'il foit tenu d'obtenir de Sa Majefté aucune fubrogation en fes Droits.

Cette difpofition ne fait qu'interprêter & confirmer l Article V. du Titre 34. de l'Ordonnance de 1667, qui porte la contrainte par corps pour les deniers & affaires de Sa Majefté. On ne peut regarder dans la queftion préfente, autrement que comme affaire de Sa Majefté, la créance d'un intéreffé dans fes Fermes vis-à-vis de fes Affociés pour raifon de la fociété.

1621. Lorfque les Procureurs & Commis des Fermiers font en demeure de compter ou de payer, lefdits Fermiers ont la faculté de décerner contre eux leurs contraintes en vertu defquelles ils peuvent être conftitués prifonniers fans qu'ils puiffent être reçus au bénéfice de ceffion.

C'eft ici un des cas où l'on peut faire l'application de l'Article XIII. du Titre commun, qui porte en général, que nul de ceux qui font contraignables par corps au payement des Droits du Roi, ne fera reçu au bénéfice de ceffion. (a)

1622. On n'a point égard à la minorité ni aux Lettres de refcifion prifes en conféquence lorfqu'il s'agit de deniers Royaux, foit à l'égard des Commis rélicataires, ou en demeure de compter, foit par rapport aux cautions defdits Commis.

1623. Les Gîtes & Géolages des prifonniers arrêtés à la Requête des Fermiers pour fraude ou payement des Droits, ne font point à la charge defdits Fermiers. Il eft fait défenfe aux Géoliers de les exiger d'eux, à peine de mille livres d'amende (fauf aux Géoliers à fe pourvoir fur les biens des prifonniers) ainfi que de retenir pour lefdits Gîtes & Géolages aucune partie des fommes qui leur font confignées pour les alimens des prifonniers, à peine de trois cens livres d'amende, même d'être pourfuivis extraordinairement. Il a été décidé par Arrêt du Confeil du 22 Février 1710, que le Fermier ne feroit tenu de fournir que le pain aux prifonniers détenus pour fraudes & malverfations.

(a) La Jurifprudence ne paroît point fixée fur la queftion de fçavoir fi un Débiteur peut être arrêté dans fa maifon pour deniers Royaux fans qu'il foit befoin, comme dans les affaires entre particuliers, de conftater par des Procès-Verbaux qu'il ne fort que les Fêtes & Dimanches. Cette queftion paroîtroit décidée pour l'affirmative par l'Ordonnance de 1667, qui en abrogeant les Contraites par corps pour dettes ordinaires, en a excepté les deniers du Roi. Or avant cette Ordonnance on arrêtoit les Débiteurs dans leurs maifons. Cependant l'ufage contraire eft établi, & les Cours ont invalidé de pareils emprifonnemens. Voyez l'Arrêt de la Cour des Aides de Rouen du rendu en faveur du Directeur des Aides de Conches qui avoit été arrêté dans fa maifon pour un debet.

Contraintes par corps contre un Affocié pour dette de la Société.
Déclaration du 13 Juin 1705, regift. en la Cour des Aides le 27 dudit.

Contraintes par corps décernées par les Fermiers contre leurs com.
Art. XII. du même Titre commun.

Bénéfice de ceffion n'a point lieu.

Arrêt du Confeil du 28 Fév. 1696, & Arr. de la Cour des Aides de Paris du 14 Déce. 1742.

Gîtes & Géolages des prifonniers ne font point à la charge du Fermier.
Arrêt du Confeil du 23 Janv. 1691, confirmé par autres des 20 Juin 1693, 17 Juin 1710, 1 Août 1711 & 11 Janv. 1729.
Arrêt de la Cour des Aides du 20 Décembre 1707.
Réglement de la Cour des Aides du 30 Mars 1706.
Arrêt du Confeil du 22 Fév. 1718.

DES PRIVILEGES.

Article XV. du Titre commun.
Arr. de la C. des Aides de Paris du 5 Mai 1747.

Pieces à communiquer au Caissier général du Fermier avant de faire contre lui aucune exécution.
Arrêts du Conseil des 12 Octo. 1588, 13 Mai 1698, 22 Mars 1707 & 7 Octobre 1710.
Autre du 9 Janv.
Autres des 31

Exploits de saisie & opposition.
Arr. du C. du 4 Av. 1699. & L. P. expediées sur icelui, regist. le 30 du même mois.
Arr. du C. des 20 Mars 1708, 14 Août 1717 & 3 Mars 1739, 6 Décembre 1757.

Arrêt du Conseil du 27 Sept. 1712.

Droits de présence non saisissables.
Arrêt du Conseil du 28 Juin 1710.

Décl. du Roi du 20 Jan. 1699. reg. au Parl. de Paris le 13 Avril suivant.
Arr. du C. du 12 Juin 1717, rendu en exécution.

Fermiers non recevables 6 mois après l'expiration de leur Bail.
Art. 34. du T. com.

Peremption d'instance.
Décla. ci-dessus du 20 Janv. 1699.

1624. Les Créanciers des Fermiers & Sous-Fermiers ne peuvent saisir entre les mains de leurs Receveurs ni des Redevables des Droits, ce qu'ils en doivent, à peine contre les saisissans de dommages & intérêts envers le Fermier.

1625. Les Contraintes, Sentences, Jugemens & Exécutoires, concernant les affaires des Fermes de Sa Majesté ne peuvent être mis à exécution contre le Fermier ou ses cautions, que les pieces n'ayent été remises entre les mains du Caissier général des Fermes, qui doit en donner sa reconnoissance au pied des commandemens ou procès verbaux des Huissiers, pour être lesdites pieces communiquées aux cautions, & ensuite remises au plûtard dans la huitaine du jour qu'il s'en sera chargé, à peine contre les Huissiers & Sergens d'interdiction de leur Charge, de trois mille livres d'amende, de dommages & intérêts, & de nullité des Exploits.

1717 qui ordonne l'exécution des précédens à l'égard du Fermier du Bail courant & de ses Successeurs. Janvier 1741, 10 Juillet 1744 & 6 Décembre 1757, rendus en exécution.

1626. Les Exploits de saisie, opposition ou empêchement à la délivrance des sommes assignées sur les Fermes suivant les Etats du Roi, ou pour remboursement des avances des Intéressés auxdites Fermes & de toutes autres Charges & dépenses concernant la régie, doivent être visés & paraphés par le Caissier général desdits Fermes, & cela afin de pourvoir à la sûreté des Créanciers desdits Intéressés ou Employés dans les Etats du Roi, & les mettre à portée de connoître les oppositions antérieures, ainsi qu'il a été ordonné pour les oppositions entre les mains du Garde du Trésor Royal.

La même disposition doit être exécutée pour ce qui regarde les Exploits de saisie & oppositions faites entre les mains des Caissiers des sous-Fermes.

1627. Les Droits de présence des Fermiers & Sous-Fermiers ne peuvent être saisis par leurs Créanciers, à peine de dépens, dommages & intérêts & de trois cens livres d'amende contre les Huissiers qui en auroient fait la saisie.

Ceci est conforme à l'Article XIV. du Titre commun, concernant les appointemens des Commis, rapporté ci-après Nombre 1653. Les Droits de présence doivent être mis dans la même classe.

1628. Il ne peut plus être fait aucune demande en justice aux Fermiers pour restitution de Droits, loyers de Bureaux, appointemens de Commis, vacations d'Officiers en titre, deux ans après l'expiration de leur Bail, à moins qu'il n'y ait cédule ou obligation de leur part, ou Sentence rendue contre eux au profit des Demandeurs.

1629. Les Fermiers, d'un autre côté, ne sont plus recevables à former aucune demande pour raison des Droits contre les Redevables, six mois après la Ferme ou sous-Ferme finie, à moins qu'il n'y ait Exploit controllé auparavant, condamnation, promesse ou obligation passée à leur profit.

1630. Les instances intentées contre eux pendant le cours de leur Bail ou dans les deux années après son expiration, sont sujettes à peremption

comme

comme à l'égard des autres sujets du Roi s'il n'y a interruption.

1631. Ils font déchargés de la repréfentation des Regiftres de recette & autres fervant à l'exploitation de leur Ferme, dix ans après l'expiration des Baux.

Difpenfe de la repréfentation des Regiftres. Même Déclarat.

1632. Ils font de même difpenfés de les produire en juftice lorfque quelqu'un de leur intereffés a des conteftations avec les Créanciers ou autrement, mais ils ne peuvent en refufer la communication fans déplacer.

De les produire enfuite. Arrêt du 18 Septembre 1731.

Arrêts de la Cour des Aides de Paris des 25 Janvier 1735, 31 Août 1736 & 21 Février 1739. Arrêts du Parlement de Paris des 24 Janvier 1741 & 14 Juin 1746.

1633. Les Fermiers & Sous-Fermiers ne font point obligés, lorfqu'ils font dans le cas de fe pourvoir au Confeil en caffation des Arrêts & Jugemens contradictoires rendus en dernier reffort, de configner la fomme de quatre cent cinquante livres, portée par l'Article LXII. du Reglement du 3 Janvier 1673. Ils en ont été déchargés fur le fondement que cette confignation qui a pour objet d'empêcher les inftances témeraires, ne peut regarder celles qui font entreprifes pour la confervation des Droits du Roi.

Fermiers difpenfés de la confignation de l'amende pour fe pourvoir au Confeil. Arrêt du Confeil du 23 Déce. 1673.

1634. Après l'expiration du Bail, le Fermier ni fes cautions ne peuvent être affignés qu'en leur domicile à Paris, ni traduits ailleurs qu'en la Cour des Aides, pour raifon des affaires des Fermes qui concernent leur Bail, à peine de nullité de toutes affignations & procedures qui pourroient être faites ailleurs.

Privilége de ne pouvoir être affignés qu'en leur domicile à Paris, ni traduits ailleurs qu'en la Cour des Aides. Arr. du C. des 1 Décem. 1693, 31 Mars 1699,29 Av. 1704, 22 Octobre 1709, 28 Octobre 1710, 22 Sep. 1711 20 Mars 1717, 23 Juill. 1720, 2 Jan. 1722, 9 No. 1728, 11 Nov. 1732, 5 Nov. 1737,3 Mars 1739 & 24 Novembre 1744.

Ils ne jouiffent point de ce Privilége comme inhérent à leur place, mais Sa Majefté veut bien le leur accorder par Arrêt de fon Confeil qu'ils obtiennent fur Requête à la fin de chaque Ferme. Leur domicile pendant l'exploitation d'icelle, eft naturellement élu dans les Bureaux où ils ont des Commis chargés de leur procuration, mais après la Ferme expirée, ces Bureaux paffent ou font cenfés paffer à ceux qui leur fuccedent. Il leur feroit fort à charge d'avoir de nouvelles procurations dans toutes les Jurifdictions où ils peuvent être attaqués. D'ailleurs toutes les pieces qui concernent la régie s'apportent à Paris, où il eft befoin de les raffembler pour dreffer les comptes, & ce n'eft que fur ces pieces que peuvent être difcutées les demandes qui leur font faites.

Le même privilége leur a été accordé, en demandant, contre les Receveurs & autres Employés en cas d'appel ou d'oppofition de leur part, aux contraintes décernées contre eux pour le payement de leurs débets ou rétabliffement des parties rayées ou autrement.

Même privilége en demandant contre les Receu. Arrêts du Confeil des 4 Juillet 1702 & 15 Mars 1707.

1635. Le Fermier n'eft tenu de compter du prix de la Ferme par Etat au Confeil, que deux ans après l'expiration de chaque année, & en la Chambre des Comptes, qu'après la troifiéme expirée, ni contraint d'en payer le prix qu'en vertu de contraintes décernées au Confeil.

Comptes. Bail de Carlier, Art. 509. Art. 596. de celui de Forceville. Décl. du 16 Mars 1728, regiftrée en la Chambre des Comptes le 15 Juillet de l'année fuivante.

Les comptables, fuivant l'Edit d'Août 1669. n'ont qu'un an pour compter par Etat au Confeil; mais ce délai ne fuffiroit pas aux Adjudicataires des Fermes, à caufe des charges locales, frais de Juftice & autres dépen-

II. Partie.　　　　　　　　　　　　　Z

Conseil seul competent pour ce qui concerne l'exécut. des Baux.
Arrêt du Conseil du 27 Mars 1683.

Exemption de la Taille, &c.
Ordon. du mois de Juillet 1681, T. commun, Art. XI.
Arrêt du Conseil du 9 Avril 1726, rendu en exécut.

Déclarés ne point deroger.
Arrêt de la Cour des des Aides du 22 Décemb. 1676.
Arrêt du Conseil du 25 Fév. 1720.

Décharges de toutes recherches de Chambres de Justices.
Edit d'Aout 1669 Article XLIII.
Déclaration du premier Décembre 1711. Autre du 17 Mars 1717, Articles I. & IV. Autre du 29 Octobre 1718.
Arrêts de la Cour des Aides de Paris des 15 Avril 1720 & 23 Août 1721, rendus en execution.
Bail de Carlier, Article 603.
Bail de Forceville, Article 600.

ses dont il ne peut rassembler & mettre en ordre les pieces justificatives que longtemps après chaque année d'exercice.

1636. Toutes les affaires qui regardent l'exécution des Baux vis-à-vis de Sa Majesté, ou celle des Sous-Baux contre le Fermier ou Sous-Fermier comme indemnités, diminutions du prix du Bail & autres, ne peuvent être portées qu'au Conseil, & il est défendu aux Cours des Aides d'en prendre connoissance.

1637. Les Fermiers & Sous-Fermiers jouissent de l'exemption de tutelle, curatelle, logemens de gens de guerre & autres charges publiques. Ils sont aussi exempts de taille, lorsqu'ils n'y ont pas été compris avant leurs Fermes, & en cas qu'ils y ayent été imposés avant lesdites Fermes, leur imposition ne sçauroit être augmentée, si ce n'est à proportion des immeubles qu'ils auront acquis depuis, ou en cas de trafic.

1638. Les Nobles ne dérogent point par la qualité de Fermiers ou Sous-Fermiers des Droits du Roi, ou de Commis employés dans ses Fermes. (a) Non-seulement il n'y a point de Loy qui porte cette dérogeance, & cela suffiroit ; mais differens baux des Fermes vérifiés dans les Cours, ceux entr'autres de Duhamel & de Martinant, l'Arrêt de la Cour des Aides du 22 Decembre 1676. rendu les Chambres assemblées en faveur des Commis des Gabelles, l'Arrêt du Conseil du 25 Février 1720, qui permet aux Nobles de prendre à ferme les biens des Princes du Sang, (*& à minori ad majus*) ont autorisé & confirmé cet usage.

1639. Les Adjudicataires des Fermes & leurs Sous-Fermiers ont été constamment déchargés par les Baux & par nombre d'Edits & Déclarations de toutes recherches de Chambres de Justice & de toute espece de taxe pour raison desdites Fermes, à la charge par eux de ne s'intéresser directement ni indirectement dans les marchés, fournitures, entreprises & affaires extraordinaires de Finance de quelque nature qu'elles soient.

1640. Pour ce qui concerne les privileges du Fermier par rapport au recouvrement des Droits. *Voyez* ce qui a été dit Nombre 826. & suivans, 1253. & suivans.

Pour la faculté qui lui est accordée de vendre des Eaux-de-vie. *Voyez* Livre II. Nombre 957.

On fera mention ci-après au Chapitre XII. touchant les procedures, de l'exemption des Droits reservés dont il jouit pour les expéditions des Greffes concernant les Fermes.

(a) Chez les Romains de qui nous avons pris la plûpart de nos usages & de nos loix, ceux qui étoient chargés de la levée des Impositions, connus sous le nom de Publicains, tenoient leur rang dans les premiers Ordres de la Republique, & avoient l'entrée facile aux dignités & même au Consulat. On sçait que les Publicains étoient pour l'ordinaire du Corps des Chevaliers. Vejentanus, suivant Titelive, au commencement du vingt-cinquiéme Livre de ses Décades obtint le commandement des troupes Romaines, quoiqu'il n'eût paru d'abord qu'en qualité de Publicain.

CHAPITRE VI.

DES COMMIS EMPLOYE'S A LA REGIE DES AIDES.

§. I.

De la nature des Emplois & des principales fonctions qui y font attachées.

1641. CE qu'on dira dans ce §. feront des définitions plûtôt qu'une inftruction. Il y a nombre de détails qui ne s'apprennent point ou s'apprennent mal par la Théorie. La fcience de ces détails ne peut être que le fruit de l'attention & de l'intelligence qu'on apporte dans la pratique. *Objet de ce Paragraphe.*

1642. Il y a dans chaque Election pour la régie des Aides fix efpeces d'emplois ordinaires. *Emplois des Aides.*

SÇAVOIR,

Directeur.
Receveur Général.
Receveurs particuliers & Buraliftes.
Controlleurs fédentaires.
Controlleurs ambulans à pied & à cheval.
Commis aux Exercices à pied & à cheval.

Il y a de plus dans quelques Elections où le travail eft confiderable, comme dans le plat Pays de Paris, des Infpecteurs auxquels les Controlleurs font fubordonnés, mais dont les fonctions font les mêmes & particulierement de veiller fur le travail de ces derniers.

FONCTIONS DU DIRECTEUR.

1643. Le Directeur eft chargé de la procuration du Fermier. L'acte de procuration défigne l'étendue & les bornes de fes pouvoirs : on en joindra ci-après un modele. *Fonctions du Directeur.*

Ses fonctions font de repréfenter fes Commettans en tout ce qui regarde la régie, de conduire & d'éclairer les Employés qui lui font fubordonnés, de refoudre leurs difficultés, d'inftruire particulierement les Commis aux Exercices, & de les exercer fur la connoiffance des Reglemens & la rédaction des Procès-verbaux, de faire faire les Inventaires, de conftater les produits, d'en envoyer les Etats à la Compagnie, de tenir Regiftre pour fervir de Controlle au Journal de recette & dépenfe du Receveur général de l'Election, de veiller à la reddition des comptes dudit

Receveur, des autres Receveurs & Buralistes, des Commis aux Aides chargés du recouvrement, (Nombre 1677, & suivans où l'on rapportera des modeles de ces comptes,) de décerner les contraintes pour le payement des Droits, & de faire les poursuites nécessaires contre les Redevables, enfin de donner le mouvement & de conserver l'ordre dans toutes les parties de la régie, de faire de temps à autres des tournées dans l'étendue de sa direction pour découvrir ce qui pourroit y être contraire, & de rendre compte à ses commettans par une correspondance exacte & suivie de ses operations & de leurs résultats.

Il est d'usage que les Directeurs fournissent à chaque Tierce composée de deux mois, au plûtard dans la quinzaine de l'échéance d'icelle, l'état de produit des Droits de leur direction, & sur la même feuille un bordereau de recette & dépense, & de plus un autre état des procès-verbaux de fraude, accommodés, indécis ou jugés depuis l'état fourni pour la tierce précédente.

Ils sont aussi chargés d'envoyer tous les trois mois à leurs commettans le tableau des employés de leur Direction, avec des nottes sur les qualités, le travail, les mœurs & la conduite de chacun d'eux.

L'acte par lequel ils sont chargés de la procuration du Fermier se dresse ordinairement dans la forme suivante.

Pardevant .... Conseillers du Roi, Notaires au Châtelet de Paris, soussignés fut présent................ Fermier des Aides & Droits y joints de la Généralité de .... demeurant à Paris rue de .... Paroisse de .... lequel a fait & constitué son Procureur général, & spécial le sieur..... .... auquel il donne pouvoir de, pour lui & en son nom, faire (ou continuer, si c'est un nouveau Fermier) la regie & administration des Droits d'Aides & Formule de la Ville & Election de .... conformément aux Ordonnances des mois de Juin 1680. & Juillet 1681. Etats & Tarifs arrêtés au Conseil, Edits, Déclarations, Arrêts & Reglemens de Sa Majesté, & tout ainsi que le Fermier du Bail fini le .... en a bien & dûement joui ou dû jouir, établir les Commis qui lui seront envoyés par la compagnie des cautions dudit sieur constituant & les revoquer suivant les ordres d'icelle. Faire compter les Receveurs & Commis de la recette & du maniement de tous les Droits qu'ils auront reçus dans l'étendue de ladite Election ; allouer ou débattre les articles de leurs comptes, tant en recette que dépense & reprise ; au refus de compter ou de payer les debets de leurs comptes, les contraindre par les voyes ordinaires & accoutumées pour les deniers & affaires de Sa Majesté ; comme aussi de faire à l'égard des particuliers redevables les poursuites & contraintes nécessaires, donner quittances & décharges valables, faire toutes saisies, arrêts & exécutions, saisies réelles, ventes & adjudications de biens, meubles & immeubles desdits Employés ou autres Redevables, en donner mainlevée ou autres actes qu'il appartiendra, & si besoin est, sous les ordres par écrit du constituant ou des Sieurs ses cautions, plaider, opposer, appeller,

élire domicile, fubftituer en fait de plaidoyerie feulement, & générale-
ment faire par ledit fieur Procureur tout ce que le cas requerera, fans
toutes fois que ledit fieur Procureur puiffe faire aucuns abonnemens, compofitions, remifes ou autres de pareille nature, ni faire aucune dépenfe ou
accorder aucune gratification fans les ordres par écrit dudit fieur Conftituant, ou defdits Sieurs fes cautions; comme auffi ne pourra ledit fieur Procureur prétendre autres & plus grands appointemens & remifes que ceux
qui lui feront reglés par la compagnie & par écrit, & ne durera la préfente procuration que pour le temps qu'il plaira audit fieur Conftituant
& auxdits fieurs fes cautions. Promettans &c. Fait & paffé à Paris ce...

Le Directeur au bas du double de cette procuration, fournit à fes Commettans fa foumiffion de s'y conformer.

Voyez Nombre 1996. ci-après ce qui eft dit par rapport aux tranfactions
fur les Procès-verbaux.

FONCTIONS DU RECEVEUR GENERAL.

1644. Il y a dans chaque Election confiderable un Receveur général *Fonctions du*
chargé de compter à fes Commettans tant des deniers dont il fait recette, *Receveur Géné-*
directement des Redevables des Droits dans le chef-lieu de la direction, *ral.*
que de ceux qui font reçus & qui lui font remis par les Receveurs particuliers ou Buraliftes, & par les Commis aux Aides chargés du recouvrement. Il tient à cet effet les Journaux, Sommiers & autres Regiftres dont
on parlera dans le Chapitre VIII. *Voyez* au même Chapitre, Nombre 1683.
le modele de compte à rendre par le Receveur général.

Il eft en outre chargé pour l'ordinaire du magafin de la Formule.

Il y a des Elections moins étendues & d'un moindre produit où les deux
employs de Directeur & de Receveur général font réunis dans la même
perfonne.

FONCTIONS DES RECEVEURS PARTICULIERS ET DES BURALISTES.

1645. Les Receveurs particulieres & les Buraliftes ont les mêmes fonc- *Fonctions des*
tions. Les premiers font établis dans les lieux confiderables pour percevoir *Receveurs parti-*
les Droits d'Entrée, ceux de Gros & Augmentation & autres y joints. *culiers & Bura-*
Ils remettent les deniers de leur recette directement au Receveur général à *liftes.*
qui ils comptent. (*Voyez* au Nombre 1678. en quoi confifte le compte à rendre par les Receveurs ou Buraliftes.) Les Buraliftes font établis au même
effet dans les lieux & Paroiffes d'un moindre produit. Ils comptent au
Receveur du Departement à qui ils remettent les deniers de leur recette fur
fa quittance. Il y a encore cette différence entre les Receveurs particuliers
& les Buraliftes que les uns ont des appointemens fixes au lieu que les
autres ont pour leur en tenir lieu, une remife fur le montant des Droits
dont ils font la recette. Cette remife ne peut aller au-delà de quatre cent

Des Emplois.

livres, fuivant l'Arrêt du Confeil du 3 Février 1705. fi elle alloit au-delà ils feroient obligés de compter du furplus. Les uns & les autres tiennent deux principaux Regiftres, l'un pour les Droits d'Entrée & l'autre pour les Droits de Gros & autres y joints, dans lequel ils doivent enregiftrer de fuite & fur le champ les Déclarations qui leur font faites, & porter dans ces Déclarations le nom du Vendeur, celui de l'Acheteur, l'endroit pour lequel les Boiffons font deftinées, le nom du Voiturier qui doit les conduire, la fomme payée pour les Droits, la datte du congé & le jour & l'heure que le Voiturier doit partir.

Ils font en outre chargés d'envoyer tous les deux mois un Etat de leur recette au Bureau général de la direction.

FONCTIONS DES CONTROLLEURS AMBULANS.

Fonctions des Contrôleurs ambulans.

1646. Le Nombre des Controlleurs Ambulans n'eft point fixé, il eft proportionné à l'étendue & au travail de chaque Direction. Leurs Fonctions font de veiller fur le travail des Commis aux Exercices, d'être continuellement fur leurs traces par des vifites & contrevifites inattendues chez les Débitans, de les tenir toujours en haleine par la crainte, l'encouragement & l'exemple, de repeter & de vérifier leurs operations, d'examiner leurs Regiftres Portatifs & de Recette, ainfi que ceux des Buraliftes, & de conftater leur fituation, de prendre fouvent des relevés des Regiftres defdits Buraliftes pour fuivre les Boiffons dans leur deftination, & s'affurer du payement des Droits foit d'Entrée foit de Gros ou de Détail qui aura dû en être fait fuivant ces mêmes deftinations; de vérifier d'un autre côté en prenant la notte des congés qui leur font repréfentés par les Vendans Vin ou autres, fi lefdits congés ont été portés fur les Regiftres des Buraliftes, & les Droits exactement tirés, d'approffondir avec attention dans les lieux qu'ils parcourent la caufe des augmentations ou des diminutions du débit; de voir avec difcernement & d'employer avec prudence les moyens de le favorifer, foit par la deftruction de la fraude, foit par la voye de la perfuafion ou par des facilités accordées à propos, qui peuvent encourager les Débitans & en augmenter le nombre, de bien examiner fi les abonnemens font portés à leur valeur, & s'il n'y a point quelque endroit par où ils foient préjudiciables au fermier, de faire à cet effet de frequentes tournées dont ils doivent envoyer à la fin de chacune, un procès-verbal à leur Commettans, de rendre compte du tout au Directeur, d'agir de concert avec lui, & de feconder fes vûes & fes foins dans tous les détails de la regie.

Ces employés d'ailleurs n'ont point de maniement.

CONTROLLEURS SEDENTAIRES.

Des Contrôleurs fédentaires.

1647. Ils ne font établis que dans les Villes où il y a beaucoup de Commis aux Exercices. Ils font chargés de vérifier leur travail & à peu près des mêmes fonctions que les Controlleurs Ambulans. On les appelle DES EMPLOIS. Sédentaires parce que leur infpection ne s'étend point au-delà du lieu de leur réfidence.

FONCTIONS DES COMMIS AUX EXERCICES.

1648. Chaque Direction eft divifée par départemens dans chacun def- quels il y a deux Commis aux Exercices qui font à pied ou à cheval, felon l'éloignement des lieux qui compofent chaque département. Ils font char- gés de la tenue des Portatifs & de l'Exercice des Vendans Vin ou autres Boiffons, foit en gros, foit en détail, & de l'exécution de toutes les dif- pofitions rapportées. Livre III. Chapitre IV.

Fonctions des Commis aux exercices.

Dans les départemens de la campagne, l'un d'eux eft chargé en outre de faire la recette des Droits de fon département, tant de ceux de Détail qui lui font payés directement par les Redevables, que des Droits de Gros & autres qui font perçus & dont le produit lui eft remis par les Buraliftes fur fes quittances (a). Il tient à cet effet, outre le Portatif, un Regif- tre de recette effective, où il porte les fommes qu'il reçoit de chaque Ven- dant Vin ou autres Boiffons pour les Droits de Détail. Il porte fur le revers du même Regiftre les fommes qui lui font remifes par les Buraliftes, & celles fur les entrées d'Inventaire, fur le prix des abonnemens des In- fpecteurs aux Boucheries & autres.

Il remet à chaque tierce ou plus fouvent, fuivant qu'il lui eft prefcrit, les deniers de fa recette au Receveur général, qui arrête chacune de ces deux parties fur le Regiftre, & met fa quittance au bas de chaque arrêté: à la fin de l'année il compte au Receveur général. *Voyez* dans quel temps ce compte doit être rendu, & de quels articles il eft compofé. 1679.

Voyez auffi Nombre 1696. ce qui eft dit par rapport aux tranfactions fur les procès-verbaux de faifie.

1649. Tous les Employés, Superieurs ou Subalternes, chargés de quel- que maniement (même les Controlleurs & Commis en fecond aux Exercices, qui n'ont aucune recette) font obligés de donner caution folvable qui ré- ponde de leur maniement & de leur geftion, pour une fomme proportion- née à la nature de leur employ : le Fermier étant civilement refponfable du fait de fes Commis. L'acte de cautionnement fe fait ordinairement dans la forme qui fuit.

MODELE DE CAUTIONNEMENT.

Pardevant ....fut préfent .... Modele de Cau- tionnement.

(a) Cet ufage n'eft point fuivi dans le plat pays de Paris. Les Commis aux Aides n'y font aucune recette. Il y a dans cette Election dix Receveurs, (ils ont auffi le titre de Directeurs, parce qu'à plufieurs égards ils en font les fonc- tions,) qui font chargés de faire par eux-mêmes le recouvrement de tous les Droits d'Entrée, de Gros & de Détail.

Lequel s'eſt, par ces préſentes, volontairement rendu & conſtitué caution & Repondant ſolidaire envers .... Fermier des Aides & Droits y joints de la Généralité de ....ceux qui pourroient lui être ſubrogés en ladite Ferme & envers ſes cautions de toutes les recettes, maniemens, adminiſtration régie & exercice qu'a fait juſqu'à préſent, & que fera ci-après le ſieur .... dans l'employ de .... Election de ....& Généralité de ....en vertu de procurations, commiſſions ou ordres particuliers qui lui ont été ou lui feront expédiés par ledit ſieur Fermier, ſes ſubrogés & cautions tant pour ledit employ que pour tous ceux qu'il a précédemment exercés ou qu'il exercera ou fera exercer pour lui en cas d'abſence, maladie ou autrement dans l'étendue de ladite Ferme & pendant ſon cours, ſoit qu'elle ſubſiſte ſous ſon nom, ou qu'elle ſoit continuée ſous un autre, même de la régie, adminiſtration, exercice & recette que fera ledit ſieur cautionné, concernant d'autres Droits dont ledit ſieur Fermier, ſes ſubrogés ou cautions pourroient être chargés, ou ſe charger à titre de Ferme ou de Régie, enſemble de la recette qu'il pourroit faire ſur les reſtes des Baux précedens; comme auſſi des dommages, intérêts & dépens que ledit ſieur Fermier, ſes ſubrogés & cautions, feroient en droit de prétendre, ou auxquels ils pourroient être condamnés pour raiſon de la geſtion & exercice dudit ſieur Cautionné, promettant ledit ſieur Comparant d'agréer tous comptes & comptereaux qui auront été rendus par ledit ſieur Cautionné, même de compter pour lui en cas de refus, quinzaine après la ſommation qui lui en aura été faite à ſa perſonne ou à ſon dernier domicile, ſans qu'il ſoit beſoin d'autres procedures ni diſcuſſions, & de payer les reliquats deſdits comptes, quand même il y auroit débats, conteſtations & proteſtations de la part dudit ſieur Cautionné, & ſans en attendre la déciſion; & faute par ledit Comparant de rendre leſdits comptes ſur la premiere demande qui lui en ſera faite au domicile ci-devant élu, ils feront clos & arrêtés par ledit ſieur Fermier, ſes ſubrogés, cautions & Procureurs ſur les Etats, Piéces & Mémoires qui ſe trouveront devers eux, & les debets ou reliquats en feront payés & acquittés par ledit ſieur Comparant, comme il eſt dit ci-deſſus, à peine d'être pourſuivi, comme pour les propres deniers & affaires de Sa Majeſté; à l'effet de quoi ledit ſieur Comparant ſe ſoumet dès à préſent aux contraintes qui ſeront décernées par ledit ſieur Fermier, ſes ſubrogés, cautions, procureurs & prépoſés, leſquelles il conſent être exécutées contre lui, comme elles pourroient l'être contre ledit ſieur cautionné, ſans quoi ledit cautionnement n'auroit point été reçu par ledit ſieur Fermier; faiſant du tout ledit ſieur Comparant ſon propre fait & dette juſqu'à concurence néanmoins de la ſomme de..... au payement de laquelle il s'oblige ſolidairement avec ledit ſieur Cautionné, ſans diviſion, diſcuſſion ni fidejuſſion à quoi il renonce. Conſent pareillement ledit ſieur Comparant, que le préſent cautionnement ait ſon effet à l'égard de tous autres employs dans ladite Ferme qui ſeront exercés par ledit ſieur Cautionné, ſoit qu'il les rempliſſe ſucceſſivement ſans interruption,

tion,

tion, ou qu'après avoir été fufpendu de fes fonctions ou deftitué d'un employ, il y foit rétabli ou remplacé dans un autre, fans qu'il foit befoin de renouveller le préfent cautionnement qui ne pourra être revoqué qu'un mois après la fignification qui en fera faite à Paris au domicile du Caiffier de la ferme ; l'original de laquelle fignification fera paraphé par trois des cautions dudit fieur Fermier, à peine de nullité de l'Exploit & pour l'exécution du préfent cautionnement, circonftances & dépendances, ledit fieur Comparant oblige, affecte & hypotheque généralement tous fes biens, meubles & immeubles préfens & à venir, & fpécialement, fans qu'une obligation déroge à l'autre, les biens ci-après ; fçavoir,

Qu'il eftime en principal être de la valeur de .... & déclare lui appartenir & être francs & quittes de toutes dettes & hypoteques, fous les peines de Droit, fans laquelle claufe & celles ci-deffus énoncées le préfent cautionnement n'auroit point été reçu, & ledit fieur Cautionné n'auroit point été pourvu dudit Employ. Et pour l'entiere exécution des préfentes & dépendances, ledit fieur Comparant a élu fon domicile en fa demeure ci-deffus déclarée, auquel lieu il confent que tous Exploits foient faits comme à fa perfonne ; car ainfi promettant &c. obligéant &c. fous ladite folidité, renonçant &c. fait & paffé.

§. II.

Des Priviléges des Commis.

Priviléges des Commis.
Bail de Bullot du 4 Décemb. 1641, Article XXXIII. Bail de Rouvelin, Article 173. de le Gendre, Art. 361 & de Dufrenoy, Article 180.

1650. Les Commis employés à la regie des Fermes du Roy jouiffent de plufieurs priviléges qui leur ont été accordés les uns dès l'établiffement des Droits & les autres par les Baux. Ils ont été confirmés dans ces priviléges par l'Ordonnance de Juillet 1681, & les Reglemens poftérieurs.

1651. Il leur eft permis tant à ceux ayant la direction générale des Fermes ou départemens, qu'aux Commis à la recette & au controlle, Commis aux Exercices & autres ayant ferment en juftice, de porter épée & autres armes.

Il leur eft permis de porter des armes.
Mêmes Articles defdits Baux.
Ordonnance Article 561.

Juillet 1681, Titre commun, Article XI. Bail de Catlier, Article 569. Bail de Forceville Article 561.

1652. Ils font exempts de tutelle & curatelle, de collecte, de logement, de gens de guerre, de guets & de garde & autres charges publiques qui pourroient les détourner de l'affiduité qu'ils doivent aux fonctions de leur employ.

Ils font exempts des Charges publiques & de la Taille.
Mêmes Articles des Baux & de l'Ordonnance. Edit d'Août 1705, Art. III. Arrêt du Confeil des 8 Juillet 1704, 16 Novembre 1715, 23 Juillet 1720. Autre de la Cour des Aides de Paris du 29 Fév. 1684. Autres Arrêts du Confeil des 23

Il eft même défendu aux Maires & Echevins des Villes, de marquer aucun logement de gens de guerre dans les maifons fervant de Bureau général, même dans la partie defdites maifons qui pourroit appartenir à d'autres Locataires ou aux Propriétaires d'icelles, à peine de dommages & intérêts.

On a pris ces précautions pour la fûreté des deniers de Sa Majefté, le genre de liaifons que peuvent avoir les gens de guerre par occafion ou par néceffité a paru les demander.

II. Partie, A a

Ils jouiſſent de l'exemption de la Taille s'ils n'y ont pas été impoſés avant leur commiſſion, & en cas qu'ils y ayent été impoſés auparavant, il eſt défendu à peine de dépens, dommages & intérêts aux Officiers des Elections, Collecteurs & autres, chargés de l'aſſiette de la taille, d'augmenter l'impoſition pour laquelle ils auront été portés ſur ledit rolle avant leur commiſſion, ſi ce n'eſt à proportion des immeubles qu'ils auront acquis depuis, ou en cas de trafic.

L'aſſiette de la Taille lorſqu'elle n'eſt point ſur les biens, a pour objet la perſonne des Habitans. Les Emplois ſont ſujets à des variations continuelles; on ne peut réputer ceux qui en ſont pourvus Habitans des lieux où ils les exercent, (a) ni par conſéquent les rendre taillables pour raiſon deſdits emplois.

Mars 1693, 23 Mars 1694, 10 Juin 1710, 20 & 22 Novemb. 172, & Juillet 1728. en faveur des Commis, Receveurs aux entrées.

Arrêts du Conſeil des 7 Avr. 1694 & 13 Avril 1728. & Arrêt de la Cour des aides du 1. Décembre 1765, concernant particulierement les logemens de gens de Guere. Autre Arrêt de la Cour des Aides de Paris du 19 Février 1700, & Arrêts du Conſeil des 15 Mars & 26 Avril 1720 & 22 Mars 1729, en faveur des Commis aux Exercices. Ce dernier regarde les Commis de la Marque des Fers.

Arrêts de la Cour des Aides de Paris des 7 Décembre 1675, 19 Novembre & 19 Octobre 1709. Arrêts du Conſeil des 13 Août 1709, 27 Sept. & 29 Octobre 1720, 18 Août 1722, 4 Octobre 1723, 20 Juillet 1751. Arrêts de la Cour des Aides de Rouen des 11 Décembre 1721 & 27 Mars 1722. Cinq Ordonnances du Sr. Intendant de la Généralité de Paris du 15 Avril 1734, pour la réduction de la Taille. Ordonnance du Commandant en chef de la Province de Bretagne du 31 Octobre 1634, & autre de l'Intendant de Soiſſons du premier Avril 1738, au ſujet des corvées. Leſdits Arrêts du Conſeil & de la Cour des Aides, & leſdites Ordonnances en faveur des Commis Buraliſtes qu'ils maintiennent dans les Priviléges & exemptions ci-contre. Arrêt du Conſeil des 14 Juillet & 29 Septembre 1722, 12 Mars 1726, & Arrêts de la Cour des Aides de Paris des 14 Octobre & 2 Décembre 1740.

Des Impoſitions & Taxes extraordinaires ſur les Villes.

Arrêts du Conſeil des 23 Mars & 20 Av. 1694, 24 Jan. & 28 Octo. 1695, 25 Juin 1699, 13 Octobre 1705, 15 Juillet 1709, premier Mars 1712, 15 Août 1713, 5 Mai & 5 Août 1721, 20 Avril 1734 & 10 Janvier 1747. Arrêts du Conſeil des 16 Août 1734, (Tarif d'Monſleur,) 15 Juillet & 28 Octobre 1732, (Tarif d'Aumale).

C'eſt pour les mêmes motifs qu'ils ſont déchargés des contributions & impoſitions extraordinaires ſur les Villes, pourvu qu'ils n'y poſſedent aucun bien & qu'ils n'y faſſent aucun commerce, ainſi que des Droits de Tarif établis à l'entrée des Villes, ſur les Marchandiſes & denrées pour y tenir lieu de la Taille ſeulement, pour celles néceſſaires à leur conſommation & aux mêmes conditions (b).

Ils ne ſont point exempts de la Capitation ni des deux Vingtiémes. Ils ne payent cependant cette derniere impoſition que lorſque leurs appointemens ſont au-deſſus de cinq cent livres.

Leurs appointemens ne peuvent être ſaiſis.

Même ſ ire commun de l'Ordonnance de 1681, Article XIV.

1653. Leurs appointemens ne peuvent être ſaiſis à la Requête de leurs Créanciers, ſauf à eux à ſe pourvoir ſur leurs autres biens, à peine de nullité des aſſignations données à cette fin, & des condamnations qui pourroient intervenir en conſéquence.

Les appointemens d'un Employé doivent être conſiderés comme une penſion alimentaire, s'ils pouvoient d'ailleurs en être privés, ils ſe trouveroient hors d'état de continuer leurs fonctions, & le ſervice en ſouffriroit.

On ne peut non plus ſaiſir les chevaux dont ils ſe ſervent dans leurs tournées.

(a) Il a été jugé par Arrêt du Parlement de Paris du 5 Avril 1713, qu'un Employé dans les Commiſſions n'acquiert point de domicile dans le lieu de ſon exercice, quoiqu'il y faſſe ſa demeure pendant quinze ou vingt années conſécutives.

(b) Par Arrêt du Conſeil du 26 Janvier 1734, les Commis ont été déchargés du Droit de Péage, établi ſur le Pont proviſionnel de Mantes.

1654. Il ne peut être prononcé aucune contrainte par corps contre les Receveurs des Fermes dans le cas de restitution de Droits dont ils ont compté au Fermier, à peine d'interdiction & de tous dépens, dommages & interêts contre les Juges qui les auroient prononcées, même de repondre en leur propre & privé nom, des deniers qui pourroient se trouver dans les caisses desdits Receveurs lors de l'exécution desdits contraintes.

Restitution de Droits.
Arrêt du Conseil du 14 Juin 1723.

1655. Les Fermiers & leurs Commis sont déclarés être sous la Sauve-garde de Sa Majesté, des Juges, Maires, Echevins, Syndics & principaux Habitans des lieux où les Bureaux sont établis. Il est défendu de les troubler dans leurs fonctions, ainsi que de distribuer contre eux aucun libelle, à peine de cinq cent livres d'amende & de punition corporelle, & il est enjoint aux Gouverneurs, Lieutenans Généraux & autres Officiers à qui il appartient, d'y tenir la main.

Fermiers & Commis sous la sauve-garde de Sa Majesté.
Décl. du 27 Juin 1716, regist. le 16 Juillet suiv. en la C. des A. de P. & en celle de R. le 5 Août de la même année.

Il est de même fait défense d'interjetter haro sur les Commis (*Voyez* ci-devant Livre II. Nombre 1101. ce qu'on appelle haro en Normandie) à peine de dépens, dommages & intérêts, & de cent livres d'amende, & à tous Huissiers & Sergens de recevoir aucun haro, & à tous Juges d'y avoir égard, à peine d'en répondre en leur propre & privé nom & d'interdiction.

Arr. du C. du 17 Décc. 1644. Ord. de Norm. du mois de Juin 1680, T. X. Art. 24. Au. Ar. du C. du 28 Juin 1710. Aut. & L. P. du 15 Mai 1725, reg. en la C. des A. de R. le 18 Juin suivant.

1656. Les Commis, comme les Fermiers & Sous-Fermiers, ont été déchargés de toute recherches de Chambres de Justice, lorsqu'il y en a eu d'établies, aux même conditions de ne s'interesser dans aucuns marchés, fournitures, traités & affaires autres que les Fermes.

Ils ont été déchargés comme les Fermiers.
Arr. du C. des 13 Février 1659 & 15 Février 1666.

1657. Voyez par quels Juges les Commis des Fermes peuvent être decretés pour délits par eux commis dans les fonctions de leur emploi ou autrement, & ce qui concerne les informations & l'instruction des procès intentés contre eux à l'extraordinaire. Livre III. Nombre 1247. & suivans.

Par quels Juges ils peuvent être décretés.

1658. Pour que dans un même lieu il ne se trouvât pas trop de priviléges, ce qui retombe à la charge des autres Habitans, Sa Majesté à fixé par Arrêt de son Conseil du 14 Avril 1725. le nombre des Commis qu'il pourroit y avoir dans les Villes, Bourgs & lieux où ils sont nécessaires, a réuni les Emplois dont le travail peut être rempli par une seule personne, & assujetti à la Taille & aux Charges publiques, tous ceux au-de-là du Nombre préscrit pour chaque lieu. Cet Arrêt porte que dans les Villes & gros Bourgs où il y a un Bureau des Aides, le Receveur ou autre Employé dans la regie des Fermes, sera chargé de la distribution de la formule.

Nombre des Commis limité dans un même lieu pour restraindre celui des privilégiés.
Arrêt du Conseil du 14 Août 1725.

Article I. dudit Arrêt.

Que dans les autres Bourgs & lieux où il y a des Commis aux Exercices des Aides, ou un Buraliste pour les Droits d'Entrée & de Gros, l'un desdits Commis ou le Buraliste sera chargé de la distribution de la formule.

Article II.

Qu'en cas que la distribution de la formule soit faite dans les lieux compris aux précédens Articles par d'autres particuliers, que par les Commis aux Aides, Buralistes & Controleurs des Actes & Exploits, ils ne pourront jouir d'aucun privilége.

Article III.

Que les Bureaux pour les congés de Remuage, Droits d'Entrée, de

Article IV.

DES PEINES.

Courtiers - Jaugeurs & autres Droits concernant les Aides, & Droits retablis ferons réunis en un feul & donnés avec la formule au Buralifte du Controlle des Actes & des Exploits dans les Villes, Bourgs & Villages, qui ne méritent point l'établiffement d'un Buralifte particulier pour chacun defdits Droits.

§. III.

Des peines portées contre les Commis Prévaricateurs.

Quatre genre de malverfations.

1659. Les Reglemens qui portent des peines contre les prévarications des Commis à l'égard du Fermier, en diftinguent quatre genres pour chacun defquels ces peines font differentes.

Un Commis peut malverfer.

I°. S'il eft chargé de maniement, en fouftrayant des Droits reçus & non enregiftrés.

II°. En enlevant les deniers de fa caiffe.

III°. En falfifiant les Regiftres ou délivrant de faux Extraits ou Certificats, ou en contrefaifant la fignature des Juges ou autres.

IV°. En favorifant la fraude, d'intelligence avec les Redevables.

Ceux qui n'ont point de maniement & qui n'ont part qu'à la regie, ne peuvent tomber que dans ces deux derniers cas de malverfation. Les Reglemens ont infligé des peines proportionnées à la gravité de chaque genre.

Peines portées pour omiffion ou défaut d'enregiftrement.
Ordonnance du mois de Février 1687, fur le fait des Cinq groffes Fermes, T. XIV. Art. XVIII. Edit des Aides de Paris 18 Juillet fuivant

1660. La peine portée pour omiffion de recette & défaut d'enregiftrement, ou ce qui revient au même pour faux emploi en dépenfe, eft l'amende du quadruple des Droits non enregiftrés, ou du même quadruple de la fomme fauffement employée en dépenfe, fans que ladite amende puiffe être moderée & fans préjudice des peines afflictives qui peuvent être ordonnées par les Juges fuivant la qualité du délit.

du mois de Juin 1716, Article VII. Déclaration du 4 Octobre 1723, Article XXXII. Arrêt de la Cour du 29 Mai 1731, qui condamne un Buralifte au Carcan & au Banniffement. Autre de ladite Cour du qui condamne un Receveur au Banniffement. Autre de ladite Cour du 19 Février 1732.

Peine de mort pour divertiffement de deniers avec fuite, lorfque la fomme eft de 3000 livres & au-deffus.
Déclaration du 5 Mai 1690, regiftrée en la Cour des Aides de Paris de la précédente à

1661. Les Reglemens portent la peine de mort contre les employés qui auront emporté les deniers de leur recette, lorfque le divertiffement eft de trois mille livres & au-deffus, & telle autre peine afflictive qu'il plait aux Juges d'arbitrer lorfqu'il eft au-deffous de cette fomme, avec défenfes à toutes perfonnes de favorifer leurs divertiffemens & retraites, à peine d'être folidairement refponfables des deniers emportés, & des dommages & interêts des Fermiers.

le 26 dudit. Autre du 14 Juillet 1699, regiftrée en ladite Cour le premier Août fuivant, confirmative à l'égard des Receveurs en Titre. Arrêt de ladite Cour du 24 Septembre 1693. Déclaration du 3 Juin 1701.

Scellé à appofer fur les effets d'un comptable qui a difparu.

Lorfqu'un Receveur a difparu, le fcellé doit être mis fur fes effets & papiers, & levé dans la huitaine au plûtard, par le Juge auquel la connoiffance en appartient, & à fon défaut par le plus prochain Juge des lieux. L'Inventaire fait, les comptes dreſſés ſur les acquits & regiſtres qui ſe trouveront ſous le ſcellé, les États finaux poſés, le Jugement doit intervenir ſur les debets qui en reſultent, le tout en la préſence & ſur les concluſions du Procureur du Roi ou de ſon ſubſtitut.

1662. Les Commis qui ſont convaincus d'avoir falſifié ou alteré les regiſtres, quittances ou autres expéditions, d'en avoir fabriqué ou fait fabriquer de faux, d'en avoir délivré de faux extraits ſignés d'eux, ou contrefait la ſignature des Juges, ſont de même punis de mort : & cela ſans avoir égard à la modicité des ſommes, ni au plus ou moins de dommage qu'auroient pu occaſionner leſdites fabrications, altérations ou changemens.

1663. La peine des Galeres pour neuf ans eſt portée contre les Employés prépoſés, tant à la recette qu'à la regie & conſervation des droits, qui d'intelligence avec les Redevables, auront favoriſé les fraudes en quelque façon que ce ſoit, ſans préjudice des amendes, confiſcations & autres peines pecuniaires portées par les Reglemens.

1664. Voyez au chapitre ſuivant les peines portées contre les Redevables qui ſont convaincus d'avoir ſuborné les Commis.

DES PEINES.

Même Déclarat. du 5 Mai 1690.

Falſification.
Edit du mois de Mars 1680. Ord. de Juill. 1681, T. comm. Art. XX. Décl. du 4 Mai 1720, reg. au P. le 10 Juin 1720. A. II. Article III. de la même Déclarat.

Des galeres pour intelligence avec les fraud.
Déclaration du 12 Oct. 1715, reg. en la C. des A. de P. le 24 dud. Arr. de ladite Cour du 8 Juin 1750.

CHAPITRE VII.

DES PEINES PORTE'ES CONTRE LES REDEVABLES
pour falſification des pieces concernant les Droits, & pour ſubornation des Commis.

1665. LEs Redevables des Droits qui ſont convaincus d'avoir falſifié les marques des Commis, les congés, acquits paſſavans, certificats & autres actes qui leur ont été délivrés par les Commis, ainſi que leurs lettres de voiture, chartes parties & connoiſſemens, doivent être condamnés pour la premiere fois au fouet & au banniſſement pour cinq ans de l'Election où la falſification a été commiſe, avec amende qui ne peut être moindre que du quart de leurs biens, & en cas de récidive aux Galeres pour neuf ans, avec amende qui doit être de la moitié de leurs biens.

1666. Les Marchands, Commiſſionnaires & tous autres qui ont ſuborné les Commis par argent ou de quelque autre façon que ce ſoit, pour frauder les Droits, d'intelligence avec eux, doivent être pourſuivis extraordinairement. Il eſt ordonné que pour réparation leſdits Marchands ſeront déclarés incapables de plus exercer leur négoce ou marchandiſe, ni aucun autre leur vie durant, avec défenſes à eux de le continuer, & à toutes autres perſonnes d'entretenir aucun commerce ni correſpondance avec eux pour fait de marchandiſe, & qu'à cet effet leurs enſeignes & inſcriptions ſeront ôtées & leurs noms & ſurnoms écrits dans un tableau qui ſera affiché dans l'audience de la Juriſdiction Conſulaire du lieu dans lequel la

Peines contre les Redevables des Droits pour falſification de pieces.
Ordonnance du mois de Juil. 1681. Titre commun, Art. XXI & XXII.

Pour ſubornation des Commis.
Déclaration ci-deſſus rauportée du 12 Octobre 1715.

fraude aura été commife, ou le plus proche d'icelui; & qu'à l'égard des Facteurs & Commiffionnaires non Négocians, ni Marchands, des Voituriers, Conducteurs & autres qui auront eu part auxdites fubornations, ils feront appliqués au carcan pendant trois jours de marché.

CHAPITRE VIII.

DES REGISTRES, JOURNAUX ET AUTRES, ET DE LA COMPTABILITE'.

Regiftres Journaux.

1667. LA tenue des Regiftres, Journaux eft la bafe de la comptabilité. Ils fervent à faire connoître en tout temps la fituation des comptables.

L'Edit de Juin 1716. & la Déclaration du 4 Octobre 1723. ont renouvellé l'exécution des anciennes Ordonnances, concernant la comptabilité, *Edits de Mars 1600, Janv. 1634, Avril 1643 & Ao. 1669.* notamment des Edits de Mars 1600, Janvier 1634, Avril 1643, & Août 1669, & ont prefcrit la forme dans laquelle chaque comptable pour quelque partie que ce foit, doit tenir fon Regiftre journal. On va extraire de ces Reglemens les difpofitions qui font applicables à la regie des Aides (a).

Obligation de la part des Sous-Comptable de tenir un Journal.
Edit de Juin 1716, Article I.
Décl. du 4 Octo. 1723, Art .

1668. Tous les comptables en général qui ont en maniement les deniers de Sa Majefté ou de fes Fermiers, foit en titre ou par commiffion, font tenus d'avoir un Regiftre journal, pour y porter jour par jour, de fuite & fans aucun blanc ni tranfpofition, toutes les parties tant de recette que de dépenfe qu'ils ont faites dans l'exercice de leur office ou de leur commiffion.

Sur Papier timbré.
Art II. dud. Edit.
Article IV. de ladite Declaration.
Voyez Livre V. N. 1531. ce qui regarde l'obligation de mettre en papier les Regiftres Journaux.

1669. Les Regiftres journaux doivent être fur papier timbré, reliés, cottés, & enfuite fignés fur le premier & dernier feuillet, & tous les feuillets cottés par premier & dernier, & paraphés par les Juges & Officiers de Finance, chacun dans la partie pour laquelle il eft établi. Ceux qui regardent les Droits d'Aides & les Octrois des Villes, doivent l'être par le premier ou le plus ancien des Officiers de l'Election dans l'étendue de laquelle fe doit faire la recette, (ou même fuivant les Lettres Patentes du 28 Juin 1757. par tel Officier de la Jurifdiction des Fermes dans le Reffort de laquelle fera fitué le chef-lieu de chaque direction: ce qui a lieu pour toutes les parties des Fermes.) Il doit être dreffé Procès-verbal defdites

Arrêt du Confeil & Lettres Patentes du 28 Juin 1757, reg. le 7 Sept. fuivant concernant les Directions des Aides & autres des Fermes Générales compofées de Paroiffes & Départemens dépendans de différentes Elec-

(a) Il étoit enjoint par la Déclaration du 10 Juin 1716, & celle du 4 Octobre 1723, qui vient d'être citée, à tous les Comptables d'envoyer au Confeil le double de leurs Regiftres Journaux; mais la Déclaration du 9 Juillet 1726, les a difpenfés de cette obligation, a revoqué pour ce regard lefdites Déclarations, & ordonné au furplus l'exécution d'icelles, ainfi que de l'Edit de Juin 1716, pour ce qui concerne la tenue des Regiftres Journaux.

fignatures , cottes & paraphes, que l'on tranfcrit fur le premier feuillet du Journal, & dans lequel doivent être défignés le nom & la qualité de l'Officier qui les a faites, & du comptable qui doit tenir ledit Regiftre, l'année pour laquelle il doit fervir, la quotité du volume dudit Regiftre, c'eft-à-dire, fi c'eft le premier, fecond, troifiéme ou autre volume fuivant du Journal de ladite année , & la qualité de recette & de dépenfe qui doivent y être portées (*a*). Il doit refter minute de ce Procès-verbal au Greffe de la Jurifdiction de l'Officier qui l'a fait (*b*) : le tout fans autres frais que ceux du papier timbré dont le prix doit être rembourfé au Greffier.

DES REGISTRES,
dictions & même de différentes Généralités.

1670. Chaque page du Journal doit contenir à la droite du corps des articles, deux colones, la premiere pour tirer en chiffre le montant de la recette porté en toutes lettres dans le corps de chaque article, & dans la feconde le montant de la dépenfe. Il doit être laiffé à la gauche une marge affez large pour y écrire quand le cas y échoit, les nottes néceffaires à côté de l'article. L'intervalle qui refte entre cette marge & la premiere des deux colonnes , fert à enregiftrer le texte de chaque article fans y laiffer aucun blanc.

Forme du Journal.
Article VII. de la Déclaration.

1671. Au commencement de chaque page , depuis la marge jufques à la premiere colonne , doit être tirée une ligne au milieu de laquelle on laiffe un intervalle pour y porter la datte de l'article. On tire une pareille ligne avant l'enregiftrement de chaque article fuivant , de recette ou de dépenfe ; le dernier article de chaque page doit être fermé par une ligne tirée en plein dans toute la longueur d'icelle , fans qu'il puiffe être laiffé aucun vuide d'un article à l'autre ; fuivant le modele ci-après.

Idem.
Article IX,

1672. Il doit être fait mention dans le texte de chaque article de recette & de dépenfe, du nom & de la qualité de ceux de qui le comptable fait recette , ou fur qui il fait dépenfe. Il doit porter en toutes lettres & fans chiffres le montant des fommes payées ou reçues pour chaque nature des droits & la caufe des payemens.

Idem.
Article III. de l'Edit.
Article XII. de la Déclaration.

1673. Les Comptables cependant dont la recette ne fe fait que par petites parties, & qui font obligés de tenir plufieurs Regiftres particuliers de recette, font difpenfés de faire fur leur Journal le détail de toutes ces parties. Il fuffit qu'ils enregiftrent la totalité de la recette du jour portée fur chacun de leurs différens Regiftres de recette ordinaire, en obfervant toujours de diftinguer ce qu'ils ont reçu en total fur chaque nature de recette ; mais ceci n'a lieu qu'à l'égard de la recette & non pour la dépenfe, qu'ils font obligés dans tous les cas, d'enregiftrer dans la forme préfcrite dans le nombre précedent , le détail de la dépenfe n'étant jamais auffi confiderable que celui de la recette.

Idem.
Article XIII. de la Déclaration.

(*a*) L'Article IV. du même Edit portoit que copie d'icelui feroit jointe au commencement de chaque Journal. Cet Article n'a plus fon exécution : il n'étoit néceffaire que dans le temps où il a été rendu pour que les Comptables fuffent obligés de s'inftruire des nouvelles difpofitions qu'il contenoit.

(*b*) L'ufage eft contraire à cette difpofition, & on ne fait point de Minutte de ce Procès-Verbal pour le remettre au Greffe.

MODELE DE REGISTRE JOURNAL,
à tenir par les Comptables suivant la Déclaration du 4 Octobre 1723.

		RECETTE.	DEPENSE.

Modele d'un Article de Recette simple.

——— Du.............. ———
Reçu de (*remplir le nom & la qualité de celui de qui on reçoit.*) la somme de ; *designer sur quoi & pour quoi on reçoit, & porter la somme en toutes lettres.*) suivant le Recepissé (ou la Quittance de ladite somme) que je lui en ai fourni, ci...................... 000.

Modele d'un Article de Depense simple.

——— Du............. ———
Payé (*remplir le nom & la qualité de celui à qui on paye.*) la somme de (*désigner sur quoi & pour quoi le payem nt est fait.*) suivant sa Quittance de ladite somme (ou autre piece justificative.) ci...................... 000.

Modele d'un Article de Recette composé de plusieurs parties suivant l'Article XIII. de ladite Ordonnance.

Reçu de divers particuliers la somme de .
..............à laquelle monte la Recette que j'ai faite pendant ce jour sur..........
suivant mes Registres Particuliers de Recette, ci................................. 000.

SÇAVOIR;
Suivant mon Registre de Recette actuelle de.........depuis l'Article de.........
Folio......jusques à celui de.....Folio.
.......ci............... 00.
Et suivant mon Registre de.....
depuis l'Article de....Folio.....
jusques à celui de.....Folio.....
ci...................... 00.

000.

| | | 0000. | 000. |

Idem.
Article XIV. de ladite Déclaration.

1674. Les parties de recette & de dépense ainsi enregistrées en toutes lettres dans le corps de chaque article, & tirées en chiffre dans les deux colonnes de recette & de dépense, doivent être additionnées au bas de chaque page, & le montant de chacune & des précédentes reporté de page en page en tête des colonnes ; de sorte que par le calcul & la comparaison paraifon des deux colonnes de la derniere page , on puiffe connoître en tout temps la recette & dépenfe effective , & le reftant en caiffe.

Ces formalités font de rigueur.
Art. VII. de l'Edit.
Art. XXXII. de la Déclaration.

1675. Toutes les formalités ci-deffus doivent être obfervées par les comptables, à peine de dépofition de leurs emplois.

1676. A l'égard des Regiftres particuliers qui fervent à la perception , les Comptables ont la liberté de les tenir en tel nombre & dans telle forme qu'ils jugent le plus convenables pour la diftribution des matieres & l'ordre de la régie.

Aut. Regift. pour la perception des Droits.

Les Regiftres qui fe tiennent, outre le Journal, dans les Bureaux de recette générale & de direction des Aides, font de trois efpeces.

La premiere de ceux qui ont directement pour objet le recouvrement des Droits , tels que ceux qui fe tiennent pour les Droits qui ne fe payent point fur le champ, comme font les Droits d'Entrée d'Inventaire, ceux de Gros manquant & ceux de Détail. Ces Regiftres s'appellent Sommiers. Il y en a un pour chacune de ces trois parties. C'eft fur ces Sommiers , chacun pour la partie qu'il concerne que fe déchargent les Inventaires qui fe dreffent pour la perception des Entrées & pour celle du Gros manquant & les états de produit des Droits de Détail. Ils contiennent pour chaque redevable un compte ouvert où font liquidés les Droits qu'il doit payer, & où font portés les payemens qu'il fait. Ces fommiers font tenus par le Receveur général de chaque direction, ainfi que le Regiftre où fe porte les Droits de Gros à l'arrivée, à la vente & à la revente , ceux de Courtiers Jaugeurs & de Jauge-courtage dans les pays où ces Droits ont cours ; celui de recette actuelle pour y porter les recettes qu'il fait par fes mains des Redevables ; celui où s'enregiftre les recettes qu'il fait par les mains des Receveurs particuliers, & des Receveurs de départemens, & autres Regiftres de même nature indiqués par les befoins du fervice.

Sommiers.

Dans la feconde efpece font ceux qui fe tiennent par chaque nature de Droits & par département, pour en connoître féparément l'objet , fuivre les variations qui arrivent dans les produits , s'affurer lorfqu'il y a des diminutions fur quelles parties elles portent, en découvrir la caufe & y apporter le remede , s'il eft poffible, & à connoître l'état du recouvrement pour preffer plus ou moins les Receveurs qui en font chargés ; ces Sommiers généraux fe tiennent par les Directeurs.

La troifiéme efpece de Regiftres qui font auffi tenus par les Directeurs, font ceux qui fervent à tranfcrire ou à extraire différens actes dont le double ou l'extrait doit refter aux Bureaux ; tels que ceux qui fe tiennent pour enregiftrer les Déclarations (Livre I. Nombre 56. Livre II. Nombre 798.) les mifes de feu des Braffeurs (Livre I. Nombre 653.) Les foumiffions (Livre I, Nombre 607.) & les certificats de décharge (même nombre) ceux pour les Exploits, Extraits des procès-verbaux , les Inftances pendantes fur iceux, les Jugemens rendus ou tranfactions paffées en conféquence. (a) Le Regiftres d'ordres pour y enregiftrer tous les or-

(a) Il y a un Arrêt du Confeil du 6 Décembre 1687, qui enjoint aux Rece- | veurs de tenir un Regiftre cotté & paraphé par l'un des Juges des Fermes pour

dres que le Directeur reçoit de ses Commettans ; celui où il enregistre les ordres qu'il donne aux Commis, & leurs soumissions de s'y conformer, le Registre où doivent être portés les privilégiés, la nature de leurs privilége, la quantité des Vins qu'ils recueillent, & celle des Vins qu'ils vendent pour s'assurer s'ils n'excedent point les bornes de leurs privilége. On peut mettre encore au Nombre de ceux de cette troisiéme espece, les sextés qui se forment sur les rôles des tailles ou sur le sexté du Receveur des Gabelles, qui contiennent les noms des habitans, leur état, le nombre de personnes dont leur famille est composée, & les Boissons qu'ils consomment ; à l'effet de connoître si leur consommation n'est point excessive, & s'il n'y a point lieu de les soupçonner de fraude, afin de prendre les mesures nécessaires pour la détruire, ou de les contraindre au payement des Droits de Détail dûs dans le cas de consommation excessive suivant la disposition rapportée. Livre III. Nombre 1184.

Comptes.   1677. Les dernieres operations de la Régie, sont les comptes qui doivent être rendus du produit des Droits. On suit dans la partie des Aides les regles ordinaires de la comptabilité établies pour les autres parties de Finance.

Le Receveur général de chaque direction après que tous les Commis ont rendu leur compte par les soins du Directeur, rend lui même chaque année un compte général de tous les Droits dépendans de la régie, à l'exception du Gros manquant, pour lequel il rend un compte particulier dont il sera parlé ci-après Nombre 1684.

Pour suivre l'ordre dans lequel les comptes sont rendus, on va parler d'abord de ceux que doivent rendre les Commis Buralistes, de ceux des Commis aux Exercices qui sont chargés du recouvrement, autrement appellés Receveurs de département, des comptes de la formule rendus tant par les distributeurs que par le Directeur, & de celui des amendes & contraventions qui se rend de même par le Directeur. On donnera ensuite un modéle du compte à rendre par le Receveur général, dans lequel sont contenus & rappellés ceux ci-dessus.

COMPTE DES BURALISTES.

Compte des Buralistes.   1678. Les Buralistes rendent leur compte à la fin de chaque année dans le courant du mois d'Octobre. Ce compte est dressé par le Directeur & arrêté par le Receveur du département dans la forme qui suit.

y enregistrer lesdits Exploits, Procès-Verbaux d'exécution & autres Actes qui auront été taxés par les Juges avec les taxes qui auront été faites, & les sommes payées pour raison d'icelles ; afin qu'on soit toujours en état de sçavoir si ces taxes ne sont point au-dessus de ce qui est porté par les Reglemens.

Celui du 15 Avril 1704, veut que les oppositions aux saisies & ventes mobiliaires soient de même enregistrées par les Commis.

AIDES.
BAIL de
Année

Le Directeur souffi-
gné certifie avoir re-
tiré les.... Regiftres
mentionnés au pré-
fent Compte , & que
le produit monte à la
fomme de........
fuivant la vérification
qu'il en a fait, à.....
ce......

GENERALITE' de........Dıʀᴇᴄᴛɪᴏɴ de............
Dᴇᴘᴀʀᴛᴇᴍᴇɴᴛ de...................*Bᴜʀᴇᴀᴜ* de..............
COMPTE que rend........Commis Buralifte au Bureau de......
à M.........Receveur du Département de.......de la recette &
dépenfe par lui faite fur le produit des Droits d'Aides & autres y joints
pendant l'année, commencée le premier Octobre 17... & finie le dernier
Septembre fuivant.

RECETTE.

PREMIER CHAPITRE.

A caufe des Droits à l'entrée, & à la vente en gros.

Fait recette le comptable de la fomme de........à laquelle monte
le produit des Droits ci-après détaillés, perçus pendant l'année de ce
compte, fuivant........Regiftres de lui certifiés, ci rapportés.

Sçᴀᴠᴏɪʀ,

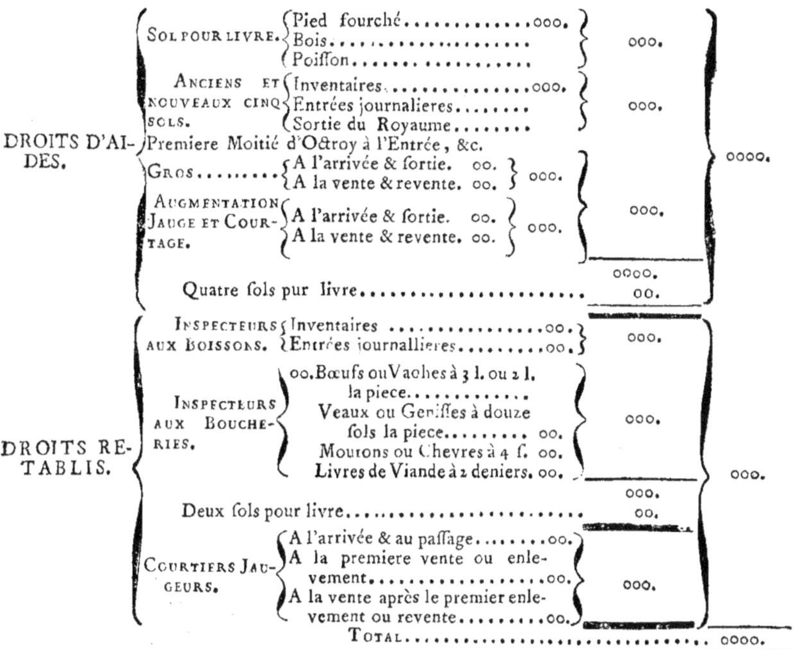

Revenant lefdits fommes à ladite premiere de...........

DEUXIEME CHAPITRE DE RECETTE.

A cause de la Formule.

COMPTES.

Fait recette le comptable de la somme de..........à laquelle monte le produit, tant en principal, que quatre sols pour livre des formules à l'usage du public, & de celles marquées du timbre des expéditions de la ferme par lui distribuées pendant l'année de ce compte, suivant le compte-reau particulier pour les formules du public, & les Extraits des Registres pour les formules en expéditions de la régie.

Sçavoir.

	QUARTS.	SOMMES.
Formule à l'usage du Public...............		ooo.
Quittance du sol pour livre...	oo.	oo.
Expedition de d'Entrées d'inventaires.....	oo.	oo.
Régie. d'Entrées journalieres......	oo.	oo.
&c.	ooo.	oooo.
Quatre sols pour livre	....,....	oo.
Total....................		
Revenant lesdites sommes à ladite premiere de.............		ooo.

RECAPITULATION DE LA RECETTE.

Premier Chapitre.......................
Deuxieme Chapitre......................

Somme totale de la recette du présent compte (*en toutes lettres.*)

DEPENSE.

CHAPITRE UNIQUE.

Payemens.

Fait dépense le comptable de la somme de........qu'il a payé à..... suivant........recepissés, ci rapportés & après détaillés.

Sçavoir,

Datte des Recepissés.		Sommes payées.
Le................................,.....		oo.
Le...............................,....		oo.
Total..................................,...ooo.		
Revenant lesdits sommes à ladite premiere de.............		ooo.

APPOINTEMENS OU REMISES.

De la fomme de.......que le comptable a retenue par fes mains pour lui tenir lieu d'appointemens ou remifes fur la recette de ce compte, à l'exception des formules en expéditions de la Ferme.

Sçavoir,

Appointemens fixes..............................   ooo.

Droits fur lefquels les Remifes font accordées.	Montant defdits Droits.	Remises.	Montant des Remises.	
Sol pour livre à l'entrée............	oo.		oo.	
Anciens et Entrées d'inventaires.	oo.		oo.	
nouveaux cinq Entrées journalieres..	oo.		oo.	ooo.
sols, &c. Sortie du Royaume..	oo.		oo.	
	ooo.		ooo.	oooo.

Revenant lefdites fommes à ladite premiere de .... ooo.

RAPPORT DE LA DEPENSE.

Payemens...   ooo
Appointemens ou remifes...........................   ooo

Somme totale de la dépenfe du préfent compte.

RESULTAT.

La recette eft de...............................   ooo
La dépenfe de...................................   ooo

PARTANT la (*fi le comptable eft relicataire, il paye fur le champ fon debet, & l'Oyant lui en donne fa quittance, s'il eft en avance, elle doit lui être rendue, & il doit le reconnoître par le préfent réfultat.*

Au moyen de quoi le comptable demeure quitte & déchargé du préfent compte, & des pieces juftificatives remifes à l'Oyant, fauf erreur de calcul, omiffions, faux ou double Emploi. Fait & arrêté double à.....

Ce compte doit être vérifié par le Directeur, qui doit mettre en marge, ainfi qu'on l'a obfervé au commencement dudit compte, fon certificat de vérification, & faire mention que les Regiſtres y mentionnés, ont été remis au Bureau de la direction.

Des Receveurs de Départemens.

1679. COMPTE DES RECEVEURS DE DEPARTEMENT.

Les Commis aux Exercices chargés de la recette dans les Départemens de campagne, autrement appellés Receveurs de Département, rendent leur compte chaque année vers le mois de Décembre. C'eſt le Directeur qui eſt chargé de le dreſſer, de même que ceux des Buraliſtes. Ce compte eſt arrêté par le Receveur général de la Direction, on peut y donner la forme qui ſuit.

AIDES.
BAIL de
Année

Préſenté & affirmé véritable aux peines de Droit le

La Recette du préſent compte a été vérifiée par le Directeur ſouſſigné ſur les Pieces juſtificatives d'icelle, & trouvée conforme aux ſommes y portées.

GENERALITÉ de.......DIRECTION de.............
Département de............................

COMPTE que rend.............Receveur des Aides & autres Droits y joints du Département de......Direction de..... à M.......Receveur général de ladite Direction, de la recette & dépenſe par lui faites ſur le produit deſdits Droits perçus dans l'étendue dudit Département, pendant l'année commencée le premier Octobre........& finie le dernier Septembre ſuivant.

RECETTE.

PREMIER CHAPITRE.

A cauſe des Droits ſur la vente en détail.

Fait recette le comptable de la ſomme de.........à laquelle monte le produit des Droits ſur la vente en détail, des Vins & autres Boiſſons, des annuels & des quatre ſols pour livre deſdits Droits dont le comptable a été chargé de faire le recouvrement ſur les redevables, ſuivant.......Etats de produit ci rapportés, deſquels a été extrait ce qui ſuit. SÇAVOIR,

TIERCES.	DÉTAIL.		Premiere moitié d'Octroi au détail.	ANNUELS.		MONTANT deſdits Droits.	Quatre ſols pour livre.	TOTAL.
	Vin, Bierre, Cidre & Poiré.	Eau-de-vie.		Au Gros & de Bouilleurs	Au Détail.			
Octobre & Novembre.								
Décembre & Janvier.								
Porter de ſuite les ſix Tierces.								
TOTAL........								

Revenant leſdits ſommes à ladite premiere de......................... 0000.

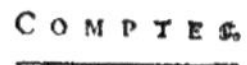

DEUXIEME CHAPITRE.

A cauſe des Droits d'entrée, de vente en gros & autres.

Fait recette le comptable de la ſomme de............à laquelle a monté pendant l'année de ce compte, le produit des Droits ci-après dé-taillés, qu'il a reçus tant directement des Redevables, que par les mains des Buraliſtes ſuivant.........comptereaux auxquels ſont joints les relevés de pages des Regiſtres, le tout rapporté & remis à M..............Directeur, avec un état détaillé des parties de recette que le comptable a fait par ſes mains, ainſi qu'il ſuit.

SçAVOIR;

NOMS DES BUREAUX.	ANCIENS ET NOUVEAUX CINQ SOLS.			SOL pour livre.	Cet Etat doit conte-nir autant de colom-nes qu'il y a d'eſpece de Droits.	TOTAL des produits de chaque Bureau.	Appointemens ou remiſes des Buraliſtes.	
	A la ſortie des Pays d'Aides.	Aux entrées d'Inventaire.	Aux entrées journall.eres.				Appointemens.	Remiſes.
Ponthieu.......								
Soucy, &c.....								
Par le Compta-ble.........								
TOTAUX...								

Revenant leſdites ſommes à ladite premiere de..................

RAPPORT DE LA RECETTE.

PREMIER CHAPITRE ....
DEUXIEME CHAPITRE ....

SOMME TOTALE de la recette du préſent compte.

DEPENSE.

PREMIER CHAPITRE.

A cauſe des payemens faits à la Recette générale de la Direction.

Fait dépenſe le comptable de la ſomme de...............payée à M........Receveur général ſuivant........récepiſſés portés ſur le Regiſtre de recette actuelle, retirés par le ſieur Directeur.

SçAVOIR,

(*Détailler ces Récepiſſés & dans le cas où il y auroit differens Receveurs généraux ou differens Receveurs de Département, qui se seroient succedés, distinguer dans le tableau desdits Récepissés, ceux à qui & par qui les payemens ont été faits.*)

DEUXIEME CHAPITRE.

Appointemens & Remifes des Buraliftes.

Fait dépenfe le comptable de la fomme de.............. à laquelle monte les appointemens & remifes accordées aux Buraliftes par l'état des frais de régie fur ceux des Droits dont il eft fait recette au préfent compte qui en font fufceptibles fuivant les compteraux & états rapportés fur le deuxiéme Chapitre de recette où lefdits Appointemens & Remifes font détaillés.

Appointemens.. oo
Remifes... oo

Total.. ooo

Revenant lefdits fommes à ladite premiere de.............. ooo

APPOINTEMENS DU COMPTABLE.

N'eft ici fait dépenfe des appointemens du Comptable attendu qu'il les a reçus fur fes quittances, ainfi que les autres émolumens de fon emploi.

REPRISE

DROITS SUR LA VENTE EN DETAIL.

Fait reprife le comptable de la fomme de............qui refte dûe fur les Droits de la vente en détail dont il eft fait recette au préfent compte, fuivant un état de refte de lui certifié, rapporté, ci............ ooo

RECAPITULATION.

DEPENSE { PREMIER CHAPITRE..................... oo
{ DEUXIÉME CHAPITRE.................... oo
REPRISE... oo

SOMME TOTALE de la dépenfe du préfent compte.

RESULTAT.

La Recette eft de.................................
La dépenfe de.....................................

PARTANT &c.

1680.

1680. COMPTE DES DISTRIBUTEURS DE LA FORMULE.

Les Diſtributeurs de la Formule rendent leur compte, comme les Buraliſtes au Receveur du Département. Ce compte eſt auſſi dreſſé par le
Directeur, qui en marge met, comme ci-deſſus, ſon certificat de vérification.

Il eſt compoſé de la recette & dépenſe en nature, & de la recette & dépenſe en deniers.

La recette & dépenſe en nature ſe conſtatent par un tableau dans la
forme qui ſuit.

*Des Diſtribu-
teurs de la For-
mule.*

DATTES DES RECONNOISSANCES DU DISTRIBUTEUR.	PAPIER							TOTAL des PAPIERS.	PARCHEMIN			TOTAL des Parchemins.
			PETIT									
	Grand à 3 fols 4 den.	Moyen à 2 fols 6 den.	A 1 fol 2 den	à 12 den. & un demi la demi feuille.	Quittances des Tailles à 1x den, la demi euille.	A 10 deniers le quart.	TOTAL du petit Papier.		Feuilles à 6 f. 8 den.	Rolles à 12 fols.	Quart à 8 fols 4 den.	
RECETTE.												
Du........................												
Du........................												
TOTAL des Envois du Magaſin.............												
RESTOIT en nature au premier Octobre de l'année derniere....												
TOTAL de la Recette.												
DÉPENSE.												
Il a été vendu pendant l'année...........												
Reſte en nature au premier Octobre 17...												
TOTAL de la Dépenſe égal à celui de la Recette.............												

PARTANT la dépenfe & le reftant en nature égalent la recette, & le comptable demeure quitte & déchargé du contenu au préfent, à la charge de compter du produit en deniers du total des papiers & parchemins timbrés, diftribués pendant l'année du préfent compte, & de compter en nature de ceux qui fe font trouvés refter en fa poffeffion le premier Octobre 17.

La recette & la dépenfe en deniers font compofés, fçavoir la recette du produit des papiers en parchemins timbrés qui ont été diftribués fuivant le compte en nature ci-deffus ; & la dépenfe d'un premier article pour les payemens au Receveur du département, fuivant fes récepiffés & le fecond de la remife accordée au comptable pour lui tenir lieu d'appointemens & retenue par fes mains. Ce compte fe folde comme les précedens.

1681. COMPTE GENERAL DE LA FORMULE, QUI SE REND PAR LE DIRECTEUR.

Compte général
de la Formule.

Le Directeur eft chargé de rendre à fes commettans le compte général de la Formule, ce compte eft compofé de la recette & dépenfe en nature, & de la recette & dépenfe en deniers.

En nature, la recette comprend le reftant en nature au premier Octobre de l'année précedente, fuivant le compte précédemment rendu, & ce qui a été reçu du magafin général & du Bureau de la correfpondance des Eaux-de-vie, fuivant les factures rapportées au foutien du compte. La dépenfe contient ce qui a été delivré aux Diftributeurs fuivant leurs comptereaux, & dans un même article, ce qui a été employé à l'ufage de la correfpondance des Eaux-de-vie. Ce qui refte au dernier Septembre de l'année, pour laquelle le compte eft rendu, forme la reprife qui fe porte en recette fur le compte de l'année fuivante. Les tableaux des articles de ce compte font dans la forme de celui ci-deffus, auquel il faut feulement ajouter les colomnes néceffaires pour le papier, fervant à la correfpondance des Eaux-de-vie.

En deniers, la recette eft compofée du produit des papiers & parchemins, & quatre fols pour livre du prix d'iceux, fuivant les mêmes comptereaux, & le chapitre de dépenfe en nature. Il n'eft fait dans ce compte aucune dépenfe en deniers à la place de laquelle il fe finit ainfi.

La recette en deniers du préfent compte monte à la fomme de...... de laquelle le fieur Receveur général de la Direction s'eft chargé en recette dans le compte qu'il a rendu de la totalité du produit des Droits de la Direction, arrêté ce jourd'hui ; fçavoir, de celle de..... pour le produit du Droit principal au......chapitre & de celle de.......... pour les quatre fols pour livre au........chapitre, au moyen de quoi le comptable demeure déchargé de la recette & dépenfe en nature & de la recette en deniers du préfent compte & des pieces juftificatives au nombre de.......qui ont été dépofées dans les armoires de la Compagnie ; le tout fauf erreur, omiffion, faux ou double employ, & aux charges des apof-tilles.

Fait & arrêté double à Paris ce..............................

Il eft rendu en outre par le Directeur, un autre compte du papier timbré pour les Regiftres & expéditions de la regie. Ce compte eft feulement en nature, attendu que les papiers des Regiftres ne donnent point de produit, & qu'il eft fait recette en deniers, tant dans les comptereaux que dans le compte général du Receveur du produit du timbre, payé par les Redevables pour les quittances, congés & autres expéditions. La recette fe juftifie par les factures du magafin général, & la dépenfe par les reconnoiffances des Employés auxquels ce papier à été fourni, & par les Regiftres tenus par le comptable.

COMPTE DES AMENDES ET CONFISCATIONS, QUI SE REND DE MESME PAR LE DIRECTEUR.

1682. La recette de ce compte eft compofée d'un chapitre unique pour le produit des amendes & confifcations refultantes des procès-verbaux, de fraude, dreffés dans l'étendue de la Direction, pendant l'année du compte, qui ont été jugés ou accommodés fuivant le Regiftre d'inftances, tenu par le comptable, refté entre fes mains, les procès-verbaux, jugemens & tranfactions rapportés au foutien; ainfi qu'il fuit. *Compte des amendes & confifcations.*

S ç A V O I R,

DATTES des Procès-verbaux.	Numero des Procès.	Départemens.	NOMS des COMMIS.	Noms & réfidence des Parties.	Montant des condamnations ou accomodemens fur les Procès terminés.	OBSERVATIONS fur ceux en inftances ou abandonnés.
Le.........					oo.	
Le.........					oo.	

La dépenfe eft compofée de deux chapitres.

Le premier à caufe de gratifications, qui contient les gratifications accordées par l'état des frais de régie, & que le comptable a retenu par fes mains fur le produit net des amendes & confifcations dont il a été fait recette dans ledit compte, pour l'indemnifer des frais extraordinaires qu'il a faits pour parvenir aux jugemens ou tranfactions.

Et par un autre article les gratifications pareillement accordées fuivant

Cc ij

 ledit état, des frais de régie, aux Controlleurs & Commis, fur le tiers du produit net defdits amendes & confifcations, fuivant les quittances rap-portées au foutien.

Le comptable doit porter par obfervation les portions de gratification qui n'ont point été dans le cas d'être payées, & qui tournent au profit de la Compagnie.

Le deuxiéme chapitre pour les frais de procedure en pure perte.

Il peut fe libeller ainfi. Fait dépenfe le comptable de la fomme de .... à laquelle monte les deux tiers des frais de procedure ou dépenfes en pure perte, qui, fuivant l'état des frais de régie doivent être fupportés par la Compagnie, fuivant un état apoftillé & certifié du comptable, rappor-té avec les procès-verbaux, procedures, Jugemens, états particuliers & autres pieces au nombre de........de lui paraphées; l'autre tiers defdits frais devant être fupporté par le comptable, fuivant l'état des frais de régie & diminuer d'autant les gratifications qui lui font accordées, & qui ont été employées en entier dans la dépenfe du préfent;

S ç A V O I R,

Numero des Procès.	Dattes des Procès.	Noms des Parties.	EVENEMENS DES PROCÉS.	Nombre de pieces rapportées	TOTAL des Frais payés.
			TOTAL........	....	000.
		TIERS à la charge du comptable à déduire.........			00.
		RESTE...............................			000.

Revenant ladite fomme reftant à celle du texte ci........... 000

Ce qui refte à recouvrer des amendes, confifcations & frais fur les procès jugés ou terminés par accommodement, forme le premier article de la reprife de ce compte à l'appui duquel fe rapportent un état pour les amendes & un autre pour les frais, tous deux apoftillés des facultés des Redevables, & certifiés du Comptable. Le tableau de cet article peut fe divifer ainfi.

SÇAVOIR,

Numero des Procès.	Dattes des Procès.	NOMS		SOMMES DUES.		TOTAL.
		des Employés	des Parties.	Amendes & confiscations.	Frais.	

Le second article de reprife eft pour les frais d'inftance des procès in-décis. Le comptable rapporte de même à l'appui un état appoftillé à chaque article & de lui certifié, fur lequel fe forme le tableau qui fuit.

Numero des Procès.	Dattes des Procès.	NOMS		Nature des Fraudes.	Montant des Frais.
		des Employés.	des Parties.		

Ce compte fe folde ainfi.

Partant la recette excede la dépenfe & la reprife de la fomme de....
de laquelle le fieur.......Receveur général de la Direction, s'étant chargé en recette au........chapitre du compte qu'il a rendu pour les Droits
d'Aides & autres, perçus dans la Direction, arrêté ce jourd'hui. Le comptable demeure quitte de la recette du préfent, fauf erreur, omiffion, faux
ou double employ, & aux charges des apoftilles. Il eft pareillement déchargé des pieces juftificatives qui ont été dépofées aux armoires de la
Ferme. A l'égard du Regiftre d'inftances il eft refté au comptable, ainfi
que les pieces de la reprife, tant pour fuivre le recouvrement de ce qui
eft dû que pour obtenir des condamnations fur les procès indécis.

Fait & arrêté double, à Paris ce................................

COMPTE A RENDRE PAR LE RECEVEUR GENERAL DE CHAQUE DIRECTION.

Compte du Receveur Général de chaque Direction.

1683. Le Receveur général rend son compte lorfque les Receveurs particuliers, les Buraliftes & les Receveurs de département ont rendu le leur, c'eft-à-dire, vers le mois de Janvier de chaque année, ou plûtard felon l'époque qui leur eft marqué par l'état des frais de régie, eu égard à l'objet de la Direction. Ce compte eft formé par les foins du Directeur, qui met en marge fon certificat de vérification, & rendu par le Receveur général, directement à fes commettans (a). Il peut être dans la forme qui fuit.

A I D E S.

Bail de
Année

Préfenté & affirmé véritable aux peines de droit.

Le préfent Compte a été vérifié par le Directeur fouffigné fur les piéces juftificatives, rapportées au foutien d'icelui, & trouvé conforme aux fommes y portées.

GENERALITE' de..........Direction de..........

COMPTE que rend...................Receveur Général des Aides & autres Droits y joints de l'Election de.......... à Meffieurs..............de la recette & dépenfe par lui faite fur lefdits Droits pendant l'année commencée le premier Octobre ....& finie le dernier Septembre fuivant.

R E C E T T E.

PREMIER CHAPITRE.

A caufe du produit des Droits d'Entrée & de Sortie.

A N C I E N S   E T   N O U V E A U X   C I N Q   S O L S.

Fait recette le comptable de la fomme de..........à laquelle monte le produit des anciens & nouveaux cinq fols, perçus à l'entrée des Villes & Bourgs de cette Election, qui font fujets auxdits Droits fur les Vins qui y font entrés journellement pendant l'année de ce compte pour y être confommés, ou qui y ont acquis le fejour fur les vendanges pareillement entrées dans lefdits lieux & fur les Vins de la recolte de l'année.......... trouvés lors des inventaires dans ceux defdites Villes & Bourgs où fe font les inventaires, comme auffi fur les Vins enlevés de ladite Election pour être tranfportés hors le Royaume ou dans les Provinces où les Aides n'ont

(a) Avant la réunion des Sous-Fermes à la Ferme Générale, il y avoit plufieurs Directions où le Receveur Général étoit dans l'Ufage de rendre compte au Directeur, qui en rendoit enfuite un autre à fes Commettans; comme celui-ci ne pouvoit être qu'une répetition du premier, la Ferme Générale a abrogé cet ufage. Le Receveur Général rend compte Directement à fes Commettans, de forte qu'il n'eft rendu que ce compte général pour les produits de la Direction. Le Directeur ne rend compte que dans les Directions auxquelles la Recette générale eft réunie.

pas cours ; fuivant les Regiftres tenus pour ladite perception, reftés au Bureau général le compte du Bureau général, ceux des Receveurs particuliers
de......ceux des Buraliftes & Receveurs, au nombre de......les relevés
des Regiftres.......états de recapitulation & les contraintes des Entrées
d'inventaire, le tout ci-rapporté ;

COMPTES.

SÇAVOIR,

DEPARTEMENS ET BUREAUX.	ENTRÉES JOURNALIERES.		Sur les Vendan-ges.	Privilégiés de grace.	ENTRE'ES d'Inventaires Recolte de 17	Sortie du Royaume.	REMISES.	
	SUR LE VIN.						Quotité de Remifes par Bureaux.	Montant des Remifes.
	Ordinaires.	Extraordin.						
Bureau Général.								
Portes de {	oo.	....	....	....	....	ooo.	....	....
....	oo.	oo.	....	....	....	oo.	....	....
Fauxbourg de......	oo.	....	....	oo.	....	....	....	....
Campagne.								
Département de Soucy.								
Marville........	oo.	....	....	....	oo.	....	....	....
Soucy...........	oo.	....	....	....	....	....	....	....
Dangu..........	oo.	....	....	....	....	....	....	....
Département de Pon-thieu.								
Ponthieu........	oo.	....	oo.	....	....	....	....	oo.
Douville........	oo.	oo.	....	....	....	....	....	....
&c.								
TOTAL......	ooo.	oo.	oo.	oo.	oo.	ooo.	....	oo.

RAPPORT.

Entrées jour- { Sur le Vin { Ordinaires....................................... ooo. } ooo.
nalieres.   { Extraordinaires............................. oo. }
                 { Sur les Vendanges Recolte de 17....................... ooo.
Privilegiés de Grace.. ooo.
Entrées d'Inventaires, Recolte de 17.............................. ooo.
Sortie du Royaume... ooo.
                                                                    ————
                                                                    oooo.

Revenant lefdites fommes à ladite premiere de.................

SUBVENTION A L'ENTRE'E ET A LA FABRICATION.

De la fomme de..........à laquelle monte le produit du Droit de Subvention, perçu pendant l'année de ce compte fur les Vins, Eaux-de-vie, Cidres, Poiré & Bierre, entrés journellement dans les Villes, Bourgs & Paroifles de cette Election, qui font fujettes audit Droit & fur les Boif-fons qui y ont acquis le fejour, ainfi que fur lefdites Boiffons braffées & fa-çonnées dans lefdits lieux ; le tout fuivant les Regiftres mentionnés au précedent article, celui de mifes de feu & entonnemens, ceux de braffage tenus par les Commis aux Exerc'ces reftés au Bureau général ; les comptes produits audit article, les états de département au nombre de .... & un de récapitulation ci-rapportés.

S ç A V O I R,

BUREAUX.	SUBVENTION,	
	A L'ENTRÉE.	AU BRASSAGE.
VILLE de		
Porte de	oo.	oo.
&c.		
CAMPAGNE.		
DÉPARTEMENT DE SOUCY.		
Soucy............	oo.	oo.
Ponthieu	oo.	oo.
&c.		
A L'ENTRÉE.......	ooo.	oo.
AU BRASSAGE.....	oo.	
TOTAL	ooo.	

Revenant lefdites fommes à ladite premiere................ ooo

On obferve à peu près la même forme & la même diftribution pour cha-cun des autres Droits d'entrée dans l'article qui le concerne, ainfi l'on fait

Un troifiéme Article pour le fol pour livre, fur les efpeces refervées que l'on divife en trois colomnes.

Pour le pied fourché.

Le bois.

Et le Poiffon.

Suivant les Regiftres qui ont été tenus par les Commis, chargés de la perception

perception de ce Droit reftés au Bureau général &.......comptes parti-
culiers qui ont été rendus par lefdits Commis, une copie de l'abonnement
(*s'il en a été fait*) des Droits de pied fourché à la Communauté des Bouchers
de la Ville de......fignée du comptable & ci-rapportée avec lefdits
comptes.

Un quatriéme Article pour les Droits de neuf livres dix-huit fols par tonneau dans les Elections où ils ont cours.

Un cinquiéme Article pour les Droits d'Octroy, s'il s'en perçoit à la
vente en gros &c.

RAPPORT DE CE PREMIER CHAPITRE

Anciens & nouveaux cinq fols.......................... ooo
Subvention.. ooo
Efpeces Refervées....................................... ooo
Neuf livres dix-huit fols par tonneau................... ooo
Octroy... co
                                                         ————
                                                         oooo

SOMME DE CE CHAPITRE. (*La fomme fe porte en toutes lettres après
que les articles ont été apoftillés par l'Oyant, & les recettes admifes.*)

DEUXIEME CHAPITRE DE RECETTE.

*A caufe du produit des Droits de Gros, augmentation, jauge
& courtage à l'arrivée, & à la vente & revente en
gros des Boiffons.*

Fait recette le Comptable de la fomme de..........à laquelle monte
le produit des Droits de Gros & augmentation, jauge & courtage perçus fur
les Vins & autres Boiffons vendues en gros, troquées ou échangées dans
cette Election pendant l'année de ce compte; ainfi qu'aux premiers Bureaux de paffage fur celles venant des Provinces & lieux exempts defdits
Droits, ou enlevées de ladite Election pour lefdits Provinces & lieux
exempts; fuivant les Regiftres qui ont été tenus par les Commis chargés
de la perception de ces Droits reftés au Bureau général, les relevés defdits Regiftres, & les comptes qui ont été rendus par lefdits Commis, rapportés, (*defigner fous quel chapitre lefdites pieces font rapportées*) ainfi qu'il
fuit;

Sçavoir;

BUREAUX.	GROS.		AUGMENTATION JAUGE ET COURTAGE.		REMISES.	
	A l'arrivée.	A la vente.	A l'arrivée.	A la vente.	Quotité des Remises par Bureaux.	Montant des Remises.
Bureau Général............	00.	00.	00.	00.	....	00.
CAMPAGNE.						
Departement de Ponthieu.						
Ligny...................	00.					
Ponthieu................	....	00.	....	....	....	00.
&c.						
Et ainsi des autres Départemens.	RAPPORT DES DÉPARTEMENS.					
Bureau Général............	000.	00.	00.	00.		00.
Departement de............	00.	00.	00.	00.		00.
&c.						
TOTAL.........	000.	00.	00.	00.		00.

RAPPORT DE CE CHAPITRE.

Gros. { A l'arrivée. . . . . 00. }
       { A la vente. . . . . 00. }   000.

Augmentation { A l'arrivée . . . . 00. }
Jauge et Courtage. { A la vente. . . . . 60. }   000.

                                      0000.

Revenant lesdites sommes à ladite premiere de................

SOMME PAR SOI.

Il est rendu un compte particulier par le Receveur pour les Droits de Gros, Augmentation, jauge, courtage, & quatre sols pour livre sur les Vins & autres Boissons trouvés, manquant lors des Inventaires, ainsi que sur ceux mis en refuge qui n'ont point été enlevés dans le délai fixé par les Reglemens.

Il sera parlé de ce compte, Nombre 1684. ci-après.

TROISIEME CHAPITRE DE RECETTE.

A cause du produit des Droits de Détail.

Fait recette le Comptable de la somme de............à laquelle monte le produit du Droit de Huitiéme ou Quatriéme, Subvention, jauge & courtage, sol pour pot &c. perçus dans l'étendue de cette Election pendant l'année de ce compte, sur les Vins, Eaux-de-vie & autres Boissons vendus en détail, tant à pot qu'à assiette, soit par exercice ou par abonnement par les Hôtelliers, Cabaretiers & autres dérailleurs suivant les Registres Portatifs & autres restés au Bureau général, les Etats de produit extraits d'iceux par chaque tierce, certifiés des Commis des départemens, vérifiés & recapitulés par le Comptable sur chaque département, lesdits états au nombre de.......ci-rapportés avec la recapitulation générale, certifiée du Comptable, ainsi qu'il suit;

Sçavoir,

DÉPARTEMENS.	HUITIÉME ET SUBVENTION.		QUATRIÉME.		SOL pour pot.	TOTAL.
	Sur les Vins, Bierre, Cidre & Poiré.	Sur l'Eau-de-vie.	Sur le Vin, &c.	Sur l'Eau-de-vie.		
VILLE.						
Quartier de....	oo.	ooo.	....	....	oo.	ooo.
Fauxbourg de...	oo.	oo.	....	....	oo.	ooo.
CAMPAGNE.						
DEPARTEMENS.						
Ponthieu............	....	....	oo.	oo.	oo.	ooo.
Hauterive.........	....	....	oo.	oo.	oo.	ooo.
	ooo.	ooo.	ooo.	ooo.	ooo.	oooo.

S'il y a des Octrois ou autres Droits on ajoute autant de colonnes.

RAPPORT.

Huitieme et { Sur les Vins, Bierre, Cidre & Poiré...........oo.}	ooo.	
Subvention. { Sur l'Eau-de-vie......... ....oo.}		
Quatrieme. { Sur les Vins, &c.. ....oo.}	ooo.	
{ Sur l'Eau-de-vie .. ..oo.}		
Sol pour pot sur le Vin..........................	ooo.	
	oooo.	

Revenant lesdites sommes à ladite premiere de........

SOMME PAR SOI.

QUATRIEME CHAPIRTRE DE RECETTE.

A cauſe du Droit annuel.

Fait recette le Comptable de la ſomme de..........à laquelle monte le produit des Droits annuels, perçus pendant l'année de ce compte dans l'étendue de cette Election, ſur les Bouilleurs d'Eau-de-vie, les Braſſeurs de Bierre, les Marchands de Vin & d'Eau-de-vie ou autres Boiſſons en gros, & même ſur les Bourgeois & autres particuliers qui ont vendu au-delà de trois muids de Vin d'achat & de ſix muids de Cidre ou Poiré, comme auſſi ſur les Hôtelliers, Cabaretiers, Taverniers, Détailleurs d'Eau-de-vie & autres, qui par leur qualité & la nature de leur commerce, ſont ſujets auxdits Droits ; le tout ſuivant les états de produit des Droits de Détail rapportés au Chapitre précedent. Et....... Etats particuliers certifiés par le Comptable & par les Commis de chaque département, leſdits états ci-rapportés avec la récapitulation générale d'iceux, certifiés du Comptable, dont a été extrait ce qui ſuit.

Sçavoir,

DÉPARTEMENS.	ANNUELS.	
	Au Gros.	Au Detail.
VILLE de		
Quartier de............ &c.	oo.	oo.
CAMPAGNE.		
Département de........	oo.	oo.
Annuels au Gros......	ooo.	oo.
Annuels au Detail ...	oo.	
TOTAL............	ooo.	

Revenant leſdits ſommes à ladite Premiere de..................

SOMME PAR SOI.

CINQUIEME CHAPITRE DE RECETTE.

A caufe du Droit de Contrôle fur les Bierres.

Fait recette le Comptable de la fomme de.........à laquelle monte le produit des Droits fur les groffes & petites Bierres qui ont été braffées & façonnées dans l'étendue de cette Election, ou qui y ont été apportées des Pays exempts, fuivant les Regiftres reftés au Bureau général, les comptes de.....ci-devant rapportés, &....états certifiés des Commis aux Exercices defdites Bierres, & un état de récapitulation ci-rapporté.

SÇAVOIR;

DÉPARTEMENS ET BUREAUX.	CONTROLLE DES BIERRES.		REMISES.	
	A l'arrivée.	A la Fabrication	Quotité.	Montant des Remifes.
VILLE.				
QUARTIER de..............	oo.	oo.		oo.
FAUXBOURG de............	oo.	oo.		oo.
CAMPAGNE.				
DEPARTEMNET DE PONTHIEU.				
SOUCY....................	oo.	oo.		oo.
PONTHIEU.................	oo.	oo.		oo.
TOTAL...................	ooo.	ooo.		ooo.

Rapport.

CONTROLE DES BIERRES. $\left\{\begin{array}{l} \text{A l'arrivée...........ooo} \\ \text{A la fabrication......ooo} \end{array}\right\}$ oooo

Revenant lefdits fommes à ladite premiere de............. oooo

SOMME PAR SOI.

SIXIEME CHAPITRE.

A caufe de la diftribution de la Formule.

Fait Recette le Comptable de la fomme..........à laquelle monte le produit des papiers & parchemins timbrés qui ont été diftribués pendant l'année de ce compte, dans les Bureaux de la Direction, fuivant le compte du Bureau général, ceux des Receveurs particuliers & des Receveurs de Département ci-devant produits; le compte général de la Formule diftribuée au public, employée aux expeditions de regie, & celui de la Formule envoyés à la compagnie par le Directeur, & un état de fourniture de confommation des expéditions de la regie ci-rapporté,

Sç A V O I R ,

VILLE ET DÉPARTEMENS.	FORMULE.		REMISES.	
	De débit.	Pour la Régie.	Quantité.	Montant des Remifes.
VILLE de....................	oo.	oo.		o.
CAMPAGNE. { Ponthieu......	oo.	oo.		oo.
Soucy.........	oo.	oo.		oo.
Total....................	ooo.	ooo.		oo.

Rapport.

FORMULE. { Noire..............................ooo } oooo.
{ Blanche.........................ooo }

Revenant lefdits fommes à ladite premiere de................oooo.

S O M M E P A R S O I.

S E P T I E' M E C H A P I T R E.

A caufe de quatre fols pour livre.

Fait recette le Comptable de la fomme de.............à laquelle monte le produit des quatre fols pour livre de celle de............ produit total des Droits d'Aides perçus pendant l'année de ce compte, fuivant les Regiftres qui ont fervi à la perception defdits Droits, les comptes & autres pieces mentionnées dans les précedens chapitres.

Sç A V O I R ,

CHAPITRES.	NATURE DES DROITS.	DROITS PRINCIPAUX.	Quatre fols pour livre.
PREMIER.	{ Droits d'entrée & de fortie.		
DEUXIE'ME.	{ Gros, Augmentation, Jauge & Courtage, &c.		
TROISIE'ME. QUATRIE'ME. CINQUIE'ME, &c.			
TOTAL....			

Revenant lefdites fommes à ladite premiere de................ ooo.

S O M M E P A R S O I.

HUITIE'ME CHAPITRE.

A caufe des Droits rétablis.

INSPECTEURS AUX BOISSONS.

Fait Recette le Comptable de la fomme de.........à laquelle monte le produit des Droits d'Infpecteurs aux Boiffons, perçus pendant l'année de ce compte dans les Villes de.........fur les Vins, vendanges, Eaux-de-vie, Bierre, Cidre & Poiré entrés journellement, ou qui ont été façonnés dans lefdits lieux, & inventoriés comme auffi fur ceux qui y ont acquis le féjour, fuivant les Regiftres qui ont été tenus à cet effet par les Commis, reftés au Bureau général, les comptes & relevés defdits Regiftres & des contraintes produits fur les précedens chapitres .... états de fabrication pour les Villes de..........& un état de récapitulation ;   Sçavoir,

BUREAUX.	ENTRÉES JOURNALIERES.			Privilégiés de grace.	Entrée des Inventaires.	Fabrication.	REMISES.	
	SUR LE VIN.		Sur les Vendanges.				Quotité.	Montant des Remifes.
	Ordinaires.	Extraordin.						
Bureau Général.	....	....	....	....	....	00.	....	....
Portes de..........	00.	00.	00.	00.	....	....	....	....
Fauxbourg de......	00.	00.	00.	00.	....	....	....	....
CAMPAGNE.								
Département de Ponthieu.								
Ponthieu..........	00.	00.	00.	00.	00.	....	....	00.
Soucy............	....	....	....	....	00.	....	....	00.
&c.								
TOTAL......	000.	000.	000.	000.	00.	00.	....	00.

RAPPORT.

ENTRÉES JOUR-NALIERES. { Sur le Vin { Ordinaires.. 000. } Extraordinaires.. 00. }   000.
Sur les Vendanges Recolte de 17..   000.

PRIVILEGIÉS DE GRACE...   000.
ENTRÉES D'INVENTAIRES, Recolte de 17..................................   000.
SORTIE DU ROYAUME..   000.
                                                                                       0000.

Revenant lefdites fommes à ladite premiere de...................   0000

INSPECTEURS AUX BOUCHERIES.

Fait recette le comptable de la fomme de.........à laquelle monte le produit des Droits d'Infpecteurs aux Boucheries, qui ont été perçus pendant l'année de ce compte, dans les Villes & Bourgs de cette Direction, fujets auxdits Droits fur les Beftiaux à pied fourché vifs, entrés journellement pour être abbatus, dans les Villes de......& fur les chairs mortes, les autres lieux de la Direction étant abonnés fuivant les Regiftres tenus par les Commis chargés de cette perception, reftés au Bureau général, les relevés defdits Regiftres, les comptes des Receveurs particuliers & des Receveurs de Département produits fur les précedens chapitres & un état des abonnemens auquel font attachées copies defdits abonnemens, ci-rapportés ;

Sçavoir.

VILLE ET DÉPARTEMENS.	INSPECTEURS AUX BOUCHERIES.		REMISES.	
	Entrées journalieres & par exercices.	Par abonnement.	Quotité.	Montant des Remifes.
Portes de {	oo.			
{	oo.			
CAMPAGNE.				
Departemens { de Ponthieu....	oo.	oo.		oo.
Hauterive.....	oo.	oo.		oo.
&c.				
	ooo.	oo.		oo.

Rapport.

Inspecteurs aux Boucheries. { Par Exercice   ooo. } oooo.
                                     { Par Abonnement ooo. }

Revenant lefdites fommes à ladite première de........... oooo.

DEUX SOLS POUR LIVRE.

De la fomme de.........à laquelle monte le produit des deux fols pour livre des Droits d'Infpecteurs aux Boiffons & aux Boucheries, pendant l'année du préfent compte fuivant les Regiftres qui ont fervi à la perception defdits Droits, les comptes & autres pieces mentionnés dans les précedens chapitres ;

Sçavoir,

NATURE DES DROITS.	DROITS PRINCIPAUX.	DEUX SOLS POUR LIVRE.
Inspecteurs aux Boissons	ooo.	oo.
Inspecteurs aux Boucheries.....	ooo.	oo.
Total	oooo.	oo.

Revenant lefdites fommes à ladite premiere de............ oo

COURTIERS JAUGEURS.

De la fomme de.......à laquelle monte le produit des Droits de Cour-tiers Jaugeurs, perçus fur les Vins, Eaux-de-vie & autres Boiffons venues des lieux exempts defdits Droits, & fur celles vendues, revendues & en-levées par remuage dans l'étendue de la Direction, pendant l'année de ce compte, fuivant les Regiftres tenus au Bureau général, ceux de Gros & de Remuage tenus par les Commis Buraliftes; tous vérifiés & reftés audit Bureau, & fuivant les comptes, états & relevés de Regiftres produits aux précedens chapitres ;

Sçavoir,

BUREAUX.	COURTIERS-JAUGEURS.			REMISES.	
	A l'arrivée.	A la premiere vente ou aux pre-mier enlevement	A la revente.	Quotités.	Montant des Remifes.
Bureau General.	oo.	oo.	oo.		
Département de Ponthieu.					
Ponthieu	....	oo.	oo.		oo.
Soucy.............	....	....	oo.		oo.
Total......	oo.	ooo.	ooo.		oo.

Rapport.

Courtiers Jaugeurs. { A l'arrivée................ ooo }
 { Au premier & deux. enlevem... oooo { oooo.
 { A la revente.............. ooo }

Revenant lefdites fommes à ladite premiere de........... oooo,

RAPPORT DES DROITS RETABLIS.

Inspecteurs. { Aux Boissons......... ooo }
{ Aux Boucheries....... ooo } .... oooo.
Deux sols pour livre................................... ooo.
Courtiers Jaugeurs................................. oooo.

oooo.

SOMME DE CE CHAPITRE.

NEUVIE'ME CHAPITRE.

Recettes particulieres, Amendes & Confiscations.

Fait Recette le comptable de la somme de........à laquelle monte le produit des amendes & confiscations adjugées ou consenties sur les Procès-verbaux de fraude ou contravention qui ont été dressés dans l'étendue de cette Direction ; suivant le compte particulier rendu à la compagnie par le sieur Directeur. (Il a été parlé de ce compte Nombre 1682.) ci.. ooo.

Il peut y avoir encore d'autres chapitres de Recette, qu'il est facile de mettre chacun dans son rang selon la nature de la Recette. De ce nombre sont les Droits Locaux réunis dans quelques lieux à la Ferme des Aides, les Droits recouvrés, les restitutions de Droits &c.

RECAPITULATION GENERALE DE LA RECETTE DU PRESENT COMPTE.

CHAPITRE PREMIER, Droits d'Entrée............... oooo.
II. Droits de Gros, Augmentation, Jauge Courtage......
III. Droits à la vente en Détail.......................
IV. Annuels.......................................
V. Contrôle sur la Bierre.........................
VI. Formule......................................
VII. Quatre sols pour livre.........................
VIII. Droits retablis..............................
IX. Amendes & Confiscations.......................

Total.......................................

SOMME TOTALE de la recette du présent compte, &c. *Voyez* l'observation à la fin du premier Chapitre de Recette.

DEPENSE.

PREMIER CHAPITRE.

A cauſe des deniers clairs.

Fait dépenſe le comptable de la ſomme de.............à laquelle monte les payemens par lui faits ſur la recette du préſent compte, à M... Caiſſier de la Ferme, ſuivant ſes récepiſſés ou reſcriptions contrôlés d'un de Meſſieurs les Intéreſſés, & acquittés au nombre de............ ci-rapportés & après détaillés (a).

SÇAVOIR;

DATTES DES RECEPISSE'S OU RESCRIPTIONS.	MONTANT DES		TOTAL.
	RECEPISSE'S.	RESCRIPTION.	
Du..........................	ooo.		ooo.
Du..........................		ooo.	ooo.
&c.			
			oooo.

Revenant leſdites ſommes à ladite premiere de ....

SOMME PAR SOI.

DEUXIEME CHAPITRE.

Appointemens des Commis, & Remiſes.

COMMIS ORDINAIRES.

Fait dépenſe le comptable de la ſomme de.........à laquelle montent les appointemens qui ont é é payés pendant l'année de ce comp e, aux Directeur, Receveurs & Employés de la Direction ; en conſéquence de l'état des frais de régie & des ordres particuliers envoyés depuis l'arrêté de cet état, & ſuivant.....quittances fournies par le Directeur & les Employés du Bureau général..... autres par les Contrôleurs de Ville....

(a) Il eſt ordinairement accordé des remiſes, à tant pour cent, ſur les deniers envoyés à la Caiſſe générale. On fait un Chapitre particulier de cette dépenſe ou on les porte dans le Chapitre des frais de Régie.

Ee ij

états quittancés par mois des Commis aux Exercices &c. le tout ci-rapporté & détaillé ainsi qu'il suit ;

Sçavoir,

	APPOINTEMENS.	
	Payés au Directeur & Commis.	Reverſible à la Compagnie.
BUREAU GÉNÉRAL.		
Au Directeur pour l'année, ſuivant ſa Quittance....	0000.	
Au Receveur Général *Idem*.....................	0000.	
INSPECTION.		
Au S......pour l'année, ſuivant deux Quittances..	0000.	
CONTROLLEURS DE VILLE.		
Au S......pour l'année, ſuivant ſa Quittance..... &c.	000.	
COMMIS AUX EXERCICES DANS LA VILLE.		
État du mois de......quittancé................	000.	
Autre du mois de......*Idem*...................	000.	
Vacance dudit mois.......dix jours...........	....	00.
EMPLOYÉS DE LA CAMPAGNE.		
Controlleurs Ambulans.		
Au S...pour 4 mois & 8 jours, ſuivant ſa Quittance. &c.	000.	
COMMIS A CHEVAL.		
Au S..pour 6 mois & 3 jours, ſuivant deux quittances.	000.	
Au S....pour 2 mois......ſuivant ſa Quittance... &c.	000.	
Vacance du Département...24 jours.....Mémoire.. *Et ainſi de ſuite.*	....	00.
TOTAL......o....	0000.	00.

Revenant leſdites ſommes à ladite premiere de............. 00000,

Nota. *La colonne des Appointemens reverſibles à la compagnie, n'eſt employée que pour mémoire.*

REMISES AUX COMMIS BURALISTES.

De la ſomme de..........à laquelle montent les Remiſes accordées pour l'année de ce compte, conformément à l'état des frais de régie, tant aux Buralistes qu'aux diftribu eurs de la Formule, fuivant les comptes defdits Buraliftes, Diftributeurs de Formule & Receveurs de Département, produits fur les differens Chapitres de Recette du préfent compte, & relativement aux Chapitres de Recette du préfent compte détaillés ci-après.

Sç A V O I R ,

AUX BURALISTES.

- Sur les anciens & nouveaux cinq fols.........oo.
- Sur le Gros, Augmentation, Jauge & Courtage oo.
- Sur le Controlle des Bierres.................oo.
- Sur les Infpecteurs aux Boiffons..... .....oo.
- Sur les Infpecteurs aux Boucheries ....oo.
- Sur les Courtiers-Jaugeurs.................oo.

ooo.

Aux Diftributeurs de Formule.......................   ooo.

oooo.

Revenant lefdites fommes à ladite premiere de ....   oooo.

COMMIS AUX INVENTAIRES.

De la fomme de.............payée aux Commis aux Inventaires, pour avoir travaillé à la confection d'iceux pour la recolte de l'année de ce compte, fuivant.........états quittancés defdits Commis ci-rapportés & après détaillés.

Sç A V O I R ,

DÉPARTEMENS.

PONTHIEU........	Premiere route 20. jours.................oo. Deuxiéme route 21. jours.................oo. Troifiéme route 17. jours.................oo.	ooo.
HAUTERIVE.... &c.	Premiere route 16. jours.................oo. Deuxiéme route 18. jours.................oo.	ooo.

TOTAL...............................   oooo.

Revenant lefdites fommes à celle de..................   oooo.

COMMIS EXTRAORDINAIRES.

De la fomme de.........payée tant aux Commis qui ont travaillé par extraordinaire aux Inventaires, & à ceux qui ont été employés pendant les entrées des Vendanges, & en temps de foire, qu'à d'autres qui l'ont été à la fuite des produits de la campagne, fuivant......états quittancés &c. vifés du Directeur, ci-rapportés, & après détaillés.

Sç A V O I R ,

Le Tableau de cet Article fe divife par Département, comme celui ci-deffus ; on y fait le Détail des états & quittances en rapportant vis-à-vis de chacun le motif de la dépenfe.

RAPPORT DE CE DEUXIEME CHAPITRE.

Appointemens aux Commis ordinaires.................... ooo.
Remifes aux Buraliftes............................. ooo.
Aux Commis aux Inventaires....................... oo.
Aux Commis extraordinaires...................... oo,

oooo.

Somme de ce Chapitre.

TROISIEME CHAPITRE DE DEPENSE.

A caufe des frais ordinaires de Régie.

Au Procureur de la Ferme.

Fait dépenfe le comptable de la fomme de.............payée au Sieur........Procureur, chargé de la pourfuite des affaires de la Ferme à l'Election pour fes appointemens pendant l'année de ce compte, fuivant l'état des frais de Régie & fa quittance ci-rapportée, ci............

A l'Huissier.

De la fomme de........&c. *comme ci-deffus.*
On fait dans cette forme autant d'Articles qu'il y a de dépenfe de différentes natures, comme

Loyers de Bureaux, fuivant l'état des frais de Régie, & les Baux à loyer dont copies vifées du Directeur, font rapportées par le Comptable avec les quittances des Propriétaires defdits maifons.

Frais de Bureau, fuivant l'état des frais de Régie & les quittances du Directeur & du Receveur, ci-rapportées.

Bougie de cave, fuivant........mémoires quittancés des Marchands & ci-rapportés.

Impreffions & reliures, fuivant un état détaillé, certifié du Comptable, quittancé du Sieur.....

Port de deniers à tant par fac de mille livres, fuivant le montant des deniers remis à la caiffe, ou fi c'eft par voiture,) fuivant la quittance du Meffager, conformément à ce qui eft reglé par l'état des frais de régie.

QUATRIEME CHAPITRE DE DEPENSE.

A caufe des Gratifications.

Le Fermier accorde aux Employés & autres différentes gratifications qui forment dans ce Chapitre autant d'article de dépenfe;

Sçavoir,

Au Directeur, pour qu'il soit compté de net.   } *Ces gratifica-*
Au Receveur Général & particulier pour. *Idem.*   } *tions sont fi-*
Au Verificateur des comptes.   } *xées par l'état de frais de regie.*

Les Gratifications graduelles, c'est-à-dire, proportionnées aux produits qui sont accordés sur les Droits de Détail aux Directeurs, Controlleurs & Commis aux Exercices, tant en premier qu'en second, forment un quatriéme Article de dépense, au soutient duquel sont les états dressés en consequence de celui de fixation arrêté par la compagnie, & les quittances des Employés. Voici le tableau de cet Article.

DEPARTE-MENS.	Produit net.	Fixation	EXCEDENT. Sur la premiere à 1 sol pour livre.	EXCEDENT. Sur la seconde à 2 sols pour livre.	Montant de la Remise.	NATURE des EMPLOIS.	NOMS des EMPLOYE's.	Temps de l'exercice. mois	jours	SOMMES Payées.	SOMMES non payées.	TOTAL par Département.
	₶	₶	₶	₶	₶ 1. f. d.					₶ ß ₰	₶ ß ₰	₶ ß ₰
VILLE de...	25200.	20000. 23000.	3000.	2200.	370.	CONTROLEUR.	Du Bois.	L'Année.		185.		
						COMMIS. Ier.	Garnot.	10.	15.		80. 18. 9.	370.
							Louvet.	1.	15.	11. 11. 3		
						COMMIS. II.	Dubourg.	8.	....	61. 13. 4.		
							Valois.	3.	....	23. 2. 6.		
							Interim.	1.	....		7. 14. 2.	
DEPARTEMENT de...	14180.	10000. à 1,000.	3000.	1180.	268.	RECEVEURS.	Linquet.	3.	....		40. 4.	
							Bernard.	9.	....	120. 12.		268.
						EN SECOND.	Baillard.	1.	....		8. 18. 8	
							Interim.	1.	10.		11. 18. 3.	
							Guenot.	9.	20.	86. 7. 1		
DIRECTION de........	39380.	20000. à 33000.	à 6 den. pour liv. 13000.	à 8 den. pour liv. 6380. 4.	537. 13. 4	DIRECTEUR de Cordon.		L'Année.		537. 13. 4		537. 13. 4.
										1025. 19. 6.	149. 13. 10.	1175. 13. 4.

S'il est accordé par l'état des frais de Régie ou par des ordres particuliers, quelques gratifications annuelles aux Commis. Il en est fait un autre Article.

Il peut y avoir encore des gratifications accordées à d'autres qu'aux Commis qui demandent un Article séparé.

CINQUIEME CHAPITRE DE DEPENSE.

Frais de Greffes & de procedures.

Comme, Expéditions des Greffes.

Frais d'inſtances perdues ou abandonnées.
Seel des contraintes.

On fait autant d'Articles qu'il y a de dépenſe de differentes natures, en rapportant à l'appuy de chacun les ordres, quittances & autres pieces juſtificatives.

SIXIEME CHAPITRE DE DEPENSE.

Frais extraordinaires.

Comme, Frais d'enregiſtrement du Bail aux Elections.
       Gratifications aux Commis pour cherté de vivres ou de
         fourages.
       Indemnités.
       Reſtitution de Droits.
       Diminution d'eſpeces &c.

SEPTIEME CHAPITRE.

Privilégiés de Grace.

Fait dépenſe le comptable de la ſomme de.............accordée par grace, ſuivant l'état des frais de régie aux.......pour Droits d'Entrée & de ventes en gros ſur Vins, Boiſſons & Denrées, pendant l'année de ce compte, ſuivant........états quittancés des.......le montant deſquels états eſt entré dans le produit du préſent compte.

Sçavoir,

Etat quittancé des.................................... co
Autres.. oo
     Total .... ooo
Revenant leſdites ſommes à ladite premiere de.............. ooo

Somme par soi.

RECAPITULATION GENERALE.

De la dépenſe du préſent compte.

CHAPITRE. I. Deniers clairs.......................... oco.
        II. Appointemens des Commis & Remiſes......
        III. Frais ordinaires..........................
        IV. Gratifications & Aumônes..............
        V. Frais de Greffes & de procedures...........

                                            VI.

VI. Frais extraordinaires....................
VII. Priviléges de grace....................

οοοοο.

SOMME TOTALE de la dépenſe &c.

REPRISES.

A cauſe de ce qui reſte à recouvrer du produit porté en Recette au préſent compte.

SUR LES DROITS.

Fait repriſe le comptable de la ſomme de .... à laquelle monte ce qui reſte actuellement dû dans l'étendue de l'Election, du produit des Droits portés en recette au préſent compte, ſuivant les états fournis par le comptable & par les Commis des Départemens, d'eux certifiés, détaillés & apoſtillés, des facultés des Redevables, & des diligences faites pour parvenir au recouvrement ; leſdits états viſés du Directeur, & ci-rapportés.

Si ces repriſes étoient en non-valeurs on mettroit pour titre Repriſes en non-valeurs.

SÇAVOIR,

NATURE DES DROITS.	DÉPARTEMENS.	SOMMES DUES.		TOTAL par nature de Droits.
		Sur le montant des Droits principaux.	Sur le montant des quatre ſols pour livre.	
DROITS D'ENTRÉE.	VILLE de.........	ooo.	oo.	oooo.
	&c.	ooo.	oo.	
DROITS A LA VENTE EN GROS.	VILLE de.........	....	....	
	DÉPARTEMENT de..	....	....	
	&c.			
DROITS A LA VENTE EN DÉTAIL ET AN-NUELS.	VILLE de.........	....	....	
	DÉPARTEMENT de..	....	....	
	&c.			
TOTAL..................				

Revenant leſdites ſommes à ladite premiere de..................
S'il y a des débets de Commis, on peut en faire un dernier Article de repriſe, à l'appui duquel le comptable rapporte le compte rendu par le Commis relicataire, la contrainte décernée ſur icelui, & le commandement fait en conſéquence.

S'il y avoit évaſion & ſouſtraction de deniers, on énonceroit dans l'Article les états de produit, Regiſtres, Sommiers, Quittances & autres

II. Partie. F f

pièces fur lefquelles le débet auroit été conftaté avec le détail des diligences faites en conféquence, qui doivent être, fçavoir: Sommation faite au Commis relicataire à fon dernier domicile, de venir compter ; contrainte contre lui décernée ; commandement fait en conféquence, exploit de perquifition de fa perfonne, exploit de dénonciation defdits pourfuites au Sieur.....demeurant à.....fa caution, avec fommation de venir compter pour lui dans l'étude de.....Notaire à.....fur les Regiftres & autres pièces néceffaires pour conftater ledit débet : Acte donné par ledit Notaire de défaut de comparution du Sieur.....fignification d'icelui à fon domicile, avec commandement de payer : & fur fon refus affignation à l'Election pour s'y voir condamner par corps : Sentence par défaut qui le condamne par corps au payement de ladite fomme principale & aux dépens ; fignification de ladite Sentence à procureur & au dernier domicile connu avec nouveau commandement de payer, & exploit de difcuffion de meubles & de perquifition de la perfonne dudit.......qui s'eft évadé pendant le cours defdites pourfuites, toutes lefdites pièces rapportées au foutien de l'article, avec un état des frais, certifié du comptable.

SOMME TOTALE DES REPRISES, &c.

Ces Reprifes doivent faire le premier chapitre de recette du compte de l'année fuivante.

RESULTAT DU PRESENT COMPTE.

La Recette monte à (*même obfervation qu'à la fin des Chapitres. Voyez le premier Chapitre de Recette.*)

Dépenfe.. 000.
Reprifes.. 000.

La dépenfe & les reprifes à (*même obfervation.*)

0000.   PARTANT la...

au moyen de quoi le comptable demeure déchargé du préfent compte, fauf erreur, omiffion, faux ou double employ, aux referves des apoftilles, & ont été les pièces juftificatives d'icelui au nombre de... dépofées aux armoires de la compagnie.

Fait & arrêté double, à Paris ce.................................

COMPTE DU GROS MANQUANT.

Compte du Gros manquant. 1684. Il n'a point été queftion dans le compte précédent des Droits de Gros, Augmentation, Jauge & Courtage, & quatre fols pour livre fur les Vins & autres Boiffons manquant des Inventaires, & fur ceux trouvés en refuge après le délai fixé par les Reglemens.

Il eft rendu auffi par le Receveur général, un compte particulier pour cette partie, lequel eft vérifié de même par le Directeur.

La Recette eft compofée d'un chapitre unique, qui eft le produit brut des Droits portés par la contrainte qui reste au Bureau general de la Direction ; mais dont il est extrait un état général, divisé & récapitulé par département, certifié du comptable & vérifié par le Directeur, pour être rapporté au soutien de ce chapitre avec les comptereaux rendus au comptable par les Receveurs particuliers. Le tableau de ce chapitre peut être distribué dans la forme qui suit. Les colonnes qui le composent serviront à former & à rendre plus clairs les chapitres de la dépense.

DÉPARTEMENS.	RECETTE EFFECTIVE.		Total de la Recette effective.	Décharge accordée suivant le deuxième Chapitre de Dépense.	Sommes à recouvrer suivant la Reprise.	Total général qui forme le produit brut porté par la contrainte.
	Au Bureau Général.	Dans les Départemens.				
Ville et Fauxbourg de......	....	....	....	....	....	....
Département de Ponthieu...	....	....	....	....	....	....
Hauterive...	....	....	....	....	....	....
	....	....	....	....	....	oooo.

Revenant ladite somme à celle du texte ci........................... oooo

La dépense comprend les payemens faits à la caisse générale, qui forment le premier chapitre ; les décharges accordées aux particuliers qui ont justifié n'être sujets aux Droits, en tout ou partie, suivant les Titres par eux rapportés, énoncés en marge de chacun des articles de la contrainte, vérifiés par le Directeur, conformément à l'état rapporté au soutien du chapitre de la recette, ce qui fait le second chapitre de dépense, & un troisiéme pour les frais de régie, consistant dans le papier pour la confection des sommiers pour tout le bail, le Procès-verbal d'arrêté du prix des Vins, le scel de la contrainte, les réliures des sommiers & de la contrainte, & les publications d'extraits de la contrainte ; le tout suivant les quittances rapportées par le comptable ; lesquelles dépenses forment le premier article de ce chapitre, & dans un second article les remises accordées aux Directeur, Receveur général, sous Receveur & Receveur de Département, sur la Recette effective dudit compte, suivant l'état des frais de régie ; les comptereaux ci devant mentionnés & les quittances rapportées.

Les sommes à recouvrer sur le produit brut, constatées par l'état ci-dessus rapporté, en marge duquel sont les motifs qui ont arrêté le recouvrement, forment la reprise de ce compte, laquelle reprise forme le premier chapitre de recette du compte de l'année suivante.

F f ij

CHAPITRE IX.

DES PROCES VERBAUX DES COMMIS.

§. I.

De la confection des Procès-verbaux.

Définition. 1685. UN Procès-verbal est un acte dressé & arrêté par gens ayant serment à Justice, qui contient ce qui s'est passé en une visite, capture, descente ou autre expedition ou commission particuliere & qui établit le fait par le rapport des dires, contestations des parties, comparutions & absences d'icelles & de toutes les autres circonstances qui peuvent servir à le constater. Les Commis du Fermier comme ayant prêté serment en Justice, ont la faculté de dresser Procès-Verbal des fraudes & autres incidens qui peuvent survenir dans le cours de leurs fonctions. Ils ont en outre celle de saisir l'objet de la fraude à la requête du Fermier, & en cela ils participent aux fonctions des Huissiers. Leurs Procès-verbaux sont proprement une déposition suivie d'une saisie.

Ils doivent être faits à l'instant de la fraude.
Arrêt du Conseil des 21 Mai 1726 & 25 Mars 1727.
Ord. de Rouen, T. XVIII. Art. V.
Arrêt de la Cour des Aid. de Rouen du 12 Juin 1708, qui dispense les Commis de représenter l'original de leur Billet sommaires.

1686. Les Procès-verbaux des Commis doivent être faits sur le champ & à l'instant de la découverte de la fraude, à moins qu'il n'y ait rebellion ou autre empêchement dont il doit y être fait mention. On suit cependant un autre usage dans le Ressort de la Cour des Aides de Rouen. Les Commis dans ce Ressort peuvent, lors de la découverte de la fraude, laisser un Billet qu'on appelle Billet Sommaire, portant qu'ils vont dresser leur Procès-verbal pour la fraude dont la qualité doit être exprimée sommairement dans ledit Billet. Ils sont tenus de dresser le Procès-verbal le même jour dans le lieu où ils jugent à propos & d'y faire mention qu'ils ont laissé sur le champ Billet Sommaire aux parties saisies. (a) Lorsqu'ils

Déclaration du premier Septembre 1751, registrée en la Cour des Aides

(a) Comme les Droits de Détail sont considérables dans le ressort de la Cour des Aides de Rouen, où l'on perçoit le Quatriéme & la Subvention au détail, la perception de ces Droits a pû se trouver souvent troublée par les Redevables. Lorsque les Commis découvroient des fraudes & des contraventions, il leur étoit difficile & quelquefois dangereux de donner le tems & l'attention nécessaire pour dresser leurs Procès-verbaux sur le lieu & à l'instant de la découverte de la fraude, c'est ce qui détermina à les autoriser de les faire où ils jugeroient à propos, en laissant toutes fois aux prévenus pour leur sûreté un Billet sommaire, qui puisse fixer sur le champ l'objet & le genre de fraude, sur laquelle le Procès-verbal doit être rendu.

Les Commis ne sont point obligés de représenter l'original de leur Billet sommaire, ils en ont été dispensés par Arrêt de la Cour des Aides de Rouen du 12 Juin 1708. La raison est que ce Billet n'est fait que pour les prévenus, qu'il ne sert qu'à déterminer la fraude ou contravention où ils sont tombés, & que le double en est inutile au Fermier qui a par devers lui le Procès-verbal, lequel doit être conforme au Billet sommaire, & sur lequel il doit faire ses poursuites.

dreſſent leur Procès-verbal ſur le champ, ou qu'ils en ſont empéchés par rebellion ou autrement, ils ne ſont point obligés de laiſſer Billet Sommaire, pourvu, dans le dernier de ces deux cas, qu'ils faſſent mention comme ci-deſſus des obſtacles qu'ils auront rencontrés.

1687. Leſdits Procès-verbaux doivent être dreſſés ſur papier marqué du timbre de la Généralité de laquelle dépend le chef-lieu de la Direction d'où relevent les Commis.

giſtrées en la Cour des Aides de Rouen le 17 Juin de la même année. Autre Arrêt & Lettres Patentes des 21 & 30 Juin 1720, contenant les mêmes diſpoſitions, regiſtrées en la Cour des Aides de Paris le premier Août ſuivant.

Il faut qu'ils ſoient ſignés au moins de deux Commis ou d'un Commis & d'un Huiſſier ou autre Officier, qui ſont tenus d'y faire mention de leur qualité, du lieu de leur réſidence dans le cas porté, Livre III. Nombre 1213. de la Juriſdiction où ils ont prêté ſerment, & du nom du Fermier qui les employe (a); d'y faire ſigner les parties intéreſſées, ou faire mention des interpellations à elles faites, & de leurs refus; d'en laiſſer copie (b) le même jour s'ils ſont faits avant midi, ou le lendemain dans la matinée juſqu'à midi s'ils ſont faits après midi; à l'effet de quoi il y doit être fait mention s'ils ſont dreſſés devant ou après midi (c); & enfin de les affirmer véritables, tant en matiere Civile que Criminelle (d) par devant l'un des Juges des lieux ou autre le plus prochain Juge, ſoit Royal ou des Seigneurs (e); pourvu toutes fois que ce ſoit dans l'étendue de ſa Juriſdiction, & ſans que ladite affirmation donne aucune attribution de Juriſdiction qui doit toujours être conſervée aux Juges auxquels elle appartient.

27 Mars 1708, regiſtrée en la Cour des Aides de Paris le 19 Avril ſuivant, & Arrêts de ladite Cour des 26 Août 1740, 7 Septembre ſuivant, 13 Juin & 4 Septembre 1741, 17 Mars 1755 & 9 Avril ſuivant, qui diſpenſent les Commis de la mention des cautions & du domicile du Fermier. Déclaration du 6 Novembre 1717, regiſtrée en la Cour des Aides de Paris le 11 Décembre ſuivant. Autre Déclaration du premier Septembre 1750, regiſtrée en la Cour des Aides de Rouen le premier Octobre ſuivant, pour la copie. Déclaration du 4 Octob. 1725, regiſtrée en la Cour des Aides de Paris le 13 Décembre ſuivant. Déclarat. du 22 Janvier 1717, regiſtrée en la Cour des Aides de Paris le 20 Février ſuivant, & en celle de Rouen le 12 Mars audit an. Arrêts du Conſeil des 22 Novembre & 11 Décembre 1723, & 11 Décembre 1725. Autre Déclaration du 23 Septembre 1732, regiſt. en la Cour des Aides de Paris le 10 Octobre ſuivant. Arrêt de ladite Cour du 30 Avril 1743, concernant l'affirmation.

(a) La Déclaration du 27 Mars 1708, diſpenſe les Commis de nommer dans leurs Procès-verbaux les Cautions du Fermier. Les Arrêts de la Cour des Aides des 26 Août & 7 Septembre 1740, 6 & 13 Juin 1741, jugent qu'ils ne ſont point obligés de faire mention de ſon domicile.

(b) Il eſt dit par l'Article III. de la Déclaration du premier Septembre 1750, que les Commis dans les cas de rebellion & autres qui donnent lieu à la voie extraordinaire, ne ſont point tenus de porter eux-mêmes copie de leur Procès-verbal.

(c) L'Ordonnance portoit ſimplement qu'il ſeroit laiſſé copie des Procès-verbaux dans le même jour. La Déclaration de 1717 a étendu cette diſpoſition dont l'interprétation avoit donné matiere à pluſieurs conteſtations.

Les Commis ſont obligés de faire mention dans leurs Procès-verbaux s'ils ſont dreſſés avant ou après midy, mais non de l'heure, ainſi qu'il a été jugé par Arrêt de la Cour des Aides du 5 Septembre 1718.

Cette obligation n'a plus lieu s'ils délivrent ſur le champ la copie de leurs Procès-verbaux.

(d) La Déclaration du 4 Octobre 1725, veut que les Procès-verbaux ſoient affirmés en matiere criminelle comme en matiere civile, à peine de nullité, ce qui n'étoit point dans l'Ordonnance.

(e) L'Ordonnance portoit que cette

DE LA CONFECT

de Rouen le premier Octobre ſuivant, Art. I. & III.

Dreſſés ſur papier marqué.
Arrêt & Lettres Patentes des 15 & 26 Mars 1720, regiſtrées en la Cour des Aides de Rouen le 17 Juin de la même année.

Signés au moins de deux Commis.
Ordon. de Paris, Titre V. ſur les Droits de Détail, Art. VII. Quoique cet Article ne ſoit point dans l'Ordonnance rendue pour le reſſort de la Cour des Aides de Rouen, on y ſuit le même uſage Arrêt du Conſeil & Lettres Patentes des 26 Octobre & 5 Déc. 1719, reg. le 14 dudit mois de Déc. en la Cour des Aid. de Paris pour ce qui concerne la ſignature des Procès-verbaux.
Déclaration du 26 Août 1740, 7 Septembre ſuivant, de la mention des cautions & du domicile du Fermier. Paris le 11 Décembre ſuivant. Déclaration du premier Octobre ſuivant. Déclarat. du 12 Mars audit an.

DE LA CONFECT.

Délai de l'af-firmation.
Même Article de l'Ordon. de Paris.
Ordonnance de Rouen, T. XVIII. Article V.
Arrêt du Conseil du 25 Juin 1709, qui ordonne que l'affirmation sera reçue aussi sans frais dans le ressort de la Cour des Aides de Rouen, quoique cela ne soit point dit dans

1688. L'affirmation est le recollement de la déposition contenue dans le Procès-verbal. Elle doit être faite dans la quinzaine au plûtard à l'égard des Elections composées de cent paroisses & au-dessus, & dans la huitaine pour les autres Elections ; l'acte d'affirmation doit être mis au bas du Procès-verbal, & signé de l'Officier sans frais, sans qu'il soit nécessaire que cet acte soit écrit de sa main (*a*). Il est enjoint aux Elus & à tous autres Juges de recevoir les affirmations & repetitions des Commis sur les Procès-verbaux, aussi-tôt qu'ils leur sont présentés, à peine de répondre en leur propre & privé nom, des amendes & confiscations encourues par les fraudeurs, de payer les frais de voyage qu'ils auroient occasionnés aux Employés pour aller faire affirmer leurs Procès-verbaux dans une autre Ville, & de cinq cent livres d'amende, & ce sur le simple Procès-verbal de refus d'affirmation.

l'Ordonnance rendue pour ledit ressort. Arrêt du Conseil & Lettres Patentes des 3 & 24 Février 1733, registrées en la Cour des Aides de Paris le 26 Mars suivant & en celle de Rouen le 22 du même mois, concernant l'écriture de l'Acte d'affirmation. Arrêt de la Cour des Aides de Paris du 21 Avril 1681. Arrêt du Conseil & Lettres Patentes des 8 & 20 Mars 1726. Autres Arrêts du Conseil des 26 Mai & 7 Septembre 1722, rendus en exécution desdites Lettres Patentes.

Arr. du C. & L. P. des 22 Octo. & 16 Novem. 1718, reg. en la C. des A. de Paris le 22 Décembre suivant.

Les Procès-verbaux faits par les Commis en présence d'un Officier de l'Election ou autre Juge, à qui il appartient de les faire, sont valables, sans qu'il soit besoin qu'ils soient affirmés par lesdits Commis. La présence du Juge a encore plus de poids que n'en auroit l'affirmation.

Dépôt au Greffe n'est point de rigueur.
Arrêts du Conseil des 6 Déce. 1687 & 25 Juin 1709.
Arrêt de la Cour des Ai. de Rouen du 21 Juill. 1730.

1689. Par les Arrêts du Conseil des 6 Decembre 1687. & 25 Juin 1709. il est dit que les Commis remettront dans l'instant de l'affirmation un double de leurs Procès-verbaux signé d'eux, au Greffe de l'Election, & il est enjoint en même temps aux Greffiers de recevoir ce double & d'en donner communication sans frais toutes fois & quantes qu'ils en sont requis, & par autre Arrêt de la Cour des Aides de Rouen du 21 Juillet 1730. il est ordonné auxdits Greffiers de faire mention tant sur le double que sur l'original des Procès-verbaux, du jour du dépôt.

Cette formalité n'est point d'étroite obligation de la part des Commis, & le défaut de s'y conformer n'emporte point la nullité des Procès-verbaux, sur tout depuis la déclaration du 30 Janvier 1717. qui permet que l'affirmation soit faite devant quelque Juge que ce soit : attendu qu'il peut y avoir douze à quinze lieues entre le lieu où est faite ladite affirmation & le Siége de l'Election , & que dans ce cas il n'est pas possible de s'y conformer.

Differens Arrêts tant du Conseil que de la Cour des Aides de Paris

Arrêts du Conseil des 9 Janvier & 7 Juillet 1722, 5 Avril 1723, 9 Août & 8 Nov. 1726.
Arrêts de la Cour des Aides de Paris des 1 & 31 Janv. 1721, 18 Juin 40, 9 Août 1741. 10 Janv. 6 & 13 Mar 1741 & 22 Avril 1740. concernant le dépôt.

affirmation seroit faite pardevant un Juge de l'Election. La Déclaration de 1717, permet de la faire pardevant quelque Juge que ce soit. Il faut observer cependant qu'elle ne peut être faite pardevant un subdelegué de l'Intendant, si ce n'est pour les Droits dont les Intendans connoissent, par attribution particuliere. Les Cours des Aides ne connoissent point

cette autorité dans les Subdelegués.
(*a*) Plusieurs Jurisdictions de la Province de Normandie avoient annullé des Procès-verbaux, sur le fondement que l'Acte étoit écrit de la main des Commis. Les Lettres Patentes du 24 Février 1733, ont ordonné que les affirmations seroient valables de quelque main qu'elles fussent écrites.

ont jugé que le défaut de dépôt n'étoit point un moyen de nullité. Cependant cette formalité devient essentielle lorsqu'il y a inscription de faux contre les Procès-verbaux. 1717.) *a)*.

1690. Les contrevenans doivent être assignés dans la huitaine du jour de l'affirmation, non compris dans les huit jours celui de l'affirmation ni celui de l'assignation.

L'Ordonnance de Rouen diffère de celle de Paris en ce qu'elle porte pour les assignations le même delai que pour les affirmations, c'est-à-dire, de huitaine ou quinzaine suivant la consistance des Élections.

Les Commis sont autorisés à donner les assignations en conséquence de leurs Procès-verbaux, sans se servir du Ministere des Huissiers, pourvu que ce soit à la suite & par le même contexte du Procès-verbal dans la dénonciation qu'ils en font aux parties intéressées & à l'instant de la confection d'icelui. Dans le Ressort de la Cour des Aides de Rouen, ils peuvent donner assignation sur leurs Procès-verbaux, même par acte separé.

trée en la Cour des Aides de Paris le 3 Juin suivant. Arrêt du Conseil du 25 Mars 1720. Arrêts de la Cour des Aides de Paris des 15 Juin & 30 Juillet 1682, 21 Juin 1683 & 26 Octobre 1699. Autre de la Cour des Aides de Rouen du 15 Juin 1682. Déclarat. du premier Sept. 1750, registrée en ladite Cour des Aides de Rouen le premier Octobre suivant. Art. II.

Les Assignations doivent être comme les Procès-verbaux, sur papier marqué du timbre de la Généralité dans le ressort de laquelle est le chef-lieu de la Direction dont dépendent les Commis ; être contrôlés dans les trois jours de leur datte, quand les Procès-verbaux sont faits dans une Ville ou autre lieu où il y a Bureau de contrôle, & dans la Huitaine lorsqu'ils sont faits à la campagne ou dans des lieux éloignés des Bureaux (*b*) ; & donnés à trois jours pour les particuliers demeurans dans les Villes où il y a Siège d'Election, & à la huitaine pour ceux demeurans à la campagne.

des de Paris le premier Août suivant, portant la même disposition. Arrêt du Conseil du 28 Nov. 1721. Autre du 2 Décembre 1738. Autre Arrêt & Lettres Patentes du 28 Juin 1752, registrées en le Cour des Aides de Paris le 7 Septembre suivant, pour ce qui regarde le timbre. Déclaration du 23 Février 1697, Article III. & Arrêt du Conseil du 14 Juillet 1698, concernant le Controlle. Déclaration du 14 Janvier 1693, registrée en la Cour des Aides de Rouen le 28 du même mois.

1691. Les formalités rapportées dans les nombres ci-dessus, à l'exception du dépôt des Procès-verbaux, qu'on a dit n'être pas de rigueur, doivent être exécutées à peine de nullité à l'égard de ceux contre qui sont dressés les Procès-verbaux, & de dommages & interêts envers le Fermier, contre les Commis qui ne les auroient point observées.

(*a*) Les Procès-verbaux & autres Actes ces Commis ont été déchargés des Droits attribués aux Offices de Greffiers-Gardes conservateurs de minuttes, par Arrêt du 27 Novembre 1714, confirmé par autre du 10 Août 1728.

(*b*) Le Droit de Controlle n'est dû que pour l'Exploit d'assignation donné, soit par le même contexte du Procès-verbal, soit par Acte separé. Les Procès-verbaux n'y sont point sujets lorsqu'ils ne contiennent point d'assignation. On a jugé que l'Acte d'affirmation ayant le même effet que le Controle, devoit y suppléer. Arrêt du Conseil du 30 Octobre 1708. Arrêt de la Cour des Aides de Rouen du 27 Novembre 1709.

DE LA CONFECT.

Elles sont les seules auxquelles lesd. Procès-verbaux soient sujets.

1692. Les Commis dans leurs Procès-verbaux & autres, ne font fujets qu'aux formalités prefcrites par les difpofitions ci-deflus, & par celles rapportées, Livre III. Nombre 1214. & fuivans, à l'égard de leurs Regiftres Portatifs. Ils font difpenfés des autres formalités préfcrites par l'Ordonnance de 1757. concernant les procedures civiles, & par l'Arrêt de la Cour des Aides de Paris du 29 Août 1699.

Ordonnance de Paris, Titre V. des Droits de Détail, Article VIII. Ordonnance de Rouen, Titre XVIII. Article VII. Arrêt du Confeil du 3 Janvier 1708, & Déclaration du 27 Mars fuivant, regiftrée en la Cour des Aides de Paris le 29 Avril fuivant.

Autre Arrêt du Confeil & Lettres Patentes du 21 Février 1741, regiftrées en ladite Cour le 21 Mars fuivant.

Autres Arrêts du Confeil des 30 Octobre 1708, (décharge du controlle,) 14 Juin 1720, 17 Novembre 1722, (Election de domicile par les Commis jugée inutile,) 13 Janvier 1728, 9 Août, 11 Octobre & 8 Novembre 1729, 11 Juillet 1730, 2 Septembre 1732, 7 Juin 1735, 9 Avril & 6 Août 1737. (Défaut de l'infcription des Commis fur le Tableau, n'eft point un moyen de nullité,) 10 Avril 1736. (Mention de la demeure du Fermier, inutile dans les Procès-verbaux, pourvû que celle du Directeur y foit ou qu'elle foit énoncée dans l'affignation.) 11 Septembre 1736, 9 Août 1741, 23 Février 1742. (Vices de Clerc ne font point un moyen de nullité.) 23 Mars 1742.

Arrêts de la Cour des Aides de Paris des 3 Juin 1681, 12 Juillet & 6 Septembre 1728, 7 Septembre & 12 Mai 1740, 13 Juin 1741. (Mention du domicile du Fermier, inutile, comme ci-deffus.) 27 Juin 1740. (Vices de Clerc ne font point un moyen de nullité). Autres de ladite Cour des 26 Août 1740, 25 Février & 5 Mai 1741, 5 Février 1743, 30 Mars 1745, 6 Septembre 1746, 30 Janvier 1748, 21 Janvier 1749, 11 Avril 1753, 29 Janvier 1755. (Ratures & Surcharges.) 9 Avril 1756. Procès-verbaux rendus contre l'Entrepofeur feulement & non en préfence du Cabaretier, 12 Mars 1756. Domicile du Fermier, inutile. 9 Avril fuivant *Idem.* Arrêts de la Cour des Aides de Rouen du 27 Novembre 1729. (Il n'eft point néceffaire que les Procès-verbaux qui ne portent point affignation foient controllés.) 8 Août 1729, 7 Septembre 1740 & 6 Septembre 1741.

On a raffemblé dans ces difpofitions tout ce qui eft néceffaire & effentiel au fond, pour la validité de ces actes. Cette derniere difpofition a pour objet d'empêcher que dans les tribunaux qui connoiffent des Droits du Roi, il ne foit exigé un plus grand nombre de formalités, qui, quoique préfcrites pour les autres matieres civiles ou criminelles, ne tendroient ici qu'à entraîner la nullité de ces mêmes actes, qui fe repetant tous les jours, ne fçauroient être trop fimples, & qui fo vent quoique valides au fond, laiffent encore des fubterfuges à la fraude du côté de la forme.

Il eft enjoint en confequence aux Officiers des Elections, lorfqu'ils prononcent la nullité des Procès-verbaux, d'expliquer & de défigner expreffément dans leurs Sentences, les nullités qu'ils y ont trouvées.

Arr. du C. des 9 Mars 1728, 9 Août 1729, 3 Fév. 1733, 1 Mai 1735 & 2 Avril 1737.

Les procès-verbaux font foi en Juftice jufqu'à infcription de faux.

1693. Les Procès-verbaux & autres actes des Commis, revêtus de ces formalités & les copies qu'ils en laiffent aux contrevenans ou autres, font foi en juftice tant en matiere criminelle que civile, jufqu'à l'infcription de faux (a), qui eft la feule voye qu'il y ait pour attaquer la foi defdits actes, & cela, même quant à la déguftation des Boiffons à l'égard de laquelle les Commis ont été déclarés Juges déguftateurs, fans qu'ils foient tenus d'appeller avec eux aucuns Juges, Experts, Gourmets ou autres perfonnes, ni de dépofer au Greffe aucun échantillon des Boiffons. A cet

Ordonnance de Paris, même Titre, Article IX. Ordonnance de Rouen, même Titre, Article VIII. Ordonnance de Juillet 1681, Titre commun, Article XIX. Déclaration ci-deffus du 27 Mars 1708. Arrêts du Confeil des 22 Juillet 1699, 22 Mars 1692, 31 Mai 1693. Autres du dernier Mai 1695, & Déclaration du 15 Juillet fuivant, regiftrée en la Cour des Aides de Paris le 13 Août audit an. Autres Arrêts du Confeil des 10 Juillet 1714, 2 Mars & 14 Décembre 1723, 2 Septembre 1727, 14 Septembre 1728, 22 Novembre & 20 Décembre 1729, 14 Février 1730. Déclaration du 25 Mars 1732, regiftrée en la Cour des Aides de Paris le 30 Avril fuivant, Article VII.

Arrêts de la Cour des Aides de Paris des 10 Janvier 1695, 20 Décembre 1702, 23 Novembre 1712, 21 Janvier 1722, 10 Mai 1735, 21 Juin 1740 & 5 Mai 1741. Arrêts de la Cour des Aides de Rouen des 13 Décembre 1709, 8 Octobre 1711, 22 Mars & 23 Novembre 1712 & 24 Janvier 1741.

(a) On traitera de l'infcription de faux dans le §. fuivant.

effet

effet il eſt défendu à tous Juges d'admettre aucune preuve teſtimoniale ou requête en plainte, tendant à d'étruire leſdits Procès-verbaux & autres actes, par la voye civile, à peine d'en répondre en leur propre & privé nom, & à tous Huiſſiers de dreſſer des Procès-verbaux tendans à même fin, à peine de cinq cent livres d'amende.

S'il étoit permis d'attaquer la foi des Procès-verbaux par la voye civile, les Contrevenans ne manqueroient jamais de reſſource pour éviter ou du moins retarder l'effet des condamnations. La voye de l'inſcription de faux qui leur eſt laiſſée, en conſignant l'amende, eſt diſpendieuſe pour celui qui ſuccombe : elle mérite plus de conſideration & ne s'entreprend gueres que ſur des moyens ſolides.

1694. Les Commis peuvent verbaliſer pour fraude ou contravention à toute heure & en quelque temps que ce ſoit, même, pendant le Service Divin (Livre III. Nombre 1229.) lorſque c'eſt par ſuite.

Les Commis peuvent verbaliſer à toute heure & de toutes les parties.

1695. Tous Commis, Employés & Gardes des Fermes, reçus en quelque Juriſdiction, & pour quelque partie deſdites fermes que ce ſoit, ſoit Gabelles, Tabac, cinq groſſes Fermes, Aides ou autres, ſont autoriſés à veiller à la conſervation des Droits de toutes leſdites Fermes indiſtinctement, & rendre leurs Procès-verbaux de la fraude qu'ils découvrent quoiqu'elle concerne une autre partie que celle pour laquelle ils ont été reçus (a).

Arr. du C. du 26 Oct. 1719, & L. P. du 5 Déc. ſuiv. reg. en la C. des A. de P. le 14 dud. mois. Arr. du C. des 15 Mai 1722, 12 Janv. 1723, 7 Mai 1726 & 2 Sept 1732, qui ordon. l'exécution deſd Lett. Paten.

1696. Il a été fait défenſe aux Commis aux Exercices, de faire aucuns accommodemens pour raiſon de fraude ou contravention, que par l'avis des Directeurs ou Commis aux Recettes, & ſur les Procès-verbaux qu'ils en auront dreſſés, leſquels doivent être préalablement enregiſtrés ſommairement par leſdits Directeurs & Commis aux Recettes dans un Regiſtre tenu à cet effet, cotté & paraphé par un des Juges des Fermes, dans lequel doivent être enregiſtrés les accommodemens faits ſur les Procès-verbaux, & les ſommes provenant des condamnations prononcées, ou accommodemens faits. Ces défenſes ont été faites principalement en faveur du Fermier pour contenir les Commis qui auroient pu malverſer & s'approprier le montant des accommodemens. Mais lorſque les parties ſaiſies ont voulu s'en ſervir pour revenir contre les tranſactions par eux faites avec les Commis, elles ont été déboutées de leur demande, & condamnées à tenir leſdites tranſactions, attendu que le ſeul cas où des Lettres de reſciſion priſes ſur un accommodement fait en conſéquence d'un Procès-verbal, puiſſent avoir lieu, eſt, lorſqu'il y a lezion, & que le montant de l'accommodement eſt plus fort que la ſomme à laquelle auroient monté l'amende & le prix des choſes confiſquées.

Défenſes à eux de faire aucuns accommodemens ſur les Procès-verbaux ſans l'avis du Directeur.

Arrêt du Conſeil du 6 Décem. 1687.

Les Prévenus ne peuvent ſe ſervir de ces défenſes pour annuller les accommodemens qu'ils auroient faits.

Arr. du C. des 25 Juin 1712, 8 Nov. 1723, 20 Jan. 1732, 8 F. 1737, 27 Juin 1741 & 13 Juilet 1742. Aut. Arr. du C. & L. P. des 4 & 28 Fév. 1744, reg. en la C. des A. de R. le 24 Mars ſuiv. & Arr. de la C. des A. de Paris des 18 Juin 1740 & 21 Mars 1748.

(a) Les Lettres Patentes qui portent cette diſpoſition ont été rendues lors de la réunion des Fermes Générales à la Compagnie des Indes, qui avoit entrepris de régir par elle-même, les différentes parties qui avoient été juſqu'alors en Sous-Ferme. Après le retabliſſement des Sous-Ferme, ces Lettres Patentes ont continué d'avoir lieu, & pluſieurs Arrêts, notamment ceux cités ci-deſſus, en ont ordonné l'exécution comme avantageuſe à la régie des différentes Fermes, qui par ce moyen ſont plus à portée de ſe prêter des ſecours réciproques.

DE LA CONFECT.

————

*Refumé des for-
malités preferi-
tes & de celles
qui ne font point
de rigueur.*

1697. Outre les formalités de rigueur dont on vient de parler, il y en a d'autres d'ordre & de ftyle qu'il eft auffi très-effentiel d'obferver parce qu'elles tiennent au fond même de l'acte, & fervent à établir les faits. On va refumer ici les unes & les autres en obfervant de diftinguer les premieres par le renvoy aux difpofitions qui les ordonnent. Elles fe redui-fent à ce qui fuit,

Sç avoir,

1698. I°. Faire mention de la datte des année, mois & jour en toutes lettres & non en chiffres, & fi c'eft avant ou après midi qu'ils inftrumen-tent (1687.) Cette mention d'avant ou après midi devient inutile, fi le procès-verbal eft donné fur le champ.

II°. Du nom du Fermier qui les employe & du lieu où il a élu domi-cile. (1687.)

III°. De leurs noms, furnoms, qualités & fonctions relatives à leur employ (1687.).

IV. De leur refidence actuelle s'ils en ont une ou s'ils n'en ont point de certaine, du Bureau de la Direction dans l'étendue de laquelle ils inftru-mentent (1687.).

V°. De la Jurifdiction où ils ont prêté ferment : le défaut de cette men-tion n'eft un moyen de nullité que lorfqu'ils exercent dans le reffort d'une autre Juridiction que celle où ils ont été reçus. Livre III. Nombre 1213.).

VI°. Si c'eft dans le reffort de la Cour des Aides de Rouen qu'ils exer-cent, faire mention qu'ils ont délivré billet fommaire fur le champ, (1686.)

VII°. Spécifier, autant qu'ils le peuvent, les noms, furnoms, qualités & demeures de ceux contre qui ils procedent.

VIII°. Expofer le genre de fraude, la maniere dont elle a été décou-verte, les circonftances effentielles qui l'ont accompagnées, & les preuves qui la conftatent, tirées, foit de ces circonftances même, foit des réponfes & aveus des parties faifies.

IX°. Etablir par la déguftation le goût & la qualité des Boiffons faifies, ainfi que la couleur & la quantité d'icelles, ou fi ce font d'autres marchan-difes, en établir auffi la nature, la qualité & la quantité.

X°. Déclarer la faifie des marchandifes trouvées en fraude, & les faifir effectivement en fe fervant de ces termes, comme de fait les avons faifies.

Arrêt du Confeil
du 31 Mars 1678.

XI°. Contremarquer les tonneaux avec la Rouanne, conftater ce qu'ils contiennent, évaluer les Boiffons & faire mention de ladite contremarque & évaluation.

XII°. Sommer la partie faifie de donner gardien folvable des marchan-difes faifies, ou lui déclarer qu'elles refteront à fa charge & garde, aux peines de Droit, ou les enlever pour être dépofées au Bureau du lieu, & faire mention de ce qui aura été fait fuivant les circonftances.

XIII°. Faire mention dans quel temps, en quel lieu, & en préfence de qui le Procès-verbal a été rédigé : ce qui doit être dans l'inftant de la fraude (1686.) dans le lieu du délit & en préfence de la partie faifie, s'il n'y a empêchement ; à moins que ce ne foit dans le reffort de la Cour des Aides de Rouen , où ceci n'eft applicable qu'au billet fommaire, les Commis ayant la liberté dans ce reffort , de dreffer leur procès-verbal où ils jugent à propos. (1686.).

XIV°. Faire de même mention de la lecture qui aura été faite du Procès-verbal aux parties faifies.

XV°. Ainfi que de la fommation qui leur aura été faite de figner tant le Procès-verbal que leurs dires , réponfes, déclarations, reconnoiffances , charge & garde , & de leur acceptation ou refus de figner. 1687.).

XVI°. Specifier que copie du Procès-verbal a été donnée fur le champ , ou qu'elle le fera dans le temps porté par les Reglemens , c'eft à-dire, l'après midi , fi le Procès-verbal eft rédigé le matin, & le lendemain matin avant midi, s'il l'a été l'après dinée. (1687.)

XVII°. Clore le Procès-verbal par la fignature des Commis faififfans. (1687.)

1699. Les cas les plus ordinaires qui donnent lieu au Procès-verbaux, font.

Sur les Droits d'Entrée.

- Le Recelé des Boiffons non-déclarées lors des Inventaires. (497. & 875.).
- Le défaut de déclaration aux entrées. (53.).
- Le Braffage de Boiffons fans déclarations. (527.)
- Le Barillage autrement le tranfport de Boiffons en Vaiffeaux prohibés. (141.)
- Fabrication d'Eau-de-vie fans déclaration. (601.).
- Les entrepôts dans la diftance prohibée. (78. 132. 250. 274. 384. 390. 530. 644. 672. 745. 817. 1118. 1519.)

Sur les Droits a la vente en gros.

- La vente en gros fans déclaration. (784.).
- Le tranfport des Boiffons fans congé. (798.).
- Les fauffes deftinations. (Idem.).
- Les fauffes déclarations fur le prix de la vente. (785.).
- Les entrepôts dans les trois lieues des Villes où il y a étape. (817.).

Sur les Droits a la vente en detail.

- La vente en détail fans déclaration , autrement vente à Muchepot. (1166.).
- Les entrepôts cachés, faits par les Débitans. (1172. 1173. & 1194.).
- Le Recelé des Boiffons non-déclarées chez lefdits Débitans. (1170.).
- Les remplages clandeftins. (1176.).
- Les rapés prohibés. (1179.)
- Les fauffes déclarations fur le prix de la vente des Boiffons. (1333.).
- Les confommations exhorbitantes, relativement à l'état des confommateurs, (1184.)

DE LA CONFECT.

SUITE DES
DOITS A LA VEN-
TE EN DÉTAIL.

> Les rebellions faites aux Commis dans le cours de leurs exercices. (1240.).
> Les faux congés. (1661. & 1665.).
> Les fauffes marques fur les vaiffeaux qui contiennent les Boiffons. (1706.) &c.

Modeles des Procès-verbaux.

1700. On donneroit bien ici des modeles de procès-verbaux pour cha-cun de ces cas : mais il eft d'expérience que ces modeles ne font d'aucun fecours aux Employés qui veulent les confulter. Les circonftances fur un même genre de fraude ne font prefque jamais les mêmes, de forte qu'il faudroit varier les exemples à l'infini. Le nombre même de ces exemples les rend inutiles par la difficulté de trouver celui qui eft applicable au cas qui fe préfente. Ce qu'il eft effentiel de mettre fous les yeux & fur quoi les Commis ne fçauroient trop s'affurer, ce font les formalités tant d'ordre & de ftyle que de rigueur, qui font communes aux Procès-verbaux rendus fur quelque genre de fraude que ce foit. On va tâcher de préfenter ces formalités dans les modeles fuivans, de la façon la plus nette & la moins chargée qu'il fera poffible. A l'égard des moyens de découvrir la fraude de bien difpofer & bien énoncer les circonftances & les preuves, & d'é-viter également une concifion obfcure & une abondance fouvent dange-reufe, c'eft le fruit du jugement & de l'expérience journaliere des Commis.

1701. FORMULE DE PROCES-VERBAL.

Pour tous les genres de fraude.

Procès-verbal de fraude.

L'AN......le......du mois de.....avant (ou après) midi (*fi c'eft une Fête ou un Dimanche, il faut mettre avant, ou après le Service Divin, parce qu'il n'eft pas permis de verbalifer pendant ce temps fi ce n'eft par fuite)* à la Requête de....Fermier....demeurant à Paris rue de.....pourfuite & diligence de M....fon Procureur ou Receveur, pour lequel domicile eft élu en fon Bureau des Aides, fis à.....où eft demeurant le fieur.....fon Procureur & Directeur : Nous M.....& N.....Controlleurs ou Commis aux Exercices, à.....y réfidens & reçus en juftice ; fçavoir, M....en l'Election de.....& N.... en celle de..... fouffignés certifions, que dans le cours de nos exercices, (*ou s'ils verbalifent chez un particulier qui ne foit point fujet aux exercices, & chez lequel ils font entrés avec une permif-fion du Juge, au lieu de ces mots dans le cours de nos Exercices, il faut mettre* en vertu d'une Requête répondue de Meffieurs les Officiers de ladite Elec-tion le....du préfent mois & an, fignée.....Procureur &....Préfident ou Elu :) Nous nous fommes tranfportés : *Faire ici l'expofé de la fraude en obfervant d'en écarter toutes les circonftances étrangeres. Cet expofé doit con-tenir. 1°. Les noms, furnoms & demeures des Contrevenans ou autres, & les fommations qui leur font faites à ce fujet, pour établir d'une façon certaine, autant qu'il eft poffible ceux contre qui les pourfuites doivent être faites. 2°.*

La mention de la dégustation & confrontation des Boissons, & la sommation faite aux Contrevenans d'en goûter avec les Commis, pour constater leur qualité parité ou dissemblance, ou si ce sont d'autres marchandises, leur déscription. 3°. Le détail de toutes les preuves ou inductions tirées, soit du fait même ou des circonstances, soit des dires & réponses faites aux Commis sur les interpellations & sommations par eux adressées aux auteurs, complices ou témoins de la fraude à l'effet d'en bien établir l'espece : pourquoi vu la fraude ; *désigner ici le genre de fraude :* Nous leur avons déclaré la saisie des : *répeter ici les Boissons ou autres Marchandises trouvées dans le cas de la saisie, & faire mention de la qualité, quantité & de l'état d'icelles :* comme de fait avons saisi ce que dessus, & déclaré auxd.... que nous leur laissons lesdites choses à leur charge & garde, aux fins de Droit, après avoir contremarqué (*si ce sont des Boissons*) lesdits tonneaux de deux demi ronds de notre Rouanne proche la bonde, & les avoir estimés d'un commun accord à la somme de.... *faire l'estimation des Boissons ou autres marchandises saisies pour en cas de confiscation, en demander la valeur à défaut de les représenter : (si les Contrevenans ne sont pas solvables pour répondre des effets saisis, ou que ce soit des Barils, Brocs, Cruches ou autres Vaisseaux prohibés, ou que le Procès-verbal soit rendu pour fausse marque dans lequel cas il faut séquestrer le corps du délit, ou enfin si la saisie se fait en route sur des Voitures ou autrement après ces mots, ET AVONS SAISI CE QUE DESSUS on met,*) & avons déclaré auxd.... que nous allions faire emmener lesdits choses au Bureau du lieu, & les chevaux, *si les Marchandises ont été saisies sur des Voitures,* chez.....Aubergiste audit lieu, pour rester à sa charge & garde, après la cloture du présent Procès-verbal pour les représenter quand par Justice sera ordonné, & qu'ils eussent à nous suivre si bon leur semble, ont refusé ou sont convenus de nous suivre) & étant remontés de *répeter le lieu où la saisie a été faite :* Nous sommes entrés dans.....*dire le lieu où le Procès-verbal aura été redigé* où nous avons fait & redigé sur le champ le présent Procès-verbal en présence de...... auxquels après en avoir fait lecture nous les avons sommés de signer leurs dires, réponses, refus, aveux, déclarations, ainsi que leur charge & garde, & la susdite évaluation, *si les choses saisies sont laissées à la garde des parties : (s'il est représenté aux Commis quelques pièces qui ayent rapport à l'objet de la saisie, il faut ajouter, &* de parapher avec nous les susdits congés ou acquits, ou lettres de voiture ; *ce paraphe ou du moins la mention du refus de parapher de la part des Contrevenans est essentiel pour qu'ils ne puissent pas rejetter les pieces informes qu'ils ont représentées pour frauder les Droits, & qui peuvent servir à la preuve de la fraude.*) Lesd....ont déclaré ne sçavoir signer, *ou* ont refusé, *ou si les Prevenus acceptent de signer, il faut mettre sur l'original :* ils ont déclaré qu'ils signeroient, *& sur la copie,* ils ont signé sur l'original resté entre nos mains ; & leurs avons laissé copie sur le champ à chacun séparement parlant à....*c'est ce qu'on met sur l'original. On met sur la copie ;* & avons laissé sur le champ la présente copie à.... (*si les Commis ne délivrent pas sur le champ copie de leur Procès-verbal, au lieu de ces mots.* ET LEUR

Avons laissé copie &c. on met ; & leur avons déclaré que nous leur en donnerions copie dans le temps porté par les Reglemens) lefdits jour, mois & an ; *les Commis fignent.*

1702. Pour la validité d'un Procès-verbal, lorfque les Commis l'ont commencé dans un lieu, ils ne peuvent plus fe déplacer fans le clore & le figner, & fi le cas exige qu'ils inftrumentent dans différens lieux pour un même fait, comme lorfqu'il eft queftion de verbalifer chez un Cabaretier & fon Entrepofeur, demeurans dans différentes maifons, ou bien de tranfporter & dépofer au Bureau les Marchandifes faifies ou des fauffes Rouannes, & les Vaiffeaux qui en font marqués : ils ne peuvent le faire que par autant d'actes qu'il y a de lieux différens dans lefquels ils fe tranfportent : c'eft ce qu'on appelle actes de tranfport. De même lorfque les Commis par quelque empêchement n'ont pu verbalifer fur le champ, ou s'il n'ont pu délivrer copie de leur Procès-verbal : ils font tenus de la fignifier par acte de tranfport l'après-midi ; s'ils ont verbalifé le matin ou le lendemain matin, fi leur Procès-verbal a été fait l'après-midi. Voici des formules de ces actes.

FORMULES D'ACTES DE TRANSPORT.

Pour fignification d'un Procès-verbal.

A la fuite du Procès-verbal clos & figné, on continue ainfi : Et lefdits jour, mois & an, que deffus, ou le lendemain defdits jour, mois & an que deffus : Nous Commis fufdits fouffignés, à la Requête que dit eft au Procès-verbal ci-deffus & en continuant nous nous fommes tranfportés en la maifon de.... dénommés ci-deffus, & parlant à....nous leur avons fait lecture du Procès-verbal ci-deffus, acte de charge & garde, & du préfent acte, & fommés de le figner en tout leur contenu, ont déclaré qu'ils figneroient ou ne fçavoir figner ; ou ont refufé ; & leur avons laiffé copie tant dudit Procès-verbal, acte de charge & garde, que du préfent acte rédigé fur le champ en ladite maifon ; *c'eft ce qu'on met fur l'original. On met fur la copie.* Et leur avons laiffé la préfente copie.

Si les Commis trouvoient porte fermée, il faudroit appeller les deux plus proches voifins, les fommer de figner & afficher la copie du Procès-verbal à la porte des Contrevenans, & en dreffer acte ainfi qu'il fuit.

Commencer comme ci-deffus, & après ces mots : Nous nous sommes transporte's en la maison de.....continuer ainfi. Et en ayant trouvé la porte fermée après y avoir frappé plufieurs fois fans que perfonne en fît ouverture, nous avons appellé deux des plus proches voifins de ladite demeure pour être préfens à l'affiche que nous allions faire dudit Procès-verbal rendu contre lefdi s.....& acte en fuivant, en prendre lecture & les figner ; ce qu'ils ont réfufé de faire, même de dire leurs noms, qualités & caufes du refus (ou à quoi ils ont fatisfait) de ce fommés : Vu quoi nous avons dreffé le préfent acte devant la porte defdits.....& attaché à icelle, copie tant dudit Procès-verbal que du préfent acte ; *on met fur la copie qu'on affiche*, & attaché à icelle la préfente copie lefdits jour, mois & an. Modeles, &c.

Pour le tranfport & dépôt d'effets faifies.

Et lefdits jour, mois & an que deffus, à la Requête que dit eft au Procès-verbal ci-deffus, & en continuant, Nous Commis fufdits & iouffignés avons fait enlever en préfence de.... *répeter les noms des Contrevenans*, & conduire lefdits... *répeter le détail des chofes faifies dont on fait le tranfport*, au Bureau des Aides où étant & parlant à.....Receveur ou Buralifte dudit Bureau, nous lui avons laiffé : *on conftate ici avec ledit Receveur ou Buralifte, l'état des chofes dont on fait le dépôt, fi ce font des Boiffons, les Commis contremarquent les Vaiffeaux; fi ce font des Tonneaux de Rapés, ils les cachetent fur la bonde avec le cachet de la Ferme :* dont il eft convenu, & s'en eft chargé à notre réquifition pour les répréfenter quand par juftice fera ordonné, après avoir fur le champ rédigé le préfent acte dans fon Bureau & en fa préfence, & lui en avoir fait lecture, nous l'avons fommé de le figner, ainfi que fa charge & garde, a dit qu'il figneroit & lui en avons délivré copie fur le champ : *on met dans la copie*, a figné & lui en avons délivré fur le champ la préfente copie lefdits jour, mois & an.

L'acte de dépôt fe met dans le corps du Procès-verbal lorfque l'un & l'autre font rédigés dans le même lieu, comme dans le cas de faifies en campagne ou en route, ou de faifie de marchandifes abandonnées.

S'il y a des chevaux à mettre en fouriere, il faut un autre acte de tranfport à peuprés dans la même forme que le précédent, pour les conduire chez l'Aubergifte à la charge & garde de qui ils font laiffés.

FORMULE D'AFFIRMATION.

Sur Procès-verbal.

1703. Le préfent Procès-verbal a été juré & affirmé véritable par devant nous..... *mettre la qualité & la demeure du Juge*, par les Commis fouffignés après ferment d'eux pris, & lecture faite dudit Procès-verbal. *Fait à.....ce.....le Juge & les Commis fignent. Voyez* Nombre 1687. & 1688. ce qui a été dit au fujet des affirmations. Modele d'affirmation.

1704. FORMULE D'EXPLOIT D'ASSIGNATION.

Sur Procès-verbal par acte féparé.

L'Exploit fe met à la fuite de copie du Procès-verbal fignée des Commis.

L'AN....le....du mois de....à....midi, à la Requête de M.... Fermier des Aides & Droits y joints de la Généralité de....demeurant à Paris rue....Paroiffe de....pourfuite & diligence de M...fon Directeur D'Exploit d'affignation par acte feparé.

pour lequel domicile est élu au Bureau des Aides de... Paroisse de...
où est demeurant ledit sieur Directeur, je....Huissier. . . .immatriculé
au siége de. . . . demeurant à. . . . . soussigné me suis transporté dans la
maison & domicile de. . . . demeurant à. . . . distant de ma demeure
ordinaire de. . . . (*en supposant qu'il ne demeure pas dans le même lieu*)
où étant & parlant à. . . . . je lui ai dûement signifié le Procès-verbal
ci-dessus rendu par les Commis dudit sieur Fermier le. . . . dûement affirmé le. . . . & en conséquence lui ai donné assignation à comparoir dans
trois jours, *si la partie assignée demeure dans la Ville, Fauxbourgs ou Paroif-*
se où le siége de l'Election est établi : & dans huit jours, *si elle réside ailleurs*
(*a*) pardevant Messieurs les Officiers de l'Election de. . . . à l'effet de répondre sur le contenu audit Procès-verbal, circonstances & dépendances ;
& pour les cas en résultant se voir condamner, *conclure suivant le genre*
de fraude ou contravention en la confiscation des choses saisies, en l'amende
portée par les Reglemens pour les différens cas, au payement des Droits frau-
dés, aux dépens & aux dommages, intérêts s'il y a lieu : lui déclarant que
M. . . . Procureur en ladite Election, occupera pour ledit sieur Fermier,
& lui ai en effet délivré copie, tant dudit Procès-verbal & acte d'affirmation, que du présent exploit d'assignation ; (*sur la copie au lieu de finir*
ainsi, on met , & ai délivré en effet audit. . . . . la présente copie avec assignation, parlant comme dessus, lesdits jours, mois & an.

Dans le ressort de la Cour des Aides de Rouen, les Commis, comme
on l'a dit, peuvent donner assignation sur leurs Procès-verbaux par acte
séparé (1690.) sans se servir du ministere des Huissiers ; l'exploit se dresse
de la même façon que ci-dessus, en observant par les Commis de repeter,
avec leurs noms & surnoms, leur demeure & la juridiction où ils ont prêté
serment.

Ils font de même autorisés dans le ressort de la Cour des Aides de Paris,
à donner assignation sur leurs Procès-verbaux ; mais avec cette différence
qu'il faut que ce soit à la suite & par le même contexte du Procès-verbal.
(1690.) L'Exploit d'assignation dans ce cas peut se rédiger ainsi qu'il
suit.

AUTRE MODELE D'ASSIGNATION.

Par le même contexte du Procès-verbal.

Lorsque le procès-verbal a été rédigé dans la forme dont on vient de donner
le modele Nombre 1701. *après ces mots,* ONT REFUSÉ, *on poursuit ainsi*
sans alinea Et parlant comme dessus nous Commis dénommés audit Procès-verbal, & soussignés, même Requête, stipulation, domicile, résidence & reception, comme dit est, avons donné assignation audit. . . . .
à comparoir dans trois jours ou dans la huitaine *suivant la demeure des*

(*a*) Voyez ci-après Nombre 1690. comment se regle le délai des Assignations.

Parties

Parties affignées pardevant Meſſieurs les Officiers en l'Election de . . . . Modeles, &c.
pour ſe voir condamner &c. *comme dans le premier modele d'aſſignation.*

FORMULE DE PROCES-VERBAL DE REBELLION.

1705. L'an &c. *commencer comme dans le formulaire qu'on a donné ci-deſ-* Modele de Pro-
ſus. Certifions &c. *détailler le commencement & les ſuites de la rébellion, &* cès-verbal de re-
finir ainſi ; auxquels nous avons déclaré que nous nous retirions au Bu- bellion.
reau des Aides pour y dreſſer Procès-verbal de leurs menaces, injures &
voyes de fait, & iceux ſommés à haute & intelligible voix de nous y ſuivre
pour être préſens ſi bon leur ſembloit au Rédigé d'icelui & le ſigner : ce
qu'ils auroient refuſé & de fait nous nous ſommes tranſportés audit Bureau
des Aides où nous avons fait & dreſſé le préſent Procès-verbal, pour ſervir & valoir audit ſieur Fermier ce que de raiſon, leſdits jour, mois & an.

Les Commis ne ſont point obligés de délivrer copie d'un Procès-verbal
de rébellion. Il eſt d'uſage de l'affirmer & d'en faire le dépôt au Greffe
dans les 24 heures autant que cela eſt poſſible. Il y a deux façons de proceder en conſéquence.

Ou les injures & voyes de fait ſont aſſez graves, & dans le cas d'être
pourſuivies à l'extraordinaire, ou elles ſont légeres & ne méritent pas les
frais d'une procédure criminelle.

Dans le premier cas le Directeur préſente Requête en forme de plainte
des faits contenus au Procès-verbal, ſur laquelle les Commis ſont aſſignés
par ordonnance du Juge pour être repetés par forme d'information comme témoins pour le Fermier. Il intervient en conſéquence un décret de ſoit
oüi ou d'ajournement perſonnel, ou de priſe de corps contre les accuſés,
ſelon les cas, les ſuites des bleſſures & le rapport par écrit qui doit en
être fait par deux Chirurgiens qui viſitent les Employés bleſſés.

Dans le ſecond cas où le Fermier ſe détermine à prendre la voye civile,
il eſt néceſſaire que les Commis ayent délivré copie du Procès-verbal dans
les délais, par acte de tranſport (1687. & 1702.) & pour lors on conclut ainſi par l'exploit d'aſſignation : pour répondre ſur le contenu audit
Procès-verbal, contenant la rébellion, les injures, violences & voyes de
fait par eux commis en la perſonne des Employés du Demandeur, voir
dire & ordonner que défenſes leur feront faites, de plus méfaire ni médire
auxdits Commis, à peine de punition corporelle, & pour l'avoir fait, qu'ils
ſeront condamnés chacun en cinq cent livres d'amende, ſuivant la Déclaration du 27 Juin 1716. en des dommages & intérêts & aux dépens,
ſauf à Monſieur le Procureur du Roy, de prendre telles concluſions qu'il
aviſera pour la vindicte publique.

FORMULE DE PROCES-VERBAL DE FAUSSE MARQUE.

1706. *Après ces mots dans le formulaire de procès-verbal ci-deſſus.* Nom- Modele de Pro-
bre 1701. Pourquoi vu la fraude &c. *on continue ainſi.* Nous lui avons cès-verbal de
                                                                        fauſſe marque.

II. Partie. H h

déclaré la faisie de ladite piece comme de fait, nous l'avons faisie & contre-marquée de deux demi ronds de notre Rouanne ordinaire proche la bonde & fur la douve où eft la fauffe marque fur laquelle nous avons appofé un quart de feuille de papier que nous avons cacheté fur les quatre coins d'un cachet de l'un de nous fur cire ardente rouge, & fommé ledit.... préfent d'y appofer le fien, a refufé, (*ou* l'a appofé) & lui avons déclaré que nous allions faire tranfporter ladite piéce au Bureau des Aides chez .... Receveur (ou Buralifte,) & remettre la fauffe Rouanne (*fi les Commis l'ont trouvée,*) au Greffe de l'Election pour y être en dépôt, & la repréfentation tant de ladite piéce que de la fauffe Rouanne, être faite quand par juftice il fera ordonné, & qu'il eût à nous y fuivre, fi bon lui fembloit, a refufé, (*ou* eft convenu de venir avec nous) & étant remontés de la cave (*ou* autre lieu) dans .... *dire l'endroit où le procès-verbal a été dreffé*, nous y avons fait & rédigé le préfent notre procès-verbal fur le champ & en préfence de ..... & après lecture faite nous l'avons fommé de figner fes dires, réconfes, aveux, refus & déclarations, a réfufé, *ou* dit ne fçavoir figner, *ou* qu'il figneroit,) & lui avons déclaré que nous lui en donnerions copie dans le temps des Reglemens; pour fon procès lui être fait & fe voir condamner aux peines portées par l'Article XXI. du Titre commun de l'Ordonnance de 1681. Pourquoi ledit fieur Fermier requerera la jonction de M. le Procureur du Roy, & avons fait au bas de notre préfent Procès-verbal, une pareille empreinte de notre cachet, que celles qui font fur le papier qui couvre ladite fauffe marque, pour fervir & valoir audit fieur Fermier, ce que de raifon, lefdits jour, mois & an.

On fait enfuite un acte de tranfport dans la forme ci-deffus, Nombre 1702. pour le dépôt & la charge & garde des piéces marquées d'une fauffe empreinte, & pour le dépôt de la fauffe Rouanne au Greffe, & l'on finit par un dernier acte de tranfport pour fignifier le tout à l'accufé.

Si le Fermier veut pourfuivre à l'extraordinaire, après avoir dépofé le Procès-verbal au Greffe, il donne fa Requête en forme de plainte pour requerir la jonction de M. le Procureur du Roi, & qu'il lui foit permis d'informer & faire répeter fes Commis fur leur Procès-verbal.

Si au contraire il ne juge pas à propos de hafarder les frais d'une affaire criminelle, & s'il s'en tient à la voye civile : il conclut ainfi par l'affignation qu'il donne fur le Procès-verbal : Pour voir juger la confifcation de .... *défigner les piéces marquées d'une fauffe marque*, faifies & mentionnées audit Procès-verbal au profit du Fermier, & pour la fraude & falfification commifes par ledit..... être condamné en mille livres d'amende & en tous les dépens; fauf à M. le Procureur du Roy de prendre telles conclufions qu'il jugera bon être.

FORMULE DE PROCES-VERBAL.

De chofes faifies & abandonnées.

1707. Les chofes faifies & abandonnées fe tranfportent au Bureau du

Fermier où les Commis dreſſent leur Procès-verbal dans la forme du pre- Modeles, &c:
mier formulaire ci-deſſus, Nombre 1701. en y faiſant mention du dépôt.
Si les Auteurs de la fraude ſont connus, ils en doivent faire auſſi mention
dans le Procès-verbal, & leur en délivrer copie par acte de tranſport;
ainſi qu'il a été dit Nombre 1702.

1708. Il y a dans le reſſort de la Cour des Aides de Rouen, ainſi qu'on Billet Sommaire.
l'a déja dit, deux voyes pour rendre Procès-verbal, qui ſont au choix
des Commis : l'une de le dreſſer ſur le champ, & de donner aſſignation
ſur icelui, ſoit par le même contexe, ſoit par acte ſéparé, ce que les
Commis dans ce reſſort peuvent faire en l'un & l'autre cas ſans le miniſtere
d'un Huiſſier. L'autre eſt la voye du billet ſommaire qui eſt fait & rédigé
à l'inſtant de la fraude, & ſur lequel les Commis dreſſent enſuite dans le
même jour leur Procès-verbal dans le lieu où ils jugent à propos, & donnent aſſignation ſur icelui par acte ſéparé (1686. & 1690.) Ce billet ſommaire & le Procès-verbal fait en conſéquence ſe dreſſent dans la forme
qui ſuit.

FORMULE DE BILLET SOMMAIRE.

L'an mil.....le....jour de....à...midi, à la Requête de M....
Fermier de....Nous M... & N... Commis aux Aides à....y réſidens
& reçus à juſtice ; ſçavoir M... en l'Election de.... & N....en celle
de..... ſouſſignés certifions avoir déclaré à...... demeurant à.....
que nous rendrions dans ce jour à juſtice notre plus ample Procès-verbal,
qui lui ſera ſignifié en temps de droit, pour avoir, *faire ici l'expoſé ſuc-*
cinct de la fraude, pourquoi vu la fraude lui avons déclaré la ſaiſie deſdits,
faire l'énumeration des choſes ſaiſies, comme de fait les avons ſaiſies & laiſſées
à la charge & garde dudit (*dans le cas où il eſt néceſſaire d'enlever les choſes*
ſaiſies, on en fait mention ſuivant qu'il a été dit dans le premier formulaire ci-
deſſus Nombre 1701.) après avoir exercé & contremarqué leſdits Vaiſſeaux,
& eſtimé le tout à la ſomme de *faire ici l'eſtimation des choſes ſaiſies pour,*
en cas de confiſcation en demander la valeur à défaut de les répréſenter ; & ce
par billet ſommaire rédigé ſur le champ dans la maiſon dudit..... & à
lui à l'inſtant délivré après lecture faite parlant à ſa perſonne, auquel il
a refuſé de ſigner, de ce ſommé (*ſi le prévenu ſigne on met ſur le double qu'on*
lui délivre, ſur l'original duquel reſté entre nos mains, il a ſigné : *les Com-*
mis dans ce cas doivent garder le double qu'il a ſigné. Si au contraire il refuſe,
il eſt inutile qu'ils conſervent le double de leur billet ſommaire, ils en ont été
diſpenſés par les Reglemens. (*Voyez* Nombre 1686. nottes.)

S'il y a pluſieurs complices de la fraude, on délivre à chacun un double du billet ſommaire.

Hh ij

FORMULE DE PROCES-VERBAL.

Rendu fur Billet Sommaire.

Procès-verbal rendu fur Billet fommaire.

Le Procès-verbal fe dreffe dans la forme du premier modele ci-deffus, Nombre 1701. *après ces mots :* & avoir eftimé le tout à la fomme de. .... & *l'eftimation des chofes faifies ,* on continue ainfi : & ce par un billet fommaire fait & rédigé fur le champ dans la maifon dudit.... & à lui incontinent délivré après lecture faite parlant à.....auquel il a refufé de figner quoique de ce fommé (*ou s'il a accepté de figner,* fur l'original duquel refté entre nos mains il a figné, de ce fommé,) lui déclarant en outre par ledit billet fommaire que nous rendrions de ce jour contre lui en juftice notre plus ample préfent Procès-verbal, qu'il lui fera fignifié en temps de Droit, pour fervir & valoir audit fieur.... Fermier ; ce que de raifon lefdits jour, mois & an.

L'affignation fur ce Procès-verbal ne differe point de celle dont on a donné le modele. Nombre 1704.

Accomomdemens fur Procès-verbal.

1709. On peut rédiger dans la forme qui fuit les accommodemens qui fe font fur les Procès-verbaux. (*a*)

FORMULE D'ACCOMMODEMENT PUR ET SIMPLE SUR PROCES-VERBAL.

Je fouffigné.......demeurant à...... m'oblige de payer à M.... Fermier des Aides de cette généralité entre les mains de fes prépofés à... la fomme de.....à la premiere réquifition pour tenir lieu de l'amende & de la confifcation que ledit fieur Fermier avoit lieu de prétendre contre moi en vertu du procès-verbal en datte du...au payement de laquelle fomme je m'oblige comme pour deniers Royaux, & au moyen duquel payement ledit Procès-verbal demeurera terminé, le tout après avoir été accepté par le fieur.... fon Directeur à....Fait à.... le....................

Si l'accommodement a lieu, il en doit refter un double au prévenu avec l'acceptation fignée du Directeur.

AUTRE FORMULE D'ACCOMMODEMENT AVEC CAUTION.

Autre accommodement avec Caution.

Pour terminer le Procès-verbal rendu le....contre....demeurant à... par les Commis du Fermier des Aides de cette généralité ; je fouffigné demeurant à....me foumets payer à la premiere réquifion audit fieur Fermier entre les mains de fes prépofés à.... la fomme de .... pour

(*a*) Voyez Nombre 1735. la faculté qu'ont les Fermiers de tranfiger fur les Procès-verbaux de fraude ou contraven- tion. Voyez auffi le Nombre 1696. pour le payement des fommes portées auxdits accommodemens.

tenir lieu de l'amende & de la confifcation qu'il auroit pu prétendre en
vertu dudit Procès-verbal contre ledit . . . . duquel je me rends caution :
au payement de laquelle fomme je m'oblige comme pour deniers Royaux,
& faute duquel payement ledit Procès-verbal demeurera en fa force & vertu,
le tout après avoir été accepté par le fieur . . . . Directeur à . . . Fait à . . .
le . . . .

    Le Prevenu doit de même avoir un double de cet acte avec l'acceptation du Directeur.

Modeles, &c.

FORMULE DE QUITTANCE D'ACCOMMODEMENT.

Je fouffigné . . . . à . . . . reconnois avoir reçu de . . . . demeurant
à . . . . la fomme de . . . . pour montant de fon accord en datte du . . . .
Fait à . . . . ce . . . .

Quitance d'accommodemens.

§. I I.

De l'infcription de faux contre les Procès-verbaux & autres actes des Commis.

    1710. On appelle en général infcription de faux, la voye dont on fe
fert pour détruire & faire déclarer fauffe, une piece que la partie adverfe
a produite ou communiquée dans la caufe principale ; ce faux eft appelé
faux incident, à la différence du faux principal qui s'intente directement
contre quelqu'un avec lequel on n'eft point en procès, & qui a par devers
lui une piéce que nous prétendons fauffe dont il pourroit fe fervir contre
nous. On voit par cette définition que dans les infcriptions de faux intentées contre les Procès-verbaux & autres actes des Commis il n'eft queftion que du faux incident.

Infcription contre les Procès-verbaux, relative aux faux incidens.

    1711. On a dit Nombre 1693. que les Procès-verbaux & autres actes
des Commis révêtus des formalités préfcrites par les Reglemens, font
crus en Juftice jufques à infcription de faux ; qu'il n'y a que cette voye pour
les détruire & qu'ils ne peuvent même être attaqués à l'ordinaire par Requête en plainte contre les Commis, ni par la preuve teftimoniale. On
a en même temps rendu raifon de cette Jurifprudence. Refte à traiter des
formalités préfcrites particulierement pour l'infcription de faux intentée
contre ces actes.

Formalités de cette infcription.

    1712. Ceux qui veulent s'infcrire en faux contre les Procès-verbaux &
autres actes des Commis, font tenus au plûtard dans le jour de l'échéance
des affignations (a) qui leur font données à la Requête des Fermiers &

Déclaration par les Infcrivans.
Déclaration du 14 Janv. 1693, regift. en la Cour

(a) La Déclaration du 14 Avril 1699,
accordoit un délai de trois jours après l'échéance des affignations ; mais celle du 7
Octobre 1713. & les autres poftérieurement rendues dérogent à cet égard à ladite Déclaration, & veulent que l'infcription en faux foit déclarée dans le jour de l'écheance des affignations au plûtard. On doit entendre par le jour de l'écheance des affignations le neuviéme jour pour celles données à huitaine, & le quatriéme pour celles données à trois jours, y com-

DE L'INSCRIPT.

des Aid. de Rouen le 23 du même mois, Article II.
Autre 6 Janvier 1699, regift. ée en la Cour de Paris le 22 dudit. Autre du 7 Octobre 1713, regiftrée en celle de Rouen le 23 Novembre fuivant Autre du 18 Décembre 1714, regiftrée en la Cour des Aides de Paris le 29 du même mois. Autre qui raffemble les difpofitions de c. lles ci-deffus, du 23 Mars 1722, regiftrée aux Cours des Aides de Paris & de Rouen le 30 Avril fuivant Article I. Autre du 8 Septembre 1726, regiftrée en ladite Cour des Aides de Paris le 5 Octobre fuivant Arrêts du Confeil des 13 Août 1694, 1er Février 1699, 16 Février 1712, 7 Novembre 1721, 2 Janvier & 11 Août 1722, 23 Août 1723, 5 Décembre 1730, 16 Janvier & 27 Février 1731, 6 Février & 15 Novembre 1735. Arrêts de la Cour des Aides de Paris des 8 Mai 1723, 14 Juillet 1724 & 18 Mai 1729.

Sous-Fermiers de le déclarer à l'audience de la Jurifdiction ou par écrit, & de leur faire fignifier dans le même temps, copie de la quittance de l'amende qui doit être confignée à cet effet ; faute de quoi ils ne font plus recevables.

Amendes à configner.

Ordonnance de Paris, Titre V. des Droits de Détail, Article IX.
Ordonnance de Rouen, T. XVIII. Article VIII.
Déclarations ci-deffus des 14 Janv. 16.. Art. IV. du 6 Janvier 1699, Article II. Autre du 4 Avril 1699, regiftrée en la Cour des Aides de Paris le 30 dudit, Article II.
Autres citées ci-deffus du 18 Décembre 1714 & 23 Mars 1722, Article I. Arrêts du Confeil des 16 Juillet 1715, 25 Octobre 1720, 14 Février, 26 Septembre, 14 Octobre & 9 Décembre 1721. Arrêt de la Cour des Aides de Paris du 23 Juillet 1728.

1713. Nulle infcription de faux ne peut être reçue que l'infcrivant n'ait préalablement configné l'amende de foixante livres pour les infcriptions formées dans les Jurifdictions inférieures entre les mains des Buraliftes des Controlles & des Exploits, & de cent livres dans les Cours des Aides entre les mains du Receveur defdits amendes. (a).

Cette difpofition n'eft point particuliere pour ce qui concerne les droits du Roi. Elle s'obferve également à l'égard de toutes les infcriptions de faux en quelque matiere que ce foit.

Amende à configner pour &c.
Arrêt du Confeil du 1 Mai 1676.
Arrêt de la Cour des Ai. de Rouen du 29 Mai 1742.
Arrêts du Confeil des 9 Déce. 1721 & 2 Janvier 1722.
Arrêt de la Cour des Aides de Paris du 19 Juin 1717.

Il a été jugé par Arrêt du Confeil du premier Mai 1676. & par Arrêt de la Cour des Aides de Rouen du 29 Mai 1742. qu'un infcrivant en faux contre plufieurs Procès-verbaux, doit configner une amende pour chaque Procès-verbal, fur le fondement, qu'en matiere de crimes, tout eft perfonnel, & que chacun doit entrer en fa juftification, & par autres Arrêts du Confeil des 9 Décembre 1721. & 2 Janvier 1722. & Arrêt de la Cour des Aides de Paris du 19 Juin 1717. il a été défendu aux Officiers des Elections de prononcer la jonction d'aucuns procès entre différens particuliers & fur différens faits, à peine de tous dépens, dommages & intérêts.

Signature de l'infcription par l'Infcrivant ou par celui chargé de leur procuration.
Mêmes Déclarations ci-deffus du

1714. Le même jour que les infcriptions ont été faites les infcrivans en faux font tenus de paffer & de figner eux-mêmes ou par Procureur chargé de leur procuration fpéciale (a), lefdites infcriptions au Greffe de la Juridic-

pris celui de l'exploit, ainfi qu'il a été décidé par Arrêt de la Cour des Aides de Paris du 18 Mai 1729, & par Arrêts du Confeil des 4 Juin 1726 & 16 Janvier 1731, & par la Déclaration du 8 Septembre 1736.

(a) Ces amendes, fuivant les Ordonnances de 1680 & 1681, n'étoient que de trente livres dans les Elections, & de cinquante livres aux Cours des Aides. Elles ont été fixées par les Déclarations poftérieures, conformément à l'Ordonnance de 1670, concernant la procédure criminelle.

Les Arrêts du Confeil des 25 Octobre 1720, 14 Février 1721, 4 Avril, 26 Septembre, 14 Octobre & 9 Décembre 1721, déclarent nulles les confignations, pour infcription de faux, faites entre les mains du Greffier des Elections. Il eft même défendu aux Procureurs, à peine de cinq cens livres d'amende, de faire lefdites confignations en d'autres mains que celles du Receveur des amendes, & aux Greffiers de les recevoir, à peine d'interdiction.

(b) Les Arrêts de la Cour des Aides de Paris des 4 Août 1741, 26 Janvier 1742 &

tion où ils procédent, & de déclarer par le même acte, les noms, surnoms, qualités & demeures des témoins dont ils entendent se servir, faute de quoi ils demeurent déchus de leur inscription sans qu'ils puissent par la suite faire entendre d'autres témoins.

Avril suivant, Articles III. & V. du 7 Octobre 1713, 18 Décembre 1714 & 25 Mars 1732, Art. III. Arrêts du Conseil des 19 Décembre 1711, 16 Février 1712, 24 Octobre 1713 & 16 Juillet 1715. Arrêts de la Cour des Aides de Paris des 4 Août 1741, 26 Janvier 1742 & 5 Septembre 1755, concernant les Procurations speciales à donner par les Inscrivans. Arrêt de la Cour des Aides de Rouen du 12 Avril 1712.

1715. L'Acte d'inscription de faux, passé dans la forme ci-dessus, doit être signifié dans le jour de sa datte au Fermier des Droits.

1716. Les moyens doivent en être fournis par les inscrivans, & mis au Greffe dans les vingt-quatre heures, faute de quoi les moyens ne sont plus admis.

1717. Le Fermier est dispensé de faire comparoître ses Commis pour soutenir leur Procès-verbal véritable, d'en répréfenter les originaux & de déclarer qu'il veut s'en servir, pourvu qu'ils ayent été dûement affirmés & que le double desdits originaux ait été déposé au Greffe.

L'Affirmation & le dépôt suppléent à cette formalité. Voyez ci-devant Nombre 1689. ce qui a été dit au sujet de ce dépôt.

Si l'inscription de faux étoit formée avant que l'affirmation & le dépôt du Procès-verbal ayent été faits, l'inscrivant pourroit s'en tenir à présenter sa Requête dans les délais prescrits, & se reserver à ne passer son inscription de faux, qu'après que le fermier auroit déclaré s'il entend se servir du Procès-verbal. Dans ce cas l'acte d'affirmation & celui du dépôt doivent être faits sur le champ & signifiés à l'inscrivant de la part du Fermier qui par là est en regle.

1718. Dans le cas d'inscription de faux contre les Registres que tiennent les Commis, lesdits Registres doivent de même être déposés au Greffe de la Jurisdiction où l'instance est portée : c'est le seul cas où le déplacement des Registres puisse être ordonné.

1719. Il est fait défense à tous Juges de passer outre à l'instruction des Jugemens de faux lorsqu'il y a appel de la Sentence qui a jugé les moyens de faux pertinens & admissibles (a) jusqu'à ce que l'appel ait été jugé, à peine de nullité des procédures, d'interdiction des Juges, & de dommages & intérêts envers les Appellans.

7 Octobre 1721, registrée en la Cour des Aides de Paris le 11 Décembre 1721 Arrêt du Conseil & Lettres Patentes du 4 Avril 1724, registrées le 16 Juin suivant en la Cour des Aides de Paris, par lesquelles il est derogé à celle du 8 Décembre 1723. Même Déclaration de 1732, Article V. Arrêt du Conseil du 16 Janvier 1721 Arrêt de la Cour des Aides de Paris du 29 Juillet 1720. Arrêts de celle de Rouen des 27 Mai & 18 Juillet 1686, & 20 Février 1715.

5 Septembre 1755, cités à la marge de ce Nombre, prononcent la nullité d'une inscription de faux, qui n'avoit été faite par le Procureur de l'Inscrivant qu'en conséquence d'une procuration générale, conformément aux Articles III. & XI. de l'Ordonnance de Juillet 1737.

(a) Il est de principe par rapport aux moyens de faux proposés par les Inscrivans que l'énonciation dans les Procès-verbaux d'aucunes circonstances étrangeres à la fraude ou contravention n'entre point dans l'ordre des faits susceptibles d'inscription, parce que la supposition n'est jugée fraudu-

14 Janvier 1693, Articles V. & VI. du 6 Janvier 1699, Article III. du 14 Avril suivant, Articles III. & V. du 7 Octobre 1713...

Mêmes Décla de 1693, Art. V. de 1699, Art. III. de 1714 & de 1732, Article IV.

Même Déclation de 1732, Art. V.

Fermier dispensé de faire comparoître ses Commis pour être repetés sur leur Procès-verbal & d'en représenter les originaux Même Décla. de 1713, 1714 & 1732, Article VI.

Depôt des registres au Greffe. Arrêt du Conseil du 18 Déce. 1731.

Défenses aux Juges de passer outre à l'instruction des jugem. lorsqu'il y a appel de la Senten. Déclaration du

DE L'INSCRIPT.

Arrêt du Conseil du 16 Janv. 1731.

Le Fermier de même peut pour-suivre sur le fond lorsqu'il y a ap-pel de la Senten-ce qui a déclaré l'Inscrivant non recevable.
Ordon. de Juill. 1681, T. commun, Art. XLIII.

Accusés de rebellion inscri-vans.
Même Déclarat. ci-dessus de 1732, Article IX.

Déclaration dont ils sont te-nus.

Ils ne sont admis à prouver leurs moyens de faux qu'après avoir subi le recolle-ment & la con-frontion.
Arr. de la C. des A. de P. des 4 Mai 1712 & 21 Août 1743. Aut. de la C. des A. de R. des 20 Décem. 1728 & 9 Décem. 1739.

Arrêts du Conseil des 7 Juillet 1719, 30 Janvier & 27 Mars 1731.

Le Conseil a jugé que l'appel interjetté par le Fermier d'une reception de plainte & permission d'informer contre les Commis, a de même un effet suspensif lorsqu'il est question de décider si cette plainte est récriminatoire ou non.

1720. Lorsqu'il y a appel des Sentences qui ont déclaré l'inscrivant non-recevable, le Fermier ne peut pas non plus poursuivre le Jugement du prin-cipal, & cela sur le principe que les Reglemens qui ordonnent qu'il sera passé outre à l'instruction du fond, lorsqu'il y a appel des Jugemens inter-locutoires, exceptent le cas d'inscription de faux.

Dans le cas où la Sentence qui admet ou qui rejette les moyens de faux seroit infirmée, toute la procedure faite en conséquence, seroit inutile & ne feroit qu'augmenter les dépens. Il est donc nécessaire que l'appel en suspende le cours.

1721. A l'égard des Accusés de Rebellion ou autres délits pour les-quels ils ont été décretés, qui voudroient s'inscrire en faux contre les Pro-cès-verbaux des Commis; s'il ne leur a point été donné copie du Procès-verbal avant la plainte du Fermier, il doit leur en être fait lecture lors de leur premier interrogatoire (a). Ils sont tenus de déclarer au plûtard dans le troisiéme jour qu'ils entendent s'inscrire en faux, à cet effet de consigner l'amende & de passer & signer leur inscription dans la forme prescrite; ce qu'ils sont obligés de faire dans les vingt-quatre heures de leur premier interrogatoire lorsqu'avant la plainte copie leur a été donnée du Procès-verbal.

1722. L'inscription de faux sur un Procès-verbal de violence & rébellion faites aux Commis, est considerée comme un fait justificatif, & en con-séquence les Inscrivans ne sont admis à faire preuve de leurs moyens de faux, qu'après le récollement & la confrontation des accusés de rebellion, ou lors du Jugement du Procès, conformément au Titre XXVIII. de l'Or-donnance criminelle de 1670. Ceci est fondé sur ce qu'en matiere crimi-nelle on n'admet point les faits justificatifs contre une accusation, qu'elle n'ait été prouvée, parce que la preuve de ces faits est inutile avant celle de l'accusation, & entraineroit souvent des délais qui feroient perir celle du délit.

L'Arrêt du Conseil du 7 Juillet 1719. porte que dans ce cas le Procès-verbal sur lequel il y a inscription de faux ne servira que de plainte, sur laquelle les Fermiers ou Sous-Fermiers pourront seuls administrer des té-moins pour parvenir à la preuve des faits y contenus, sans que les Inscrivans puissent être admis à la preuve de leurs moyens de faux ou faits justifica-tifs, si ce n'est comme on vient de le dire lors de la révision du procès.

leuse qu'autant qu'elle peut porter préju-dice, c'est uniquement ce qui détermine le crime de faux.

(a) La Cour des Aides de Paris par son enregistrement des Lettres Patentes de 1731, & la Cour des Aides de Rouen par son Arrêt du 21 Mars 1743, assujettissent le Fermier à donner aux Accusés copie du Procès-verbal dans les vingt-quatre heures de l'interrogatoire.

Les

1723. Il est défendu à tous Juges des Fermes, même aux Cours des Aides, d'avoir égard aux actes & procedures qui ne sont pas conformes aux dispositions ci-dessus, & d'accorder de plus grands délais que ceux portés par ces mêmes dispositions, à peine de nullité de leurs Jugemens, & de répondre en leur propre & privé nom, des dommages & intérets des Fermiers (*a*).

1724. Il leur est de même fait défense sous pareilles peines de proceder à l'audition des témoins avant le jour qui suit la signification que les Inscrivans sont tenus de faire faire au Fermier, de la Sentence qui auroit admis les moyens de faux.

Comme l'appel de ces Sentences est suspensif (1719.) il est nécessaire que le Fermier ait le temps de se déterminer pour l'interjetter ou pour acquiescer.

1725. Ils ne peuvent admettre les Buveurs pour témoins sur une inscription de faux, à peine de nullité des procédures & de cassation des Jugemens.

Par la Déclaration du 4 Septembre 1708. les Buveurs sont contraints solidairement avec les Fraudeurs au payement de l'amende (1166.) Cette Déclaration les déclare parties, ainsi ils ne peuvent être témoins.

1726. Il est enjoint aux Juges de condamner les Fraudeurs qui succombent ou se désistent dans les inscriptions de faux qu'ils ont formées contre les Procès-verbaux des Commis; sçavoir en trois cent livres d'amende dans les cours, & en cent vingt livres au siége des Elections conformément à l'Article XVII. de l'Ordonnance de 1670. pour les matieres criminelles, sans que lesdites amendes puissent être modérées sous quelque prétexte que ce soit, & sans que lesdits Juges puissent convertir en contredits les moyens de faux proposés par les Inscrivans, à peine de nullité.

1727. Il leur est défendu d'ordonner la restitution des amendes consignées quand les Inscrivans ont succombé, de quelque maniere qu'il soit prononcé, même en cas de hors de cour ou d'acquiescement, & en général dans tous autres cas que celui où les Inscrivans auront obtenu leurs fins conformément à la Déclaration du 21 Mars 1671. à peine d'en répondre en leur propre & privé nom, de six mois d'interdiction, & de cinq cent livres d'amende.

1728. Les Reglemens dont on vient de rapporter les dispositions regardent particulierement la matiere des Droits d'Aides & autres Droits des Fermes du Roi. Mais il en est d'autres qui concernent les inscriptions de faux en général dans toutes matieres; on peut consulter là-dessus l'Ordonnance de 1670. dont on vient déja de parler, & celle du mois de Juillet 1737. rendues particulierement sur le faux principal & le faux incident, & sur la reconnoissance des écritures & signatures privées en matieres criminelles qui con-

---

(*a*) Les Déclarations des 14 Janvier, 1693, 6 Janvier 1699 & 7 Octobre 1713, portent que les Juges dans ce cas seront responsables des dommages & intérêts du Fermier. Celles des 14 Avril 1699 & 25 Mars 1732, portent simplement la peine de nullité de leurs jugemens, mais elles ne derogent point aux précédentes.

Margin notes:

DE L'INSCRIPT.

Décl. ci-dess. de Janv. 1693, Art. VII. Janv. 1699, Art. V. Av. 1699, Art. VI. Décem. 1714 & Mars 1732, Article X.

Tems de l'audition des témoins. Même Déclarat. de 1732, Art. XI.

Les Buveurs ne peuvent être témoins. Arrêt du Conseil du 7 Nov. 1713.

Amendes contre les Inscrivans qui succombent. Arrêt du Conseil du 31 Août 1694.

Elles ne peuvent être moderées.

Ni celles qui ont été consignées être rendues. Arrêt du Conseil des 26 Sept. & 25 No. 1721, 14 Juin & 22 Nov. 1723 & 7 Mars 1724.

Les Reglemens rendus sur la matiere des inscriptions de faux doivent d'ailleurs être exécutés pour ce qui concerne celles contre les Procès-verbaux. Arrêt de la Cour des Aides de Paris du 4 Août 1741, qui déclare nulle une inscription de

Voyez ci-après Nombre 1802. & 1803. la taxation des épices des Juges pour l'instruction du faux.

tiennent des dispositions fort amples . & dont l'exécution doit avoir lieu pour ce qui concerne les Droits des Fermes dans tous les cas qui n'ont point été prévus dans la Déclaration du 25 Mars 1732. ni dans les autres Reglemens rendus sur la partie de ces Droits.

DE L'INSCRIPT.

faux en ce que le Procureur qui l'avoit signée n'étoit pas porteur de procuration spéciale.

Autre du 26 Janvie. 1742, qui déclare pareillement vertu de laquelle inscription de faux nulle une inscription de faux, parce qu'il n'avoit pas été donné copie au Fermier de la Procuration, en elle avoit été formée. Autre du 22 Février 1747, qui confirme une Sentence qui avoit déclaré nulle une pour même défaut de formalité.

CHAPITRE X.

DES AMENDES ET CONFISCATIONS.

Amendes portées par les Reglemens pour les différens genres de fraude ou contravention.

1729. Quoiqu'on ait parlé, en traitant de la perception des Droits, des fraudes qui peuvent être faites sur chaque nature, & des amendes portées par les Reglemens pour chaque genre de fraude, il ne sera point inutile avant de rapporter les dispositions qui regardent en général les amendes & confiscations pour quelque fraude que ce soit, de présenter ici le Tableau des amendes portées par les Reglemens à l'égard des genres de fraudes ou contraventions les plus ordinaires.

Sçavoir,

	Amendes portées par les Reglemens.	Nombre du présent Traité où les dispositions des Reglemens sont rapportées.
SUR LES DROITS D'ENTRÉE.		
Entrée de Marchandises sujettes aux Droits sans déclaration ou avec fausse déclaration..	100.	53.
Barillage ou transport de Boissons en vaisseaux prohibés..................	100.	141. & suivans.
Fabrication d'Eau-de-vie sans déclaration.	500.	601.
Brassage des autres Boissons sans déclaration...........................	100.	527.
Fraude des Droits d'Inspecteurs aux Boissons & aux Boucheries...............	300.	568. 581.

	Amendes portées par les Reglemens.	Nombre du présent Traité où les dipofitions des Reglemens font rapportées.
SUR LES DROITS A LA VENTE EN GROS.	₶	
Vente en gros fans déclaration........	100.	784.
Enlevement & tranfport fans congé....	*Idem.*	798.
Magafins & entrepôts dans les trois lieues près des Villes où il y a Etape..........	500.	817.
Fauffe Déclaration du prix du Vin pour la vente en gros.....................	100.	785.
Fraude fur les Droits de Courtiers-Jaugeurs.............................	200.	1138.
SUR LES DROITS A LA VENTE EN DÉTAIL.		
Vente à Muchepot, autrement fans déclaration............................	100.	1166.
Boiffons cachées & non déclarées......	*Idem.*	1170.
Remplages hors la préfence des Commis..	*Idem.*	1176
Entrepôts cachés...................	500.	$\left\{\begin{array}{l}1172.\\1173.\\1194.\end{array}\right.$
Rapés prohibés....................	100.	1179.
Subftitution d'eau à la place du Vin débité.	*Idem.*	1178.
Fauffe déclaration du prix du Vin vendu en détail en pays de quatriéme..........	10.	1333.
AUTRES CAS D'AMENDES.		
Mixtions de Boiffons...............	100.	$\left\{\begin{array}{l}79.\\173.\\174.\end{array}\right.$
Mixtions d'Eau-de-vie..............	1000.	603.
Rebellion & oppofition aux Exercices...	500.	1240.
Faux congés		1662.
Falcification de ceux délivrés par les Commis...........................	Le fouet & le banniffement pour 3 ans hors de l'Election où le delit a été commis, avec amende qui ne peut être moindre que le quart des biens des coupables pour la premiere fois, & en cas de récidive, les galeres pour 9 ans, avec amende, qui ne peut être moindre que moitié de leurs biens.	1665.
Fauffe marque fur les vaiffeaux pour contrefaire celle des Commis..............		1706.

Il y a enfuite autant d'autres cas de contravention qu'il y a de formalités préfcrites pour la confervation des Droits. Quoique la contraven-

DES AMENDES.

tion ne foit pas toujours accompagnée de la fraude : il a été indifpenfable d'y attacher auffi l'amende, fouvent même la confifcation, parce qu'il eft rarement poffible de démêler dans le contrevenant l'inattention d'avec la mauvaife foi.

Cas où les amendes font folidaires.

1730. Les amendes font folidaires contre les Vendans Vin & ceux qui l'achetent, pour la fraude des Droits de Courtiers-Jaugeurs. (1138.).

Contre les Entrepofeurs des Boiffons recelées pour les débiter en fraudes, & ceux qui prêtent leur maifon pour l'entrepôt. (1172. 1173.).

Ordonnance de Juillet 1681, Titre commun, Article XXX.

Contre tous ceux condamnés pour un même fait de fraude, fuivant l'Ordonnance de 1681.

Contre fix des principaux Habitans d'une Communauté qui a fait rebellion. (1260.).

Contre les Géoliers & les Prifonniers pour oppofitions aux exercices des Commis. (1244.)

Contre les Maîtres de Maifon & leurs Domeftiques : les Peres & Meres & les Enfans de famille mineurs, & demeurant avec eux; pour fraude & complicité, & pour violence & rebellion. (1243.).

Et dans quelques autres cas rapportés en leur place.

Défenfes aux Juges de moderer les amendes fi ce n'eft dans les cas défignés.
Ordon. de Juill. 1681, T. commun, Article XXXI.
Décl. du 17 Fév. 1688, Art. XXVII.
Aut. du 30 Janv. 1714, Article I.
Arrêts du Confeil

1731. Il eft défendu à tous Juges de moderer les amendes & confifcations, à peine d'en répondre en leur propre & privé nom, ainfi que de les divertir & deftiner au préjudice des Fermiers. Ils ont cependant le pouvoir d'augmenter les amendes felon le genre des contraventions, ainfi que de les reduire pour fait purement civil; mais feulement dans les cas ci-après & aux fommes qui leur font préfcrites (a). Ces cas ont été reglés par la Déclaration du 17 Février 1688. Quoiqu'on les ait ci-devant rapportés chacun en fon lieu, on a cru qu'il ne feroit point inutile de les raffembler ici dans un même tableau.

ren lus en exécution des 9 Août 1689, 3 Octobre 1690, 18 Novembre fuivant, 22 Mai 1691, 21 Juillet 1693, 17 Juin 1698, 30 Mars 1700, 4 & 11 Juin, & 24 Oct. 1709, 9 Avril 1715, 16 & 19 Avril, 16 Juillet & 24 Septembre 1720, 18 Février, 29 Juillet 1721, 17 Novembre 1722, 12 Janvier, 5 Avril & 15 Novembre 1723, 25 Janvier, 8 Février & 7 Novembre 1724, 20 Mars & 8 Mai 1725, 17 Août 1728, 9 Août 1729, 14 Février 1730, 27 Mars 1731, 16 Octobre 1736, 6 Août 1737, 16 Mai 1741 & 23 Avril 1748. Arrêts de la Cour des Aides de Paris des 3 Mars 681, 15 Avril 1722 & 7 Septembre 1740 Déclaration du premier Septembre 1750, regiftrée en la Cour des Aides de Rouen le premier Octobre fuivant, Art. IV.

Déclaration de 1688, Art. XXIV.
Article I. de celle de 1714.

Les Juges peuvent moderer à vingt-cinq livres, & non au-deffous les amendes portées aux Articles ci-après de l'Ordonnance, qui font toutes de cent livres, à l'exception de celle portée par l'Article IV. du Titre II. de la vente en détail, concernant la vente à pot & à affiette qui eft de trois cent livres.

Sçavoir.

Articles I. & IX. du Titre des entrepôts & du Barillage, portant dé-

(a) L'Article XXXI. du Titre commun portoit que les Juges pourroient réduire, pour fait purement civil, les amendes jufques à cent livres fi le cas y échoit, felon le genre des contraventions & la qualité des Contrevenans. La Déclaration de 1688, d'un côté a reftraint cet Article en le bornant aux cas dont elle porte le détail, & de l'autre lui donne plus d'étendue en ce qu'elle permet une réduction plus forte dans lefdits cas.

fenſes de faire des Magaſins & entrepôts dans les trois lieues des environs de Paris, & injonction à ceux qui ont des maiſons aux extremités des Fauxbourgs, de faire leur déclaration au Bureau du Fermier avant d'y décharger le Vin qu'ils font arriver. (Livre I. Nombre 137. & 163.

II. Du Titre du tranſport du Vin dans la Ville & les Fauxbourgs de Paris qui défend le tranſport des Boiſſons ſans lettres de voiture ou déclarations paſſées au lieu du crû. Même Livre Nombre 56.

I. & II. du Titre des entrées dans leſdis Villes & Fauxbourgs, qui reglent les Barrieres & les Ports par où les Boiſſons doivent entrer. Même Livre Nombre 43. 44. & 45.

I. & IV. du Titre des Déclarations & du payement des Droits qui ordonnent que les déclarations feront faites à l'inſtant de l'arrivée des Boiſſons, & défendent de paſſer les Bureaux ſans congé. Même Livre, Nombre 53. & 54.

II. Du Titre des Droits de Gros & Augmentation ſur les vendanges, portant que déclaration ſera faite chaque année avant le tranſport des vendanges, par ceux qui ont acheté ou pris en payement des dépouilles de vigne. Livre II. Nombre 946.

XI. Du Titre de la vente en gros dans Paris, qui enjoint aux Habitans des Fauxbourgs, de répréſenter les acquits & congés aux portes de la Ville, pour les Vins par eux achetés dans l'intérieur, qu'ils font tranſporter chez eux. Cet article n'a plus d'exécution depuis la réunion des Droits de Gros dans Paris aux entrées de cette Ville.

I. & IV. Du Titre des Déclarations & congés, portant défenſes d'enlever aucun Vin ſans congé par écrit du Fermier & ſans déclaration de la vente au Bureau dudit Fermier. Même Livre Nombre 798. & 801.

II. XXI. XXIII. XXV. & XXVII. Du Titre des Droits ſur le Beſtial à pied fourché, portant défenſes d'entrer aucun Beſtial ſans acquit. Injonction de déclarer le nom de ceux à qui appartiennent les Veaux & les Porcs, d'où ils les font venir, & s'ils font deſtinés pour être conſommés ou vendus; confiſcation avec amende pour les Veaux & Porcs qui excederont le nombre porté par les Billets : & défenſes de faire entrer aucun beſtial qu'aux heures préſcrites. Livre I. Nombre 203. 204. 225.

I. IV. IX. & XIV. Du Titre II. de la vente en détail, par leſquels il eſt ordonné que les Débitans feront leur déclaration de toutes les Boiſſons qu'ils ont chez eux, avant d'en commencer le bébit (a). Fait défen. ſes de vendre à aſſiette lorſque les Débitans ont déclaré ne vouloir vendre qu'à pot (b). De faire aucun remplages hors la préſence des Commis : & enjoint de ſurvuider les Baiſſieres, & de tirer des caves les tonneaux vuides pour les défoncer. Livre III. Nombre 1166. 1167. 1176. & 1181.

III. du Titre des Hôtelliers, Taverniers & Cabaretiers, qui ordonne aux

---

(a) La Déclaration de 1708. a derogé pour ce cas à celle de 1688. Voyez Nombre 1166. Note c.

(b) L'Arrêt du 23 Octobre 1731 a de même dérogé à la Déclaration de 1688, & défendu de moderer l'amende portée pour cette contravention. Voyez Nombre 1167.

Cabaretiers de déclarer à la premiere sommation les Vins qu'ils ont autre-part que chez eux dans l'étendue de l'Election où ils demeurent, même Livre. Nombre 1189.

IV. du Titre des exercices des Commis qui enjoint aux Vendants Vin de déclarer aux Commis les caves où ils font leur débit & celles où ils tiennent Magasin. Même Livre. Nombre 1231.

VI. & IX. du Titre II. de la subvention, portant injonction aux Voituriers de réprésenter aux Bureaux de leur route, le billet de la soumission par eux fournie au premier Bureau où ils ont passé debout : défenses à toutes personnes de façonner leurs Boissons ailleurs qu'au lieu du crû ou de leur demeure. (521. & 525.)

VII. Du Titre des Droits sur l'Eau-de-vie, qui fait défense à tous Vendans Eau-de-vie d'en avoir autrement qu'en vaisseaux, qui puissent souffrir la Rouanne & Marque des Commis. (1315.)

VII. Du Titre des trois livres & quarante-cinq sols des Rivieres, portant defenses d'enlever le vin du crû des Vignobles, situés en déça des Bureaux quoiqu'au delà des huit lieues que lesdits Vins n'ayent été demarqués par les Commis. Ce Droit a été supprimé. 1422.)

III. Du Titre des neuf livres dix-huit sols pour pot, qui défend de conduire le Vin par des chemins obliques, & de le transporter au-delà du premier Bureau sans acquit.

Celles de trois cent livres portées par l'Article VII. du Titre du Commerce du Vin dans les trois lieues près des Villes où il y a étape, qui défend aux Cabaretiers de ladite étendue, de vendre en gros aucun Vin, même celui de leur crû (821.).

De cinquante livres par l'Article V. du Titre des Déclarations, dépris & congés qui enjoint aux Voituriers d'avoir en main le congé des Vins dont ils font chargés. (806.)

Et de deux cent livres portée par l'Article XXVI. du Titre des Droits sur le Bestial à pied fourché, qui désigne les Portes & Barrieres pour l'entrée du pied fourché dans Paris. (202.)

Peuvent être moderées & réduites au quart desdits sommes, & non au-dessous.

Dans tous autres cas que ceux ci-dessus, les amendes portées par les Reglemens, ne peuvent être moderées sous quelque prétexte que ce soit.

1732. Toute confiscation emporte amende, qui peut être arbitrée par les Juges dans les cas auxquels il n'a point été pourvu par les Reglemens.

1733. Dans aucun cas l'amende ne peut être confondue avec la confiscation ni les dépens avec l'amende & la confiscation. Chacun de ces objets doit être prononcé séparément & distinctement par les Juges, afin qu'on puisse connoître s'ils ont observé les Reglemens dans leurs condamnations.

1734. Le Fermier peut prétendre autant d'amendes qu'il y a de différentes natures de fraude résultantes d'un même Procès-verbal. La plûpart des Reglemens s'expriment dans ces termes, à peine d'amende pour chaque contravention.

1735. Le Fermier dans le cas où ils ne peut être prononcé de peines afflictives, peut difpofer des amendes & confifcations qu'il eft en droit de prétendre en conféquence des Procès-verbaux faits par fes Commis fi les parties y acquiefcent, en traiter ou les moderer comme bon lui femble fans qu'il foit obligé d'attendre les Jugemens fur les faifies & contraventions, ni qu'il foit tenu de demander le confentement des Procureurs du Roi ou de leurs Subftituts.

Dans le cas où il échoit des peines afflictives le Fermier peut de même tranfiger fur les objets pécuniaires. Mais ces accommodemens ne liberent point les accufés de la pourfuite que le miniftere public eft en droit de faire contr'eux pour les faire condamner aux peines afflictives qu'ils ont encourues. Ceci eft conforme à l'Art. XIX. de l'Ordonnance de 1670. fur les matieres criminelles, qui porte que les Procureurs du Roi feront chargés de la pourfuite des délits de cette efpece, nonobftant toutes tranfactions paffées entre les parties.

1736. La préférence accordée au Fermier pour le payement des Droits fur les effets des Redevables n'a point lieu, ainfi qu'on l'a déja dit, (Livre II. Nombre 841.) en parlant du recouvrement, pour la confifcation de la jufte valeur en ce qu'elle excede les Droits, ni pour l'amende & les dépens; mais il peut pourfuivre par la voye de la contrainte par corps, le payement des amendes & confifcations encourues, foit pour rébellion, foit pour fraude ou contravention.

Ceci doit s'entendre feulement des condamnations portées par Sentences diffinitives dont il n'y a point Appel, ou par Arrêts, & non de celles ordonnées par Sentence dont il y a Appel, quoique non fufpenfif ou paffées par accommodement entre le Fermier & les prévenus. Dans ce dernier cas, pour avoir la contrainte par corps, il faut que le Fermier obtienne Sentence qui ordonne le payement de la fomme portée par l'accommodement.

1737. Les Effets mobiliaires faifis à fin de confifcation ou confifqués, ne peuvent être revendiqués par les Propriétaires, ni le prix d'iceux, foit qu'il ait été configné ou non, reclamé par aucun Créancier, même privilegié, fauf leur recours contre les auteurs de la fraude. (a).

1738. La confifcation des marchandifes peut être pourfuivie contre les Voituriers & autres prépofés à la conduite d'icelles, auteurs de la fraude fans que le Fermier foit tenu de mettre en caufe les Propriétaires, encore qu'ils foient indiqués. De même la confifcation des Voitures, Charettes, Batteaux, Chevaux & Equipages, peut être ordonnée conjointement avec celle des Marchandifes contre les auteurs de la fraude, fans que le Fermier foit tenu de mettre en caufe les Voituriers ou autres Propriétaires des Equipages.

1739. Les Sentences de condamnation contre deux ou plufieurs perfonnes pour un même fait de fraude, font folidaires, tant pour la confifcation

(a) Les Marchandifes conduites & dépofées dans les Bureaux ne peuvent y être faifies par les Créanciers des Propriétaires defdites Marchandifes, ni par aucun autre que par le Fermier, qui peut toujours les délivrer aux Conducteurs après l'acquit des Droits, les faifies faites defdites Marchandifes entre fes mains demeurant nulles de plein Droit, Article 584. du Bail de Forceville.

DES AMENDES.

difpofer des amendes & confifcations qu'il eft en droit de prétendre & de tranfiger avant les jugemens.
Arrêt du Confeil du 19 Janv. 1694. Bail de Forceville, Art. 577.

Il n'y a aucune préférence pour la confifcation, l'amende, ni les dépens.
Arr. du C. & L. P. des 24 Ao. 1728, reg. en la C. des A. de Paris le 24 Sept. fuiv. en celle de Rouen le 30 dudit mois de Septemb.

Cas où elle ne lui eft point accordée.

Reclamation des effets faifis à fin de confifc. nulle.
Titre commun, Article XXVIII.
Liberté accordée au Fermier de mettre en caufe à fon choix les Voituriers ou les Propriétaires des Marchandifes feulement.
Même Titre, Article XXIX.
Sentences folidaires, tant pour les dépens que pour l'amende & la confifcation.
Même Titre, Article XXX.
Arrêt du Confeil du 10 Nov. 1734.

DES AMENDES.

& l'amende, que pour les dépens. On vient de voir les autres cas où les amendes font folidaires. Nombre 1730.

1740. Lefdites Sentences font exécutoires pour ce qui concerne les amendes, à quelques fommes qu'elles puiffent monter (a) comme pour le principal, nonobftant appel & fans y préjudicier, aux cautions du bail & des fous-baux : pourvu néanmoins qu'il n'y ait pas infcription de faux contre les Procès-verbaux qui ont donné lieu aux condamnations ; & en donnant par les Fermiers pour caution leurs Directeurs ou Receveurs, réfidens fur les lieux, qui font tenus d'en faire leur foumiffion au Greffe en leur propre nom fans préjudice defdits cautions du bail & des fous-baux.

1720, regiftrée en ladite Cour le 19 Avril audit an, & en celle de Paris le 20 du même mois.

1741. Il ne peut être donné main-levée, foit en premiere inftance, foit en caufe d'appel des Effets confifqués ou faifis afin de confifcation, qu'en confignant par les parties intéreffées entre les mains des Fermiers ou Sous-Fermiers, leur jufte valeur, à dire d'experts, ou en donnant dans la huitaine caution folvable qui foit reçue avec le Fermier pour la valeur des chofes confifquées ; & après ce délai faute de caution, la vente en peut être faite à la Requête du Fermier & les deniers en provenans remis entre fes mains, auffi fous caution (b).

1742. En conféquence de ces difpofitions il eft fait défenfes aux Cours des Aides de recevoir l'appel des Sentences portant condamnation d'amende & de confifcation qu'après la confignation defdits amendes entre les mains du Fermier ou de fes prépofés ni d'accorder aucuns Arrêts de défenfe ou de furféance d'exécuter lefdits Sentences, à quelques fommes que puiffent monter les condamnations, excepté comme on vient de le dire dans le cas d'infcription de faux dûement formée contre les Procès-verbaux qui auront donné lieu aux condamnations.

15 Mars 1715, 12 Août 1718, 9 Janvier 1725. Arrêt du Confeil du 21 Novembre 1724, qui condamne un Greffier en l'amende de cinq cens livres pour être contrevenus à la difpofition ci-contre, &c. Bail de force-

Dans quelque cas que ce foit la confignation des amendes adjugées au Fermier, ne peut être faite en d'autres mains qu'en celles de fes Commis, comme faifant partie du prix de fon Bail, & il eft fait défenfes aux Réceveurs des amendes & au Fermier des Domaines de les recevoir, à peine de trois mille livres d'amende.

1743. Le Fermier peut faire proceder par un Huiffier en la maniere ac-

---

Exécutoires par provifion à quelques fommes que montent les condamnations.
Même Titre, Article XLIII.
Déclaration du 9 Juin 1705, regiftrée en la Cour des Ai. de Rouen le 10 Juillet fuiv. Autre du 16 Mars

Main-levée en confignant ou donnant, caution.
Même Titre, Article XXVII.
Décl. du 29 Mai 1685, reg. le 8 Juin fuiv. Déclarat. de 1705 & 1720, citées ci-deffus.

Appel non recevable fans la confignation des amendes prononcées.
Mêmes Déclarations de 1705 & 1720.
Arrêts du Confeil des 16 Sept. 1692, 13 Octobre 1696, 15 Janvier 1709, 25 Juillet 1713, un Procureur & un ville, Art. 577.
Arrêt de la Cour des Aides de Paris du 23 Sept. 1681.
Arr. du C. des 9 Mars 1694, 1 Juil. 1698 & 26 Septe. 1724.

Vente d'effets confifqués fur les Parties.

(a) Le même Article XLIII. du Titre commun ajoutoit, *pourvu que lefdites amendes ne foient que de cinquante livres & au-deffous ;* mais les Déclarations de 1705 & 1720 ont levé cette reftriction qui favorifoit les Fraudeurs, parce qu'en interjettant appel des Sentences intervenues contre-eux pour en fufpendre l'exécution lorfque les amendes étoient au-deffus de cinquante livres, ils fe procuroient affez de temps pour fouftraire leurs effets & fe mettre à l'abri des pourfuites du Fermier.

(b) Cette difpofition deroge à l'Article XXVI. du Titre commun de l'Ordonnance de 1681, qui fait défenfe de paffer outre à la vente des effets confifqués au préjudice de l'appel, finon pour ce qui concerne le Barillage.

coutumée

coutumée à la vente & adjudication des effets confignés par Sentences ou Jugemens contradictoires, fans qu'il foit tenu d'appeller aucun des Officiers de Juftice à ladite vente, à la charge par l'Huiffier d'en dreffer Procès-verbal pour valoir ce que de raifon. Mais à l'égard des Marchandifes & effets faifis & abandonnés, & dont la confifcation a été ordonnée faute de reclamation dans la huitaine, la vente n'en peut être faite qu'en préfence du Procureur du Roi fur les lieux, huitaine après le jugement qui en a ordonné la confifcation.

Cette difpofition eft conforme à l'Ordonnance des cinq groffes Fermes de 1687. Titre XI. Article XVII. Elle a pour objet de conftater le prix de la vente des effets pour y être ftatué en cas qu'ils viennent à être réclamés par la fuite, & que la reftitution en foit ordonnée.

1744. Les Contrevenans aux articles des Reglemens où il n'y a point de peine certaine & fixée, doivent être condamnés aux dommages & intérêts des parties intereffées, en aumône & autres peines fuivant l'exigence des cas; ce qui eft laiffé à l'arbitrage des Juges.

1745. Il eft enjoint aux Juges de condamner les Coupables des crimes qui emportent confifcation de tous les biens (a), à l'égard des biens qu'ils ont dans les pays où la confifcation n'a point lieu, à une amende qui foit au moins du quart des biens qui y font fitués. (b).

1746. Dans les cas où la peine des Galeres eft ordonnée contre les hommes, la peine du fouet & du banniffement à temps ou à perpétuité, felon la qualité du délit, doit être prononcée contre les femmes.

DES AMENDES.

Arrêt du Confeil du 15 Déce. 1722.

D'effets abandonnés & confifqués.

Contravention pour lefquelles les Reglemens. Titre commun, Article XXXIII.

Crimes qui emportent confifcat. de tous les biens. Titre commun, Article XLV.

Peines contre les Femmes. Même Titre, Article XLVI.

CHAPITRE XI.

DES COURS ET JURISDICTIONS QUI CONNOISSENT DES DROITS D'AIDES.

1747. EN matiere d'impofitions il n'y a que deux degrés de Jurifdiction. Chaque partie a fes Juges particuliers, dont les appels reffortiffent nuement aux Cours des Aides. Il y a des Juges des Traittes, des Juges des Gabelles, des Juges de la Marque des Fers. Ceux qui connoiffent en premiere inftance de la Partie des Aides font les Elus. On traitera de ce qui les concerne après avoir parlé des Cours des Aides.

Juges qui connoiffent des Droits des Fermes.

Deux degrés de Jurifdiction.

(a) Tous les crimes qui emportent la peine de mort, ou celle de banniffement à perpetuité, ou de galeres perpetuelles, que produifent la mort civile, entraînent la confifcation des biens dans les pays où elle a lieu.

(b) La confifcation a lieu dans la plus part de nos Coutumes. Il n'y en a que quelques-unes où elle n'a point lieu, non plus que dans les pays de Droit Écrit, fi ce n'eft pour les crimes de Leze-Majefté. Dans les pays où la confifcation n'a point lieu, celui qui a été condamné en une peine qui emporte la mort civile, perd de même la propriété de fes biens; mais ils paffent en la perfonne de fes héritiers comme s'il étoit mort réellement.

DES COURS.

§. I.

Des Cours des Aides.

Origine des Cours des Aides.

1748. On a parlé dans l'Introduction qui est à la tête de ce Traité, de l'ancienneté des Droits d'Aides. On a dit que ce fut dans le quatorziéme siécle, sous les Regnes de Philippe le Bel, Jean I. & Charles V. que la levée de ces Droits commença à devenir plus en usage, à se faire avec plus d'ordre & de succès, & à être prorogée plus long-temps jusqu'a ce qu'ils devinssent perpetuels : & cela au moyen de la convocation des trois Etats, du consentement desquels on en faisoit l'imposition. Les Officiers qui furent établis pour la levée & la régie de ces Droits furent appellés, les uns

Généraux.
Elus.
Recherches de Pasquier sur la France.
Recueil de Fontanon.
Reglement de Décembre 1360, Article VIII.

Généraux, & avoient chacun le département d'une ou plusieurs Provinces, & les autres Elus, & étoient répandus dans les différens Diocèses du Royaume. Ces Officiers étoient nommés par les Etats, & leur nomination étoit confirmée par le Roi. Il y eut dans la suite deux especes de Généraux des Aides, les uns pour la Finance des Aides, les autres pour la justice sur le fait des Aides ; ce qui dura jusques au Regne d'Henri II. qu'ils furent réunis par Edit d'Août 1550. (a) sous le titre de Généraux des Aides sur le fait de la justice. On voit par deux Ordonnances, l'une de 28 Decembre 1355. & l'autre du 26 Janvier 1382. que les Généraux avoient, dès ce temps, l'autorité des Cours Souveraines. Les termes de la premiere sont : *Voulons que ce qui sera fait & ordonné par les Généraux deputés, sur le fait des Aides, vaille & tienne comme Arrêt du Parlement ;* ceux de la seconde ; *Voulons que tout ce qui, par lesdits Conseillers de Sa Majesté, quant au fait de Justice, sera Sentencié & Jugé, tienne & vaille entiérement, ainsi que ce qui est fait ou jugé par Arrêt du Parlement.*

Louis XII. par son Ordonnance du 24 Juin 1500. regla la compétence de la Cour des Généraux. Ladite Cour fut augmentée sous Henri II. d'une seconde Chambre par Edit de Mars, qui étendit encor son autorité & les matieres de son attribution. C'est par cet Edit que lui fut donné le titre de Cour des Aides (b).

Enfin Louis XIII. par Edit de Decembre 1635. créa la troisiéme chambre de la Cour des Aides (c).

(a) Les Ordonnances & Edits qu'on citera dans ce Chapitre se trouvent répandus dans le Recueil intitulé Edits & Ordonnances Royaux sur l'établissement de la Justice & Jurisdiction des Aides de Paris, & dans ceux de Fontanom, de Neron & Dulis, & presque toutes dans le nouveau Code ou Mémorial des Tailles.

(b) Cet Edit lui donnoit le Titre de Cour des Aides & Finances ; mais il fut arrêté par Déclarations des premier Août & 30 Décembre 1553, que le Titre de Cour des Finances ne devoit appartenir qu'à la Chambre des Comptes à l'exclusion de toute autre Cour.

(c) Il avoit été créé par Edit de Juin 1636. une Cour des Aides à Lyon ; mais sur les représentations de la Cour des Aides de Paris, elle fut supprimée par autre Edit du mois de Juillet suivant, qui confirme en même temps l'établissement de la troisiéme Chambre de la Cour des Aides de Paris.

On peut voir d'une façon plus détaillée, l'origine & les progrès de cette Cour, dans le Dictionnaire Enciclopédique à l'Article Cour des Aides, où il ne reste rien à désirer sur cet objet.

1749. La Cour des Aides est aujourd'hui composée d'un premier Président, de trois Présidens dans chacune des trois Chambres, de plusieurs Conseillers d'honneur dont le nombre n'est point fixé, de dix-huit Conseillers dans la premiere Chambre, dix-sept dans la seconde, & pareil nombre dans la troisiéme, trois Avocats généraux, un Procureur général ayant quatre Substituts, deux Greffiers en chef, six Sécrétaires du Roi, un principal Commis de l'audience publique, qu'on appelle Greffier des appellations, & qui outre l'Office de Commis Greffier écrivant à la peau, réunit ceux de Greffier des Décrets, & de premier Commis au Greffe des Décrets, un principal Commis en la premiere Chambre pour l'Audience à huis clos & pour les Arrêts rendus en la Chambre du Conseil, tant au Civil qu'au Criminel, lequel outre deux pareils Offices créés pour la seconde & la troisiéme Chambres réunit encore trois Offices de Commis Greffiers écrivans à la peau, un Greffier Garde sacs & des dépôts, un Greffier des présentations & affirmations, un Trésorier payeur des gages qui a trois Controlleurs, un Receveur des épices & vacations, un Controlleur des Arrêts, un Commis à la délivrance des Arrêts, un premier Huissier, & sept autres Huissiers.

1750. Elle connoît par appel de toutes les affaires contentieuses, concernant les Aides & autres impositions, tant en matiere Civile que Criminelle (a), de la validité des titres de Noblesse & des priviléges des Eclesiastiques, Sécrétaires du Roi, Officiers Commensaux & autres, dans tous les cas où il est question d'exemption desdites impositions, encore que les privilégiés ayent leurs causes commises à des Tribunaux particuliers : de même que des exemptions de tous les Officiers compris dans les Etats de la Maison du Roi & des Maisons Royales, quoiqu'ils soient domiciliés dans l'étendue du Ressort des autres Cours où l'on n'envoye que copie de ces Etats : & en général de toutes les appellations des Jurisdictions qui connoissent des Droits des Fermes du Roi.

Elle connoît en outre en premiere instance & dernier ressort, privativement à toutes autres Cours, des différends pour raison des deniers Royaux & affaires de Finance ; des débets, des comptes rendus en la Chambre des Comptes, & des contestations pour les exécutoires & ordonnances de ladite Chambre, excepté celles concernant le Domaine, dont la connoissance appartient au Parlement : de tous les contracts & actes passés entre les Fermiers, Traitans & Munitionnaires pour raison de leurs Fermes, Traités & Munitions, transports & associations : de la discussion des biens

DES COURS.

Cour des Aides de Paris.
Officiers qui la composent.

Affaires de sa competence.
Edits de Juin 1500 & Mars 1551.
Ordon. des Aides de 1680. Autre de la même année pour les Gabelles. Autre sur tous les Droits des Fermes de 1681, Art. 50. Déclaration du 7 Janv. 1727, qui ordonne l'exécution des Edits ci dessus.

Edit ci-dessus du mois de Mars 1551 Article II.

Mêmes Edits ci-dessus de 1500 & 1551.

(a) Il faut en excepter les Droits d'Inspecteurs aux Boissons, ceux des Inspecteurs aux Boucheries, ceux des Courtiers-Jaugeurs de Boissons, dits autrement tous ensemble *Droits Rétablis*, & quelques autres établis pour un temps limité, dont la connoissance est reservée aux Intendans des Provinces. Voyez Nombres 574. 593. 1148. & 1184.

K k ij

Des Cours.

Edits d'Avril 1637 & 1655.

Lettres Patentes des 15 Juillet 1581 15 Novem. 1594 & 6 Janvier 1611.

Service des Chambres.

Lettres Patentes du 10 Décembre 1715.

Ressort de cette Cour.

de tous les Comptables & gens d'affaires du Royaume & de leurs descendans & héritiers, en quelque lieu de l'obéissance du Roi, que soient situés leurs biens, qui ne peuvent être purgés de l'hypotheque du Roy, que par des Décrets faits en ladite Cour : De tous les différends, concernant les priviléges de l'Hôpital général & de l'Hôtel-Dieu, qui ont leurs causes commises en ladite Cour : & enfin des différends qui concernent le payement des rentes assignées sur les Aides & autres impositions.

1751. Le service des Chambres de la Cour des Aides a été reglé par la Déclaration du 17 Novembre 1673. & recemment par celle du 10 Août 1748. qui contient trente-deux Articles.

C'est dans la premiere Chambre, ainsi qu'il se pratique à la Grand'Chambre du Parlement, que se portent toutes les appellations verbales des Jugemens rendus dans les siéges de son ressort, toutes les Requêtes introductives d'instances ou autres qui sont présentées directement en la Cour des Aides pour y former de nouvelles demandes. Tous les incidens qui surviennent dans les Procès ou instances avant que le partage en ait été fait entre les trois Chambres, sont aussi portés en la premiere Chambre. Elle a encore quelques attributions qui lui sont particulieres, comme les appels des Sentences rendues sur le fait des Aides & Gabelles & autres Droits par les Juges du Clermontois & la connoissance en premiere instance des affaires concernant l'Hôpital Général & l'Hôtel-Dieu de Paris, à l'exclusion des deux autres Chambres.

C'est de même en cette Chambre que se font les enregistremens de toutes les Ordonnances, Edits, Déclarations, Lettres-Patentes, Lettres de Noblesse & autres : ce qui concerne les particuliers est enregistré en la premiere Chambre seule : ce qui contient des Reglemens généraux & concerne le Royaume est enregistré les Chambres assemblées.

1752. Le Ressort de la Cour des Aides de Paris embrassoit dans son origine toutes les Provinces du Royaume. Plusieurs autres créées depuis, en ont été demembrées ou ont été établies à son instar dans les Provinces réunies à la France. Son ressort comprend aujourd'hui les Elections des Généralités de Paris, Amiens, Soissons, Châlons, Lyon, Bourges, Moulins, Tours, Orléans, Poitiers, la Rochelle & Limoges, & trois Elections de la Province de Bourgogne. Voici le détail de ces Elections.

Pays qui composent le ressort de la Cour des Aides de Paris.

GÉNÉRALITÉS. ÉLECTIONS.

AMIENS.......... { ABBEVILLE.
AMIENS.
DOULENS (a).
EU en partie.
MONTDIDIER.
PERONNE.
SAINT QUENTIN. }

ARTOIS, Pays exempt d'Aides.

BOURGES......... { BLANC.
BOURGES.
CHATEAUROUX.
LA CHASTRE, créée
  par Edit d'Août 1685.
ISSOUDUN. } En Berry.
SAINT AMANT.......... En Bourbonnois.
LA CHARITÉ-SUR-LOIRE, Nivernois.
  créée par Edit de Février 1696.

CHAALONS....... { BAR-SUR-AUBE.
CHAALONS.
CHAUMONT.
ÉPERNAY.
JOINVILLE, créée par Edit de Septembre 1696.
LANGRES.
REIMS.
RHETEL.
SAINTE MENEHOULT, créée par Edit de Septembre 1696.
SÉZANNE.
TROYES.
VITRY. }

LA ROCHELLE... { BARBEZIEUX. Election particuliere.
COIGNAC.
LA ROCHELLE.
MARENNE, non sujettes aux Aides
SAINT-JEAN-D'ANGELY.
XAINTES. }

LIMOGES......... { ANGOULESME.
BOURGANEUF. }

LYON............ { LYON.
MONTBRISON.
ROUANNE. } En Forest.
SAINT-ETIENNE.
VILLEFRANCHE..... En Baujolois. }

(a) L'Arrêt de la Cour des Aides du 11 Décembre 1723, & celui du Conseil du 23 Mai 1730, ont ôté à l'Election de Doulens la connoissance des affaires concernant les Droits d'Aides dans le Boulonnois, & en ont attribué la connois-

DES COURS.

MOULINS
- GANNAT.
- MONTLUÇON. } Bourbonnois.
- MOULINS.
- CHATEAU-CHINON.
- NEVERS. } Nivernois.
- GUERET, exempte d'Aides. Dans la Marche.
- COMBRAILLES, à présent EVAUX, pays exempt d'Aides. } Confins d'Auvergne.

ORLÉANS
- BEAUGENCY.
- ORLÉANS. } Orléannois.
- PITHIVIERS.
- MONTARGIS. } Gatinois.
- GIEN.
- CLAMECY............. Nivernois
- BLOIS. } Blaisois.
- ROMORENTIN.
- CHARTRES.
- CHATEAUDUN. } Beauce.
- DOURDAN.
- VENDOSME.

PARIS
- PARIS............. Isle de France.
- BEAUVAIS.
- COMPIEGNE. } Picardie.
- SENLIS.
- COULOMMIER.
- MEAUX. } Brie.
- PROVINS.
- ROSOY.
- JOIGNY.
- MONTEREAU, créée par Edit de Sept. 1696.
- NOGENT. } Champagne.
- SAINT-FLORENTIN.
- SENS.
- TONNERRE.
- ÉTAMPES.
- MELUN. } Gatinois.
- NEMOURS.
- DREUX.
- MANTES. } Beauce.
- MONTFORT-L'AMAURY.
- PONTOISE............. Normandie.
- VEZELAY............. Nivernois.

POITIERS
- CHATELLERAULT.
- CONFOLENS, créée par Edit de Juillet 1714.
- FONTENAY.
- MAULEON, autrement CHATILLON-SUR-SEVRE.
- NIORT.
- POITIERS.
- LES-SABLES.
- SAINT-MAIXANS.
- THOUARS.

---

fance aux Juges des Traites de Boulogne. La diftance de Boulogne au Siege de cette | Election, qui eft de quinze à vingt lieues, a donné lieu à ce changement.

SOISSONS........ { CHATEAU-THIERRY.
CLERMONT.
CRÉPY.
GUISE.
LAON.
NOYON.
SOISSONS.

TOURS.......... { AMBOISE.
CHINON.
LOCHES.
TOURS. } Touraine.
LOUDUN.
RICHELIEU. } Poitou.
ANGERS.
BEAUGÉ.
CHATEAUGONTIERS.
LA FLECHE.
MONTREUIL-BELLAY.
SAUMUR. } Anjou.
CHATEAU-DU-LOIR.
LAVAL.
LE MANS.
MAYENNE. } Le Maine.

PROVINCE DE BOURGOGNE (a). { AUXERRE.
BAR-SUR-SEINE (b).
MACON.

1753. La Cour des Aides de Rouen a été créée par Edit du 15 Septembre 1483. & réunie à la Chambre des Comptes fous le titre de Cour des Aides & Finances par Edit d'Octobre 1705. *Cour des Aides de Rouen. Edit d'Octobre 1705.*

Elle a la même compétence que la Cour des Aides de Paris, excepté pour ce qui regarde les affaires dont on a vu que cette derniere connoît privativement aux autres Cours. *Même compétence que celle de Paris.*

Son Reffort s'étend fur les trois Généralités de la Province de Normandie, qui comprennent les Elections ci-après; *Reffort de cette Cour.*

SÇAVOIR,

GÉNÉRALITÉS   ÉLECTIONS

ALENÇON........ { ALENÇON.
ARGENTAN.
BERNAY.
CONCHES.
DOMFRONT.
FALAISE.
LIZIEUX.
MORTAGNE.
VERNEUIL.

(a) Ces trois Elections ont été jointes au Duché de Bourgogne par le Traité d'Arras, paffé le 21 Septembre 1435. entre Charles VII. & le Duc de ce nom. Comme elles dépendoient avant ce Traité de la Cour des Aides, elles ont continué d'être comprifes dans fon reffort après la réunion de ce Duché à la Couronne.

(b) Cette Election, quoique réunie aux Etats de Bourgogne par Edit de Novem-

CAEN............
{
AVRANCHES.
BAYEUX.
CAEN.
CARENTAN.
COUTANCE.
MORTAIN.
SAINT-LO.
VALOGNE.
VIRE.
}

ROUEN ....
{
ANDELY.
ARQUES.
CAUDEBEC.
CHAUMON.
EU.
EVREUX.
GISORS.
LIONS.
MONTIVILLIERS.
NEUFCHATEL.
PONT-DE-L'ARCHE.
PONTEAU-DE-MER.
PONT-L'EVESQUE.
ROUEN.
}

Les Pays d'Aides font compris dans le reffort des deux Cours.

1754. C'eft dans le Reffort des deux Cours des Aides de Paris & Rouen, que font compris tous les Pays fujets aux Aides.

Autres Cours des Aides.

1755. Les Cours des Aides établies dans les autres Provinces connoiffent de la taille & autres impofitions, & ont fur certe partie, chacune dans fon Reffort, la même attribution que la Cour des Aides de Paris. Ces Cours font ;

SÇAVOIR,

MONTPELLIER, à laquelle a été unie la Chambre des Comptes.
BORDEAUX.
CLERMONT en AUVERGNE.
MONTAUBAN.
Et fept autres unies, foit aux Parlemens, foit aux Chambres des Comptes. SÇAVOIR,

GRENOBLE.
DIJON.
RENNES.   } Unies aux Parlemens.
PAN.
METS.

AIX en PROVENCE. }
DOLE en FRANCHE } Unies aux Chambres des Comptes.
COMTÉ. }

bre 1720, eft reftée dans le reffort de la | Comtés d'Auxerre & Macon.
Cour des Aides de Paris , comme les |

On

On peut voir dans le Dictionnaire Enciclopédique à l'Article Cour des Aides, l'Origine de ces différentes Cours.

1756. Il est fait défenses à toutes autres Cours, soit de Parlement, de Chambres de Comptes ou autres, & à tous Juges Royaux de connoître des Droits des Fermes, à peine du nullité des procedures, dépens, dommages & intérêts, & de trois mille livres d'amende contre les parties qui s'y feroient pourvues.

Voyez ci-après Nombre 1813. ce qui est dit sur les récusations pour parenté des Présidens ou Conseillers des Cours des Aides avec le Fermier.

§. II.

Des Elections.

1757. Les Elus, comme on vient de le dire au commencement du §. précédent, ont une origine commune avec les Généraux des Aides. (*a*). Ils furent ainsi appellés parcequ'ils étoient établis par voye d'Election. C'étoit eux qui étoient chargés du détail des impositions & du foin d'en faire l'affiette, & la levée dans les Paroiffes. Ils rendoient compte aux Généraux de leur administration. Charles V. en 1373. en établit deux dans chaque Ville capitale ou Episcopale. Il regla leurs fonctions par son Ordonnance de 1374. & confirma leur établissement par Edit de Novembre 1379. Charles VI. en 1383. en augmenta le Nombre dans chaque siége; son Ordonnance de 1407. porte aussi plusieurs difpositions à leur sujet. Charles VII. en 1443. & 1445. confirma les Elus en la connoiffance des Aides, Tailles & autres impositions, même des Droits qui se levoient dans les foires & marchés, tant en matiere civile que criminelle. Il établit en 1452. de nouveaux siéges d'Election. Louis XII. en 1499. fit défenses aux Cours des Aides d'évoquer les caufes pendantes devant les Elus, soit pour Nobleffe, Priviléges & autres, lefquelles doivent être jugées en premiere instance par les Elus. En 1500. il les confirma dans leurs priviléges. François I. en 1543. créa des Elus particuliers dans les lieux où les Elus en chef avoient des Commis. Ces Elus particuliers furent établis dans les Villes & Bourgs, diftans de plus de six lieues du siége des Elections en chef. Leur établiffement fut confirmé & augmenté par les Edits de Mars

(*a*) M. Vieville dans son Traité des Elections a fait beaucoup de recherches sur ce qui regarde l'établiffement & l'histoire des Elus. On peut le consulter.

Outre les douze Généralités qui font du reffort de la Cour des Aides de Paris, & les trois autres qui font du reffort de la Cour des Aides de Rouen, dans lefquelles les Aides ont cours & qui font pays d'Election; il y a encore plusieurs autres Provinces qui, quoiqu'exemptes des Droits d'Aides, font divifées par Elections pour l'impofition des Tailles. Ces Provinces font l'Auvergne, ou Généralité de Riom, divifée en six Elections, la Guyenne ou Généralité de Bordeaux en cinq Elections, Partie de la Généralité d'Auche où il y a six Elections, Généralité de Montauban six Elections, le Dauphiné ou Généralité de Grenoble six Elections. Les autres Provinces se divifent par Diocefe, Vigueries, Bailliages, Prévôtés, Subdélégations.

Marginal notes (right column):

DES COURS.

Défenses à toutes autres Cours & Juges, &c.
Déclaration du 19 Juin 1445.
Ordonnance de Juillet 1681.
T. comm. Art. 51.
Arr. du C. du 15 Fév. 1724, qui caffe un Arr. du Parl. de Rouen, rendu au fujet des Droits fur le Papier timbré.

Origine des Elections.
Reglement du 18 Décem. 1360.
Ordon. de 1374, Art. 83. & 87.
Ord. de Montargis de Nov. 1379, Art. 14 17. 99. 116. & 136.
Ordon. de 1383.
Ordon. de 1407.
Ordon. de 1435, Art. 265. Edit de Janvier 1445.
Edit de Juil. 1499, confir. par Décla. du 22 Fév. 1663.
Déclaration du 24 Juin 1500.
Ordon. de Nov. 1543.
Edits de Mars 1587 & 1598.
Edit de Décembre 1627.

1587. & Janvier 1598. Ils furent supprimés par Edit de Decembre 1627. rétablis de nouveau par Edit de Decembre 1634. & enfin totalement supprimés & réunis aux Elections en chef par les Edits d'Août 1661. & Janvier 1685. à l'exception de quelques Elections particulieres qui furent pour lors reservées, & qui depuis ont été érigées en chef. (a).

Autre de Décembre 1634. Edits d'Août 1661 & Janvier 1685.

Louis XIV. par l'Edit de Janvier 1685. qu'on vient de citer, réunit les siéges d'Election & ceux de Grenier à Sel établis dans un même lieu pour ne faire qu'un seul siége & qu'un même corps. Le Nombre en fut fixé en même temps par cet Edit : Sçavoir, dans les siéges d'Election & Grenier à Sel réunis, à un Président, un Lieutenant, quatre Elus, un Procureur du Roi & un Greffier, excepté dans les Elections & Greniers à Sel, au-dessous de cent Paroisses, dans lesquels il n'y auroit point de Lieutenant, & à l'égard des Elections établies dans les lieux où il n'y a point de Grenier à Sel, à un Président, un Lieutenant, deux Elus, un Procureur du Roi, & un Greffier. (b) Les Jurisdictions des Gabelles ont été désunies depuis par Edit d'Octobre 1694. du corps des Elections, qui, cependant sont restées composées du même nombre d'Officiers, fixés par l'Edit de Janvier 1685.

Edit d'Octobre 1694

L'Election de Paris n'a point été comprise dans ces changemens. Elle est composée d'un Président, d'un Lieutenant, un asseseur, vingt Conseillers, un Procureur du Roi, un Substitut & un Greffier en chef.

1758. Les Ordonnances & Edits de 1508. 1517. 1522. 1552. 1553. 1560. 1569. 1575. 1578. 1594. 1600. & 1634. & autres dont on peut voir l'extrait dans le traité de M. Vieville, portent différentes dispositions sur les fonctions & les priviléges des Elus. Il n'en doit être ici question que pour ce qui a rapport aux Droits d'Aides.

Priviléges des Elus.
Edits de Décembre 1594, Décembre 1632 & Janvier 1685. Edit de Conseil des 26 Octobre

Les Elus sont exempts de Taille & de toutes charges publiques ; mais ils ne jouissent de l'exemption d'aucuns Droits d'Aides, pas même pour le Vin de leur crû. (c).

Septembre 1641. Arrêt de la Cour des Aides de Paris du 12 Mars 1677. Edit d'Août 1717. Arrêts du Conseil 1722 & 23 Juin 1759.

La résidence leur est prescrite
Déclaration du 29 Décem 1663. Arrêts du Conseil des 8 Juillet 1669, 9 Août 1689 & 16 Juillet 1718.

1759. Ils sont tenus de résider dans les lieux de leur établissement, à

(a) Telles sont les Elections de Pontoise & Sainte-Menehoult, qui ont été établies Elections en chef par Edits & Déclaration de Mars & 19 Avril 1691, 7 & 30 Octobre 1696. Voyez ce qui a été dit concernant la création des nouvelles Elections dans l'Introduction qui est à la tête de ce Traité, page VIII.

(b) Il a été créé depuis par Edits de Novembre 1689, Août 1693, Octobre suivant, Avril 1696, Janvier 1703, dans les Siéges d'Election, différens Offices, qui ont été ensuite supprimés, & dont les droits & les fonctions ont été réunis auxdites Elections, ainsi elles sont restées

dans la réduction portée par l'Edit de Janvier 1685.

(c) L'Edit de Mai 1575 les exempte de l'Aide sur le Vin de leur crû : mais ce privilége a été revoqué depuis, avec tous les autres de la même espece, par les Edits de Septembre 1641 & Août 1717. L'Arrêt d'enregistrement en la Cour des Aides de celui de 1641, ne faisoit que suspendre leur exemption pour le temps que dureroit la guerre ; mais l'Edit de 1717 qui supprime tous les priviléges des Droits d'Aides, autres que ceux compris dans l'Ordonnance, a été enregistré sans modification.

peine d'être privés defdites exemptions ; ainfi que de leurs gages & Droits.

1760. Les Elus connoiffent en premiere inftance de toutes les affaires contentieufes qui concernent les Aides , les Tailles , la Ferme du Tabac & les Octrois des Villes tant au civil qu'au criminel ; à l'exception pour la partie des Droits d'Aides , de la Marque des fers pour laquelle il y a des Juges particuliers (Livre IV. N. 1514.) & des Droits rétablis dont la connoiffance eft réfervée à Meffieurs les Intendants. (Nombre 574. 593. & 1148.) & auffi à l'exception du Boulonnois où c'eft le Juge des Traittes qui connoît des matieres d'Aides.

Affaires dont ils connoiffent en premiere inftance.
Odonnances de 1500, 1508, 1517, 1560, 1576, 1579, 1596, 1634 & Décembre 1644.
Arrêt du Confeil du 17 Juin 1660.

Déclaration du 2 Août 1655. Ordonnance de 1669, Article VI. Ordonnances des Aides de 1680, Article dernier. Ordonnance de 1681 , Titre des Octrois, Article IV. & Titre commun Article L. Arrêt du Confeil du 30 Juin 1719, concernant les Sécrétaires du Roi.

Ils connoiffent auffi des émotions populaires & rebellions d'habitans arrivées au fujet de la levée des Droits , de la validité des Titres de Nobleffe & des priviléges des Eccléfiaftiques , Sécretaires du Roi , Commenfaux , & de quelqu'autre perfonne que ce foit pour raifon de l'exemption defdits Droits.

Mêmes Reglemens.

1761. Ils jugent en dernier reffort les caufes où la demande n'eft que de trente livres & au-deffous ; ainfi que toutes celles où le défendeur ne contefte que jufques à la concurence de cette fomme , offrant de payer le furplus. Il ne peut être appellé de leurs jugemens dans ces cas , & il eft défendu aux Cours des Aides d'en recevoir les appellations fi ce n'eft lorfqu'il eft queftion de priviléges à juger.

En dernier reffort.
Déclaration du 17 Février 1688, Article XVII.

Ils jugent encore en dernier reffort dans les caufes intentées par le Fermier pour raifon de fraudes dans lefquelles la demande en confifcation n'excede pas un quart de muids d'Eau-de-vie ou un muid de Vin ou deux muids de Bierre , Cidre ou Poiré , de quelque valeur que foit chaque efpece de Boiffon ; pourvu néanmoins qu'il s'agiffe d'un cas où les amendes peuvent être modérées , (ces cas ont été rapportés Nombre 1731.) & que la condamnation d'amende n'aille pas au-de-là de cinquante livres.

Même Déclaration, Art. XVIII.

Ils ne fçauroient juger en dernier reffort qu'ils ne foient au nombre de cinq au moins. S'ils font en moindre nombre, ils peuvent appeller avec eux des gradués ou praticiens. (a).

Ils doivent être au nombre de 5. pour juger &c.
Article XX.

Ils font tenus dans les Sentences qu'ils rendent de cette qualité d'y inferer ces termes : *en dernier reffort.*

Même Article.
Autrement au nombre de trois , mais jamais au-deffous.

1762. Lorfqu'ils ne jugent pas en dernier reffort , ils peuvent n'être qu'au nombre de trois ; mais jamais au-deffous.

Arrêts de la Cour des Aides de Paris des 11 Janvier 1714, 15 Février 1729 , & Arrêts du Confeil des 2 Avril & 19 Juillet 1757.

1763. On a dit , Nombre 832. & 1740. que dans le cas où on peut appeller de leurs Sentences l'appel n'en eft que dévolutif & non fufpenfif.

L'Appel de leurs Sentences n'eft point fufpenfif.

(a) Les Procureurs defdites Elections font exclus du nombre des gradués & praticiens , que les Elus peuvent appeller avec eux pour juger. Arrêt du Confeil du 9 Août 1689 , rendu par rapport à l'Election de Pontoife.

1764. Leurs Sentences doivent être signées par les Juges qui les ont rendues pour qu'on soit certain qu'ils étoient au nombre requis par les Reglemens.

des Aides des 14 Décembre 1683 & 15 Février 1729. Arrêt du Conseil du 27 Mars 1731.

1765. Ils ne peuvent rendre aucun Jugement qu'en l'Audience ou en la Chambre du Conseil, & il leur est enjoint d'y assister en Robbe & en Bonnet quarré ; ainsi que dans toutes les autres fonctions concernant leur Office.

1766. Leur Jurisdiction ne s'étend que sur le contentieux, & il leur est fait défenses de rendre aucuns Jugemens en forme de Reglement, ainsi que de prononcer aucune modification aux Ordonnances, Edits, Déclarations, & Arrêts, dont ils sont tenus d'ordonner l'exécution pure & simple, sous peine d'être responsables des amendes & confiscations encourues contre les Fraudeurs, & des dommages & intérêts envers le Fermier.

1767. Leurs Sentences suivant l'Edit d'Avril 1634. Article 64. pouvoient être mises à exécution dans le ressort de quelque autre Jurisdiction que ce fût, sans qu'il fût besoin de lettres de paréatis, & il étoit enjoint aux Juges Royaux de prêter main-forte aux Huissiers chargés de l'exécution desdites Sentences. C'étoit une exception à la Loi qui veut que le pouvoir de tous Juges soit borné dans le ressort de leurs siéges. L'Ordonnance de 1667. n'ayant point rappellé cette exception en faveur des Elus, elle a cessé d'avoir lieu, & leur titre est tombé en désuétude, par l'usage constant de soumettre l'exécution de leurs Jugemens hors de leurs Jurisdictions à la formalité des paréatis.

1768. Il est défendu à tous autres Juges Royaux ou de Seigneurs, de connoître des matieres qui concernent les Fermes. (1756.)

1769. Les Titres des Officiers qui jouissent de quelques priviléges à cause de leurs charges doivent être registrés dans les Elections. Les frais d'enregistrement ont été reglés par Arrêt de la Cour des Aides de Paris, pour les provisions de chaque Officier Commensal à vingt-cinq livres, y compris les Droits du Procureur du Roi, & six livres pour le Greffier.

1770. On a dit, Nombre 1602. que les baux des Fermes devoient, de même y être enrégistrés. *(a)*.

On a parlé de la reception & de la prestation de serment des Commis, qui doivent être faites pardevant les Elus, (809. 1212. & 1807.) & dont suivant l'Arrêt de la Cour des Aides du 10 Juillet 1716, ils sont obligés de garder minutte dans leur Greffe, de l'assistance, qu'ils sont tenus de prêter aux Commis dans leurs visites à la premiere réquisition, (1236.) & de l'affirmation qu'ils doivent donner sans retard sur les Procès-verbaux. (1683.)

1771. Ils sont chargés de parapher gratis les Registres Journaux, qui

---

(a) Ils étoient aussi chargés des publications, encheres & adjudications des Fermes des Aides avant que lesdites Aides fussent réunies en Ferme Générale. Edits d'Août 1452 & Février 1552.

doivent faire foi en juſtice, concernant l'exploitation des Fermes. (809. & 1669.)

1772. Ils ſont les ſeuls qui puiſſent décreter contre les Commis pour les cas arrivés à l'occaſion & dans le cours de leurs exercices. (1248.).

1773. Ils ont le Droit, comme on la dit, Nombre 852. d'appoſer le ſcellé à la Requête du Fermier ſur les effets des Redevables des Droits, en cas de mort, abſence ou faillite. Il eſt défendu à tous autres Juges d'en connoître en ce cas, mais ſi le ſcellé eſt appoſé à la requête d'un autre Créancier, & que le Fermier ſoit ſeulement oppoſant, ou en cas de concurrence les Officiers d'Election n'en peuvent prendre connoiſſance.

A l'égard des ſcellés ſur la caiſſe & effets des Receveurs & autres Comptables des Fermes, les Elus & autres Juges deſdits Fermes ſont les ſeuls qui puiſſent les appoſer, ſoit en cas de mort ou autrement ; & il eſt fait défenſes à tous autres Juges de s'immiſcer dans les affaires qui concernent les Fermes, s'ils n'en ſont requis par les Fermiers ou leurs Commis, à peine de tous dépens, dommages & intérêts, conformément aux articles 50 & 51. du titre commun de l'Ordonnance de 1681. & à l'Art. 586. du bail de Forceville. (a).

26 Octobre 1700, 17 Juillet 1708, 2 Juillet 1718, 31 Janvier 1721, 8 Août 1724, 9 Octobre & 13 Novembre 1731, Article 586. du Bail de Forceville.

1774. C'eſt au Préſident de chaque Election, préferablement au Lieutenant ou autre Officier : en cas d'abſence du Préſident au Lieutenant : à défaut du Lieutenant à l'Officier qui le ſuit immédiatement, & ainſi de ſuite ſuivant l'ordre du tableau à donner ſeul, & ſans déliberation du Conſeil les permiſſions d'informer, à proceder aux informations, décerner les Decrets, faire les interrogatoires, rendre les Jugemens à l'extraordinaire & les Jugemens préparatoires, proceder aux recollemens & confrontations, & généralement faire toute l'inſtruction & le rapport des procès, & rendre toutes les ordonnances qui peuvent être données par un ſeul Juge dans les ſiéges ordinaires qui connoiſſent des matieres criminelles. A cet effet les Requêtes doivent être intitulées à Meſſieurs de l'Election.

Il eſt avantageux pour la juſtice du côté du ſecret & de la célérité, que demande l'inſtruction des matieres criminelles, que le pouvoir de donner les permiſſions d'informer, de décerner les décrets & de faire les autres pourſuites, ſoit fixé & permanent, & réſide dans la perſonne d'un ſeul Juge : c'eſt ce qui a donné lieu à la diſpoſition précédente.

1775. Les fonctions des Greffiers des Elections & les Droits qui leur ſont

(a) Il a été rendu un Arrêt du Conſeil du 20 Février 1742. qui ordonne que les ſcellés appoſés par les Officiers de l'Election de Paris ſur les effets d'un Receveur des Entrées de ladite Ville, ſeront levés & ôtés, & qu'il en ſera réappoſé de nouveaux par le Commiſſaire au Châtelet, requis par la veuve dudit Sieur Receveur. Mais cet Arrêt ne fut prononcé qu'après la main-levée qu'avoit donné l'Adjudicataire de l'appoſition des ſcellés. Les Arrêts des 19 Juin 1744 & 17 Août 1751, cités ci-deſſus, n'ont point établi à cet égard une Juriſprudence nouvelle. Ils n'ont fait que rendre plus certaine celle qu'on avoit toujours ſuivie.

Il leur est défendu de prendre intérêts dans les Baux.
Arrêt du Conseil du 24 Août 1766.

dûs pour les enregistremens, vacations, & pour les expéditions qu'ils délivrent, ont été reglés par l'Edit d'Avril 1686. & la Déclaration du mois de Février 1687.

1776. Il est fait défenses aux Officiers des Elections & autres Jurisdictions qui connoissent des Droits des Fermes, ainsi qu'aux Avocats, Procureurs & Greffiers desdites Jurisdictions, de prendre ou retenir directement ni indirectement aucun intérêt dans les sous-baux & traités, concernant les Droits d'Aides & autres qui se levent dans le ressort de leur Jurisdiction, à peine d'interdiction, de confiscation de leurs avances, & de cinq cent livres d'amende.

Autrement il arriveroit qu'ils seroient Juges & Parties.

CHAPITRE XII.

DES PROCEDURES DANS LES JURISDICTIONS ET COURS DES AIDES.

Procédures particulieres aux Droits des Fermes.

1777. La maniere de proceder dans les Jurisdictions qui connoissent des Droits du Roi, est la même à quelques différences près que dans les Jurisdictions Royales, & se regle comme pour ces dernieres, suivant les Ordonnances de 1667. pour le civil, & 1670. pour le criminel.

Celles des dispositions de l'Ordonnance de 1667. qui ont le plus souvent leur application dans les instances, concernant les Droits des Fermes, ont été reprises dans la Déclaration du 17 Février 1688. (a) Elle contient en même temps les procédures qui sont particulieres auxdits Droits. On va rapporter les dispositions de cette Déclaration & des Reglemens sur le même sujet qui l'ont précédée ou suivie. On observera que celles de ces dispositions qui different de l'Ordonnance de 1667. n'ont presque toutes pour objet que d'abreger les délais, & de diminuer les formalités. La perception des Droits du Roi est instante, & fondée d'ailleurs sur des Reglemens, qu'il n'est question que de faire exécuter, & qui ne peuvent laisser matiere à contestation comme dans les affaires entre particuliers.

Teneur des assignations.
Déclaration du 17 Février 1688, regist. en la Cour des Aides de Paris donnance de 1667.
Copie ou extrait des pieces sur la même feuille ou cahier de l'expl.
Art. II. de ladite Décl. conforme à l'Art. V. du même

1778. Tous Exploits d'assignation doivent être donnés à personne ou à domicile, être libellés & contenir la conclusion & sommairement les moyens de la demande, à peine de nullité.

le 11 Mars suivant, & en celle de Rouen le 28 Avril audit an, Art. I. conforme à l'Art. I. du T. II. de l'Ordonnance de 1667.

1779. Les Demandeurs sont tenus sous la même peine de nullité, de

(a) Il y a un Arrêt du Conseil du 3 Mars 1736, qui juge que la Déclaration du 17 Février 1688, est la seule qui doive être suivie pour la procédure entre les Fermiers & les Redevables, même dans les dispositions où elle est contraire aux Ordonnances.

faire donner sur la même feuille ou cahier de l'exploit, copie des piéces DES PROCEDURES
sur lesquelles la demande est fondée, ou des extraits si elles sont trop
longues.

1780. Il est enjoint aux Sous-Fermiers & aux porteurs de la procuration du Fermier général, pour la perception des Droits compris dans les
sous-baux, lorsqu'ils procedent dans les Jurisdictions inférieures, aux Cours
des Aides ou au Conseil, soit en demandant, soit en défendant, ou qu'ils
font exécuter aucune contrainte sous le nom du Fermier général, d'ajouter dans les exploits ou contraintes, les noms & domicile du Sous-Fermier
& de ses cautions, & de déclarer que les actions & procedures font faites à leur poursuite & diligence, à peine de nullité & de tous dépens,
dommages & intérêts.

Cette disposition a pour objet d'empêcher que le Fermier général ne
soit inquieté pour raison d'actions & instances, qui ne regardent que les
Sous-Fermiers.

1781. Pour les demandes qui font faites aux Communautés des Paroisses, Bourgs ou Villages, les exploits doivent être donnés un jour de dimanche ou fête à l'issue de la Messe Paroissiale ou de Vêpres, en parlant au
Syndic; ou en son absence aux Marguilliers en présence de deux Habitans
au moins, du nom desquels il doit être fait mention dans l'exploit, à peine
de nullité & de vingt livres d'amende contre les Huissiers ou Sergens.
Pour les Villes où il y a Maire & Echevins, les assignations doivent être
données à leurs personnes ou à domicile (a).

1782. Les délais des assignations font de trois jours lorsqu'elles font données à personnes domiciliées dans le lieu où le siége est établi, & de huitaine si le Défendeur est demeurant hors du lieu dans l'étendue du ressort;
ainsi qu'il a été dit particulierement pour les Procès-verbaux. (1690.)

1783. Les jours de la signification des exploits, ni les jours de l'écheance
ne font point compris dans les délais des assignations; mais les jours de
dimanches & fêtes, & de vacations font utiles & comptés.

1784. Les exploits d'assignations donnés pour payemens des Droits,
comme ceux donnés sur Procès-verbaux (1690.) doivent être controllés
dans les trois jours de leur datte, quand lesdits exploits font faits dans une
Ville ou autre lieu où il y a Bureau de Controlle, & dans la huitaine y compris le jour de leur datte, s'ils font faits dans des lieux éloignés desdits
Bureaux, à peine de nullité. (b)

Titre de l'Ordon-
nance de 1667.

*Nom & domi-
cile du Sous-Fer-
mier à inserer
dans les exploits.*
Ordon. de Juillet
1681, Titre com-
mun, Article X.

*Exploits pour
demandes faites
aux Communau-
tés des Paroisses,
Bourgs & Vil-
lages.*
Article III. de la-
dite Déclaration.

*Délais des assi-
gnations.*
Art. IV. confor-
me aux Art. I. & II.
de l'Ord. de 1667.

Art. V. de la Décl.
conforme aux Art.
V. & VI. de l'Or-
donnance de 1667.

*Controlle des
Exploits d'Assi-
gnation.*
Déclaration du
21 Mars 1671.
Autre du 23 Fé-
vrier 1677, Arti-
cle II.

(a) Lorsqu'il est question par lesdites Communautés d'intenter une action ou commencer un procès, tant en cause principale que d'appel, les Maires & Echevins, Syndics, Jurats & Consuls, ne peuvent le faire au nom desdites Communautés, fous quelque prétexte que ce soit, sans en avoir obtenu le consentement des Habitans dans une assemblée générale, convoquée & tenue dans la forme prescrite par les Ordonnances, dont l'Acte de délibération doit être confirmé par une permission par écrit de l'Intendant de la Généralité, à peine de tous dommages & intérêts contre lesdits Maires & Echevins, Syndics, Jurats & Consuls. Déclarations du mois d'Avril 1683, 2 Août 1687 & 2 Octobre 1703.

(b) Il y a plusieurs cas où il n'est dû qu'un seul droit de Controlle pour plu-

1785. On a déja dit en parlant du recouvrement, Livre II. Nombre 854. que les Fermiers peuvent se servir dans les procedures qu'ils ont à faire contre les Redevables pour raison des Droits ou de condamnations encourues, de tels Huissiers ou Sergens que bon leur semble, pour toutes sortes de procédures, même hors l'étendue de la Jurisdiction où les Huissiers & Sergens sont immatriculés, excepté cependant ceux des Justices Seigneuriales qui ne peuvent faire lesdits poursuittes que dans l'étendue de la Justice où ils ont le droit d'exploiter : & à la reserve des procedures qui sont faites de Procureur à Procureur dans les Cours des Aides & Jurisdictions qui connoissent des Droits des Fermes.

1786. Les parties peuvent plaider sans assistance de Procureur ; mais si le Demandeur ne constitue point de Procureur par son exploit d'assignation : il est tenu d'élire domicile par le même exploit dans la Ville où le siége est établi, & toutes les significations qui sont faites au domicile élu, valent comme si elles étoient faites à sa personne.

1787. Si l'une des parties ne compare à l'Audience après l'échéance de l'assignation, il est donné sur le champ congé ou défaut, (a) emportant profit. (b).

1788. Ceux qui ont été condamnés par Sentence de défaut ou congé,

sieurs Exploits, pourvû qu'ils soient portés sur un même original d'Exploit par un même Huissier & le même jour. Ces cas sont.

1°. Dans les affaires criminelles, ainsi que dans celles ordinaires où les Reglemens permettent de prouver la fraude par la voie de l'Enquête, pour les Exploits d'assignation donnés à plusieurs témoins, pour déposer, suivant l'Article XI. de ladite Déclaration de 1677. 2°. Pour ceux donnés à plusieurs Experts, à fin de vérification d'écritures, suivant le même Article. 3°. Pour les Exploits donnés à plusieurs Héritiers d'un Redevable, suivant l'Article X. 4°. Pour les saisies & arrêts entre les mains d'un principal Locataire d'un Redevable & des Sous-Locataires dudit principal Locataire : si les saisies & arrêt étoient faits entre les mains de plusieurs Locataires des biens du Débiteur, il seroit dû autant d'Exploits qu'il y auroit de personnes entre les mains desquelles il seroit saisi, suivant l'Article XVII. 5°. Pour les dénonciations faites des saisies à la partie saisie pour la délivrance des deniers. 6°. Tant pour l'établissement d'un Commissaire ou Gardien d'une saisie, que pour la signification qui en est faite au Gardien ou Commissaire & à la partie saisie, suivant la Déclaration du

17 Février 1688.

Le Droit de Controlle pour les assignations, commandemens, saisies, exécutions & autres Exploits concernant les Aides, est de neuf sols six deniers par Exploit y compris les quatre sols pour livre. Il n'est que de quatre sols pour les Droits Rétablis, autrement Droits d'Inspecteurs aux Boissons & aux Boucheries, & Droits des Courtiers-Jaugeurs. Arrêt du Conseil du 16 Août 1729. Voyez Liv. II. N. 827. ce qui a été dit au sujet des Commandemens.

(a) Le Defaut & le Congé sont les Jugemens rendus contre le Demandeur ou le Défendeur défaillant. Ainsi le défaut est contre le Défendeur ou Intimé, ce qu'est le Congé contre le Demandeur ou Appellant.

(b) Profit est la même chose que gain de cause.

Cette disposition diffère de l'Article V. du Titre III. de l'Ordonnance de 1667. en ce que ladite Ordonnance porte que le Demandeur ne pourra lever son défaut au Greffe, ou le Défendeur son congé que dans la huitaine du jour de l'assignation, & qu'il ne pourra en faire juger le profit qu'après un autre délai de huitaine. Ceci a rapport à ce qu'on a observé ci-dessus N. 1777. sur le motif qui a fait abreger les délais en matiere des Droits du Roi.

peuvent

peuvent y former leur oppofition dans les trois jours après la fignification qui leur a été faite, ou au domicile par eux élu, ou à leur Procureur, après lequel délai de trois jours ils font déclarés non-recevables.

Ils ne peuvent même être reçus après ce délai à convertir en oppofition l'appel qu'ils auroient interjetté defdites Sentences, quoique cet ufage de converfion d'appel en oppofition foit toléré dans la plûpart des Tribunaux, ainfi qu'il a été jugé par Arrêt du Confeil.

1789. L'acte d'oppofition doit contenir fommation de venir plaider trois jours après, tant fur l'oppofition que fur la demande principale, à peine de nullité de l'oppofition.

1790. Nul n'eft plus reçu à former oppofition contre le jugement qui l'a débouté d'une premiere oppofition.

1791. Si les Défendeurs veulent fournir des défenfes par écrit, ils font tenus de les faire fignifier avant le jour de l'Audience avec la copie des pieces juftificatives de leurs défenfes.

1792. Si après l'échéance de l'affignation les parties comparoiffent à l'Audience, la caufe doit être jugée fommairement & fur le champ, fans que les Juges puiffent en aucun cas en matiere civile appointer les parties à écrire & produire, (a) fi ce n'eft qu'il s'agiffe de Nobleffe & qu'elle foit conteftée, de Droit de Banvin, & d'exemption des Droits du Roi, prétendues en vertu de titres & conceffions.

des Aides de Paris le 20 Février, & en celle de Rouen le 12 Mars fuivant, Article IV. Arrêts Mars 1677, 14 Mai 1681, 30 Mars 1700, 14 Juin 1701, 24 Octobre 1705, 30 Mars 1707, 11 Juin 1709, du 5 Janvier 1715, autres des 4 Mai 1728 & 3 Février 1733. Arrêts de la Cour des Aides de Paris & 16 Septembre 1727.

1793. Les Juges cependant peuvent ordonner qu'il en fera délibéré fur le Regiftre. A cet effet les parties doivent laiffer fur le champ leurs pieces & procédures fur le Bureau (b) fans qu'elles puiffent faire aucun inventaire ni écritures, & après que les Juges en ont délibéré, le jugement doit être prononcé à la premiere Audience fuivante, & écrit fur le Regiftre.

(a) L'Edit de Novembre 1689, portant attribution aux Officiers des Elections de nouveaux Gages en payant finance, avoit entr'autres droits qu'il leur accordoit, permis aux Elus d'appointer les caufes dans les matieres importantes, & dans les cas portés par les Ordonnances & Reglemens. Cet Edit dérogeoit à la Déclaration de 1688; mais celle du 4 Octobre 1698. ayant ordonné le rembourfement de la Finance par eux payée en exécution de cet Edit, & en même tems la fuppreffion des Gages & Priviléges qui leur avoient été attribués par le même Edit. L'Article XII. de la Déclaration du 17 Février 1688. a été rétabli dans fa force & vigueur, ce qui a été confirmé par Arrêt du Confeil du 5 Janvier 1715, & par la Déclaration du 30 Janvier 1717.

(b) L'Arrêt de la Cour des Aides du 27 Mars 1700, veut pour l'expédition des affaires, que fi le Préfident eft abfent, ce foit celui qui aura préfidé, en fon abfence, qui diftribue les pieces & doffiers à tels des Officiers qu'il avifera, qui auront affifté à l'Audience & non d'autres. Le même Arrêt ordonne que les Requêtes, à fin de faire affigner, feront répondues en l'abfence des Préfidens par leur Lieutenant ou par le plus ancien des Elus, fuivant l'ordre du Tableau, & qu'à cet effet les Requêtes feront intitulées à Meffieurs de l'Election.

DES PROCÉDUR.

Idem.
L'appel ne peut être converti en oppofition.
Arrêt du Confeil du 5 Déc. 1720.
Teneur de l'Acte d'oppofition.
Article IX.
Seconde oppofition nulle.
Article X.
Défenfes par écrit.
Article XI.
Les caufes doivent être jugées fommairement & fur le champ en l'Audience.
Article XII.
Déclaration du 30 Janvier 1717, regift. en la Cour du Confeil des 12 notamment celui des 19 Août 1718.
Ils peuvent ordonner un déliberé.
Article XIII.
Arrêt du Confeil du 5 Janvier 1715, rendu en conféquence.
Déclaration ci-deffus citée du 30 Janvier 1717, Article IV.

Communication au Procureur du Roi.
Arrêt du Conseil du 27 Fév. 1731.

L'Audience peut être remise, mais il ne peut être donné plus d'un délai.
Article XV.

Instruction des affaires qui requerent l'audition des témoins.
Article XVI.

Ordon. de Juillet 1681, Titre commun, Art. XLI.
Communications ou extraits des Registres sans déplacer.
Arrêt du Conseil du 18 Décembre 1731.

Les dépens doivent être liquidés par le Jugement.
Article XXI. de la Cour des Aides de

DES PROCEDUR.

1794. L'Arrêt du Conseil du 27 Février 1731. veut que dans les causes où il s'agit de prononcer des amendes & confiscations, le Fermier soit tenu de les communiquer aux Procureurs du Roi, avant de les porter à l'Audience, fait défense aux Officiers des Elections, de rendre aucunes Sentences. Dans lesquelles il s'agisse d'amende & de confiscation sans conclusions du Procureur du Roi, & enjoint aux Greffiers d'en faire mention sur le plumitif & dans l'expédition des Sentences, à peine de répondre des dommages & intérêts des parties & aux Procureurs du Roi de se trouver exactement aux Audiences pour y conclure, & en leur absence à l'Officier de l'Election dernier reçu, de faire les fonctions du Procureur du Roi, si ce n'est lorsqu'il n'y auroit pas le nombre d'Officiers requis par les Reglemens auquel cas il doit être commis par les Officiers du siége pour faire lesdites fonctions.

1795. S'il est nécessaire de donner un délai au Défendeur, l'Audience peut être remise à un autre jour, sans qu'il puisse être donné plus d'un délai, auquel cas si la cause est interloquée, le Défendeur qui a comparu en personne & sans Procureur, est tenu d'en constituer un ou d'élire domicile judiciairement dans le lieu où le siége de la Jurisdiction est établi, & il doit lui en être donné acte.

1796. Si les parties se trouvent contraires en faits, & que la preuve en soit recevable par témoins, les Juges doivent donner un délai competent pour faire paroître respectivement les témoins qui doivent être entendus sommairement à l'Audience, après que les parties ont proposé verbalement leurs reproches, & qu'elles ont été interpellées de le faire, pour être ensuite la cause jugée à la même Audience, ou sur un déliberé sur le Registre. Les Juges cependant peuvent pour l'expédition des affaires, en cas que l'Audience en soit chargée, remettre l'audition des témoins à l'issue de l'Audience, & commettre à cet effet un d'entre eux pour y proceder tant en la présence qu'en l'absence des parties, sans autre sommation, pour y être prononcé à l'Audience suivante.

1797. Dans les instances entre les Fermiers & les Redevables à fin civile les appointemens à faire preuve doivent toujours être respectifs.

1798. Lorsque pour l'instruction desdites instances il est besoin d'avoir connoissance des Registres du Fermier, il n'est tenu que d'en donner des extraits ou de les communiquer aux parties adverses ou à leur Procureur au Bureau, & sans déplacer. Il est défendu à tous Juges d'ordonner le dépôt desdits Registres à leur Greffe, si ce n'est dans le cas d'inscription de faux contre iceux.

Ces Registres sont d'un usage journalier & indispensable. Le déplacement ne pourroit s'en faire sans troubler la régie.

1799. Les Juges sont tenus de liquider les dépens par le même jugement qui les adjuge à l'Audience. C'est afin d'éviter les frais qu'occasionnent les suites des Déclarations de dépens.

la Déclaration de 1688. Arrêts du Conseil des premier Août 1711 & 6 Juillet 1723, & Arrêt de la Paris du 10 Juillet 1716 rendu en exécution.

Ils doivent être prononcés distinctement & séparement des amendes. DES PROCEDUR.
(1733.)

premier Septembre 1750, regiſtrée en la Cour des Aides de Rouen le premier Octobre Déclaration du ſuivant.

Et ils ne peuvent être compenſés s'il n'y a dans le jugement des con-damnations reſpectives. *(a)*. Ordon. de Juillet 1681, Titre commun, Art. XXXII.

On a dit (1739.) que les condamnations contre deux ou pluſieurs per-ſonnes pour un même fait de fraudes, ſont ſolidaires pour les dépens com-me pour la confiſcation & l'amende. Art. XXX. du même Titre, & Arrêt du Conſeil du 10 Nov. 1734.

1800. On a dit auſſi Nombre 1740. que les Sentences de condamna-tion, tant pour les Droits que pour l'amende, ſont exécutoires nonob-ſtant appel, aux cautions du bail & des ſous-baux. Sentences diffi-nitives ou inter-locutoires &c.

Il en eſt de même des Sentences & Jugemens interlocutoires & d'inſtruc-tion. L'appel n'en ſuſpend point l'exécution, & il eſt enjoint aux Juges de continuer l'inſtruction des Procès juſques à Sentence diffinitive incluſive-ment. Art. du C. & L. P. des 30 Novem. & 8 Décem. 1723, regiſt. en la Cour des Aides le 14 Février 1724.

L'appel pour ce qui regarde les dépens, a un effet ſuſpenſif. Titre commun de l'Ordon. de 1681, Article XLIV.

1801. L'appel des Sentences portant condamnation, ſoit de payement des Droits, ſoit de confiſcation & amende pour fait purement civil, *(b)* doit être relevé par les appellans dans trois mois du jour de la ſignification de la Sentence à leur perſonne ou à leur domicile, après ce temps l'appel n'eſt plus recevable & la Sentence doit paſſer pour choſe jugée en dernier reſ-ſort. *(c)*. Délai pour re-lever l'appel des Sentences. Article XLVII. des mêmes Titres. Arrêt de la Cour des Aid. de Rouen du 10 Mai 1724, rendu en conſé-premier Août ſui-

quence. Arrêt du Conſeil & Lettres Patentes du 20 Juin 1724, regiſtrées en la Cour des Aides de Paris le vant, concernant les Amendes & Confiſcations. Arrêt du Conſeil du 18 Juil. 1742, rendu en conſéquence.

Lorſque l'appel a été relevé dans les trois mois, les Appellans ſont tenus de le mettre en état d'être jugé dans les neuf mois ſuivans, ſinon & après ce temps, la Sentence dont eſt appel demeure confirmée de plein droit avec amende & dépens. Pour le mettre en état d'être jugé. Article XLVIII. Arrêt du Conſeil des 11 Août 1691, 10 Déce. 1709 & & 2 Mai 1724. 1717, 13 Décem.

Arrêts de la Cour des Aides de Paris des 30 Janvier 1706, 20 Janvier 1709, 13 Janvier, 27 Juillet 1737, 12 Juin 1742, & 15 Juin 1746 Arrêt de la Cour des Aides de Rouen du 10 Décembre 1724.

1802. Il eſt permis aux Juges de ſe taxer quinze ſols pour chaque Sen- Epices des Ju-ges. Article IV. de la Déclar. de 1588. Arrêt du Conſeil du 5 Janv. 1715. Déclaration du 30 Janvier 1717, déja citée, Article IV. Arrêt de la Cour

(a) Ceci deroge à l'Article V. de l'Edit de Mars 1668, qui porte que dans les af-faires concernant la levée des Droits, les Juges pourront prononcer ſur les dépens ſuivant la qualité de l'affaire, ſans être obligés d'y condamner celui qui ſuccom-bera.

(b) On dit, *en fait purement civil*, parce qu'en matiere criminelle, lorſqu'il eſt prononcé quelque peine afflictive, la Sen-tence du Juge inférieur ne peut être exé-cutée qu'après avoir été confirmée par le ſupérieur, ſoit qu'il y ait appel ou non. Voyez les Conférences de Bornier, ſur l'Article VI. du Titre XXXVI. de l'Or-donnance de 1670.

(c) La Juriſprudence des Cours différe ſur ce qui eſt à faire pour l'exécution d'une Sentence qui a reçu force de choſe jugée, faute par l'Appellant d'avoir relevé ſon appel dans les trois mois.

Dans le Reſſort de la Cour des Aides de Rouen, il ſuffit de faire une ſeconde ſignification de la Sentence, avec déclara-

M m ij

tence contradictoire & définitive, rendue soit à l'Audience, soit sur déliberé, pourvu qu'il n'y ait aucun chef interloqué, sans qu'en matiere civile ils puissent en aucun cas prendre d'autres épices, ni en exiger même pour les déliberés, ni pour les Requêtes qui leur sont présentées de quelque nature que ce soit.

Il est enjoint aux Greffiers d'écrire sur les grosses des Sentences les épices qui auront été taxées par les Juges.

On parlera à la fin de ce Chapitre de qui concerne les Droits des Greffiers & les Droits réservés.

1803. A l'égard des affaires criminelles elles doivent être instruites & jugées dans les Jurisdictions des Fermes en la maniere ordinaire, c'est-à-dire, suivant l'Ordonnance de 1670.

Il est permis au Juges lorsqu'il y a partie civile de se taxer des épices sur les Sentences qu'ils rendent au Criminel, suivant la fixation portée par l'état qui est à la fin de ce Chapitre.

1804. On a parlé des cas où les Juges d'Election peuvent prononcer en dernier ressort. (1761.).

Du nombre qu'ils doivent être pour juger en dernier ressort. (1761.).

De l'obligation où ils sont de ne juger qu'à l'Audience. (1765.)

De l'exécution de leurs Sentences dans le ressort des autres Jurisdictions (1767.).

Des cas où ils peuvent apposer les scellés. (1773.).

Des Juges par qui les Ordonnances sur Requête, les permissions d'informer, les Decrets &c. doivent être donnés (1774.).

Des saisies mobiliaires & réelles pour parvenir au recouvrement des Droits (Livre II. Nombre 835. & suiv.).

Des Procès-verbaux & des inscriptions de faux contre lesdits Procès-verbaux & autres actes des Commis. (1685. & suiv.)

Des Decrets décernés contre eux. (Livre III. Nombre 1247. & suiv.).

Des amendes & confiscations & de la consignation des amendes en cas d'appel. (1729. & suiv.)

1805. La maniere de proceder dans les Cours des Aides ne differe point de celle qui s'observe dans les Cours de Parlement, & a été reglée par les mêmes Ordonnances de 1667. & 1670.

Les appellations qui y sont portées des Sentences rendues en matiere criminelle par les Juges des Fermes, doivent être instruites & jugées sans que les parties puissent être admises à conclure comme en Procès par écrit, même quoique ces Sentences n'ayent point prononcé de peines afflictives. Les appointemens de conclusion entraînent dans des longueurs qu'on a voulu éviter par cette disposition.

1806. La procédure qui se fait au Conseil par rapport aux Droits, est aussi

tion qu'on entend la mettre à exécution. C'est un usage consenti par cete Cour.

Dans le ressort de la Cour des Aides de Paris, c'est à cette Cour, comme Juge supérieur saisi par l'appel, qu'il faut présenter Requête, aux fins de faire ordonner que la Sentence aura force de chose jugée en dernier ressort.

la même pour cette partie , que pour toutes les autres affaires qui peuvent
y être portées , soit en premiere instance , lorsqu'il est question d'interpréta-
tions d'Arrêts & Reglemens , ou de différends entre les Fermiers pour rai- *des Fermes, com-*
son de leurs Fermes , soit par Evocation , Requête en Cassation , ou Re- *me pour les au-*
glemens des Juges & autres affaires. On peut consulter là dessus le nouveau *tres matieres qui*
Reglement du 28 Juin 1738. qui contient toutes les dispositions que peut *y sont portées.*
embrasser cette matiere : il seroit trop long de les rapporter ici, où l'on ne
s'est proposé de traiter que de ce qui regarde particulierement les Droits .
des Fermes du Roi.

1807. *ET AT des Droits qui doivent être payés pour les vacca-* *Epices des Juges*
tions des Officiers des Elections & autres Juges des Fermes en *en matiere cri-*
matieres Criminelles & instruction de faux , & pour le salaire *minelle, & salai-*
des Huissiers employés au recouvrement des Droits. *re aes Huissiers.*

POUR LA PERMISSION D'INFORMER.

	#	ß	₰
Pour la permission d'informer.......................	*Neant:*		
Pour l'audition de chaque témoin dans une information, sept sols six deniers..................................		7.	6.
Pour le Decret quarante sols, quand même il y auroit plusieurs personnes comprises.............................		2.	
Pour les conclusions du Procureur du Roi, les deux tiers..			
Pour l'interrogatoire , trente sols.....................	1.	10.	
Pour le Reglement à l'extraordinaire ou jugement qui ordonne le recollement & la confrontation, trois livres..........		3.	
Pour les conclusions du Procureur du Roi, les deux tiers.			
Pour le recollement de chaque témoin, cinq sols ci......		5.	
Pour chaque confrontation de témoins, dix sols ci.......		10.	

Reglement an-
nexé à la Déclara-
tion du 17 Février
1688.

Pour l'interrogatoire sur la sellette, ne seront prises aucunes vaccations.

Pour les épices de la Sentence diffinitive quand il n'y aura que quatre témoins & au-dessous, si elle est rendue sur les informations & interrogatoires , sans ordonner le recollement & la confrontation , six livres ci........................ 6.

Arrêt du Conseil
du 23 Nov. 1706,
qui confirme cet
Article & ordonne
que les épices ne
pourront être aug-
mentées par rap-
port au nombre
des Accusés.

Et si le recollement a été ordonné, & qu'il n'y ait que quatre témoins & au-dessous, neuf livres ci............... 9.

S'il y a un plus grand nombre de témoins, les Juges se pourront taxer des épices modérément.

Sans qu'il puisse être rendu plusieurs Sentences quand les accusés se trouveront coupables du même fait.

Même Arrêt.

Pour les conclusions du Procureur du Roi , les deux tiers.

Pour la Sentence de conversion de peine contre les Faux-sauniers , trente sols ci................................ 1. 10.

	#	ß	₰
Pour la permiſſion de faire viſiter...................	*Neant.*		
Pour l'affirmation du rapport en Chirurgie, ſept ſols ſix de- niers ci...	7.	6.	
Pour la Sentence de proviſion d'alimens, vingt ſols ci.....	1.		
Pour la permiſſion de contre viſiter...................	*Neant.*		

POUR L'INSTRUCTION DU FAUX.

Pour l'Ordonnance portant permiſſion de s'inſcrire en faux   *Neant.*
Pour la Sentence qui déclare les moyens de faux pertinens
ou admiſſibles, & permet d'en informer, ou qui les rejette,
quarante ſols ci.. 2.
Pour la preſtation de ſerment de chaque expert., ſept ſols
ſix deniers ci.. 7. 6.
Pour l'affirmation du Rapporteur................... *Idem.*

1808. *AUTRES VACATIONS pour les mêmes Juges & Pro-*
cureur du Roi, lorſqu'ils vont par commiſſion hors du lieu où le
ſiége eſt établi.

                                                        # ß ₰

Au Préſident, huit livres quand il n'y a point de partie civile
ci.. 8.
Quand il y a partie civile............................ 12.
Pour un Elu, Grenetier ou autre Juge des Fermes quand il
n'y a point de partie civile ci........................ 6.
Et quand il y en a.................................... 9.
Au Procureur du Roi, quand ſa préſence eſt néceſſaire aux deſcentes,
ſoit qu'il aille avec le Préſident ou avec un Elu, les deux tiers de la taxe
accordée au Préſident.
Au moyen des vaccations ci-deſſus, les Officiers ne pourront prendre
ni ſe taxer aucuns autres Droits pour ce qu'ils auront fait dans la commiſſion.

1809. *TAXE DES SALAIRES des Huiſſiers employés au recou-*
vrement des Droits.

Il ne ſera fait qu'un ſeul commandement, & le Fermier aura huitaine,
non compris le jour de l'exploit pour le faire controller.
Si le Redevable acquitte les Droits avant le dernier jour de la huitaine,
il ne payera rien pour le commandement, controlle ni papier, & s'il ne
les acquitte que dans le dernier jour de la huitaine ou après, il payera les
frais du commandement qui ſeront taxés à quinze ſols, y compris le controlle & le Droit du Timbre du papier; (*ce qui doit être augmenté des*

*nouveaux Droits sur le papier timbré, portés par la Déclaration de 1690. &
Edit de 1748. (a), & des quatre sols pour livre.)*

L'exécution ne pourra être faite que huit jours francs après le commandement.

Il sera taxé pour chaque exécution vingt-cinq sols y compris le Droit de controlle & du timbre du papier (*il faut avoir encore égard ici à l'augmentation des Droits sur le papier timbré.*)

Pour un Procès-verbal de vente, quarante-cinq sols, aussi compris le Droit de controlle & du timbre du papier. (*même observation.*)

S'il se fait plusieurs commandemens, exécutions ou ventes, en un même jour & par un même Huissier, ensorte que les taxes en étant accumulées montassent à plus de trois livres ; elles seront reduites à la somme de trois livres par jour pour son salaire, sans y comprendre les Droits de controlle & du papier timbré, & la taxe de chaque exploit de commandement ou Procès-verbal d'exécution ou vente sera réduite à proportion.

Et il ne sera payé qu'un Droit de controlle pour un Procès-verbal d'exécution contenant l'établissement des Gardiens ou Commissaires, tant pour ledit Procès-verbal d'exécution, que pour la signification qui en sera faite aux Gardiens ou Commissaires, & à la partie saisie.

C'est ainsi que ces Droits sont fixés par rapport aux salaires des Huissiers dans le ressort de la Cour des Aides de Paris ; mais comme dans celui de la Cour des Aides de Rouen, les Droits qu'ils sont en usage de prendre, sont au-dessous de cette fixation, & qu'ils ont été reglés par un Arrêt de la Cour des Aides du 9 Avril 1687. Sa Majesté a déclaré par Arrêt de son Conseil du 23 Janvier 1691. que par sa Déclaration du 17. Février 1688. elle n'avoit point entendu augmenter ces Droits dans les lieux où ils étoient au-dessous de la fixation portée par cette Déclaration, & ordonné que le Reglement de la Cour des Aides de Rouen rendu à cet égard seroit exécuté.

DROITS DES GREFFIERS.

18'0. Les Droits dûs aux Greffiers des Elections pour les différentes *Droits des* expéditions qu'ils délivrent, ont été reglés par l'Edit d'Avril 1686. & la *Greffiers.* Déclaration du mois de Février 1687. suivant lesquels il leur est dû ;

Sçavoir,

Pour l'expédition des Sentences qui doivent être en parchemin, quinze

(a) Depuis la Déclaration de 1688. le Papier timbré a été augmenté par la Déclaration de 1690 & l'Édit de 1748 ; sçavoir, le moyen papier d'un sol, le petit de huit deniers, la demi feuille de quatre deniers & demi, & le quart de feuille de quatre deniers, à quoi il faut ajouter les quatre sols pour livre sur le prix en entier du papier, ce qui fait d'augmentation un sol six deniers par feuille de papier moyen, un sol par feuille de petit papier, sept deniers par demi feuille & six deniers par quart, fols par rolle, chaque page contenant vingt-deux lignes & chaque ligne quinze fyllabes.

Et pour celles délivrées en placards à proportion.

Pour celles qui doivent être en papier fur feuilles de neuf pouces de haut, trois fols par rolle, chaque rolle contenant douze lignes & huit fyllabes à la ligne.

Pour vacations avec les autres Juges aux informations, interrogatoires, recollemens, confrontations, procès-verbaux de vifites, vérifications d'écritures ou d'empreintes de rouannes, poinçons & cachets, fervant à l'exploitation : ils ont le choix de prendre ; fçavoir, dans le lieu d'établiffement du fiége, le Droit de l'expédition de leur groffe en papier, fur le pied ci-deffus, ou la moitié de la vacation du Juge, & hors le lieu de l'établiffement du fiége le même Droit de leur groffe ou les deux tiers de la vacation du Juge, fans qu'ils puiffent prétendre ces deux Droits enfemble.

Pour l'enregiftrement d'un bail ou fous-bail dans les dix fols reglés par l'Ordonnance de 1681. (1604.) la portion de deux Officiers non compris l'expedition de la Sentence d'enregiftrement.

Pour l'enregiftrement d'une commiffion de Commis aux Aides, l'acte de preftation de ferment & l'expédition qui en eft délivrée, vingt fols.

Pour un acte de produit, cinq fols.

Pour la diftribution d'un Procès par écrit, trois fols.

Pour la remife des productions entre les mains du Procureur, cinq fols.

Pour mettre un procès criminel au Meffager & en faire l'envoi, pour tous Droits, quinze fols.

Pour communication de pieces, fept fols fix deniers.

Il a été arrêté par les Chambres affemblées le 31 Août 1716. des tarifs de tous les Droits qui fe perçoivent au Greffe de la Cour des Aides.

DROITS RESERVÉS.

1811. On appelle ainfi des Droits qui étoient attribués à différens offices créés dans les Cours & Jurifdictions, lefquels Droits après la fuppreffion defdits offices ont été refervés pour être perçus au profit de Sa Majefté pour parvenir au rembourfement des titulaires de ces offices ou pour autre employ.

Les expéditions des Greffes pour ce qui concerne la ferme des Aides, ont été déchargées par Arrêts du Confeil des Droits de controlleurs des Greffes & de Greffiers, Gardes-minuttes.

Il a été jugé auffi par Arrêt du Confeil que les Droits refervés de Tiers referendaires, Taxateurs & Calculateurs de dépens, feroient payés fur dépens qui concernent les Fermes. Ils confiftent en un fol par article de Déclaration de dépens.

Ceux de Controlleurs des dépens, Syndics de Communauté, des Procureurs & Gardes des archives, qui montent à feize deniers pour livre, & qui fe prennent fur les dépens, frais, mifes d'exécution, réparations civiles

&

& dommages & intérêts adjugés tant au Fermier que contre lui, soit en matiere civile ou criminelle, & sur le coust des Sentences dont les dépens sont compensés; ainsi que ceux de Receveurs & Controlleurs des épices, qui consistent en quatre sols pour livre sur les épices & vaccations que les Juges & Procureurs du Roi se taxent, sont dûs suivant le même Arrêt sur les épices & vaccations des instances, procès jugemens & autres actes concernant les Fermes : à l'exception des abonnemens faits par le Fermier avec les Officiers des Elections, pour leur tenir lieu d'épices & vacations qui sont déchargés desdits Droits, dans lesquels abonnemens ne peuvent être compris les enregistremens des baux & receptions de Commis.

DROITS DE PETIT SCEL.

1812. Il est dû en outre pour les Droits de Petit Scel.

DES PROCEDUR.

Droits de petit Scel.

Sçavoir;

	₶	ß	₰
Pour les Jugemens diffinitifs ou exécutoires, ainsi que pour les contraintes de cent livres & au-dessous..............		12.	6.
Depuis cent livres jusques à cinq cent livres.............		18.	9.
Depuis cinq cent livres jusques à mille livres...........	1.	5.	
Depuis mille livres & au-dessus à quelque somme qu'ils puissent monter....................................	1.	17.	6.

Déclaration du 20 Mars 1708, & Tarif arrêté en conséquence.

Arrêt du Conseil du 16 Août 1729,

Pour ce que doivent les Sentences de provision, jugemens, interlocutoires & autres actes sortant du Greffe des Jurisdictions, comme il n'y a rien de particulier par rapport aux Droits de petit scel sur ce qui concerne la partie des Aides, on renvoye au tarif arrêté en conséquence de la Déclaration du 20. Mars 1708.

1813. Il y a une Déclaration du Roi, qui ordonne que dans tous les procès civils & criminels concernant les Droits des Fermes, même dans les différens qui surviendront entre les Fermiers Généraux en nom collectif, les Parentés ou Alliances des Présidens ou Conseillers des Cours des Aides avec aucuns intéressés dans lesdits Fermes en quelque degré qu'elles puissent être, ne pourront donner lieu à aucune récusation.

Recusations.
Déclaration du 2 Octobre 1694, citée dans le Commentaire de Bornier, page 205. du premier Volume.

FIN.

TABLE DES MATIERES.

C.

D

H

M

Id. m. Ouvrages qui ne peuvent fouffrir la marque cachetés 1451. Infculpation & depôt des empreintes & cachets 1452. Depôt du Poinçon des Jurés & Gardes 1453. Défenfes d'expofer en vente aucuns ouvrages qu'ils n'ayent été marqués 1454. Peines de mort pour faux Poinçons 1455. *Idem* pour fubftitution de marque *Idem*. Elus & Officiers des Monnoyes Juges des contrefactions *Idem*. Poinçons & Cachets à remettre par l'ancien Fermier au nouveau 1456. Nouveaux Poinçons, formalités relatives 1457. & 1458. Fracture ou falfification, feuls cas où le Fermier puiffe changer de Poinçon dans le courant de fon Bail *Idem*.

Droits dûs autant de fois que les ouvrages font vendus 1459.

Regiftres à tenir par les Travaillans & Trafiquans en or ou en argent 1460. Faculté au Fermier d'enlever les Regiftres lors des faifies en en fourniffant d'autres à fes frais *Idem*.

Commerce des ouvrages d'or & d'argent défendu aux Colporteurs, Courtiers & Revendeurs 1461.

Vifites des Commis chez les Orfévres-Jouailliers & autres Travaillans en or & en argent 1462. Il leur eft permis de fe tranfporter avec un Officier dans les Chambres garnies que lefdits Orfévres & Travaillans louent à d'autres perfonnes *Idem*. De qui ils peuvent fe faire accompagner dans les lieux où il n'y a point de maifon commune *Idem*.

Orfévres & tous autres travaillans en or ou en argent, tenus de fe faire infcrire au Greffe des Monnoyes 1463. Ou dans la Maifon commune de la plus prochaine Ville de leur refidence *Idem*. Défenfes à tous Compagnons de travailler dans les lieux Privilégiés & par tout ailleurs que chez les Maîtres 1464.

Ouvrages envoyés dans les pays étrangers 1465. De la fabrique de Paris moderés au tiers pour la même deftination *Idem*. Formalités attachées à cette moderation *Idem*.

Ouvrages venant de l'Etranger ou des Provinces exemptes, affujettis au payement des Droits 1466. Déclarations à faire au premier Bureau *Idem*. Défenfes à tous Commis des Douannes, & à tous Meffagers de remettre lefdits ouvrages aux Propriétaires qu'ils n'ayent été marqués *Idem*. Il n'eft dû aucun Droit pour la vieille vaiffelle, dont le Propriétaire confent la rupture *Idem*.

Liberté des abonnemens ou fous-fermes 1467. Droits dûs fur les ouvrages exiftans à l'expiration de l'abonnement 1468. Les amendes ne peuvent être moderées 1469. Amendes à con-

figner en cas d'appel 1470. Elus Juges de ce Droit 1471.

Or & Argent trait. Le Fermier de la marque d'Or & d'Argent peut feul établir des Argues. Il n'y a que deux dans le Royaume 1472. Les Forges & Argues doivent être placées dans un feul lieu *Idem*. Droit de l'Argue *Idem*. Pour le prix & l'entretien des Filieres *Idem*. Injonction aux Tireurs d'or de porter leurs lingots à l'Argue 1473. Défenfe d'employer d'autre Or ou Argent que celui qui aura été tiré à l'Argue 1474. Ainfi que d'avoir chez eux aucunes Filieres de la groffeur de celles fervant à l'Argue 1475. Marque à appofer fur les lingots par les Affineurs 1476. Regiftres qu'ils doivent tenir *Idem*. Défenfes aux Tireurs d'employer d'autres matieres que celles provenant des Affineurs 1477. Regiftre à tenir par les Tireurs d'or & d'argent pour les lingots 1478. Défenfes à eux de vendre ou échanger les retailles d'or & d'argent à autres qu'aux Affineurs ou Maîtres de la Monnoye 1479. Déclarations prefcrites aux Marchands qui font venir des Piaftres, Reaux, Barres & autres matieres d'or & d'argent 1480. Regiftres qu'ils font obligés de tenir pour les matieres qu'ils achetent *Idem*. Roquetins 1482. Regiftres que les Tireurs d'or & d'argent doivent pareillement tenir pour les traits qu'ils vendent ou achetent *Idem*. Amende de trois mille livres 1483.

Or ou Argent en feuille. Formalités prefcrites aux Bateurs d'Or 1484.

MARQUE ET CONTROLLE SUR LE PAPIER (Droit de) Suppreffion de ces Droits 1564.

MASSICAULT (Droit de) aux entrées de Rouen 332. *notes*.

MAUBOUGE (Droit de) c'eft le même que le Droit de Subvention 512.

MESLANGES de Boiffons prohibés. Voyez *Mixtions*.

MEUBLES (Saifies de) pour le payement des Droits Voyez *Recouvrement*.

MESURES. Idée générale des Mefures 277. *notes*.

Mefures fervant à la perception des Droits. L'Etalonnement doit en avoir été fait 1567. Défenfes aux engagiftes des Poids & Mefures de troubler le Fermier *Idem*.

Mefures prefcrites en Normandie pour le commerce des Boiffons en détail 1342.

MEULAN (Droits du Pont de) Voyez *Pont de Meulan*.

MEZIERES (Ville de) fujette à la Subvention à l'entrée 516.

Exemple du Gros 1054.

Le Huitiéme y a été moderé 1163. Géné-

trée, anciens & nouveaux cinq fols fur le Vin fixés à quatorze fols par muid 472. Vin provenant des clos & jardins affujetti aux Droits 489. & 490. Subvention de 27. fols par muid 515. Vin recueilli dans les clos & jardins fujet à la Subvention 525. Subvention par doublement de cinquante-quatre fols par muid 542. Vins de Bourgogne exempts de la Subvention par doublement 547. Vins d'Anjou, du Maine, de Beaumont, de Thouars & de la Chatellenie de Champtonceaux, fujets au tiers de la Subvention par doublement 548. Droits d'Infpecteurs aux Boiffons de dix fols par muid 578. Droit de neuf livres dix-huit fols par tonneau en Picardie, fixé à quatre livres quatre fols fix deniers par muid 664. Neuf livres par tonneau en Normandie, fixées à quatre livres, neuf deniers 675. Jauge & Courtage à l'entrée en Normandie de quinze fols par muid 681. Vins de Champagne en Bouteille, tranfportés en Normandie 392. Droit de quatre livres par muid de Vin à Verfailles 739.

A la vente en Gros, Vin fujet au Droit de Gros ou Vingtième de la valeur 765. A l'Augmentation du Parifis, douze & fix deniers pour livre du Gros fixée à feize fols trois deniers par muid 769. & 770. Gros manquant avec lequel fe perçoivent l'Augmentation & les Droits de Jauge & Courtage 860. & 861. Vin d'achat reputé vendu avant celui du crû 975. Droits de Jauge & Courtage de quinze fols par muid 1109. Les Courtiers varient fuivant les lieux depuis deux fols fix deniers, jufques à fept fols fix deniers par muid, les Jaugeurs font toujours de quatre fols par pièce 1130.

A la vente en détail, Vin fujet au Huitiéme de cinq livres huit fols à pot, & fix livres quinze fols à affiette 1160. Au Quatriéme reduit au Cinquiéme fur le prix de la vente des Boiffons avec le Parifis, fol & fix deniers pour livre dudit Droit 1325. & 1326 A la Subvention fixée comme à l'entrée à vingt-fept fols par muid 1346. Au Droit de fol pour pot en Piccardie fixé à fix livres dix-fept fols 1352. Et à la Jauge Courtage au Détail de quinze fols par muid 1358. Aux Impôts & Billots en Bretagne fixés à une livre deux fols dix deniers fur le Vin étranger, & à onze fols cinq deniers fur le Vin de la Province pour le Droit d'Impôt, & pour celui de Billot à fix pots par Barique de cent vingt pots 1386.

Péages. Voyez *Péages*.

VIN ÉTRANGER *entrant dans le Gouvernement de Lyon*. Origine, Fixation & cas de la perception 729. Lieu de la Guillotiere déclaré fujet

Idem.

VIN GATE' aux entrées de Paris 24. 37. & 60. Les Commis font en ce cas experts déguftateurs *Idem*. Dans les Maifons détachées 126.

Aux entrées de Rouen 351. & 367.

A l'entrée des lieux fujets aux anciens & nouveaux cinq fols, même faculté accordée au Fermier qu'aux entrées de Paris 501.

A la vente en gros fujets aux Droits de Gros & Augmentation 765. & 790.

VIN DE LIQUEUR aux entrées de Paris 30. A l'entrée des Maifons hors les Barrieres de Paris 122. Aux entrées de Rouen 338. Aux entrées de Verfailles, Droit de dix livres par muid 739.

A la vente en gros fujet aux Gros & à l'Augmentation fixée à fix livres par muid 769.

A la vente en détail, Huitiéme & Subvention fixés à vingt livres trois fols neuf den. 1160. Nulle modération 1163.

VIN DE REFOUL. Voyez *Piquette*.

VINAIGRE aux entrées de Paris 38. Aux entrées de Rouen 351.

A l'entrée des lieux fujets aux anciens & & nouveaux cinq fols, même faculté accordée au Fermier qu'aux entrées de Paris 501.

VINCENNE (Baffe-cour de) Paroiffes de Montreuil, la Piffote & Fontenai, Habitans exempts du Gros 1066.

VINGTIE'ME DE L'HÔPITAL aux entrées de Paris 189.

VINGTIEME D'ANGOULESME fur le Vin, fon origine & fa fixation 1383. Perception 1384. & 1385.

VINGT SOLS DE L'HÔPITAL aux entrés de Paris 17.

VINGT SOLS DU PONT aux entrées de Rouen 318.

VINGT SOLS DE SEDAN aux entrées de Paris 16.

VINGT SOLS PAR TONNEAU de Cidre, & vingt fols par muid de Cidre & Poiré aux entrées de Rouen 325. Aux entrées de Dieppe 703. & 704. Aux entrées du Havre 710.

VISITES DES COMMIS. Voyez *Commis aux Exercices*.

VITRY. (Ville de) Habitans exempts du Gros à la vente fur les Boiffons de leur crû 1067. Le Huitiéme y a été moderé fur le Vin du crû defdits Habitans 1163.

VIVANDIERS fujets aux Droits de Détail, à l'exception de ceux des troupes Suiffes 1203. & 1287. Et à l'Annuel 1365.

VOITURIERS. Défenfes à tous Voituriers de Voiturer des Boiffons fans être porteurs des congés ou Lettres de voiture 806. Inventaire à fournir par les Voituriers aux entrées de Paris 268. Injonctions de garrer leurs Batteaux, &

X.

Y.

FIN de la Table des matieres.

gnons de faire jouir ledit Expofant & fes ayans caufe , pleinement & paifiblement ;
fans fouffrir qu'il leur foit fait aucun trouble & empêchement : Voulons que la copie
des Préfentes, qui fera imprimée tout au long au commencement ou à la fin dudit Ou-
vtage , foit tenue pour dûement fignifiée , & qu'aux copies collationnées par l'un de nos
amés & féaux Confeillers, Sécrétaires, foi foit ajoutée comme à l'original. Comman-
dons au premier notre Huiffier ou Sergent fur ce requis, de faire pour l'exécution
d'icelles tous actes requis & néceffaires, fans demander autre permiffion, & nonobftant
clameur de Haro, Charte Normande, & Lettres à ce contraires ; C A R tel eft notre
plaifir. D O N N É à Verfailles le deuxiéme jour du mois de Septembre , l'an de grace
mil fept cent cinquante-huit, & de notre Regne le quarante-quatriéme. Par le Roi en
fon Confeil. *Signé* L E B E G U E.

Regiftré fur le Regiftre XIV. de la Chambre Royale des Libraires & Imprimeurs, de
Paris, N°. 406. Fol. 358. conformément au Reglement de 1723. qui fait défenfes, Article IV.
à toutes perfonnes de quelque qualité & condition qu'elles foient, autres que les Libraires
& Imprimeurs , de vendre, débiter & faire afficher aucuns Livres pour les vendre en
leurs noms , foit qu'ils s'en difent les Auteurs, ou autrement ; & à la charge de fournir
à la fufdite Chambre neuf Exemplaires prefcrits par l'Article CVIII. du même Reglement.
A Paris le troifiéme jour du mois d'Octobre 1758.

Signé L E M E R C I E R , *Syndic.*